Uni-Taschenbücher 740

W0087364

UTB
FÜR WISSEN
SCHAFT

Eine Arbeitsgemeinschaft der Verlage

Wilhelm Fink Verlag München
A. Francke Verlag Tübingen und Basel
Paul Haupt Verlag Bern · Stuttgart · Wien
Hüthig Fachverlage Heidelberg
Verlag Leske + Budrich GmbH Opladen
Lucius & Lucius Verlagsgesellschaft Stuttgart
Mohr Siebeck Tübingen
Quelle & Meyer Verlag Wiesbaden
Ernst Reinhardt Verlag München und Basel
Schäffer-Poeschel Verlag Stuttgart
Ferdinand Schöningh Verlag Paderborn · München · Wien · Zürich
Eugen Ulmer Verlag Stuttgart
Vandenhoeck & Ruprecht in Göttingen und Zürich

Siegfried Lamnek

Theorien
abweichenden Verhaltens

Eine Einführung für Soziologen, Psychologen,
Pädagogen, Juristen, Politologen,
Kommunikationswissenschaftler und Sozialarbeiter

7. Auflage 1999

Wilhelm Fink Verlag München

Die Deutsche Bibliothek – CIP-Einheitsaufnahme

Lamnek, Siegfried:
Theorien abweichenden Verhaltens: eine Einführung für
Soziologen, Psychologen, Pädadogen, Juristen, Politologen,
Kommunikationswissenschaftler und Sozialarbeiter/
Siegfried Lamnek. – 7. Aufl. – München: Fink, 1999
　　(UTB für Wissenschaft: Uni-Taschenbücher; 740)
　　ISBN 3-8252-0740-4 (UTB)
　　ISBN 3-7705-1620-6 (Fink)
NE: UTB für Wissenschaft / Uni-Taschenbücher

7.Auflage 1999

© 1979 Wilhelm Fink Verlag GmbH & Co. KG
Ohmstraße 5, 80802 München
ISBN 3-7705-1602-6

Printed in Germany.
Einbandgestaltung: Alfred Krugmann, Freiberg am Neckar
Herstellung: Ferdinand Schöningh GmbH, Paderborn

UTB-Bestellnummer: ISBN 3-8252-0740-4

Inhaltsübersicht

Vorbemerkung

Diese Einführung in soziologische Theorien abweichenden Verhaltens beabsichtigt, in relativ kompakter Form verschiedene soziologische Ansätze vorzustellen. Sie ist kein Lehrbuch der Kriminologie, das alle Phänomene der Kriminalität von der Entstehung abweichenden Verhaltens bis zur Resozialisierung des Delinquenten umfaßt. Sie gibt vielmehr einen Überblick über soziologische Erklärungsversuche, der sonst nur sehr aufwendig durch Heranziehung einer Fülle von Einzelliteratur möglich wäre. (Letzteres soll und kann dem Leser jedoch nicht erspart werden, wenn er sich intensiver mit den in dieser Arbeit angesprochenen Problemen beschäftigen möchte.) Der Adressatenkreis sind daher Studenten aller sozialwissenschaftlichen Fachrichtungen, die sich einen ersten Einblick in soziologische Theorien der Erklärung von Devianz verschaffen wollen.

Über die hier vorgenommene Klassifikation in Anomie-, Subkulturtheorien, Theorien des differentiellen Lernens und labeling approach läßt sich – wie über jede Klassifikation – (nicht) streiten. Mir erschien sie unter wissenschaftshistorischen Aspekten ebenso sinnvoll wie unter methodologischen und inhaltlichen. Die Auswahl beschränkte sich auf solche Theorien, die einen generalisierenden Charakter aufweisen und soziologisch bedeutsam sind. Auch darüber mag es unterschiedliche Auffassungen geben; der Leser möge über die Brauchbarkeit entscheiden.

Die Gliederung dieses Bandes ist konventionell. Im ersten Kapitel werden begriffliche Konzepte abgeklärt, dann die einzelnen Theorien deskriptiv dargestellt und zuletzt deren Leistungsfähigkeit knapp beurteilt. Neben dem üblichen Personen- und Sachregister sowie der Bibliographie enthält diese Einführung auch ein Glossar, in dem zentrale Begriffe knapp definiert und mit Literaturverweisen versehen werden, um gerade dem Studienanfänger und dem soziologischen Laien den Einstieg in die sozialwissenschaftlichen Konzepte und Theorien zu erleichtern. Innerhalb der vorausgehenden inhaltlichen Darstellung wird zwischen chronologischer Theorienabfolge und didaktischen Erfordernissen zu vermitteln versucht. An keiner Stelle wird der Anspruch auf Vollständigkeit bezüglich der Vorstellung aller Theorien oder innerhalb der Bearbeitung der einzelnen Theorien erhoben. Weitere Differenzierungen und Erweiterungen wären ohne Zweifel möglich gewesen, doch hätten sie den Rahmen einer allgemeinen Einführung gesprengt. Die autorenorientierte Darstellung will den Nuancierungen und Modifizierungen gerecht werden, die gelegentlich vernachlässigt erscheinen, wenn mancher Ansatz als relativ homogen und geschlossen "verkauft" wird. Insoweit ist diese Einführung kompakt und differenziert zugleich.

München, im Januar 1979   S. Lamnek

Vorwort zur 5. Auflage

Das anhaltende Interesse führt nunmehr zur fünften Auflage dieses Einführungstextes. Das positive Echo veranlaßt Verlag und Autor, an dem Bewährten festzuhalten und keine Veränderungen gegenüber den früheren Auflagen vorzunehmen. Neuere theoretische und/oder empirische Entwicklungen einzuarbeiten, würde bedeuten, Struktur, Intention und „Identität" des Bandes aufzugeben. Ein zweiter Band der „Theorien abweichenden Verhaltens", der sich mit modernen Ansätzen (wie z. B. Diversionstheorien, Abolitionismus etc.) auseinandersetzt, erscheint im Herbst 1993.

München, im Januar 1993   S. Lamnek

1. Begriffliche Vorüberlegungen

Wer sich mit Theorien des abweichenden Verhaltens wissenschaftlich beschäftigt, der muß erst einmal klarstellen, was er unter abweichendem Verhalten versteht und welche Phänomene unter eine solche Definition subsumierbar sind. Wer Theorien abweichenden Verhaltens vorstellen möchte, muß sich dem Erfordernis einer begrifflichen Vorstrukturierung stellen: *Theorien sind in Sätzen formulierte Aussagen mit Informationsgehalt.* In solchen Sätzen erscheinen Wörter, die mit bestimmten Vorstellungsinhalten alltagssprachlich verknüpft sind und/oder mit speziell wissenschaftlich definierten Vorstellungsinhalten versehen werden müssen. Kann man keine interpersonale Synonymität als Übereinstimmung der Bedeutungen bestimmter Begriffe erzielen, so würde man schon in der reinen Theoriedeskription möglicherweise aneinander "vorbeireden" und in der Theoriediskussion kein gegenseitiges Verstehen erzielen können. Daher müssen mögliche, begriffliche Mehrdeutigkeiten vorab in Eindeutigkeiten transformiert werden.

Die Auswahl der zu klärenden Begriffe und der mit ihnen verbundenen Phänomene richtet sich zunächst noch nicht an den einzelnen abhängigen oder unabhängigen Variablen der Theorien aus; vielmehr handelt es sich bei diesen um soziologische Grundkategorien und Grundkonzepte, die allen im einzelnen zu referierenden theoretischen Ansätzen gemein sind. Kaum ein sozialer Tatbestand kann ohne Begriffe wie *Norm, Sanktion, soziale Kontrolle, Situation* etc. auskommen. Solche zentralen Begriffe sollen im ersten Kapitel im Kontext abweichenden Verhaltens und dessen möglicher theoretischer Fassung abgeklärt werden.

1.1. Abweichung und Konformität

Kriminologen pflegen ihren Objektbereich, den sie untersuchen wollen, durch die folgenden Fragestellungen einzugrenzen:
1. Wie entstehen kodifizierte Normen?
2. Wie kommt es im Verhalten zu Abweichungen von diesen Normen?
3. Wie reagiert die Gesellschaft auf diese Abweichungen?

Soziologen, die sich mit dem Phänomen des abweichenden Verhaltens beschäftigen, stellen ganz ähnliche Fragen, doch würden sie die Einen-

11

gung des abweichenden Verhaltens auf delinquentes Verhalten, also dessen ausschließlichen Bezug auf Normen des Strafrechts zurückweisen müssen, weil auch nonkonforme Verhaltensweisen empirisch festgestellt werden können, deren Abweichung sich nicht aus der Orientierung an kodifizierten Normen ergibt; delinquente Verhaltensweisen lassen sich nämlich im allgemeinen als Untergruppe aller möglichen abweichenden Verhaltensweisen auffassen. (Daneben gibt es einen kleinen Teilbereich von delinquenten Verhaltensweisen, die aber nicht als abweichend empfunden werden.)

Die Abgrenzung der Soziologie des abweichenden Verhaltens von der Kriminologie ergibt sich auch aus einem genuin soziologischen Argument: Die Soziologie beschäftigt sich mit all jenen Verhaltensweisen, mit denen die sich Verhaltenden einen *subjektiv gemeinten Sinn* verbinden, und versucht dieses Verhalten zu *verstehen* und zu *erklären*. Wenn dieses Absicht und Aufgabe der Soziologie ist, so umfaßt ihr Gegenstandsbereich sowohl abweichende wie auch konforme Verhaltensweisen (gleichgültig woran Abweichung und Konformität gemessen werden), soweit nur die Bedingung der Intentionalität und der Sinnhaftigkeit im konkreten Verhalten aufscheint. *Der weitere Objektbereich der Soziologie (gemessen an der Kriminologie), ergibt sich also aus der Tatsache, daß die Soziologie des abweichenden Verhaltens mehr Phänomene einschließt als nur das delinquente (kriminelle) Verhalten.* (Darüber hinaus gehen natürlich in soziologische Analysen insbesondere konforme Verhaltensweisen und -muster ein.)

In der konkret-wissenschaftlichen Beschäftigung mit so eingegrenztem Verhalten in der Soziologie sind zwei Aspekte hervorzuheben: Einmal zeigt sich, daß man dem abweichenden Verhalten mehr Interesse entgegengebracht hat, als dem konformen; nicht von ungefähr ist unseres Wissens die erste deutschsprachige soziologische Schrift, die sich explizit mit konformem Verhalten befaßt (PEUKERT 1975), erst 1975 erschienen. Die meisten, insbesondere empirischen Untersuchungen, haben nicht danach gefragt, wie konformes Verhalten zustandekommt, sondern versuchten die *Genese* und *Ätiologie* des abweichenden Verhaltens in den Griff zu bekommen.

Zum zweiten wurde die Soziologie des abweichenden Verhaltens als sog. Bindestrich-Soziologie definiert, als eine spezielle Soziologie, wie etwa Industrie- und Betriebssoziologie, Jugendsoziologie etc. Richtigerweise sollten jedoch abweichendes und konformes Verhalten als Dimensionen der Verhaltensbeurteilung, als mehr oder weniger disjunkte Subgruppen des Verhaltens allgemein gesehen werden. Wenn aber Verhalten als allgemeinster Gegenstand der Soziologie gelten kann, so müßte konsequenterweise konformes wie abweichendes Verhalten unter die allgemeine Soziologie subsumiert werden.

Obgleich einige Autoren (vgl. z. B. WISWEDE 1973, S. 9; KÖNIG 1968, S. IX) auf diesen Sachverhalt hingewiesen haben, erweist sich das traditionale Element der Soziologieeinteilung als stärker. Dieses – wenn auch nur nomenklatorische – Festhalten an überkommenen Klassifikationen hat bisher sicher nicht dazu beigetragen, eine noch weitergehende Beflügelung der wissenschaftlichen Erkenntnisse auf dem Gebiet des abweichenden Verhaltens zu bewirken. Wir werden daher im weiteren Argumente dafür zu liefern haben, daß Abweichung und Konformität zwei Seiten eines Verhaltens sein können.

1.1.1. Verhaltensdeterminationen

"Das handelnde Individuum ist stets auf dreifache Weise beschränkt: es verhält sich in einer materialiter bestimmten Situation, ist der Verhaltenserwartung von Alter ausgesetzt und schließlich von seiner eigenen Motivationsstruktur angetrieben" (SCHNEIDER 1968, S. 57). Menschliches Verhalten ist also, soweit es sich um Handeln im Sinne Max WEBER's (WEBER 1976, S. 1) handelt, *dreifach determiniert:* durch die *Motivation,* die *Situation* und die *Verhaltenserwartungen potentieller Interaktionspartner.* (Eine Entsprechung findet sich auch im strukturell-funktionalen Ansatz: So unterscheidet PARSONS [1968, S. 52 ff.] drei Ebenen unterschiedlichen Abstraktionsniveaus:
- das *personale System,* das auf den Bedürfnissen und Motiven der Handelnden aufbaut, und um diese organisiert ist;
- das *soziale System,* konstituiert durch Interaktionen;
- das *kulturelle System* als System normativer und kognitiver Bedürfnisse und Symbole.

Zwischen diesen, nur analytisch voneinander abhebbaren Systemen bzw. Ebenen bestehen vielfache Interdependenzbeziehungen. Eine wesentliche Verbindung ergibt sich durch den Begriff der sozialen Rolle: Das kulturelle System manifestiert sich in Interaktionen. Diese stellen Systeme von Beziehungsmustern zwischen Handelnden in ihrer Eigenschaft als Rollenträger dar. "Der Begriff der Rolle verknüpft das Untersystem des Handelnden als einer 'psychologischen', sich in bestimmter Weise verhaltenden Gesamtheit, mit der eigentlichen sozialen Struktur." [PARSONS 1968, S. 55] Durch Sozialisierungsprozesse gehen Rollensysteme aber in die Motivationsstruktur des personalen Systems mit ein, d. h. sie werden zum Bestandteil der Persönlichkeit.)

Die Aussage der dreifachen Verhaltensdetermination sozialen Handelns ist ursprünglich auf konformes Verhalten abgestellt, müßte aber auch für abweichendes Verhalten als Teilklasse sozialen Verhaltens gelten. Prüfen wir dies am Beispiel des Einbruchs nach, wobei wir unterstellen, daß Einbruch unstrittig als abweichende Verhaltensweise gilt. Wir fragen, ob er als konkretes Verhalten durch eine materialiter bestimmte Situation, durch die Verhaltenserwartung anderer und durch die eigene Motivationsstruktur bestimmt ist. Je nach situativer Gegebenheit wird der Einbruch in anderer Ausführung erfolgen: Ist die Tür eines Hauses verschlossen, wird sie gewaltsam geöffnet oder es werden andere Möglichkeiten des Eindringens gesucht. Das Verhalten richtet sich an den materialen Gegebenheiten aus und verändert sich ihnen entsprechend. Im Regelfalle kann weiter davon ausgegangen werden, daß der Einbrecher die Verhaltenserwartung anderer kennt, die das Einbrechen als abweichende Verhaltensweise ansehen. Folglich wird der Einbrecher bemüht sein, sein Verhalten so zu verdecken, daß es nicht unmittelbar und offen wahrnehmbar wird. Damit ist seine Verhaltensweise an den Erwartungen anderer ausgerichtet. Letztendlich liegt dem Einbruch eine bestimmte Motivationsstruktur zugrunde; so könnte die Absicht verfolgt werden, sich Geld zu verschaffen, um sich einen bestimmten Wunsch zu erfüllen, eine Mutprobe abzulegen etc.

Abweichung und Konformität sind in bezug auf die Verhaltendetermination als gleichwertige und gleichrangige Verhaltensweisen zu beurteilen. Andererseits muß jedoch gelten, daß zur Erklärung abweichenden Verhaltens andere Gesichtspunkte herangezogen werden müssen, als zur Erklärung konformen Verhaltens; denn es ist methodologisch unvorstellbar, daß gleiche Variablenwerte und Variablenkonstellationen zu unterschiedlichen Konsequenzen führen, wenn alle relevant erscheinenden Variablen in den Erklärungsversuch einbezogen werden. An einem Extremfall kann dies plausibilisiert werden: Die Merkmalsausprägung 1 der Variablen x kann unter sonst gleichbleibenden Bedingungen nicht einmal die Merkmalsausprägung 1 der Variablen y und zum anderen die Merkmalsausprägung 2 der Variablen y hervorbringen ($x_1 \rightarrow y_1$ und zugleich $x_1 \rightarrow y_2$, wenn $y_1 \neq y_2$). Dies würde dem Prinzip der Erklärung (gleiche Ursachen $\rightarrow$ gleiche Wirkungen) widersprechen. Folglich wird es notwendig sein, auf der Basis allgemeiner Erklärungen von Verhalten nach unterschiedlichen Ansätzen und Theorien zu suchen, die die beiden Verhaltensextreme Konformität und Abweichung in den Griff bekommen. Im einfachsten Falle wäre davon auszugehen, daß die Merkmalsausprägung 1 einer Variablen x konformes Verhalten produziert ($x_1 \rightarrow y_1$), während die Merkmalsausprägung 2 der Variablen x abweichendes Verhalten verursacht $(x_2 \rightarrow y_2)$. Es müssen also bei gleichen Variablenkonstellationen mindestens die Werte der Variablen unterschiedliche Ausprägungen erfahren. *Obgleich wir also Abweichung und Konformität als qualitativ gleichwertige Sachverhalte ansehen, bedarf es zu deren Erklärung unterschiedlicher Ansätze.*

1.1.2. Norm und Verhalten

Die dreifache Verhaltensdetermination durch Situation, Motivation und Verhaltenserwartung, wies bereits darauf hin, daß im konkreten Verhalten eine Orientierung an den Vorstellungen anderer erfolgt. Die Verhaltenserwartungen der anderen können als normative Orientierung im Verhalten definiert werden, weil die Erwartungen selbst normorientiert sind. Normen regeln und leiten unser Verhalten, soweit es sich um normkonformes Verhalten handelt. Wie aber an dem Beispiel des Einbruchs verdeutlicht, wurde dort gegen eine existierende und kodifizierte Norm verstoßen, wobei offensichtlich keine unmittelbare Orientierung an dieser Norm vorlag; andererseits wurde jedoch im konkreten Verhalten die Norm selbst insoweit in Erwägung gezogen, als das Verhalten darauf ausgerichtet war, den Normbruch unentdeckt zu belassen. Demnach orientiert sich auch abweichendes Verhalten an Normen, wobei noch zu analysieren bleibt, in welcher Weise die Normorientierung das Verhalten jeweils determiniert.

In diesem Zusammenhang erscheint die Frage "ob Normen isolierbare Bestandteile eines Handlungszusammenhangs sind, die in der üblichen Weise dem Verhalten als solchem gegenübergestellt werden können" (SACK 1969, S. 996) legitim. Wir haben festgestellt, daß die Normorientierung des Verhaltens für sich genommen, eine potentielle Handlungskonsequenz darstellen kann, deren Umsetzung in konkretes und tatsächliches Verhalten allerdings von zusätzlichen Bedingungen, wie Situation und Motivation abhängt. Die vorgenommene analytische Trennung von Normen und faktischem Verhalten wird mindestens dadurch legitimiert, daß gleiche Normen in offenbar unterschiedlicher Weise sich im konkreten Verhalten manifestieren können, weil z.B. situative oder motivationale Umstände divergierende Verhaltensweisen provozieren. (In der Tat weisen verschiedene Theorien durch unterschiedliche Prioritätensetzung der Komponenten der Verhaltensdetermination auf diesen Sachverhalt hin.) Auch kann man unschwer nachweisen, daß eine bewußte und intendierte Nichtorientierung an bestimmten Normen, d.h. das bewußte Abweichen von diesen eigentlich die Kenntnis der Normen und Norminhalte voraussetzt, was die bewußte Abkehr von diesen erst ermöglicht. Abweichendes Verhalten kann demnach eine negative Normorientierung beinhalten. Die Einbeziehung von Normen in den Erklärungszusammenhang von Verhalten allgemein, wie auch von konformem und abweichendem Verhalten im besonderen könnte also ein gewisses Erklärungspotential darstellen.

Bei einer soziologischen Betrachtung von Normen ist grundsätzlich davon auszugehen, daß das analytische Herausgreifen eines Normenkomplexes nicht gleichbedeutend mit dessen Isolierung in der interaktiven Realität sein kann. Die Relevanz bestimmter Normen und deren Auswirkungen auf das Verhalten können sich erst im gesellschaftlichen Kontext, d.h. innerhalb der – evtl. sogar verschiedenen – Normsysteme einer Gesellschaft erweisen. Wenn die hier postulierte und empirisch verifizierte Existenz verschiedener Normensysteme innerhalb einer Gesellschaft zutrifft, so könnte der Fall konstruiert werden, daß bei konfligierenden Normsystemen in diesen selbst ein Abweichungspotential steckt, sie also zur Erklärung der jeweils als konform bzw. abweichend definierten *gleichen* Verhaltensweisen herangezogen werden können.

Verhaltenserwartungen sind normorientiert, Verhalten selbst ist normorientiert, Definitionen von abweichendem Verhalten erfolgen normorientiert, Normen als potentielle Ursachen für abweichendes Verhalten – der Norm scheint eine zentrale Position im Bereich des abweichenden Verhaltens zuzukommen. Es ist daher notwendig, einige Ausführungen zu Begriff und Stellenwert der Norm zu machen.

1.2. Zum Begriff der Norm

Bisher wurde der Begriff der Norm noch undifferenziert gebraucht, wenn auch immerhin so, daß ein Soziologe bestimmte Vorstellungsinhalte damit verknüpfen konnte. Um aber interpretatorischen Mißverständnissen vorzubeugen, soll hier eine begriffliche Abgrenzung entwickelt werden, die es ermöglicht, Normen zur Erklärung abweichender Verhaltensweisen heranzuziehen.

1.2.1. Normen als Verhaltensforderungen

Namhafte Sozialpsychologen wie SHERIF (SHERIF 1936, S. 3) oder NEWCOMB (NEWCOMB 1952, S. 266) definieren den Begriff der Norm als *Verhaltensgleichförmigkeit*. Norm als Verhaltensregelmäßigkeit in der Soziologie zu definieren, ist jedoch von geringem erkenntnistheoretischen Wert. Hier schließen wir uns der Argumentation SPITTLER's an (SPITTLER 1967, S. 9), der meint, daß mit dieser Definition nichts anderes erreicht wird, als den Gegenstand der Soziologie zu beschreiben, nämlich Regelmäßigkeiten des sozialen Verhaltens.

Bei PARSONS (1949) wird bei der Diskussion des Normbegriffs der Aspekt der *Verhaltensbewertung* und Wertorientierung betont: "A norm is a verbal description of the concrete course of action thus regarded as desirable, combined with an injunction to make certain future actions conform to this course" (PARSONS 1949, S. 75).

Es ist zweifellos richtig, daß jeder Norm ein gewisses Maß an Bewertung immanent ist. Doch diese Bewertung ist eigentlich nicht eine Konsequenz der Norm, sondern sie geht als deren Wertorientierung ihr voraus; Normen sind als Konkretisierungen der Werte zu verstehen. Insoweit halten wir Normen durchaus für ein geeignetes Instrument, anhand der Normorientierung des Verhaltens den Grad der Übereinstimmung mit diesen Werten zu messen. Norm als Verhaltensbewertung ist aber eine zu enge Definition, weil der Fall konstruierbar ist, daß es wertindifferente (z. B. ethisch und moralisch nicht in Normen fixierte) Handlungen gibt. Die DURKHEIM'sche Unterscheidung nach "obligation und désirabilité" (DURKHEIM 1963, S. 50) verdeutlicht diese Differenzierung. Sie darf allerdings nicht im Sinne von gegenseitiger Ausschließlichkeit verstanden werden, denn hinter der Pflicht eines bestimmten Verhaltens steht wohl immer dessen prinzipielle Wünschbarkeit.

Wenn man eine Begriffsbestimmung der Normen geben möchte, so "unterscheidet man wohl am besten mit Theodor GEIGER zwischen der Tatsache der Regelhaftigkeit des Verhaltens an sich und dem Geregeltsein als dem Ergebnis bewußter normierender Tätigkeit" (KÖNIG 1967, S. 257). Die Regelhaftigkeit ist durchaus ein Konstituens für eine soziologische Normdefinition, genügt allein jedoch nicht, die Norm in ausreichender Weise zu charakterisieren. LAUTMANN (1969, S. 54) arbeitet in besonderer Weise das Definitionselement des "Sollens" heraus. *Normen sind danach Regeln für bewußtes Handeln, Vorschriften für Verhalten, Verhaltenserwartungen oder gar Verhaltensforderungen.* Verknüpft man die Definitionselemente der Regelmäßigkeit und der Verhaltenserwartung, so kommt man zu der von SPITTLER vorgenommenen Normdefinition (SPITTLER 1967, S. 14). *"Wir definieren jetzt Normen vorläufig als Verhaltensforderungen für wiederkehrende Situationen. Damit wird der Aspekt der Regelmäßigkeit mit in die Definition genommen, allerdings nur insofern, als ein bestimmtes Verhalten in wiederkehrenden Situationen regelmäßig gefordert wird. Ob das tatsächliche Verhalten die gleichen*

Regelmäßigkeiten aufweist, ist eine andere Frage." Dieser soziologische Begriff der Norm wird im allgemeinen recht konsistent gebraucht und dürfte bei Soziologen kaum auf erheblichen Widerspruch stoßen. Erkenntnistheoretisch gesehen, ist die Bedeutung dieses Normbegriffs in der obigen Definition normativ-evaluativ im Gegensatz zu dem deskriptiv-statistischen Normbegriff (Norm als Durchschnitt oder häufigster Wert).

1.2.2. Geltungs- und Wirkungsgrad von Normen

"Die Normgebundenheit des sozialen Verhaltens ist eine einfache, ja triviale Alltagserfahrung" (POPITZ 1961, S. 185), so daß es sich erübrigt, in eine Diskussion über die grundsätzliche Existenz von Normen einzutreten. Auch wurde bisher darauf verzichtet, Genese und Ätiologie von Normen zu betrachten, was uns in Abschnitt 1.2.5. noch ausführlicher beschäftigen wird.

Wenn wir von der Existenz und Verhaltensrelevanz von Normen ausgehen und Normen als Verhaltensforderungen definieren, so impliziert dies, daß es Personen oder Institutionen geben muß, die den normativen Anspruch auf ein bestimmtes Verhaltensmuster in bestimmten Situationen stellen und durchzusetzen versuchen. Weiter muß es solche Personen oder Personengruppen geben, an die sich die in den Normen ausgedrückten Verhaltensforderungen richten. Normen, die keinen Adressaten haben, sind sinnlos. Nicht zuletzt muß auch gelten, daß Normen sich in ihrer Aussage auf konkrete Sachverhalte zu beziehen haben. Abstrakte und zu allgemeine Formulierungen verlieren ihre Verhaltensrelevanz und dienen möglicherweise nur dazu, bestimmte Ideologien zu rechtfertigen. In diesem Zusammenhang verweist TOPITSCH zu Recht darauf, daß Normen, die keine eindeutigen Verhaltensforderungen stellen, Formeln sind, die "durch ihre Leerheit den Eindruck zeitlos gültiger moralischer oder juristischer Grundsätze erwecken"; solche Normen bezeichnet er als "pseudonormative Leerformeln, denen es an Normgehalt mangelt" (TOPITSCH 1966, S. 28).

Es ist daher sowohl für das konkrete Verhalten, wie für die Analyse von Normen und Verhalten und deren Kompatibilitätsverhältnis erforderlich, daß der vorläufig entwickelte Normbegriff erweitert und präzisiert wird. Mit ROMMETVEIT können wir daher ergänzen: wir nennen jene, die die Normen setzen, *Normsender* und jene, an die die Norm sich wendet, *Normadressaten* (ROMMETVEIT 1955, S. 45). Normsender und Normadressaten können partiell identisch sein (vgl. z.B. das Strafrecht, das auch für die Normsender gilt, aber nur von wenigen Normadressaten, nämlich der Legislative gesetzt wird). Eine erste interessante Analysemöglichkeit bietet sich nun darin, daß unterschiedliche Überschneidungs-, Ausschließungs- und Identitätsverhältnisse zwischen Normadressaten und Normsendern feststellbar sein können. Aus diesem relationalen Verhältnis lassen sich evtl. bereits Erkenntnisse über Relativität, Ideologieverdächtigkeit, Machtverhältnisse etc. gewinnen, die sich in Normen niederschlagen können.

Der Idealfall, daß sowohl bei den Normsetzern als auch bei den Normadressaten die Norm vollständig anerkannt, akzeptiert und im Verhalten realisiert wird, dürfte selten sein. Betrachten wir den Grad der Akzeptierung einer Norm vom Normsetzer her, so sprechen wir vom *Geltungsgrad* (POPITZ 1961, S. 195). Der Geltungsgrad, also das Ausmaß, in dem die Normsetzer selbst davon überzeugt sind, daß die von ihnen aufgestellte Norm als Verhaltensforderung sinnvoll und notwendig ist, kann sich für die Analyse als wertvoll und nützlich erweisen. Stellt man nämlich einen geringen Geltungsgrad fest, so wird sich von vornherein die Frage erheben, ob die Norm legitim und nützlich ist. Gleichfalls läßt ein geringer Geltungsgrad auch darauf schließen, daß nur geringe Aussicht auf optimale Durchsetzung der Norm bei den Normadressaten besteht. Denn eine Forderung, die nicht von allen in einem gewissen Ausmaße befolgt und nicht ungeteilt gefordert wird, verliert ihren Anspruchs- und Absolutheitscharakter. Das Befolgen bzw. Nichtbefolgen der Verhaltensforderungen in Normen, kann durch den Begriff des *Wirkungsgrades* (PAHLKE 1964, S. 285) evtl. sogar quantitativ gefaßt werden. Der Wirkungsgrad einer Norm kann nach unserer Auffassung ein Kriterium zur Messung der Gültigkeit von Normen darstellen. Ist der Wirkungsgrad einer Norm gering, d. h., wird eine Norm nur von einer Minderheit von Normadressaten befolgt, so kann unter Vernachlässigung der möglichen Ursachen behauptet werden, daß die Norm wegen ihrer fragwürdigen Basis entweder nicht befolgt werden kann oder willentlich nicht befolgt wird, weil deren Notwendigkeit nicht einsichtig ist.

Normsender, Normadressaten, Geltungsgrad und Wirkungsgrad sind begriffliche Konzepte im Umfeld der Normen, die heuristischen Wert insoweit besitzen, als sie in der konkreten Normanalyse wichtige Erkenntnisse im Hinblick auf Verhalten und Normorientierung und mithin auf normkonformes oder normabweichendes Verhalten liefern können.

1.2.3. Sanktionierung zur Durchsetzung von Normen

Ein 100%iger Wirkungsgrad von Normen, d. h. eine vollständige Befolgung der Norm durch die Normadressaten ist eine Idealvorstellung, die realiter nicht eingelöst werden kann. Wenn aber Normen Verhaltens*for-*

derungen sind, also ihrem Anspruchscharakter nach auf Einhaltung dringen, so muß es Mechanismen geben, die die Durchsetzung der Normorientierung im Verhalten mindestens in einem hohen Ausmaße gewährleisten. Dies bedeutet, daß Mittel und Wege gefunden werden müssen, einen hohen Wirkungsgrad der Normen zu erzielen.

Der sozial relevante Mechanismus, der der Durchsetzung der Normen dienen soll, wird in der Soziologie als *soziale Kontrolle* bezeichnet. Im wesentlichen synonym mit dem Begriff der sozialen Kontrolle kann der der *Sanktion* gebraucht werden. Der soziologische Begriff der Sanktion unterscheidet sich vom alltagssprachlichen dadurch, daß Sanktionen sowohl positiv wie auch negativ (zum Zwecke des Verstärkens oder Abbaus bestimmter Verhaltensweisen) eingesetzt werden können. In der Regel wird man davon ausgehen können, daß normkonformes Verhalten belohnt, normabweichendes Verhalten bestraft wird. Damit ist jedoch das Problem der Normdurchsetzung mittels Sanktionierung noch nicht gelöst. So kann eine bestimmte Strafe für abweichendes Verhalten durch anderweitige Belohnung für eben dieses Verhalten kompensiert oder gar übertroffen werden. Normen können auch kontradiktorisch sein, so daß ein Konflikt in der Normbefolgung notwendigerweise entstehen muß, also auch negative Sanktionen evtl. in Kauf genommen werden müssen. Der Sanktionsmechanismus allein kann also keineswegs perfekte Normbefolgung garantieren.

Normen als Verhaltensimperative, die funktional für das Interaktionssystem sein sollen, haben nur dann Sinn, wenn auf irgendeine Weise Konformität garantiert werden kann (wobei noch diskutiert werden müßte, in welchem Ausmaße Konformität gewährleistet sein sollte). Hier erweist sich der Sanktionsmechanismus in der Tat als brauchbares Instrument. Die Sanktionierung normabweichenden Verhaltens sollte jedoch nicht als individuelle Strafe für den Normabweichler verstanden werden, auch wenn sie als solche empfunden wird. Ist einmal eine Norm gebrochen und wird der Normbrecher bestraft, so wird ja dadurch der Normbruch nicht rückgängig gemacht. Der status quo ante kann nämlich schon jenes Stadium des Überhandnehmens der Normbrecher erreicht haben, so daß eine Bestrafung völlig sinnlos wäre. Sanktionen können soziologisch gesehen nur den Sinn haben, daß für den individuellen Abweichler *zukünftiges* Verhalten normkonform ablaufen wird und daß für alle potentiellen Abweichler eine stärkere Normorientierung einsetzt. Die wesentlichste Funktion der Sanktionierung ist also die Präventivwirkung (juristisch gesehen sowohl Spezial- als auch Generalprävention).

Die Notwendigkeit einer irgendwie gearteten Sozialkontrolle in Form der Sanktionierung jeglichen Verhaltens dient der Normdurchsetzung und kann in unterschiedlicher Weise begründet werden: z. B. metaphysisch durch die Erbsünde, psychologisch durch den Charakter und soziologisch durch ungenügende Sozialisation. Gleichgültig welche Interpretation auch herangezogen wird, die Sanktionierung legitimiert sich im wesentlichen durch ihren Erfolg, der über einen hohen Wirkungsgrad der Norm festgestellt wird. Die Funktionalität des Sanktionsmechanismus zur Durchsetzung von Normkonformität kann von der Höhe der Sanktion (Strafe) abhängen. Für abweichendes Verhalten werden "Exempel statuiert", die abschreckende, abhaltende Wirkung haben sollen. Diese Funktion der Strafe als einer möglichen Sanktionsform ist allerdings nicht unumstritten. So kann man unschwer nachweisen, daß eine maximale Strafhöhe (wie die Todesstrafe) sicher nicht jeden davon abhält, einen anderen Menschen zu töten, weil z. B. bestimmte situative und motivationale Elemente stärker im konkreten Verhalten zum Zuge kommen, als die Normorientierung und die Strafandrohung (vgl. z. B. Totschlag im Affekt). Daß das Strafmaß, d. h die Sanktionshöhe allein nicht entscheidend sein kann für die Erzwingung von normkonformem Verhalten, geht schon aus der Tatsache hervor, daß Strafandrohung nicht gleichzusetzen ist mit faktischer Bestrafung. Viel bedeutsamer, als die angedrohte Sanktionierung ist einmal die tatsächliche *Sanktionsbereitschaft* und zum anderen die Wahrscheinlichkeit dafür, daß ein bestimmtes normabweichendes Verhalten auch tatsächlich sanktioniert wird. Aus der Kriminalstatistik und der Dunkelziffer wissen wir, daß nicht jedes abweichende Verhalten bestraft werden kann. Für jedes Delikt kann eine bestimmte Dunkelziffer bzw. eine bestimmte Wahrscheinlichkeit dafür angegeben werden, daß der Normbrecher tatsächlich bestraft wird. Glaubt also ein potentieller Normbrecher, daß die *Sanktionswahrscheinlichkeit* für sein Verhalten gleich 0 ist, so nützt die höchste Strafandrohung nichts: er wird sich gleichwohl abweichend verhalten, weil er damit rechnet, nicht bestraft zu werden. Ähnliches gilt für solche Verhaltensweisen, wo zwar bestimmte Sanktionierungen angedroht werden, die Sanktionsbereitschaft (z. B. die Bereitschaft zur Strafverfolgung) aber gering ist. Wollte man diese Überlegungen formalisieren, so müßte man eine multiplikative Verknüpfung zwischen angedrohter Sanktionierung, Sanktionsbereitschaft und Sanktionswahrscheinlichkeit herstellen. Immer dann, wenn eine der drei Variablen 0 wird (d. h. von dem potentiell Abweichenden als 0 perzipiert wird, denn nur seine Wahrnehmung ist für sein konkretes Verhalten ausschlaggebend), wird also abweichendes Verhalten – unter den ceteris-paribus-Bedingungen Situation und Motivation – auftreten.

Durch die positive und negative Sanktionierung bestimmter Verhaltensweisen gilt es, eine Zunahme der Abweichungen zu vermeiden. Die

Sanktionen gegenüber dem Normbrecher sind, wie gezeigt wurde, weniger individuell als generell und zukünftig bezogen, um von abweichenden Verhaltensweisen Abstand nehmen zu lassen. Die tatsächliche Sanktionierung ist also nur insofern wesentlich, als durch sie die Sanktionsbereitschaft im Handeln des einzelnen bewußt und praktiziert wird. (Auf die vielfältigen anderen Probleme, die mit gesellschaftlicher Sanktionierung verbunden sind, kann hier nicht eingegangen werden. Man vergleiche hierzu die Aufsatzsammlung LÜDERSSEN/SACK 1977.)

Zwischen Geltungs- und Wirkungsgrad einer Norm sowie der Sanktionswahrscheinlichkeit für normabweichendes Verhalten besteht eine wechselseitige, jedoch nicht vollständige Abhängigkeit: Nimmt z. B. die Sanktionsbereitschaft ab, so werden schließlich in der Regel auch Geltungs- und Wirkungsgrad abnehmen, ein abnehmender Geltungsgrad wird Folgen für Wirkungsgrad und Sanktionsbereitschaft haben und die Sanktionsbereitschaft wird sich dem Wirkungsgrad anpassen, will der Normsender Unglaubwürdigkeit vermeiden. "Erst im Zusammenspiel von Wirkungsgrad, Geltungsgrad und Sanktionsbereitschaft kann durch deren Analyse die Angemessenheit von Normen beurteilt werden" (LAMNEK 1970, S. 62). Zur Veranschaulichung soll eine Dichotomisierung der Ausprägungen der drei Merkmale in hoch und niedrig und eine begriffliche Zuordnung dieser Konstellationen auf die Normen bezogen vorgenommen werden:

Abb. 1: Normmatrix

	Geltungs-grad	Wirkungs-grad	Sanktions-bereitschaft	Norm
1	+	+	+	Idealnorm
2	+	+	−	Selbstverständlichkeitsnorm
3	+	−	+	Zwangsnorm
4	−	+	+	informelle Norm
5	+	−	−	Pseudonorm
6	−	+	−	Residualnorm
7	−	−	+	Formalnorm
8	−	−	−	Exnorm

+ = hoher Grad   − = geringer Grad

Dieses idealtypische und vereinfachte Modell sei an einigen Beispielen illustriert:

Zu 1 (Idealnorm) Wirkungs- und Geltungsgrad sind nahezu 100% und eine Abweichung von der Norm wird hoch sanktioniert.
Beispiel: Norm, die Mord und Totschlag verbietet.

Zu 2 (Selbstverständlichkeitsnorm) Geltungs- und Wirkungsgrad sind hoch, doch ist die Sanktionierung relativ gering.
Beispiel: Paragraphen 201–210 des StGB (Zweikampf). Da z.Z. Duelle kaum praktiziert werden, kann von einem hohem Wirkungsgrad der Norm, die den Zweikampf verbietet, ausgegangen werden, ebenso von einem hohen Geltungsgrad. Die Sanktionierung ist jedoch relativ gering im Verhältnis zur Tat (Tötung eines Menschen), geringer als z.B. bei Körperverletzung mit Todesfolge.

Zu 3 (Zwangsnorm) Obgleich Geltungsgrad und Sanktionsbereitschaft hoch sind, hat die Norm nur einen geringen Wirkungsgrad.
Beispiel: Das Verbot der Schwangerschaftsunterbrechung, besonders vor der Reform des Paragraphen 218.

Zu 4 (Informelle Norm) Bei geringen Geltungsgrad sind Wirkungsgrad und Sanktionsbereitschaft hoch.
Beispiel: Die besonders in den USA geltende informelle Forderung, wonach ein Mädchen unberührt in die Ehe gehen müsse, ein Mann aber entsprechende Erfahrungen haben könne bzw. solle. Da diese Norm nicht institutionalisiert ist, ist ihr Geltungsgrad gering, gleichwohl ist sie aber wirksam.

Zu 5 (Pseudonorm) Hier ist nur noch der Geltungsgrad hoch, Wirkungsgrad und Sanktionsbereitschaft dagegen niedrig.
Beispiel: Obgleich die Entblößung sekundärer weiblicher Geschlechtsmerkmale in der Öffentlichkeit als Erregung öffentlichen Ärgernisses gilt, hat sich das Baden "oben ohne" weitgehend durchgesetzt (geringer Wirkungsgrad) und wird kaum mehr geahndet.

Zu 6 (Residualnorm) Obgleich Geltungsgrad und Sanktionsbereitschaft gering sind, ist die Norm wirksam.
Beispiel: Sodomitisches Verhalten wird seit der kleinen Strafrechtsreform nicht mehr bestraft. Dennoch ist der Wirkungsgrad hoch, weil Tierkontakte weiterhin relativ selten sind.

Zu 7 (Formalnorm) Bei geringem Geltungs- und Wirkungsgrad besteht weiterhin (infolge einer Verselbständigung der Sanktionsfunktion) eine hohe Sanktionsbereitschaft.
Beispiel: Bevor die kleine Strafrechtsreform in Kraft treten konnte, war man auf Seiten des Normsetzers übereingekommen, bei Homosexualität den einfachen Tatbestand straffrei zu belassen, doch bis zum Wirksamwerden der Reform mußte sich die Rechtsprechung an das noch bestehende Recht halten und Homosexualität weiterhin bestrafen.

Zu 8 (Exnorm) Sowohl Geltungs- und Wirkungsgrad als auch die Sanktionsbereitschaft sind gering (bzw. nicht mehr vorhanden).
Beispiel: Bis vor einiger Zeit war in Dänemark die Herstellung und Verbrei-

tung pornographischer Erzeugnisse verboten. Diese, inzwischen abgeschaffte Norm zeigt, würde sie nach heutigen Maßstäben gemessen, die Merkmale einer Exnorm.

Diese Ausführungen lassen erkennen, daß die Stabilität von Normen mehr oder weniger stark gefährdet ist. So kann z. B. eine Idealnorm über eine Zwangsnorm (Verlust des Wirkungsgrades) zu einer Pseudonorm (Verlust der Sanktionsbereitschaft) und schließlich zu einer Exnorm werden: Das Modell zeigt, wie mit Hilfe der drei Begriffe Geltungsgrad, Wirkungsgrad und Sanktionsbereitschaft eine Analyse von Normen vorgenommen werden kann und weist zugleich auf deren Eigenschaft, wandelbar zu sein, hin.

1.2.4. Toleranzbereich und Verhaltenstransparenz

Die Präventivwirkung einer Sanktion hängt – wie ausgeführt – vornehmlich davon ab, daß Sanktionsbereitschaft und Sanktionswahrscheinlichkeit besteht. Es wurde auch darauf hingewiesen, daß die situativen und motivationalen Elemente der Verhaltensdeterminanz so stark werden können, daß sie die Norm- und Sanktionsorientierung dominieren, es also gleichwohl zum abweichenden Verhalten kommt (man denke hier nur an den im Strafgesetz geregelten Tatbestand des Notstandes, der z. B. durchaus die Tötung eines anderen als nicht strafbar zuläßt). Abweichungen von Normen können aber auch dadurch entstehen, daß Normen zueinander konträr sind, daß bestimmte Normen nicht bekannt sind (juristisch: Verbotsirrtum), daß manche Normen höher bewertet werden als andere etc. In all diesen Fällen von abweichendem Verhalten kann nicht rigoros sanktioniert werden, weil sonst die Wirkung der Sanktion im Sinne der Normdurchsetzung Schaden nähme. So entsteht ein gewisser *Verhaltensspielraum innerhalb dessen die Verhaltensweisen mehr oder weniger normkonform, aber immer noch geduldet sind. Erst außerhalb dieses Toleranzbereichs greifen Sanktionen ein* (JACKSON 1960). Auf diesen Sachverhalt macht insbesondere auch WISWEDE aufmerksam (WISWEDE 1973, S. 25), der zugleich darstellt, daß überangepaßte Normkonformität auch zu einer Form der Abweichung werden kann.

Hier ergibt sich für den Normsetzer, da er ja für die Durchsetzung der Norm mitverantwortlich ist (wenngleich die Zuständigkeit der Sanktionsfunktion auch delegiert sein kann; Legislative und Exekutive) die Möglichkeit, auf einen geringen Wirkungsgrad zu reagieren. Bei der Erweiterung des Toleranzbereichs kann u. U. eine Annäherung des Verhaltens an die Norm erfolgen. Bei einer Verengung des Toleranzbereiches wird eine

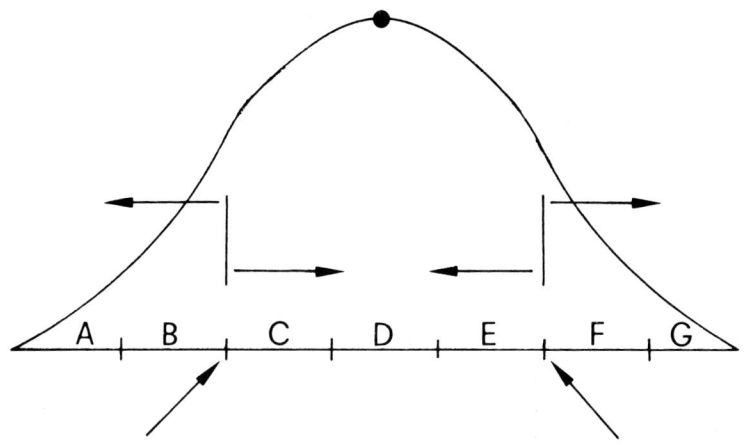

A = nonkonforme Kontrakultur   E = geringe Über-Konformität
B = extreme Non-Konformität   F = extreme Über-Konformität
C = geringe Non-Konformität   G = überkonforme Kontrakultur
D = Normal-Konformität

Zunahme abweichender Verhaltensweisen zu verzeichnen sein, was für die Normdurchsetzung problematisch werden dürfte. Der Toleranzbereich ist also nicht nur ein Hilfsbegriff für die Analyse von Norm und Verhalten, sondern hat einen eminent praktischen Bezug. Durch die Erweiterung des Toleranzbereichs kann die Sanktionsfunktion entlastet, das Ausmaß der Abweichung formal reduziert, der Wirkungsgrad erhöht werden.

Die Analyse des Wirkungsgrades einer Norm, also der Verbreitung des normkonformen, bzw. abweichenden Verhaltens bei den Normadressaten ist eine empirische Frage. Den Wirkungsgrad exakt zu messen, ist zweifach schwierig: Entweder man stützt sich auf in empirischen Erhebungen berichtetes, früheres, abweichendes Verhalten, so besteht eine gewisse Gefahr der Unwahrheit; oder man beobachtet das Verhalten unmittelbar, so wird man feststellen müssen, daß nicht alle normrelevanten Verhaltensweisen beobachtbar, die Resultate also ebenfalls verzerrt sind (vgl. hierzu z.B. Dunkelziffer und Kriminalstatistik für die Strafrechtsnormen) (KERNER 1973, POPITZ 1968, OPP 1974, S. 52–68, WALLERSTEIN/WYLE 1947).

Für die wissenschaftliche Analyse des Wirkungsgrades ist dies ein unlösbares Problem. Für die Wirklichkeit des sozialen Handelns ist gerade Voraussetzung, daß keine lückenlose Information über abweichendes Verhalten erfolgt. "Kein System sozialer Normen könnte einer perfekten Verhaltenstransparenz ausgesetzt werden, ohne sich zu Tode zu blamieren. Eine Gesellschaft, die jede Verhaltensabweichung aufdeckte, würde zugleich die Geltung ihrer Normen ruinieren. ... Normbrüche sind unvermeidbar, aber es ist vermeidbar – und es wird stets vermieden –, daß sie alle ans Tageslicht kommen" (POPITZ 1968, S. 9).

Wegen der gelegentlichen Unvermeidbarkeit des Normbruches und damit des prinzipiell möglichen abweichenden Verhaltens war die Sanktion eine unerläßliche Komponente zur Erzielung eines hohen Wirkungsgrades. Wir haben aber gezeigt, daß die Sanktion ihre Schutzfunktion innerhalb des Toleranzbereichs nicht ausüben kann, weil die strikte und stetige Anwendung ihre Quantität so sehr steigern würde, daß ihre Qualität verlorenginge. (Man denke hierbei an die Entkriminalisierung des Straßenverkehrsrechts.) Die *eingeschränkte Verhaltenstransparenz* ergänzt die Funktion des Toleranzbereichs. "Die Nichtentdeckung von Normbrüchen ist daher auch, ja vor allem zur Entlastung der Sanktionskomponente wesentlich" (POPITZ 1968, S. 15). Damit ist sowohl der Wirkungsgrad der Norm, wie auch die Wirkung der Sanktion durch die reduzierte Verhaltenstransparenz geschützt. Für die Untersuchung des Wirkungsgrades und der Sanktionswirkung ist daher erforderlich, die Verhaltenstransparenz miteinzubeziehen. Insbesondere auch deswegen, weil die Verhaltenstransparenz die Sanktionswahrscheinlichkeit mitbestimmt. Die Verhaltenstransparenz kann möglicherweise derart manipuliert werden, daß absichtlich auf die Kenntnisnahme abweichenden Verhaltens verzichtet wird, um den Wirkungsgrad mindestens dem Schein nach bestehen zu lassen (dies gilt z. B. in Übergangsstadien, in denen sich Normen im Wandel befinden). Wird auf die Information über das abweichende Verhalten nicht verzichtet und ist dieses quantitativ erheblich, so führt dies entweder zu einer exzessiven Vermehrung der Sanktionen, womit diese ihre Wirkung verlieren, oder die Sanktionsbereitschaft stumpft ab, was letztlich den gleichen Effekt erzielt. Im einen Fall zeigt sich der Qualitätsverlust der Sanktion, im anderen das Ausmaß der Nichtgeltung der Norm und beide wirken sich negativ auf die Konformitätsbereitschaft aus.

POPITZ hat hierzu ein Modell der Geltungsstruktur sozialer Normen entworfen (POPITZ 1968, S. 10), das durch die Differenzierung von Norm und Sanktion einerseits, wie von Normbruch und Normbrecher andererseits, Einblicke in die Variablenkonstellationen ermöglicht, die sich auf Verhaltenstransparenz, Sanktionierung und Abweichung beziehen.

Abb. 3: Modell der Geltungsstruktur sozialer Normen (aus POPITZ 1968, S. 10)

(a)	(b)	(c)	(d)	(e)
Verhaltens-geltung:	*Sanktions-geltung:*	*Nicht-geltung I:*	*Nicht-geltung II:*	*Nicht-geltung III:*
Norm-konformes Verhalten	Abweichendes, sanktioniertes Verhalten	Normbrecher bekannt, nicht sanktioniert	Normbrecher unbekannt, Normbruch bekannt	Normbrecher unbekannt, Normbruch unbekannt ("Dunkel-ziffer")

Die Differenzierung zwischen Täter und Tat ist in ihrer Konsequenz für die Sanktionsmöglichkeit von entscheidender Bedeutung. Ohne die Möglichkeit der Normbrecher, unerkannt zu bleiben, überschreitet die Sanktionshäufigkeit jene Grenze, die dann zur entscheidenden Qualität der Nonfunktionalität werden kann.

"Negative Sanktion ist nur so lange sinnvoll, als sie ein Minderheitsphänomen bleibt. Ist das übersehen, so verbaut man sich mögliche Einsichten in die Prozesse des Normwandels. So ist etwa keineswegs ausgemacht, daß das Abklingen sozialer Normen durch eine Reduktion der Verhaltensgeltung – eine Zunahme der Normbrüche – eingeleitet wird. Auch eine Reduktion der Dunkelzifferquote kann diesen Prozeß inaugurieren. Worauf dann zu achten wäre, ist die spezifische 'quantitative Empfindlichkeit' der Sanktionskomponente. Die Sanktion ist nicht nur ein wesentlicher Träger der Normgeltung, sondern auch der Seismograph des Normwandels" (POPITZ 1968, S. 19).

1.2.5. Die Institutionalisierung von Normen

Kehren wir zu früheren Überlegungen zurück, um ein weiteres Element der Norm zu erläutern. Wir haben gesehen, daß es in der Vielfalt der Normsysteme innerhalb einer Gesellschaft ein gewisses Maß an Übereinstimmung in grundsätzlichen Fragen gibt und geben muß. In kleinen Gruppen, die von jedem Mitglied überschaubar sind, bildet sich informell eine Übereinkunft über gewisse Verhaltensweisen und -anforderungen, die mit TÖNNIES (1887) als Verständnis, Eintracht, Brauch und Sitte bezeichnet werden können. (Der Prozeß der Herausbildung von Normen, deren Verfestigung in Institutionen, sowie die Entlastung derartiger Typisierungen und Normierungen für den einzelnen und die Gruppe werden von BERGER und LUCKMANN ausführlich beschrieben [BERGER/LUCK-MANN 1969, S. 56 ff.].) Erst wenn eine menschliche Gemeinschaft so sehr sich ausweitet, daß persönliche Überschaubarkeit aufhört, die Komplexität des Gesellschaftssystems zunimmt, müssen jene informellen Verhaltenserwartungen in Verträge, Konventionen, Satzungen und Gesetzgebungen übergeführt werden, um jenen Kern der Gemeinsamkeiten zu schützen. In einer kleinen Gemeinschaft bedarf es keiner Institution, die irgendwelche Normen etabliert und sanktioniert. Jedes einzelne Mitglied kann diese Funktion wahrnehmen und tut es auch. In sehr differenzierten sozialen Gebilden wäre der einzelne aber überfordert, sollte er die Normsetzung und -überwachung quasi nebenbei auch noch übernehmen. Diese beiden Funktionen verselbständigen sich, sie werden an Institutionen abgegeben.

Face-to-face-Kontakte in kleinen Gruppen unterliegen einer gewissen Selbstregulierung, die sich durch länger dauernde Interaktionserfahrungen herauskristallisieren. Dort werden die Verhaltensforderungen der jeweiligen Partner mehr durch die einzelne Person und Persönlichkeit als durch ihre Position bestimmt. *Immer dann, wenn das soziale Handeln mehr durch Positionsbeziehungen als durch Persönlichkeitsbeziehungen bestimmt wird* (beide treten immer gemeinsam auf und es kann sich immer nur um die Dominanz des einen oder anderen Faktors handeln), *dient es der Verhaltenssicherheit, wenn die Verhaltensanforderungen institutionalisiert sind.* Die Institutionalisierung der Normierungs- und Sanktionsaufgaben bietet daher Funktionalität und Effizienz im Sinne einer größeren Verhaltenssicherheit. Durch die "Delegation" dieser Funktionen an Institutionen erfolgt die "soziale Generalisierung. .. Soweit eine Erwartung institutionalisiert ist, kann der Erwartende von Zustimmung ausgehen, ohne individuelle Meinungen und Motive geprüft zu haben. Das erspart es in der Regel, die Konsensfrage zu stellen und zu diskutieren und ermöglicht so rasche Verständigung über ausgewählte Themen der Situation" (LUHMANN 1965, S. 627). Wenn soziales Handeln durch die Norm mitdeterminiert wird, und wenn durch das Handeln bestimmte Situationen bewältigt werden sollen, so ist es erforderlich, daß die Verhaltenserwartungen der Handlungspartner quasi durch institutionalisierte Normen standardisiert sind, so daß der Handelnde seine Identität (vgl. MEAD 1968) gewinnt bzw. bewahrt.

Die Institutionalisierung von Normen ist nicht notwendigerweise ein Kennzeichen aller Normen (denn auch informelle Normen determinieren menschliches Verhalten). Aber die Institutionalisierung dient in komplexen sozialen Systemen der Verhaltenssicherheit, weil solche institutionalisierte Normen durch Sozialisation allgemein und jedem Mitglied des sozialen Systems vermittelt werden können und Standardisierungen von Situationen, Positionen und Verhaltensweisen unabhängig von den Personen und Persönlichkeiten schaffen, die ein quasi "schematisiertes" Verhalten erlauben.

1.2.6. Charakteristika von Normen

Die im Kap. 1.2. gemachten Ausführungen zum Begriff der Norm sollen summarisch rekapituliert werden:

- Durch Normen artikulieren sich *Forderungen eines bestimmten Verhaltens für bestimmte Situationen.*
- *Normen werden von bestimmten Personengruppen* (auch Institutionen) *gesetzt und an spezifische Personengruppen adressiert.*
- *Normen werden mit Hilfe von positiven und negativen Sanktionen* durchgesetzt.
- Bei den Normsetzern kann ein empirisch feststellbarer Grad der Zustimmung zu den gesetzten Normen, der sog. *Geltungsgrad* festgestellt werden.
- Das Ausmaß der Befolgung einer Norm durch die Normadressaten (Normkonformität) manifestiert sich in dem empirisch meßbaren *Wirkungsgrad.*
- Normen haben so lange den oben definierten Charakter, als ihre Durchsetzung mit der Androhung einer bestimmten Sanktionshöhe, einer *Sanktionsbereitschaft* und einer *Sanktionswahrscheinlichkeit* einhergeht, die jeweils größer als 0 sein müssen.
- Als Determinanten der Sanktionshöhe, -bereitschaft und -wahrscheinlichkeit müssen der *Toleranzbereich* und die *Verhaltenstransparenz* einbezogen werden, weil beide wichtige Erkenntnisse auch im Hinblick auf Geltungs- und Wirkungsgrad von Normen liefern können.

1.3. Norm und abweichendes Verhalten

Aus der grundsätzlichen Normorientiertheit des Verhaltens haben wir abgeleitet, daß es normkonformes und normabweichendes Verhalten gibt. Die Ausschließlichkeit der Normorientierung in der Abweichungsdefinition könnte den Eindruck erwecken, als wären Normen apodiktisch immer und überall geltende Verhaltensforderungen, deren Realisierung oder

Abweichung im Verhalten immer eindeutig feststellbar ist. Die Erkenntnisse des labeling approach (vgl. hierzu 2.5.), haben nun in besonderer Weise darauf aufmerksam gemacht, daß die Normorientierung für eine Definition abweichenden Verhaltens nicht in jedem Falle ausreichend ist. Zum Teil werden sogar Argumente geliefert, die gegen die Normorientierung überhaupt sprechen, während andere Autoren nur gegen die Ausschließlichkeit der normorientierten Definition Einwände vorzubringen haben. In der Tat ist es bis zur Kenntnisnahme des labeling approach bei praktisch allen Theorien abweichenden Verhaltens so gewesen, daß von der Gültigkeit einer bestimmten Norm ausgegangen, das Verhalten daran gemessen und entsprechend als konform oder abweichend qualifiziert wurde. Abgesehen von einem gewissen nicht notwendigerweise beabsichtigten evaluativen Nebeneffekt dieser Klassifikation können Argumente, die nicht unbedingt einer bestimmten soziologischen Theorie abweichenden Verhaltens zuzuordnen sind, dazu herangezogen werden, die Relativität einer solchen Vorgehensweise deutlich zu machen.

Mißt man ein konkretes Verhalten an einer auf dieses Verhalten bezogenen Norm, so besteht, wie der labeling approach ausführt, mindestens die Gefahr, daß nicht hinterfragt wird, ob die der Beurteilung zugrundegelegte Norm zu Recht den Anspruch erhebt, als unbedingte Verhaltensanforderung gelten zu dürfen. Jede Feststellung eines abweichenden Verhaltens wäre erst dann als solche zu treffen, wenn die Sinnhaftigkeit, Gültigkeit und Notwendigkeit der je konkreten Norm legitimiert wäre. Ein solcher Nachweis setzt jedoch bestimmte ethische, moralische, politische und theoretische Überlegungen voraus, die selbst wiederum normativ orientiert sind, so daß man mindestens Gefahr liefe, einen infiniten Regreß zur Definition der Abweichung heranziehen zu müssen. Andererseits ist aber durchaus unbestritten, daß objektiv gleiche Verhaltensweisen situationsspezifisch, positionsspezifisch, kulturspezifisch etc. sowohl zu konformen, wie auch zu abweichenden Verhaltensweisen gerechnet werden können. Wenn dies aber so ist, dann kann aus dem Verhalten per se nicht geschlossen werden, ob es sich um konformes, oder um abweichendes Verhalten handelt. Es muß also außerhalb des Verhaltens selbst eine Instanz geben, die Kriterien dafür an die Hand liefert, ein bestimmtes Verhalten auf der Dimension Konformität/Abweichung zu beurteilen. Ob dieses Kriterium die Norm sein muß, kann zunächst dahingestellt bleiben. Im weiteren soll jedoch versucht werden, einige Gründe dafür anzugeben, weshalb notwendigerweise normabweichendes Verhalten auftreten muß und weshalb eine ausschließliche normorientierte Definition abweichenden Verhaltens fragwürdig ist.

1.3.1. Die interkulturelle Variabilität von Normen

Der lapidare Spruch "andere Länder, andere Sitten" kennzeichnet den Sachverhalt, daß kulturspezifisch durchaus unterschiedliche Normen als Verhaltensforderungen an einzelne Gesellschaftsmitglieder gestellt werden. Ist es bei den Eskimos z. B. üblich, aus Gastfreundschaft dem Besucher die eigene Ehefrau anzubieten, so würde dieselbe Verhaltensweise in westlichen Kulturkreisen eindeutig als abweichendes Verhalten klassifiziert werden: Gleiches Verhalten wird im Lichte divergierender Normen offenkundig unterschiedlich interpretiert.

Wenn aber gleiche Verhaltensweisen in unterschiedlichen normativen Ordnungen verschieden beurteilt werden, so zeigt dies eine *kulturspezifische Relativität* (um nicht zu sagen: Beliebigkeit) *der Normsetzung und der inhaltlichen Ausgestaltung der Normen.* Stellvertretend für eine Fülle von Untersuchungen zu diesem Sachverhalt kann das Ergebnis einer Analyse von Julia BROWN (1952, S. 138) für den Bereich einiger Sexualnormen herausgegriffen werden:

Abb. 4: Anzahl der Gesellschaften, die bestimmte Arten sexuellen Verhaltens bestrafen (aus: COHEN 1968a, S. 30)

Anzahl der untersuchten Gesellschaften	Prozentsatz der Gesellschaften, die das betreffende Verhalten bestrafen	Art des bestraften Verhaltens und bestrafte Person
54	100	Inzest
82	100	Entführung einer verheirateten Frau
84	95	Schändung einer verheirateten Frau
55	95	Schändung einer unverheirateten Frau
43	95	Sexuelle Beziehungen während des Wochenbetts
15	93	Sodomie
73	92	Sexuelle Beziehungen während der Menstruation
		Ehebruch:
88	89	(Bestrafung des Liebhabers)
93	87	(Bestrafung der Ehefrau)
22	86	Sexuelle Beziehungen während der Stillzeit
57	86	Untreue eines Verlobten
52	85	Verführung der Verlobten eines anderen

Fortsetzung nächste Seite

Anzahl der untersuchten Gesellschaften	Prozentsatz der Gesellschaften, die das betreffende Verhalten bestrafen	Art des bestraften Verhaltens und bestrafte Person
		Illegitime Zeugung:
74	85	(Bestrafung der Frau)
62	84	(Bestrafung des Mannes)
30	77	Verführung eines unverheirateten Mädchens (Bestrafung des Mannes)
44	68	Homosexuelle Beziehungen unter Männern
49	67	Sexuelle Beziehungen während der Schwangerschaft
16	44	Masturbation
		Vorehelicher Geschlechtsverkehr:
97	44	(Bestrafung der Frau)
93	41	(Bestrafung des Mannes)
12	33	Homosexuelle Beziehungen unter Frauen
67	10	Sexuelle Beziehungen zwischen Verlobten

Quelle: BROWN, Julia S.: A Comparative Study of Deviation from Sexual Mores, in: American Sociological Review, XVII (1952), S. 138

Die Tatsache, daß Normen zu gleichen Tatbeständen unterschiedliche Ausprägungen erfahren können, relativiert den Absolutheitsanspruch der Normen und weist massiv darauf hin, daß der Zuschreibung der Eigenschaften "konform" oder "abweichend" durch Normanwendung auf Verhalten erhebliche Skepsis entgegengebracht werden muß. Andererseits zeigt jenes Phänomen der Zuschreibung aber auch, daß eine Beurteilung im Hinblick auf Konformität und Abweichung immer in Bezug zu einem bestimmten Kriterium (hier der Norm) erfolgt. Die Attribute konform oder abweichend können also geradezu beliebig auf die unterschiedlichsten Kriterien ausgedehnt werden. Die Normorientierung in der Beurteilung ist nur eine Möglichkeit unter vielen.

Inwieweit die interkulturelle Variabilität der Normen auf eine Beliebigkeit der Normfestsetzung schließen läßt, soll in anderem Zusammenhang (labeling approach) noch diskutiert werden. Vorab kann jedoch schon konstatiert werden, daß der Beliebigkeit von Norminhalt insoweit Grenzen gesetzt sind, als in der Kultur, in der die Norm Geltung und Wirkung haben soll, die Norm nicht völlig konträr zum Wirkungsgrad, Sanktions-potential etc. stehen kann. Wäre dies der Fall, hätte die Norm keine Realisierungschance und würde über kurz oder lang als Verhaltensforde-rung aufgegeben werden müssen.

Die kulturspezifische Möglichkeit der Normgestaltung läßt auch erken-nen, daß es offensichtlich möglich ist, unterschiedliche Normen zu glei-chen Sachverhalten durchzusetzen, ohne daß dabei das soziale System, in dem die Normen gelten sollen, Schaden nimmt. D. h., gleichgültig nach welchen Kriterien ein soziales System zu beurteilen ist, scheinen Normen – solange sie aufrechterhalten werden und mit einem hohen Wirkungsgrad versehen sind – für dieses System funktional zu sein. Daraus kann jedoch nicht abgeleitet werden, daß in jedem Falle normabweichendes Verhalten als dysfunktional angesehen werden muß. Vielmehr kann ein bestimmtes, geringes Ausmaß an abweichendem Verhalten erforderlich sein, um via Sanktionierung desselben die Aufrechterhaltung und Durchsetzung der Normen bei der Mehrheit der Gesellschaftsmitglieder zu garantieren. Ab-weichendes Verhalten per se ist nicht dysfunktional. Seine Dysfunktiona-lität ergibt sich erst aus einem überdimensional häufigen Auftreten.

Gerade das evaluative Element im Gebrauch des Begriffes des abwei-chenden Verhaltens wird im Hinblick auf seine Funktionalität durch die interkulturelle Variabilität der Normen fragwürdig wie diese auch die Relativität der Norminhalte dokumentiert.

1.3.2. Die intrakulturelle Flexibilität von Normen

Es ist unbestreitbar, daß es Normen gibt, die von ihrem ethischen Gehalt oder Wertbezug her als unumstößlich immer und ewig geltende Verhal-tensforderungen aufgestellt werden. Um sie zu stützen, wird mit mora-lisch-politischen, moralisch-religiösen Wertungen argumentiert, die als ''ewige Prinzipien der Natur- und Schöpfungsordnung' oder als Postu-late des 'wahren Wesens des Menschen' mit Anspruch absoluter Geltung auf die Gesellschaft rückbezogen werden" (TOPITSCH 1966, S. 28). Oft werden auch Verhaltensanforderungen aus der "hierarchischen Ord-nung" der "objektiven Zweckbestimmung", "einer vorgegebenen unver-änderlichen Menschennatur" (TOPITSCH 1966, S. 19) oder aus einem uni-versalen Naturgesetz abgeleitet. In solchen Fällen handelt es sich meist um jene Normen, die von einem apodiktischen Wertpostulat z. B. der Moral-theologie oder Sozialethik abgeleitet sind. Im Regelfalle jedoch kann davon ausgegangen werden, daß eine *intrakulturelle Variabilität von Nor-men insoweit anzutreffen ist, als sich Normen den veränderten gesell-schaftlichen Bedingungen anpassen und mithin sich mit diesen wandeln.*

33

Exemplarisch kann dies an einigen Strafrechtsnormen gezeigt werden. Während der gleichgeschlechtliche Verkehr unter Männern zu einem bestimmten Zeitpunkt pönalisiert war, wurde durch die Liberalisierung des Strafrechts der Tatbestand der Homosexualität, soweit nicht Jugendliche betroffen sind, in der Neufassung des Strafrechtes ersatzlos gestrichen. Gleiche Verhaltensweisen sind also zum Zeitpunkt t_1 mit erheblichen Sanktionen belegt, wahrend sie zum Zeitpunkt t_2 zwar gesellschaftlich nicht positiv sanktioniert, jedoch immerhin geduldet werden.

Wie schon an anderer Stelle ausgeführt wurde, *können Normen auch situationsspezifisch innerhalb einer Kultur variieren.* Das generelle Gebot: "Du sollst nicht töten", wird unter normalen Umständen als Mußnorm gefordert, in Kriegszeiten oder in individuellen Notsituationen jedoch aufgehoben. Hierin manifestiert sich zum einen, daß Normen situationsspezifisch zu sehen sind und zum anderen, daß zu verschiedenen Zeitpunkten innerhalb einer Kultur unterschiedliche Verhaltensanforderungen gestellt werden können.

Das schöne Wort: "quod licet jovi, non licet bovi" verweist auf eine weitere mögliche Ursache für die intrakulturelle Variabilität von Normen. *Normen können* nämlich *unterschiedliche Adressaten haben oder für verschiedene Adressatengruppen unterschiedliche Ausprägungen* erfahren. Würde ein Verkehrsteilnehmer bei einem Verkehrsunfall keine erste Hilfe leisten, so könnte er wegen unterlassener Hilfeleistung belangt werden. Wäre jedoch dieser Verkehrsteilnehmer Arzt, so würde dieselbe Verhaltensweise stärker sanktioniert; die Position des Arztes würde strafverschärfend wirken. Normen können also positionsbezogen und im Extremfall durchaus konträr sein, in weniger gravierenden Fällen im Maß der Verhaltensforderung differieren. So wissen wir auch, daß unterschiedliche Schichtzugehörigkeit zu divergenten normativen Erwartungen und Verhaltensweisen der jeweiligen Angehörigen, insbesondere was Etikette und Lebensstil betrifft, führt. Im Bereich der Kriminalität zeigen sich insbesondere in der Strafverfolgung erhebliche schichtspezifische Unterschiede.

Die intrakulturelle Variabilität von Normen (sowohl situations- als auch positionsübergreifend) zeigt sich insbesondere auch im Fall des *Normenkonflikts* (vgl. hierzu BROOM/SELZNICK 1965, S. 73). Einige Normen sind bedeutend spezifischer formuliert als andere. Einige sind im Hinblick auf ihren Anwendungsbereich weiter als andere. Einige erlauben eine individuelle Interpretation der Normen in größerem Ausmaße als andere. In der Tat werden eigentlich die Grenzen der Norminterpretation und -anwendung durch die Norm selbst gesetzt, aber Variationen in der Konformität sind oft zugelassen, was auch für die Abweichungen gilt, und es gibt eine Reihe von Gründen dafür, weswegen Abweichungen von Normen auftreten können. So kann davon ausgegangen werden, daß einige Normen weniger bedeutend sind als andere: Ein Autofahrer, der ganz bewußt ein anderes Kfz schwer beschädigt, um zu verhindern, daß er ein Kind überfährt, hat eine Norm gebrochen, um eine andere einhalten zu können. In Abwandlung dieses Falles ist weiter denkbar, daß es zwei mehr oder weniger gleichwertige Normen gibt, die miteinander konfligieren, d.h., die Einhaltung der einen Norm erfordert das Abweichen von der anderen Norm. So könnte im Falle von Schiffbrüchigen durchaus die Situation eintreten, daß – um viele Menschenleben zu retten – andere geopfert werden (Kanibalismus).

Zeitliche, positionale und situative Variabilität der Normen, die sich auch im Normenkonflikt manifestieren, deuten in eindrucksvoller Weise darauf hin, daß normabweichende Verhaltensweisen geradezu normnotwendig nicht immer vermieden werden können. In diesem Zusammenhang könnte die Frage auftauchen, ob es dann überhaupt notwendig ist, Normen aufzustellen? Ein kleines Exempel, das sich nun wieder auf die interkulturelle Variabilität bezieht, mag der Plausibilisierung dienen: Im Prinzip ist es völlig unerheblich, ob die Straßenverkehrsordnung vorschreibt, auf der rechten oder auf der linken Straßenseite zu fahren, wichtig ist dabei nur, daß es eine bestimmte Regel gibt, die einen optimalen Verkehrsablauf garantiert. Zwar läßt sich dann durchaus darüber streiten, ob Rechtsverkehr oder Linksverkehr der Optimierung des Verkehrs dient, aber es dürfte unbestreitbar sein, daß irgendeine Form der normativen Setzung besser ist, als keine normativen Regelungen. Wenn man aber davon ausgehen kann, daß unter bestimmten Umständen bestimmte Verhaltensanforderungen gestellt werden müssen, dann kann nicht die Norm als solche, sondern nur der konkrete Inhalt der Norm zur Debatte stehen, z.B. in dem Sinne, daß danach gefragt wird, ob der Inhalt a einer Norm weniger normabweichendes Verhalten produziert als der Inhalt b, ob a für ein bestimmtes Ziel funktionaler ist als b usw. In jedem Falle einer normativen Regulierung wird es jedoch Abweichungen davon geben.

1.3.3. Die Realisierbarkeit der Normen

Die Norm als Imperativ verlangt grundsätzlich nach Realisierung, Sollen impliziert also stets ein Können. LAUTMANN verneint dies zwar mit dem Hinweis auf metanormative Maßstäbe (LAUTMANN 1969, S. 61), doch bezieht sich seine Argumentation praktisch ausschließlich auf seine Zusammenstellung von Definitionselementen des Normbegriffes. Seine Aussage ist daher eine wissenschafts-empirische und keine auf die Realität bezogene. LAUTMANN ist allerdings insoweit zuzustimmen, als sich der Fall denken läßt, daß eine ideale Norm aufgestellt wird, die nie vollständig erreicht werden kann, obgleich der der Norm zugrundeliegende Wert durchaus allgemein von Normadressaten geteilt und anerkannt sein mag. Aus diesem Dilemma können zwei Auswege gesehen werden: entweder man definiert die Realisierbarkeit der Norm nur als ein Streben nach dem Ziel, oder man macht an dem Begriff selbst Abstriche, indem man die Norm nicht als Verhaltensforderung und Richtschnur, sondern nur als wünschenswert begreift. In beiden Fällen werden aber die Begriffe "vergewaltigt", weil Norm und Realisierung grundsätzlich Sanktionierung implizieren, wie oben gezeigt wurde. Eine Norm zu setzen und deren Einhaltung zu fordern, obgleich sie objektiv nicht befolgt werden kann, heißt, von vornehrein auf deren Verwirklichung, also auf deren positive wie negative Sanktionierung zu verzichten. Die Norm wäre dann nicht mehr Mittel zum Zweck, sondern Selbstzweck und verliert ihre Legitimationsbasis. Eine Verhaltensforderung, die nicht gefordert werden kann, ist in sich widersprüchlich.

Die Gedanken des Normsenders müssen daher auch immer Überlegungen zu den Realisierbarkeitschancen einbeziehen, auch wenn von metanormativen Maßstäben her in den nicht oder nur schwer realisierbaren Normen eine Sinnhaftigkeit insoweit entdeckt werden kann, daß idealtypisch ein Ziel mit einem bestimmten Wert hinter dieser Norm stehen kann. Wenn eine nicht realisierbare Verhaltensforderung in der Wirklichkeit des sozialen Handelns zu Konfliktsituationen führt (Inkompatibilitätsverhältnis zwischen Verhalten und Normorientierung), weil ein geringer Wirkungsgrad bei hohem Geltungsgrad und letztlich abnehmender Sanktionsbereitschaft die Norm in Frage stellt, so genügt der Hinweis LAUTMANN's auf eine weitere Norm, die die ursprüngliche Verhaltensforderung wiederum aufhebt (LAUTMANN 1969, S. 90), nach unserem Dafürhalten nicht. Entweder ist nämlich die Verhaltensforderung der letzten Norm der ersten übergeordnet, so daß die ursprüngliche Norm sinnlos wäre, oder bei einer gleichrangig kontradiktorischen Norm verliert eine der beiden Verhaltensforderungen ihre Legitimation. (Im übrigen könnte eine genauere Analyse ergeben, daß bei einer übergeordneten, anderslautenden Norm es sich um eine der schon angesprochenen normativen Leerformeln handelt, mit denen alles und nichts bewiesen werden kann.)

Wir meinen daher, daß eine *Verhaltensforderung stets die Chance der Verhaltenskonformität, also das Sollen stets das Können voraussetzt* (wie z. B. auch Theodor GEIGER [1964, S. 63] fordert). Dies liegt nicht nur im Interesse des Normsetzers, der mit der Norm den Anspruch auf Durchsetzung verbindet, sondern dies ist auch für den reibungslosen, funktionalen Ablauf der Interaktionsbeziehungen im Sinne optimaler Verhaltenssicherheit förderlich und notwendig. In der Tat trifft man auch solche Überlegungen bezüglich der Realisierungs- und Durchsetzungschancen bei den Normsetzern in dem Versuch der Etablierung oder Veränderung von Normen an. Die Beurteilung der Chancen auf Realisierbarkeit der Normen im konkreten Verhalten hat z. B. auch Situations- und Motivationsstrukturen miteinzubeziehen. Widersprechen diese einer potentiellen Verhaltensforderung, so ist die Chance der Durchsetzung von Normkonformität als gering anzusetzen. Ist einmal eine Norm etabliert, so ist das nicht gleichbedeutend damit, daß die Wahrscheinlichkeit ihrer Verwirklichung im Ablauf der Zeit konstant bliebe. Immerhin besteht die Möglichkeit, daß sich Situations- und Motivationsstrukturen so sehr gewandelt haben, daß die Befolgung der Norm nur schwer möglich oder gar unmöglich wird, d. h. daß der Wirkungsgrad so sehr abnimmt, bis eine totale Verhaltensunsicherheit eintritt, weil für den einzelnen nicht mehr erkennbar ist, ob die Norm noch Gültigkeit besitzt oder ob sie schon obsolet geworden ist. Daher bedarf jede Norm einer laufenden Überprüfung durch den Normsetzer. Dies kann aber doch nur heißen: die Dauer der Gültigkeit einer Norm permanent in Frage zu stellen. Es kann aber nicht bedeuten, daß die Aufrechterhaltungsdauer der Norm eine inhaltliche Implikation der Norm ist. Denn wäre dem so, daß Normen grundsätzlich schon vom Normsetzer her eine zeitliche Limitierung – im Sinne einer stetig zunehmenden Relativierung der Norm erfahren, so begibt sich der Normsetzer der Chance der Normdurchsetzung. Es würde bei Abweichungen nicht mehr die Norm selbst, sondern das zeitliche Stadium der Gültigkeit der Norm im Mittelpunkt der Diskussion stehen. Normen zeichnen sich hingegen dadurch aus, daß sie relativ zeitlich überdauernd angelegt sind, nämlich für wiederkehrende ähnliche oder gleiche Situationen. Sie bewirken, daß Menschen sich mit einiger Sicherheit und Dauerhaftigkeit aufeinander einstellen können. Diese Einstellung aufeinander wäre aber nicht möglich, ohne daß wir das Handeln der jeweils anderen in auf wiederkehrenden typischen Situationen voraussehen, also mit Regelmäßigkeiten rechnen können" (POPITZ 1961, S. 187).

So ergibt sich folgende schwierige Situation: Einerseits müssen Normen auf Dauerhaftigkeit ausgerichtet sein um Verhaltenssicherheit zu gewährleisten, andererseits kann gerade das permanente Festhalten an der Norm zu zunehmender Verhaltensunsicherheit führen. Dies kann als ein weiterer Hinweis auf normdeviantes Verhalten genügen: Der Wandel von Situation und Motivation in Zusammenhang mit der zeitlichen Überdauerung der Norm vermindert den Wirkungsgrad einer Norm und stellt die Gültigkeit der Norm in Frage.

Jeder Norm ist immanent, daß sie einen gesellschaftlich – wie auch immer legitimiert – geforderten Imperativ darstellt. Diese Imperative, die "einmal – auf der normativen Ebene – als unbedingte Zukunft, ein andermal als Wiederholung der Vergangenheit" (SARTRE 1968, S. 29) erscheinen, appellieren an das Individuum als Gesellschaftsmitglied sich so zu verhalten, wie es die meist tradierten Normen erfordern. In der Norm selbst ist also ein erheblich statisches Element angelegt, weil sie konzipiert ist als Verhaltensanweisung für gleiche oder ähnliche, wiederkehrende Situationen. Die doch relative Begrenztheit der Situationsmöglichkeiten bedingt eine permanente Anwendung der Norm. Zunehmende Variation der Situationen erfordert die Bewältigung derselben, wobei dies aber unter möglichst geringer Modifikation der Norm erreicht wird. Das traditionale Moment spielt deswegen eine entscheidende Rolle, weil die Verhaltensunsicherheit auf Grund der Normsituationen am ehesten bereinigt und entsprechende Verhaltensweisen gerechtfertigt werden können, wenn man sich auf irgendeine Norm berufen kann, die vielleicht schon allein durch ihre historische Herkunft legitimiert ist (vgl. z. B. den juristischen Präzedenzfall). Daher kann SARTRE die Norm zutreffend als "die Hefe der Kontingenz" bezeichnen (SARTRE 1968, S. 30), wobei er damit keineswegs die Norm per se verneint, sondern nur deren inhaltliche Ausformung in Frage stellt, "denn das Grunderfordernis für organisiertes menschliches Handeln ist eine Übereinkunft *überhaupt*, wie willkürlich sie auch sein mag" (COHEN 1968a, S. 15).

Das zeitliche Überdauern der Norm ist funktional für die Verhaltenssicherheit, da relativ kurzfristige Veränderungen wegen der Ungewißheit der Gültigkeit der Verhaltensanforderungen zu Verhaltensunsicherheit führen. Es wurde aber auch schon gezeigt, daß das Überdauern der Normen in sich wandelnden Situationen und Verhältnissen den negativen Effekt der Verhaltensunsicherheit haben kann.

Die Norm als Imperativ gedacht definiert die Normadressaten als fähig, sich ihr gemäß zu verhalten. Die Setzung einer Norm ist dann immer zwecklos, wenn ihrer Verwirklichung irgendwelche objektiven Bedingungen entgegenstehen. "Die Norm als unbedingte Möglichkeit bezeichnet das Subjekt als etwas immer Mögliches, das, unabhängig von der Außenwelt und jeder äußeren Bestimmung, sich in der Realität allein durch die Erfüllung der gestellten Aufgaben verwirklichen kann. Mit anderen Worten: Die Norm präsentiert sich als meine Möglichkeit (objektiver Charakter: = gleichzeitig jedermanns Möglichkeit), doch in dem Maße, in dem sie mich als mögliches Subjekt des Handelns definiert, repräsentiert sie

meine Möglichkeit, mich als Subjekt zu erschaffen." (SARTRE 1968, S. 86).
In der Norm selbst also liegt die Bedingung und Möglichkeit der Freiheit
des Individuums, denn der Imperativ bietet auch immer die Chance, sich
autonom für Konformität oder für Devianz zu entscheiden. Dies ist eine
"Autonomie, die sich dadurch bestätigt, daß sie die äußeren Umstände
beherrscht, anstatt sich von ihnen beherrschen zu lassen. Hier zeigt sich
der wahre Charakter des Normativen. Die unbedingte Möglichkeit bestätigt sich als *meine, von der Vergangenheit unabhängige mögliche Zukunft*" (SARTRE 1968, S. 26). Normabweichung ist also prinzipiell immer
möglich, wenngleich mit dem Risiko verbunden, dafür negative Sanktionen in Kauf nehmen zu müssen.

Menschliches Handeln richtet sich aber nicht nur an den Verhaltenserwartungen aus. Wie schon gezeigt wurde, orientiert es sich auch an
Situation und Motivation. Trotz dieser dreifachen Beschränkung ist damit
das Verhalten jedoch nicht voll determiniert. Diese Behauptung beweist
SCHNEIDER durch folgende formallogische Überlegung: "Zufolge der
hypostasierten These voller Determination ist dann auch ... dieser die
Volldetermination gerade negierende Satz volldeterminativ notwendig.
Mit uneinschränkbarer Notwendigkeit sind somit zwei Sätze von prinzipiell gleichwertiger Gültigkeit aber unaufhebbar kontradiktorischer Ausschließlichkeit gewonnen. Damit ist aber in dieser Form die These einer
absoluten Determination als ein *sinnloser* Satz erwiesen, der sich in seiner
kontradiktorischen Konsequenz selbst widerlegt" (SCHNEIDER 1966,
S. 91). Für die uns interessierende normative Komponente der Verhaltensdetermination ist damit erwiesen, daß prinzipiell immer die Möglichkeit
besteht, zwischen mindestens binären Verhaltensweisen, nämlich Normkonformität und Normdevianz zu wählen. Die Norm erweist sich als
Verhaltensforderung an die man sich halten, oder auch nicht halten kann.
Die Freiheit des Handelnden besteht also darin, sich die Maxime seines
Verhaltens selbst zu wählen. Die Norm kann also bestenfalls zusammen
mit den situativen und motivationalen Variablen als *an*determinierender
Faktor für soziales Handeln gelten. Andererseits kann aus der Freiheit der
Entscheidung nicht geschlossen werden, daß diese eine vollständige wäre.
Vielmehr ist es gerade die Soziologie, die zu Recht darauf hingewiesen
hat, daß der Freiheit der Verhaltensentscheidung durch eine Fülle von
sozialen und psychologischen Bedingungen, die nicht von dem einzelnen
manipuliert werden können, Restriktionen gesetzt sind.

In diesem Abschnitt sollte gezeigt werden, daß Normen im Sinne von
Verhaltenssicherheit und Verhaltensstabilität durchaus funktional sein
können, daß andererseits jedoch das unzeitgemäße Festhalten an überkommenen Normen sehr schnell dysfunktionalen Charakter annehmen

kann. Durch den Kontingenzcharakter der Norm besteht also immer die Gefahr, daß die Norm als Verhaltensforderung zwar besteht, ihre Realisierbarkeit aber eingeschränkt oder gar verunmöglicht wird, sich damit ihre Funktionalität und ihre Legitimität aufheben. Diese Aussage kann jedoch nicht bedeuten, daß vom tatsächlichen Sein (Normenstrukturen) auf das Sollen geschlossen wird, sondern sie kann nur bedeuten, daß das Sollen sich am Können zu orientieren hat, soll das Sollen durchsetzbar sein.

1.3.5. Die Funktionalität abweichenden Verhaltens

Mit der Diskussion der Verhaltenstransparenz und der verschiedenen Arten der Nichtgeltung von Normen wurde das Problem der Funktionalität des abweichenden Verhaltens schon angedeutet. *Devianz ist nicht in jedem Falle mit sozialer Desorganisation gleichzusetzen.* In einem gewissen Ausmaß und in gewissen Konstellationen kann abweichendes Verhalten einen positiven Beitrag zur Lebensfähigkeit und Effektivität eines sozialen Systems leisten.

Wenn der Sanktionsmechanismus theoretisch untrennbar mit der Norm verknüpft ist, also das Verhalten mitdeterminiert, weil die Sanktion auf ein bestimmtes Verhalten antizipiert wird, so bewirkt dieser Sanktionsmechanismus in zweifacher Weise Normkonformität, und damit den Wirkungsgrad der Norm. Wenn positive Sanktionen (also Belohnungen) auch darin bestehen, daß Strafe vermieden wird und *würde in einer Gesellschaft totale Konformität existieren, so würde die Belohnung* (im übrigen wie die exzessive Sanktion) *an Wirkung verlieren.*" In einer Gemeinschaft von Heiligen ist Güte selbstverständlich, niemand kann ihretwegen Respekt verlangen oder sich selbst beglückwünschen. Tatsächlich kann es für die, die sich gut benehmen, wichtig sein, daß andere es nicht tun. Die Abweichler sorgen für den Kontrasteffekt, der das konforme Verhalten zu etwas 'Besonderem' und zu einer Quelle der Genugtuung macht" (COHEN 1968a, S. 25f.). Somit kann das abweichende Verhalten als Stütze der Norm wirken.

Ein weiteres *Element der Funktionalität* des abweichenden Verhaltens kann *in dem Absolutheitsgrad der Normen* selbst gesehen werden, wie das Beispiel der ehelichen Sexualmoral sehr deutlich zeigt: einerseits ist die (religiöse) Norm der Monogamie in unserer Gesellschaft absolut, andererseits werden jedoch Abweichungen davon immer leichter toleriert, wie man insbes. an der Entwicklung der letzten 30 Jahre ablesen kann: "Wie etwa bei radikalen Glaubensforderungen die Kirchen oder religiösen Anstalten stets der großen Menge einen 'Nachlaß' in deren Befolgung einen minderen Weg der religiösen Pflichterfüllung gestatten, um die letzte Verbindlichkeit der rigorosen Normen dadurch auf die Dauer aufrechterhalten zu können, so muß auch jede sexualmoralische Strenge die dauerhafte Anerkennung ihrer Idealität durch sozial geregelte Kompromißkonventionen erkaufen. So wird ... der Bestand einer sozial klar geregelten Prostitution fast unversehens zum soziologischen Beweismittel für die Gültigkeit strenger ehelicher und vorehelicher sexualmoralischer Ideale einer betreffenden Gesellschaft" (SCHELSKY 1955, S. 43). Durch die Absolutsetzung der Normen ergibt sich also notwendig deren Relativierung durch den weiteren Toleranzbereich oder die geringere Verhaltenstransparenz.

In einem Katalog möglicher positiver Funktionen der Devianz darf auch nicht der Hinweis fehlen, daß *abweichendes Verhalten ein Indikator für Normwandel* sein kann. Die Zunahme devianten Verhaltens bei konstanter Sanktionierung muß irgendwelche es bedingende Ursachen haben, denn freiwillig setzt man sich in der Regel nicht Sanktionen aus. Die permanente Devianz indiziert, daß die bisherigen Verhaltenserwartungen einer Überprüfung bedürfen; die Norm wird in Frage gestellt. Dies ist eine erste Voraussetzung für einen Normwandel. Zwar ist nicht in jedem Falle der Normwandel eine notwendige Konsequenz (man könnte ja z. B. auch daran denken, jene Bedingungen zu verändern, die die Nichteinhaltung der Norm provozieren), doch trägt die erhöhte Abweichung sicherlich dazu bei, andere Verhaltenserwartungen und Anforderungen mindestens informell zu schaffen. Verändern sich weder die Bedingungen, die zu erhöhter Devianz führen, noch die Normen, auf die sich das abweichende Verhalten bezieht, so werden diese Normen non- oder dysfunktional werden, im günstigsten Falle indifferent sein. Zunahme der Devianz (möglicherweise in Verbindung mit Abnahme der Sanktionsbereitschaft) deutet auf das Versagen der Norm hin und erfüllt somit positive Indikatorfunktionen.

Das soziologische Konzept der In- und Outgroup (SUMNER 1906, 1940) weist auch auf die Kohäsion innerhalb von Gruppen hin. Solidarität, Wirbewußtsein, Zusammenhalt und Gemeinschaftsgefühl sind gerade durch die Abhebung von anderen Gruppen definiert. Nichts einigt so sehr wie ein gemeinsamer Feind. Auch der innere Feind einer gemeinsamen Gesellschaft, eines gemeinsamen sozialen Systems, wird als Mitglied einer Outgroup erlebt. Die Polarität Ingroup-Outgroup spiegelt sich in der von Konformität und Devianz wider. Auch in dieser durchaus stigmatisierenden und diskriminierenden Dichotomie liegen positive Funktionen der Abweichung. Für eine spezielle Form des Abweichens schreibt z. B. G. H. MEAD "... die feindliche Haltung dem Gesetzesbrecher gegenüber birgt den einzigartigen Vorteil der Einigung aller Mitglieder einer Gemeinschaft in emotional-aggressiver Solidarität ... Bürger, die viele auseinanderstrebende Interessen entzweit haben, stehen gegen den gemeinsamen Feind zusammen ... Der Kriminelle gefährdet durch seine destruktiven Handlungen die Struktur der Gesellschaft nicht ernsthaft, bewirkt aber andererseits ein Solidaritätsgefühl auch unter denen, deren Aufmerksamkeit sich sonst auf sehr unterschiedliche Interessen konzentriert" (MEAD, G.H. 1918; zit. nach COHEN 1968a, S.24). Der Abweichler wird also als Fremdperson, die Gemeinsamkeit der Devianten als Fremdgruppe erlebt. Sie wirkt damit auf eine *Integration der eigenen Gruppe* hin. Gleichzeitig mit dem negativen Bild der Fremdgruppe nimmt die Identifikation mit der Eigengruppe und somit mit deren Normen zu.

Der Hinweis auf die möglichen Funktionen abweichenden Verhaltens als Stütze der Norm, zur Förderung des Gruppenzusammenhalts etc. sind wohl ausreichende Beispiele dafür, daß abweichendes Verhalten nicht grundsätzlich mit dem Odium der Schädlichkeit und Dysfunktionalität belastet sein muß.

1.3.6. Norm und Abweichung

Die Gegenüberstellung von Norm und abweichendem Verhalten hatte den Zweck, zu zeigen:

1. Abweichendes Verhalten kann an der Norm als Verhaltensforderung gemessen werden. Dies bedeutet, daß abweichendes Verhalten mit der Norm selbst verknüpft ist und somit "normal" ist.
Als der Norm immanente mögliche Ursachen des abweichenden Verhaltens können genannt werden:
   a) die Tatsache und Kenntnisnahme der interkulturellen Variabilität der Normen zu gleichen Sachverhalten,
   b) die intrakulturelle Variabilität der Normen in Form des Normwandels, aber auch in Form der positionalen Zuweisung der Normadressaten (Macht- und Herrschaftsaspekt),
   c) das Festhalten an überkommenen Normen bei veränderten äußeren Bedingungen,
   d) die Möglichkeit und Wahrscheinlichkeit der Realisierung der Normen im konkreten Verhalten,
   e) der Absolutheitsanspruch und Kontingenzcharakter der Normen sowie
   f) die prinzipiell mögliche, wenn auch durchaus nicht vollständig gegebene Freiheit der Verhaltensentscheidung.
2. Abweichendes Verhalten kann nicht grundsätzlich als negative Einfluß-

variable auf die Verhaltenssicherheit klassifiziert werden. Als mögliche positive Funktionen für das Interaktionssystem können genannt werden:

a) abweichendes Verhalten als Stütze der Norm,

b) als Stärkung des Gruppenzusammenhaltes und

c) als Indiz für einen einzuleitenden Normwandel

Es kann also festgehalten werden, daß Norm und Abweichung von der Norm zusammengehören. Noch nicht diskutiert wurde die Frage, ob Abweichungen, also solche Verhaltensweisen, die als abweichend gelten, notwendigerweise und grundsätzlich auf Normen bezogen sein müssen. Es gibt durchaus Theorien und Ansätze, die eine solche Verknüpfung als nicht grundsätzlich notwendig begreifen, bzw. eine solche von einem wissenschaftstheoretischen und gesellschaftstheoretischen Standpunkt aus als kritikwürdig ansehen und darauf abstellen, Phänomene der Abweichung unabhängig von Normen zu sehen. Inwieweit solche Auffassungen sinnvoll sind, soll bei der Diskussion des labeling approach behandelt werden. Hier kann jedoch schon festgehalten werden, daß alle Verhaltensweisen – werden sie als konform oder abweichend bezeichnet – insoweit normorientiert sind, als die oben gegebene Definition von Norm, nämlich als Verhaltenserwartungen, diese Zuordnung determiniert.

Diesen Überlegungen könnte nun entgegengehalten werden, daß zwar das Verhalten normorientiert ist, daß aber die Bewertung eines Verhaltens als konform oder abweichend nicht unbedingt normorientiert sein muß, weil die Bewertung im Extremfall sogar losgelöst von Verhaltenserwartungen gedacht werden kann. (So könnte man sich vorstellen, daß eine durchaus normkonforme Verhaltensweise in bestimmten Situationskonstellationen von den interaktionsrelevanten Personen als abweichend bewertet wird.) Eine solche Vorgehensweise ist zwar theoretisch vorstellbar, stellt jedoch pragmatisch und konkret im Handlungskontext eine Aporie dar, die im Sinne einer geforderten Verhaltenssicherheit nicht auf Dauer wird existieren können: Handlungen können nicht völlig unabhängig und losgelöst von Verhaltenserwartungen gesehen und beurteilt werden, soweit sie sich auf diese Handlungen beziehen.

1.4. Definitionen abweichenden Verhaltens

Wir haben uns mit der Norm beschäftigt und versucht, eine Definition dieses Begriffes zu entwickeln, um mit ihr auf solche Phänomene und Sachverhalte hinzuweisen, die im Umfeld der Norm sozialwissenschaftlich- und verhaltensrelevant sind. Es wurde gezeigt, daß eine erste einfache Begriffsbestimmung des abweichenden Verhaltens sich unmittelbar an der Norm orientieren kann, insoweit, als wissenschaftliche Definitionen des abweichenden Verhaltens sich auf Normen beziehen können, wie auch die Bewertung einer bestimmten Verhaltensweise als Abweichung normorientiert sein kann. In diesem Abschnitt wird es darum gehen, darüber hinausgehende Definitionen abweichenden Verhaltens vorzustellen und zu diskutieren. Eine damit angestrebte Präzisierung des Begriffs des abweichenden Verhaltens ist erforderlich, weil sich je nach Definition durchaus unterschiedliche Erkenntnismöglichkeiten im Kontext verschiedener theoretischer Ansätze ergeben können. Zwar ist richtig, daß wissenschaftstheoretisch solche Definitionen nominalistische Festsetzungen, also Konventionen sind, und somit nicht dem Wahrheitskriterium ausgesetzt, sondern bestenfalls auf der Dimension der Zweckmäßigkeit beurteilt werden können, doch ergibt sich aus einer einmal konventionalistisch festgesetzten Definition ein durch diese notwendig eingegrenzter Objektbereich, der nur mehr solche Erkenntnisse zuläßt, die innerhalb der Phänomene des Objektbereichs liegen.

Durch Literaturstudium kann eine Fülle von Definitionen abweichenden Verhaltens je nach Interessenschwerpunkt der Forscher, nach Anliegen, Absichten, theoretischen und hypothetischen Überlegungen etc. zu Tage gefördert werden: Die einfachste und eingängigste Definition ist die juristische, die sich auch für soziologische Untersuchungen als sinnvoll erwiesen hat. So definieren SUTHERLAND und CRESSEY abweichendes Verhalten als ein solches, das die im Strafgesetz kodifizierten Normen verletzt (SUTHERLAND/CRESSEY 1955, S. 4). KITSUSE (1962) hingegen spricht dann von abweichendem Verhalten, wenn andere Personen auf ein bestimmtes Verhalten in entsprechender Weise reagieren. Noch weiter geht der Begriff, den ERIKSON (1961/62) verwendet: er bezeichnet jene Verhaltensweisen als abweichend, wenn andere Personen der Auffassung sind, daß diese Verhaltensweisen sanktioniert werden sollen. Ganz ähnlich auch DURKHEIM, der die "Verletzung von Kollektivgefühlen" zur Basis der Definition macht (DURKHEIM, 1977, S. 111 ff.), oder auch COHEN, der ein quantitatives Element in die Definition einbringt, da nach seiner Auffassung abweichendes Verhalten dann vorliegt, wenn die Erwartungen der Mehrzahl der Mitglieder einer Gesellschaft nicht erfüllt werden (COHEN 1959, S. 462).

Dieser kleine Ausschnitt von Definitionen sollte zunächst einmal genügen (vgl. hierzu die Definitionsdiskussion bei OPP 1968, S. 23 ff. und OPP 1974, S. 38 ff.). Versucht man eine Klassifikation der Definitionen abweichenden Verhaltens vorzunehmen, so können unterschiedliche Dimensionen der Beurteilung zugrundegelegt werden. Solche Klassifikationen können mehr oder weniger umfassend, trennscharf und brauchbar sein. Im Rahmen dieser Einführung wollen wir eine Klassifikation entwickeln, die in Anlehnung an WISWEDE (1973, S. 16 ff.) zunächst drei Typen von Definitionen inhaltlich differenziert, diese diskutiert und dann deren Erkenntnispotential insoweit aufzeigt, als dessen Möglichkeiten und Grenzen herausgearbeitet werden sollen. WISWEDE unterscheidet die rechtlich orientierte oder juristische Definition, die Erwartungsdefinition und die Reaktionsdefinition. Wir wollen diese dreiteilige Klassifikation als *normorientiert, erwartungsorientiert* und *sanktionsorientiert* übernehmen, um ihre Sinnhaftigkeit für die Darstellung der Theorien abweichenden Verhaltens zu problematisieren und zu diskutieren. Bei dieser Diskussion ist zu berücksichtigen, wie auch schon WISWEDE ausführt, daß selbstverständlich diese Klassifikation nicht alle Definitionen abweichenden Verhaltens umfaßt und daß nicht alle Modifizierungen und Nuancierungen unter diese drei Definitionsgruppen subsumierbar erscheinen. Gleichwohl bietet sich diese Dreiteilung an, weil sie auf jene Phänomene bezogen ist, die wir bereits bei der Normdefinition kennengelernt haben.

1.4.1. Die normorientierte Definition

Wenn von einer normorientierten Definition des abweichenden Verhaltens die Rede ist, so impliziert dies gegenüber WISWEDE, der von einer juristischen Definition spricht, eine bewußte Erweiterung seiner Definition; nicht alle Normen sind juristische Normen. Die von WISWEDE angesprochenen, z. B. im Strafgesetzbuch kodifizierten Normen stellen eine Teilklasse aller denkbaren Normen dar, die das Verhalten steuern und lenken. Wenn aber Strafgesetznormen ein Spezialfall allgemeiner Normen sind, so können an diesen (weil sie für jedermann auch ohne konkretes Verhalten vorstellbar sind) einige Sachverhalte dargestellt und expliziert werden, die im Zusammenhang mit abweichendem Verhalten interessant sind. Abweichendes Verhalten als Abweichung von Strafgesetznormen wäre also eine juristisch definierte, spezifische Form abweichenden Verhaltens. Wegen der Einschränkung auf kodifizierte Normen würde jedoch nur eine quantitativ geringe Teilklasse aller jener Verhaltensweisen erfaßt, die sich von gesellschaftlichen Normen allgemein – aus welchen Gründen auch immer – abheben und absetzen.

Die Nützlichkeit einer juristischen Definition kann in zweierlei Hinsicht bezweifelt werden: einmal wissen wir aus dem Strafrecht, daß zwar bestimmte Tatbestandsmerkmale im Gesetz eindeutig fixiert sind, daß jedoch die tatsächliche und rechtliche Würdigung eines bestimmten abweichenden Verhaltens sich in bezug auf die Normdefinition nicht immer eindeutig vornehmen läßt. Bewertung einer Verhaltensweise im juristischen Sinne als abweichend oder konform, stößt daher gelegentlich auf nicht zu überwindende Schwierigkeiten. Der zweite Aspekt des Unvermögens einer solchen Definition kann darin gesehen werden, daß kodifizierte Strafrechtsnorm im besonderen und institutionalisierte Normen im allgemeinen Muß- oder Sollnormen sind, also unbedingte Verhaltensforderungen darstellen, deren Nichterfüllung für den Betroffenen erhebliche Sanktionen nach sich ziehen kann. Wir wissen aber, daß das Verhalten auch durch informelle und sog. Kannormen gesteuert wird, die unter eine so enge Definition nicht subsumierbar erscheinen.

Mit WISWEDE begreifen wir daher die juristische Definition als zu eng. Gleichwohl sind wir der Auffassung, daß zwar die juristische Definition des abweichenden Verhaltens in der Tat nicht alle abweichenden Verhaltensweisen umfaßt, daß jedoch in besonderer Weise an den die Strafgesetznormen verletzenden Handlungen wichtige Sachverhalte illustriert, plausibilisiert und demonstriert werden können.

Abweichendes Verhalten, als Abweichung von der Norm definiert, ist umfassender als die juristische Definition und würde in der theoretischen Analyse breiter gestreute Phänomene in den Griff bekommen. Eine ausschließlich normorientierte Definition abweichenden Verhaltens würde aber vernachlässigen, daß es durchaus vorstellbar ist, daß bestimmte Verhaltensweisen als abweichend beurteilt werden, obgleich für die konkreten, zugrundeliegenden Handlungen keine expliziten Normen aufgestellt sind, wo also die Bewertung als abweichend sich an übergeordneten Normen oder an allgemeinen Werten ausrichtet. Mit anderen Worten: *auch ohne das explizite Vorhandensein und Bewußtwerden von Normen können abweichende Verhaltensweisen festgestellt werden, so daß auch eine ausschließlich normorientierte Definition zu kurz greift.*

1.4.2. Die erwartungsorientierte Definition

Normen wurden in 1.2.1. als Verhaltensanforderungen definiert. Demnach könnte man bei einer normorientierten Definition davon ausgehen, daß alle Verhaltensweisen, die den Verhaltensanforderungen widersprechen, als abweichend bezeichnet werden. Wenn in diesem Abschnitt nun eine erwartungsorientierte Definition vorgestellt wird, so wird zu prüfen sein, inwieweit sich diese von der normorientierten unterscheidet. Verhaltenserwartungen stellen zweifelsohne die umfänglichere Klasse gegenüber

Verhaltensanforderungen (= Normen) dar. Verhaltensforderungen sind insoweit eine Teilklasse der Verhaltenserwartungen, als erstere zwar Erwartungen sind, aber solche, die mit größerem Anspruch auf Befolgung gestellt werden. Würde man also abweichende Verhaltensweisen an den Verhaltenserwartungen messen, so würde eine solche Definition über die normorientierte (verhaltensanforderungsorientierte) hinausgehen und diese vollständig mitumfassen.

Bei dieser Vorgehensweise würde zwar ein erheblich größerer Objektbereich in die Analyse einbezogen werden können, jedoch entsteht damit die Frage: Wer entscheidet darüber, welches die konkreten Verhaltenserwartungen an eine bestimmte Person in einer bestimmten Situation sind? Am Beispiel des Normenkonflikts kann diese Problematik verdeutlicht werden: der Student, der seinen Kommilitonen beim Spicken beobachtet, sieht sich der Verhaltenserwartung seitens des Kommilitonen gegenüber, diesen nicht zu denunzieren, seitens des aufsichtsführenden Personals jedoch würde sicherlich erwartet werden (wie auch bezüglich der allgemeinen Norm der Ehrlichkeit), daß der Unterschleif des Kommilitonen unterbunden wird. Wer also hat letztendlich darüber zu entscheiden, welche konkreten Verhaltenserwartungen zur Definition der Abweichung heranzuziehen sind? Dieses Dilemma kann auch nicht durch die Flucht in die Quantität gelöst werden; abgesehen davon, daß es äußerst schwierig sein dürfte, die quantitativen Relationen von Erwartungen festzustellen (man kann nicht vor jedem Handeln empirische Erhebungen über die Erwartungen anstellen), verbietet sich diese Vorgehensweise schon allein dadurch, daß eine quantitative Definition in dem Sinne, daß alle Verhaltensweisen dann als abweichend zu bezeichnen sind, wenn sie den Erwartungen der Mehrzahl der Mitglieder eines sozialen Systems widersprechen, zu einer Paradoxie führt: so können wir bei einer normorientierten Definition abweichenden Verhaltens ohne größere Schwierigkeit all jene Personen als Kriminelle herausfiltern, die gegen Strafrechtsnormen verstoßen. Da Strafrechtsnormen Verhaltensforderungen sind, mithin also auch Verhaltenserwartungen, sind diese Verhaltensweisen und Personen auch nach der erwartungsorientierten Definition als abweichend zu verstehen. Aufgrund einiger empirisch gesicherter Regelmäßigkeiten wissen wir nun, daß die Rückfallhäufigkeit von Kriminellen deliktspezifisch unterschiedlich, jedoch immer relativ hoch ist. Wegen dieser Tatsache würden wir also erwarten, daß nach dem einmaligen Auftreten abweichender Verhaltensweisen weitere als abweichend definierte Handlungen folgen werden. Die erwartete, abweichende Handlung wäre auf die Erwartung bezogen eine konforme, auf die Norm bezogen aber eine abweichende Verhaltensweise. *Da also auch abweichende Verhaltensweisen erwartet werden kön-*

nen, aus rein logischen Gründen jedoch Eindeutigkeit in der Definition des abweichenden Verhaltens bestehen muß, kann eine erwartungsorientierte Definition sozialwissenschaftlichen Ansprüchen nicht genügen.

Weil es also schwierig ist, quantitative Relationen der Verhaltenserwartungen an bestimmte Personen in bestimmten Situationen festzustellen und weil in der konkreten Handlungssituation nicht so sehr die quantitativen Relationen konfligierender Erwartungen als vielmehr die von den Interaktionspartnern geglaubten (perzipierten) Verhaltenserwartungen handlungsrelevant sind, muß eine quantitativ erwartungsorientierte Definition als den methodologischen Anforderungen nicht genügend ausgeschlossen werden. Weil eine erwartungsorientierte Definition abweichenden Verhaltens zu dem Paradoxon der konformistischen Abweichung oder des abweichenden Konformismus führt (siehe obiges Beispiel), wird auf die Anwendung dieser Definition in den folgenden theoretischen Überlegungen verzichtet.

1.4.3. Die sanktionsorientierte Definition

Die Befolgung oder Abweichung von Normen wird durch die Interaktionspartner sanktioniert. Normkonforme Verhaltensweisen werden durch Belohnungen oder durch das Vermeiden von Bestrafungen positiv sanktioniert, während Abweichungen durch Strafen (welcher Art auch immer) negativ sanktioniert werden. Eine sanktionsorientierte Definition würde davon ausgehen, daß abweichendes Verhalten immer dann vorliegt, wenn auf diese Verhaltensweise eine Reaktion bei den Interaktionspartnern einsetzt, die als negative Sanktion interpretierbar ist. Bei der sanktionsorientierten Definition wird also der Begriff der Sanktion ausschließlich im negativen Sinne gebraucht. Von einem so verstandenen Begriff des abweichenden Verhaltens geht insbesondere der labeling approach aus, der an anderer Stelle noch ausführlich behandelt wird.

Überlegen wir nun, in welchem Verhältnis die sanktionsorientierte zur norm- und erwartungsorientierten Definition steht. Zunächst wird man davon ausgehen können, daß nicht alle Verletzungen von Verhaltenserwartungen auch negativ sanktioniert werden (vgl. hierzu z.B. den Toleranzbereich der Normen). Wenn man weiter davon ausgeht, daß ohne bestimmte Erwartungsverletzungen keine negativen Sanktionen Platz greifen können (was der labeling approach durch manche seiner Vertreter gelegentlich bestreitet), dann stellen offensichtlich alle jene Verhaltensweisen, die negativ sanktioniert werden, eine Teilklasse der Verhaltensweisen dar, die bestimmte gesellschaftliche Erwartungen verletzen (vgl.

48

hierzu auch OPP 1974, S. 44). Gleiches gilt im übrigen für das Teilklassenverhältnis zwischen normorientierter und sanktionsorientierter Definition. Die sanktionsorientierte Fassung abweichenden Verhaltens ist also enger als die normorientierte. Geht man jedoch mit den labeling-Theoretikern davon aus, daß auch Sanktionen Platz greifen können, ohne daß eine konkrete Normorientierung vorliegt, so kann die sanktionsorientierte Beurteilung umfassender als die normorientierte sein. Insoweit läßt sich dann das Teilklassenverhältnis nicht mehr exakt bestimmen.

Prüfen wir daher weiter, welche Vor- bzw. Nachteile die sanktionsorientierte Definition bringt. Gehen wir zur Illustration von dem Fall der Strafrechtsnormen aus; die sog. Dunkelziffer weist sehr deutlich darauf hin, daß es offensichtlich abweichende Verhaltensweisen gibt, die nicht sanktioniert werden können, weil der sich abweichend Verhaltende nicht entdeckt oder ihm die Tat nicht nachgewiesen wird. Bei der sanktionsorientierten Definition des abweichenden Verhaltens tritt nun das Paradoxon auf, daß nach dem Alltagsverständnis (und dieses ist in besonderer Weise handlungsrelevant, worauf die Wissenschaftler auch insoweit Rücksicht zu nehmen haben, als bei der Vornahme von Definitionen das Kriterium der Ähnlichkeit als Alltagsbezug nicht verletzt werden sollte) bestimmte Verhaltensweisen als abweichend perzipiert werden, jedoch nach der sanktionsorientierten Definition in Ermangelung einer Sanktion als nicht abweichend (um nicht zu sagen konform) gelten. Eine wissenschaftliche Analyse kann aber nicht an Alltagsphänomenen und dem Alltagsverständnis vorbeigehen, ohne sich selbst zu diskreditieren. Eine ausschließlich sanktionsorientierte Definition kann auch wegen ihrer Realitätsferne daher nicht befriedigen.

Weitere Schwierigkeiten dürfte die Frage aufwerfen, welche Aktionen, Maßnahmen, Verhaltensweisen als Sanktionen im Sinne der Definition anzusehen sind: Informelle oder solche, die durch offizielle Instanzen vorgesehen sind; solche, die von Sanktionierenden gedacht sind oder solche, die der Sanktionierte als solche empfindet; solche, die eine bestimmte Stärke erreichen, oder solche, die unter einer bestimmten Schwelle bleiben usw. Viele weitere Fragen wären hierzu zu stellen. Summarisch läßt sich jedoch festhalten, daß *eine ausschließlich sanktionsorientierte Definition des abweichenden Verhaltens eine Fülle von ungelösten Problemen aufwerfen würde*, deren Klärung eigentlich Voraussetzung dafür wäre, daß eine wissenschaftlich sinnvolle Anwendung dieses, so definierten Begriffes möglich erschiene. Auch der Hinweis von WISWEDE (1973, S. 20), daß es "für die Begriffsbestimmung belanglos sein (muß), ob Sanktionen auch tatsächlich verhängt werden, so daß nur die Sanktionswahrscheinlichkeit … relevant ist", kann den Anforderungen nicht voll genügen. Zwar ist richtig, daß allein die Sanktionswahrscheinlichkeit – und zwar so, wie sie der potentielle Abweichler einschätzt – für sein Verhalten entscheidend ist; sie legt jedoch nicht fest, ob es sich um abweichendes oder konformes Verhalten handelt. Dies muß schon deswegen gelten, weil die Sanktionswahrscheinlichkeit, so wie WISWEDE sie versteht, sich auf eine reale und feststellbare Größe (Zahl der Fälle abweichenden Verhaltens in Bezug zur Zahl der Sanktionen) bezieht, was aber wieder der Alltagsdefinition des abweichenden Verhaltens widersprechen würde; denn nicht die tatsächlichen Sanktionswahrscheinlichkeiten sind entscheidend für die Definition abweichenden Verhaltens, sondern die Vorstellungen darüber, welche Verhaltensweisen überhaupt sanktioniert werden sollten. Wenn also eine sanktionsorientierte Definition sinnvoll sein soll, so muß sie sich auf die Vorstellungen darüber beziehen, welche Verhaltensweisen als sanktionswürdig erscheinen. Hierbei spielt das Erwartungselement eine entscheidende Rolle, so daß auch aus diesem Grunde eine ausschließlich sanktionsorientierte Definition nicht herangezogen werden kann.

1.4.4. Norm und Sanktion als Definitionskriterien

Die drei Gruppen von möglichen Definitionen abweichenden Verhaltens (normorientiert, erwartungsorientiert und sanktionsorientiert) wurden jeweils für sich allein als partiell insuffizient für die Zwecke einer brauchbaren Analyse bezeichnet, weil in deren jeweiliger Ausschließlichkeit entweder bestimmte Phänomene, die dem Alltagsverständnis und Alltagshandeln entsprechend als abweichend bewertet werden, nicht eingehen oder weil erhebliche Widersprüche zu diesen auftreten. Es sollte daher geprüft werden, ob nicht eine Kombination der drei Definitionsmöglichkeiten zu einem fruchtbareren Ergebnis führen kann.

Greifen wir zunächst noch einmal die sanktions- bzw. reaktionsorientierte Definition abweichenden Verhaltens heraus: bei extremtypischem Verständnis kann davon ausgegangen werden, daß jegliche Verhaltensweise prinzipiell negativ sanktioniert werden kann; auf jede Aktion kann eine sanktionierende Reaktion erfolgen. Diese prinzipielle und theoretisch gedachte Möglichkeit erfährt nach unserer Auffassung in der Realität jedoch eine erhebliche Einschränkung. In der Auseinandersetzung mit SACK, der in bezug auf Kriminalität einer solchen Beliebigkeit das Wort zu reden scheint, verweist OPP (1972 a) darauf, daß abweichende Verhaltensweisen bestimmte Designata haben, d.h., daß entsprechenden sprachlichen Ausdrücken oder Definitionen reale Ereignisse entsprechen.

An einem trivialen Beispiel kann verdeutlicht werden, daß die vornehmlich reaktionsbestimmte Definition abweichenden Verhaltens in ihrer Reaktionsorientierung zu kurz greift: So kann man durchaus feststellen, daß die Person X eine Unterschlagung begangen, sich also abweichend verhalten hat, unabhängig davon, ob diese Unterschlagung sanktioniert wird. Die Feststellung des Sachverhalts einer Unterschlagung muß nicht notwendigerweise personenbezogen erfolgen, sondern kann sich ausschließlich auf die Handlung beziehen (die Beobachtung eines Totschlags verweist auf den Sachverhalt des Totschlags, auch wenn der Totschläger selbst unerkannt bleibt). Insoweit ist OPP zu folgen (OPP 1972 a, S. 34), der dahingehend argumentiert, daß bestimmte beschreibende Aussagen (z. B. A begeht einen Diebstahl) ganz konkrete Designata haben, die sich unabhängig von den auf das Verhalten erfolgenden Reaktionen feststellen lassen.

Wenn die obige Argumentation schlüssig ist, dann kann man mit COHEN (1968, S. 58) davon ausgehen, daß sich abweichendes Verhalten durch die "Existenz einer Regel", wie auch durch das "Auftreten einer Handlung" konstituiere, d. h. die theoretisch denkbare Beliebigkeit der Sanktionierung erfährt ihre alltagsrelevante Begrenzung dadurch, daß eine konkrete Handlung auf eine bestimmte für sie zutreffende Norm bezogen wird und aus dem Kompatibilitäts- oder Inkompatibilitätsverhältnis auf normkonformes oder auf abweichendes Verhalten geschlossen wird. Erst aus der Feststellung, daß eine Verhaltensweise von einer für sie vorgesehenen Norm abweicht, kann eine als legitim angesehene Sanktion erfolgen. Sanktionen ohne Normbezug setzen sich dem Verdacht der Willkür aus und dürften (mindestens über längere Frist hin) nicht leicht durchsetzbar sein. (Um Mißverständnissen vorzubeugen, sei darauf hingewiesen, daß auch eine normorientierte Sanktion insoweit eine Willkürmaßnahme darstellen kann, als in die Normsetzung selbst Macht- und Herrschaftsverhältnisse und mithin Willkür und Unterdrückung einfließen können).

In der Diskussion und Argumentation gegen den labeling approach (Etikettierungsansatz), der in der extremen Variante eine ausschließlich reaktionsorientierte Definition abweichenden Verhaltens verfolgt (in der weniger extremen Ausprägung mindestens die Priorität in den Definitionskriterien den Sanktionen zuweist), macht v. TROTHA (1977, S. 106) auf den oben angesprochenen und auf einen weiteren theoretisch und praktisch nicht uninteressanten Aspekt aufmerksam. Seine Ausführungen seien hier relativ umfassend wiedergegeben: "Wenn wir einen Unterschied machen wollen zwischen normativen und deskriptiven Aussagen, d. h. Aussagen, die einen beobachteten Tatbestand einer Bewertung unterziehen und Aussagen, die sich auf die Feststellung eines Beobachtungssachverhalts beschränken, dann ist die ethnomethodologische Etikettierungstheorie kurzatmig, weil sie die unterschlägt, daß die Definition eines Verhaltens als abweichend nicht nur eine normative Aussage ist ("dieses Verhalten dulden wir nicht"), sondern *auch* eine deskriptive Aussage, die wir in den Designata einer Abweichungsdefinition festmachen können. Bezogen auf die Beziehung von Etikettierenden und Etikettierten heißt das, daß die Definition eines Verhaltens oder einer Person als abweichend nicht ausschließlich eine Angelegenheit des Etikettierenden ist, sondern diese Etikettierenden nehmen Bezug anhand der Designata der Abweichungsdefinition auf den Akt oder die konkrete Person und fällen eine Entscheidung, ob die von ihnen angegebenen Designata im konkreten Falle zutreffen oder nicht. Die Qualität einer Handlung oder einer Person liegt sprachlogisch gesehen in den Designata, mit denen das Verhalten beschrieben wird.

Bedeutsam ist der deskriptive Charakter von Abweichungsdefinitionen für denjenigen, der etikettiert wird. Unter Bezugnahme auf die deskriptiven Aussagen der Etikettierenden kann der Angeklagte den Vorwurf zurückweisen. Er kann 'nein' sagen und die Etikettierenden der Lüge überführen. Kurzatmig ist der Etikettierungsansatz also deshalb, weil er soziale Wirklichkeit auf die Etikettierenden reduziert und die *Wirklichkeit des Etikettierten,* auf die die Etikettierenden sich beziehen, unterschlägt ... Sie (die Ethnomethodologie, S. L.) hebt die Unterscheidung von Wahrheit und Lüge auf, indem sie diese Unterscheidung selbst als Produkt sozialer Interaktion begreift, deren Konstitutionsregeln sie zum Gegenstand der Analyse macht."

Folgt man diesen Überlegungen, so wird man nicht umhin können, aus theoretischen wie auch aus gesellschaftspolitischen Gründen in eine Definition abweichenden Verhaltens sowohl die normorientierte, wie auch die sanktionsorientierte Komponente mit aufzunehmen. Je nach theoretischer Zielsetzung und Orientierung wird dann in den Theorien der Erklärung abweichenden Verhaltens stärker auf ätiologisch-genetische Elemente (auf der Basis einer Normorientierung) Bezug genommen, oder die Bedingungen der sozialen Kontrolle als Ursachen für abweichendes Verhalten werden als gewichtiger beurteilt. Die Prioritätensetzung ist dabei jeweils eine theoretische Entscheidung, die im Rahmen von Definitionen (als nominellen Konventionen) zunächst noch nicht diskutiert zu werden braucht. Nach unserer Auffassung ist es jedoch wichtig, in die Definition abweichenden Verhaltens beide Überlegungen miteinzubeziehen, um nicht a priori eine Reduktion des Objektbereiches und mithin einen potentiellen Erkenntnisverlust hinzunehmen. (Die erwartungsorientierte Definition kann vernachlässigt werden, weil oben gezeigt wurde, daß Normen als Spezialfall aller Verhaltenserwartungen mit verstärkter Sanktionsbereitschaft angesehen werden können. Je nach Sanktionsbereitschaft könnten Normen zwischen unbedingten Verhaltensanforderungen und allgemeinen Verhaltenserwartungen angesiedelt werden.) Wie schon aus einigen Beispielen ersichtlich wurde, kann abweichendes Verhalten aber nicht an den tatsächlich erfolgenden Reaktionen (als negativen Sanktionen) gemessen werden, weil bestimmte Verhaltensweisen in der deskriptiven Feststellung zwar eindeutig abweichend sind, jedoch eine Sanktionierung – aus welchen Gründen auch immer – ausfällt (z. B. Täter nicht bekannt oder verfügbar). Entscheidend für die Zuschreibung einer Abweichung wird also die Sanktionierungsbereitschaft bzw. die Vorstellung darüber sein, daß eine bestimmte Verhaltensweise negativ sanktioniert werden sollte, wobei sich das Sollen aus der normativen Komponente ergibt. Wir gehen im weiteren daher davon aus, daß abweichendes Verhalten immer dann vorliegt, wenn sich aus dem Vergleich einer bestimmten Verhaltensweise mit einer korrespondierenden Verhaltensanforderung keine Übereinstimmung ergibt, für die eine Bereitschaft zu negativen Sanktionen besteht.

Es soll dabei nicht verkannt werden, daß sowohl die Gültigkeit der Norm, wie auch die Sanktionsbereitschaft innerhalb eines kulturellen Systems durchaus unterschiedlich gesehen werden können. Wir sind hiermit verwiesen auf den im Abschnitt 1.2.2. entwickelten begrifflichen Rahmen von Geltungsgrad und Wirkungsgrad der Normen, die in 1.2.3. behandelte Sanktionsbereitschaft und den in 1.2.4. vorgestellten Toleranzbereich von Normen. Für Norm und Sanktionsbereitschaft sind damit zwei Probleme verbunden: Es ist eine nur theoretisch und abstrakt leicht zu beantwortende Frage, ob im Vergleich zwischen Verhalten und Verhaltensanforderung (Norm)Abweichungen bestehen, denn das durch soziale Normen erwartbare Verhalten ist im konkreten Handlungsvollzug nicht immer so exakt abgegrenzt, daß die schlichte Dichotomie Abweichung oder Konformität der Realität gerecht werden könnte. Stattdessen ist von einem Kontinuum zwischen Konformität und Abweichung auszugehen, dessen Aufteilung in einen Toleranz-, bzw. Ablehnungsbereich sich vermutlich erst durch die Sanktionsbreitschaft ergibt, weil das Toleranzintervall für verschiedene Normen unterschiedlich groß sein kann (für lebensnotwendige Normen enger, für weniger bedeutsame breiter).

Es ist weiter die Frage, inwieweit es innerhalb eines kulturellen Systems als legitim erscheint, bestimmte Verhaltenserwartungen formulieren und durchsetzen zu wollen. Hier ist man wieder auf Macht- und Herrschaftsverhältnisse verwiesen, die für konkrete Normen durch spezielle Geltungs- und Wirkungsgrade sicher nur angedeutet werden. Die Frage nach der Legitimität von Normen und Sanktionierungen ist eine gesellschaftspolitisch und gesellschaftskritisch bedeutsame und bedarf gerade von soziologischer Seite eines erheblichen analytischen Einsatzes. Insbesondere der labeling approach hat auf diese Notwendigkeit begründet hingewiesen. Wenn solche Überlegungen hier nur angerissen und nicht ausführlich diskutiert werden, so deshalb, weil dies einerseits bei der Vorstellung des labeling approach geschieht und weil andererseits aber durch diese kursorischen Überlegungen schon an dieser Stelle darauf hingewiesen werden soll, daß in einer norm- und sanktionsorientierten Definition abweichenden Verhaltens keineswegs die Normen reifiziert und als gültig hingenommen werden dürfen. Wir sind jedoch auch der Auffassung, daß eine konkrete Normorientierung erforderlich ist, um nicht x-beliebige Verhaltensweisen a priori oder a posteriori als abweichend zu deklarieren. Ohne Normorientierung in der Abweichungsfeststellung könnten alle Verhaltensweisen (unter sonst gleichen Bedingungen) als abweichend verstanden werden, womit jede Analyse und jeder Erklärungsansatz ad absurdum geführt wäre (man würde dann nämlich mit den aufgestellten Theorien *alle* Verhaltensweisen und nicht nur die abweichenden erklären). Für die deskriptive Feststellung abweichenden Verhaltens ist also eine Norm- und Sanktionsorientierung unbedingt erforderlich. Nicht minder notwendig ist unseres Erachtens auch die Untersuchung der Frage, ob Normen für sich Gültigkeit beanspruchen können, oder ob sie nicht vielmehr Macht- und Herrschaftsverhältnisse widerspiegeln, denen es an Legitimität mangelt. Wir vertreten die Auffassung, daß es für eine allgemeine Analyse zweckmäßig ist, die deskriptive und normative Frage zu trennen, beide aber im Auge zu behalten. Über deren Prioritäten geben die jeweiligen noch darzustellenden theoretischen Ansätze Auskunft.

Für die weiteren Überlegungen gilt es, festzuhalten, daß sich abweichendes Verhalten sowohl als Vergleich zwischen der konkreten Verhaltensweise und der Verhaltensanforderung einerseits, als auch aus der Sanktionsbereitschaft auf eine mögliche Diskrepanz hin ergibt.

2. Theorien abweichenden Verhaltens

In diesem zweiten Kapitel geht es darum, einige Theorien abweichenden Verhaltens zu beschreiben. Dabei steht man vor der Schwierigkeit, welche Theorien wichtig genug erscheinen, in eine solche Darstellung einbezogen zu werden. Es stellt sich die Frage, nach welchen Kriterien (didaktische Überlegungen, inhaltlich-theoretische Vorstellungen oder pragmatische Umsetzungsmöglichkeiten) vorgegangen werden sollte. Die Entscheidung ist immer eine solche der Klassifikation und Typologie von Theorien. Die Durchsicht der Literatur kann belegen, in welcher Vielfalt solche Klassifikationen in Abhängigkeit von Erkenntnisinteressen und Beurteilungsdimensionen auftreten können. So stellen CORTES und GATTI (1972, S. 164) auf die Unterscheidung zwischen Soziologie und Psychologie ab und differenzieren nach soziogenetischen und psychogenetischen Theorien. TRABANDT und TRABANDT (1975, S. 16) interessiert eine eher globaltypologische Charakterisierung, wenn sie von *klassischer und positiver Schule* sprechen. Die Aufteilung in *biologisch-anthropologische* und *psychodynamische* Theorien, wie sie COHEN (1968a, S. 88 ff.) vornimmt, bezieht zwei Aspekte mit ein: *statisch* versus *dynamisch,* und *biologisch* versus *psychologisch.* Die Dichotomie zwischen *multikausalen* und *monokausalen* bzw. *Mehrfaktoren-* oder *Einfaktorenansätzen,* ist ein eher technisches Unterscheidungskriterium, das OPP (1974, S. 211) praktiziert. KECKEISEN (1974, S. 23) wendet eher metatheoretische Kriterien an, wenn er zwischen *ätiologischen* und *interaktionistischen* Ansätzen ähnlich wie HAAG (1972, S. 55) unterscheidet, der zwischen *labeling approach* und *factor approach* differenziert. ENDRUWEIT (1972, S. 65) greift das bei COHEN schon partiell enthaltene Kriterium der Dynamik heraus (statisch versus dynamisch), während WISWEDE eine, in der Tabelle aufscheinende multidimensionale Beurteilung vornimmt:

Die jüngste Veröffentlichung von KERSCHER (1977) stellt Kriminalitätstheorien vor, die *psychoanalytisch, sozialisationstheoretisch, sozialstrukturell, interaktionistisch, marxistisch, sozialpsychologisch* und *sexual-ökonomisch orientiert* sind; es handelt sich also hier um einen vieldimensionalen, heterogenen Aufbau.

Wenn wir uns diesen Klassifikationen und Typologien nicht anschließen, so hat dies ausschließlich didaktische Gründe. Wir ziehen eine gemischte Klassifikation vor, weil es uns dabei um folgende Überlegungen geht:

Abb. 5: Klassifikationsschema von Theorien abweichenden Verhaltens (WISWEDE 1973, S. 82)

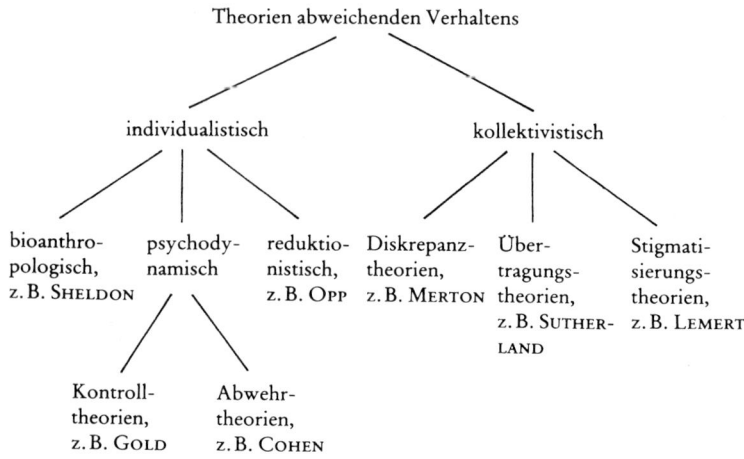

a) Die von uns entwickelte Klassifikation soll belegen, daß es theoretische Ansätze unterschiedlichster Provenienz gibt.

b) Es geht weiter darum, die gegenseitigen Bedingtheiten und Abhängigkeiten der einzelnen Theorien untereinander aufzuzeigen, was insbesondere mittels der Differenzierungen und Nuancierungen durch die verschiedenen Autoren erfolgen soll.

c) Implizit wird angestrebt, eine historisch-chronologische Darstellung zu geben, die es dem Leser ermöglichen soll, die theoretischen Ansätze auch zeitlich einzuordnen. (Vgl. hierzu die Zeittafel am Ende des Bandes.)

d) Der Leser soll erkennen, daß die im weiteren erfolgende Beschränkung auf soziologische Theorien keine Aussagen darüber beinhaltet, daß diese – auf welcher Dimension auch immer – besser wären, als andere Ansätze. Vielmehr soll die kursorische Vorstellung anderer Erklärungsversuche gerade darauf aufmerksam machen, daß verschiedene Erklärungsmöglichkeiten abweichenden Verhaltens vorhanden sind.

e) Nicht zuletzt soll durch Veranschaulichung der Ähnlichkeiten zwischen den theoretischen Ansätzen einer idealtypischen, nach Ausschließlichkeits- und Trennschärfekriterien sich abgrenzenden und abkapselnden Vorstellung vorgebeugt werden. Diese Darstellung ist also nicht so zu verstehen, daß eine Theorie die andere völlig ablösen könnte (vgl. das Paradigma-Konzept KUHN's [1967]), sondern sie soll zu erkennen geben, daß die unterschiedlichen Ansätze nicht ausschließlich zeitlich aufeinander, sondern auch nebeneinander als konkurrierende Theorien entwickelt wurden und z.T. nach wie vor in theoretischer Konkurrenz zueinander stehen.

2.1. Skizze einzelwissenschaftlicher Theorien

In diesem Abschnitt wird versucht, in einem Überblick die jeweiligen Theorien oder theoretischen Ansätze in ihrer zeitlichen Entstehung sowie in ihrer Bedeutung aufzuzeigen. In den folgenden Abschnitten dieses Kapitels werden dann die theoretischen Ansätze ausführlicher inhaltlich beschrieben werden. Bei diesen Ausführungen sollte immer bedacht werden, daß kein neuer theoretischer Erklärungsversuch auf einer tabula rasa entstanden ist; vielmehr sind neue Theorien entweder in grundsätzlicher Abhebung von alten entwickelt worden, oder sie beziehen sich auf alte Theorien insoweit, als sie diese mehr oder weniger modifizieren. Ein typisches Beispiel der Entstehung von Antitheorien ist die Ablösung der klassischen Schule der Kriminologie durch den biologischen Erklärungsversuch. Der Beginn der *klassischen Schule* kann in die Mitte des 18. Jahrhunderts verlegt werden. Zu dieser Zeit erschien BECCARIA's sehr einflußreiches Werk (1764), das die wesentlichsten Grundsätze der klassischen Auffassung vorstellte, die im übrigen zwei Jahrhunderte später durch den labeling approach wieder neu "entdeckt" wurden. Als wesentliche Grundsätze der klassischen Schule wurde in dieser Schrift niedergelegt, daß im Wechselspiel zwischen Individuum und Gesellschaft Kriminalität entsteht, daß insoweit das Schwergewicht der Analyse nicht unmittelbar bei dem Täter, sondern eher bei der Tat angesiedelt ist und daß jedermann von abweichendem Verhalten betroffen werden kann.

Etwa gegen Ende des 19. Jahrhunderts entwickelt sich die *biologische oder anthropologische Schule* des abweichenden Verhaltens, die sich geradezu antithetisch gegen die klassische Auffassung richtet. Im Mittelpunkt des Interesses steht nun der Täter und seine biologisch-anthropologische Konstitution. Nicht mehr das soziale Umfeld wird in die Analyse einbezogen, sondern die individuell-biologischen Bedingungen werden für das Auftreten abweichenden Verhaltens verantwortlich gemacht. Die wesentlichsten Vertreter dieses Ansatzes waren Cesare LOMBROSO, Enrico FERRI und Raffael GAROFALO. Die neue Epoche der biologischen Erklärungsversuche wird durch LOMBROSO's Werk "L'uomo delinquente" 1876 eingeleitet. Der Einfluß der biologischen Schule nimmt aber in der Dauer ihres Bestehens relativ stark ab, weil mit dem Aufkommen neuer Ansätze den biologischen Variablen immer geringere Bedeutung beigemessen wird. Man kann heute davon ausgehen, daß kaum ein Wissenschaftler eine ausschließlich biologisch orientierte Theorie abweichenden Verhaltens vertreten wird. Tatsache ist jedoch, daß insbesondere im Alltagshandeln (sowohl im informellen, wie im institutionellen Bereich), noch Residuen der biologistischen Sichtweise vorhanden sind (vgl. hierzu KAUFMANN, 1971, S. 80 ff.). Es zeigt sich hier im übrigen das allgemeine Phänomen im Verhältnis von Wissenschaft und Praxis, daß auf wissenschaftlich-theoretischer Ebene bestimmte Vorstellungen längst obsolet geworden, während sie im alltagspraktischen Handeln noch wirksam sind.

Mit dem Beginn des 20. Jahrhunderts (also etwa ein Generationsalter nach LOMBROSO's Hauptwerk) entwickelt sich die *soziologische Betrachtungsweise* des abweichenden Verhaltens, die mit dem Namen DURKHEIM verknüpft ist, der 1893 den Begriff der Anomie als soziologisches Konzept in die Literatur einführte. Mit dem Aufkommen der soziologischen Ansätze reduzierte sich verständlicherweise die Wirkung biologisch-anthropogenetischer Erklärungsversuche, weil erstere nicht nur eine stärkere Plausibilität für sich beanspruchen, sondern zum Teil auch empirisch abgesichert werden konnten. Die soziologischen Ansätze zur Erklärung abweichenden Verhaltens stellen kein einheitliches Konzept dar; vielmehr besteht ihre Gemeinsamkeit (mehr oder weniger) nur darin, daß sie der Disziplin der Soziologie zugerechnet werden können, d.h. daß sie Erklärungsversuche anstreben, die nicht individualistisch, sondern sozial(strukturell) orientiert sind. Unterschiede in den Ansätzen findet man insbesondere, wenn man die Überlegungen des sog. factor approach mit dem labeling approach vergleicht. Zu den soziologischen Theorien, die ausführlich besprochen werden sollen, gehören die Anomietheorie, die Subkulturtheorien, die Theorien des differentiellen Lernens und der labeling approach. Man kann die Entwicklung und Verbreitung dieser soziologischen Theorien nicht als stetig ansehen, wenngleich sich in der gegenwärtigen Literatur eine relative Dominanz soziologischer Erklärungsversuche findet. Insbesondere in dem letzten Jahrzehnt hat der labeling approach deutliche Pluspunkte verbuchen können.

Während die biologische Schule sich in der Verbreitung und Wirkung ihrer Aussagen rückentwickelt hat und praktisch nur mehr rudimentär vorhanden ist, kann man einen generell positiven Effekt bei den soziologischen Auffassungen verzeichnen. Etwa parallel mit den soziologischen

Theorien entwickelten sich *psychologische Erklärungsversuche* abweichenden Verhaltens, unter die ebenfalls eine Fülle von unterschiedlichen, fachspezifischen Auffassungen subsumiert werden können, wie z. B. psychiatrische, psychoanalytische, sozialpsychologische und allgemein-psychologische Theorien.

Ihnen ist gemein, daß sie Konzeptionen darstellen, die abweichendes Verhalten auf psychische, oft auch *psychopathologische* Störungen der Personen zurückführen, die sich abweichend verhalten. Dabei sind natürlich die Grenzen zwischen den einzelnen Teildisziplinen fließend; so ist im Einzelfalle nur schwer zu entscheiden, ob eine bestimmte Theorie sozialpsychologisch oder soziologisch genannt werden soll (vgl. hierzu RÜTHER 1975, S. 12 ff.). Dies insbesondere deswegen, weil auch psychologische Ansätze heute nicht mehr umhin können, soziale Faktoren zu berücksichtigen, die eine potentielle Täterpersönlichkeit so sehr beeinflussen und formen, daß eben diese Persönlichkeit erst entstehen kann. Die Zuordnung zu psychologisch oder soziologisch, aber auch innerhalb der psychologischen Teildisziplinen ist daher häufig nur eine Frage der Prioritätensetzung und der Wertung bestimmter Theorieelemente. Mit HEINTZ (1957, S. 30) sollte man jedoch feststellen, daß eine Separation nach Fachrichtungen im Hinblick auf die Bestrebungen einer interdisziplinären Zusammenarbeit oder gar einer potentiellen Integration von Theorien weder möglich noch zweckmäßig ist. In diesem Sinne wird man vielmehr dazu übergehen müssen, sowohl endogene als auch exogene Faktoren der Erklärung abweichenden Verhaltens zu berücksichtigen. Endogen und exogen werden in diesem Zusammenhang als Synonyme für psychologisch und soziologisch gebraucht, um den disziplinseparierenden Charakter des zweiten Begriffspaares zu umgehen.

Nicht mit dem Ziel einer Integration psychologischer, soziologischer und auch biologischer Ansätze sind dann, etwa in der Zeit des Ersten Weltkrieges, die sog. *Mehrfaktorenansätze* entstanden, die sich darum bemüht haben, eine Fülle von Faktoren in die Erklärung abweichenden Verhaltens einzubeziehen. Diese Mehrfaktorenansätze konnten zeitweise die ausschließlich soziologischen und psychologischen Theorien dominieren und haben insbesondere in die Praxis der Kriminologie Eingang gefunden. So werden noch heute die meisten Prognosetafeln aufgrund von Mehrfaktorenansätzen zusammengestellt. Mit Hilfe solcher Prognosetafeln werden Vorhersagen über die Wahrscheinlichkeit eines Rückfalls bei Delinquenten vorgenommen. Beim gegenwärtigen wissenschaftlich-theoretischen Stand der Diskussion haben die Mehrfaktorenansätze aber eigentlich keine Überlebensberechtigung mehr, wenngleich sie auf der kriminalpolitisch-praktischen Seite immer noch Anwendung finden (vgl.

dazu z. B. OPP/PEUKERT 1971; FEEST/BLANKENBURG 1972; FRIEDRICHS 1973).

Mit der Abnahme der Bedeutung der Mehrfaktorenansätze ging zugleich die Zunahme psychologischer und insbes. soziologischer Überlegungen einher. Im Bereich der Soziologie stellt sich aber schon sehr bald heraus, daß zwischen den soziologischen Theorien eine Dichotomisierung nach *alter bzw. neuer Kriminalsoziologie* praktiziert wird, wobei unter alter Kriminalsoziologie eine ätiologisch und unter neuer eine stärker interaktionistisch orientierte Richtung verstanden wird. Während zunächst kaum Notiz von dem interaktionistisch-soziologischen Ansatz des *labeling approach* genommen wurde, traten labeling approach und ätiologische Ansätze später in erhebliche Konkurrenz zueinander – bei einer doch relativen Dominanz der ätiologischen Überlegungen; in der Bundesrepublik dürfte sich in den letzten 10–15 Jahren die Waagschale zugunsten des labeling approach geneigt haben. Dieses relative Überwiegen des labeling approach setzt etwa in den 50er Jahren ein, als LEMERT den ursprünglich von TANNENBAUM entwickelten Ansatz aufnimmt und für die entsprechende Verbreitung in der Literatur sorgt (LEMERT 1967; TANNENBAUM 1953).

Die deskriptive Vorstellung der Erklärungsansätze abweichenden Verhaltens in den folgenden Abschnitten dieser Einführung wird deutlich machen (ohne daß jeweils explizit darauf hingewiesen wird), daß die theoretischen Ansätze aufeinander bezogen sind. (Man könnte z. B. eine eigene Analyse darüber anstellen, inwieweit Elemente der einen oder anderen Theorie in weitere Theorien eingegangen sind. Für Teilbereiche hat es solche Analysen schon gegeben: So weisen PETERS und PETERS [1972, S. 242 ff.] darauf hin, daß innerhalb des multifaktoriellen Ansatzes eigentlich jede Erklärungsmöglichkeit zugelassen wird, gleichgültig welcher Provenienz sie wäre. In der *Kriminalpsychiatrie* lassen sich wie MOSER [1971, S. 68] meint, durchaus auch biologische Residuen feststellen und Elemente der *psychoanalytischen* Theorie lassen sich in der *Subkulturtheorie* von COHEN [1961] nachweisen. Ganz deutlich ist die Verwandtschaft zwischen *Anomietheorie* und *Theorie der differenziellen Assoziation*, wenn man den Explikationen der Theorien von OPP [1968, 1974] folgt.)

Wir sind zunächst bestrebt, losgelöst voneinander, die einzelwissenschaftlichen nicht-soziologischen Erklärungsversuche abweichenden Verhaltens vorzustellen, um dann die soziologischen Theorien intensiver zu behandeln. Innerhalb der soziologischen Erklärungsversuche werden wir bemüht sein, jeweils theorieimmanent bestimmte Nuancierungen und Differenzierungen herauszuarbeiten, aber andererseits theorieübergreifend auf jeweilige Bezugnahmen und Gemeinsamkeiten der Theorien untereinander hinzuweisen. Dabei ergibt sich eine erste und übergreifende Gemeinsamkeit dadurch, daß alle zu behandelnden Theorien soziologischer Natur sind, d.h. über individuelle Aspekte hinausgehend versuchen, soziale "Regelmäßigkeiten" und Bedingungen aufzuzeigen, die als Erklärungsversuche abweichenden Verhaltens gelten können. Zunächst jedoch ein kursorischer Überblick über andere Ansätze zum abweichenden Verhalten.

2.1.1. Die klassische Schule der Kriminologie

Es ist relativ schwierig, zu entscheiden, weil letztendlich doch arbiträr, zu welcher Zeit man den Beginn des Sichbeschäftigens mit kriminologischen Tatbeständen festsetzt. Sucht man nach wichtigen "früh"geschichtlichen Wurzeln, so kann man mit VOLD (1958) zwei grundlegende Erklärungsansätze unterscheiden, die auf eine lange geistesgeschichtliche Tradition zurückgehen und in der Erklärung abweichenden Verhaltens ihren Niederschlag gefunden haben: spiritistische oder *dämonologische Erklärungen* gehen vom Einwirken von Mächten und Kräften einer "anderen Welt" aus. Da diese Kräfte vom Diesseits aus weder verstehbar noch kontrollierbar – und steuerbar sind, sind derartige "Erklärungen" unwiderlegbar, immunisiert und praktisch unbrauchbar (Beispiel: Hexenwahn). Dagegen beschränken sich *naturalistische Erklärungen* auf prinzipiell nachweisbare Objekte, Ereignisse und Beziehungen, die als Ursachen für Abweichungen innerhalb der existierenden, realen diesseitigen Welt gelten können; eine Berücksichtigung übernatürlicher Mächte (Dämonen) ist somit entbehrlich. Ungeachtet des zeitweiligen Vorherrschens dämonologischer Erklärungen (Gottesurteile als Mittel der Rechtsfindung etc.) setzten sich naturalistische Erklärungen, deren geistesgeschichtliche Anfänge bei den Phöniziern und Griechen zu suchen sind, schließlich durch (vgl. VOLD 1958, S. 4–8).

Metaphysische, mystische, magische und andere nonnaturalistische Beurteilungen des Verbrechens und der Täter konnten sich trotz langsam zunehmender Dominanz naturalistischer Erklärungen in mancher Residualform erhalten und sollen selbst in der heutigen Zeit noch gelegentlich eine – wenngleich unbedeutende Rolle spielen. Erste Ansätze einer Abkehr von den sog. dämonologischen Erklärungen und eine Hinwendung zum *Prinzip der Erforschung der materiellen Wahrheit* lassen sich bereits im 13. Jahrhundert nachweisen; so etwa die Anfänge des Obduktionszwanges im normannischen Gesetz oder die Forderung des Sachsenspiegels (1220), wonach man "über rechten Toren und über sinnlosen Mann ... nicht richten" solle (KAISER 1976, S. 16).

Von den für die weitere Entwicklung einflußreichen "vor-klassischen" Denkern, die geistesgeschichtlich bereits überwiegend der Renaissance zuzurechnen sind, nennt VOLD THOMAS V. AQUIN (1224–1274), DANTE ALIGHIERI (1265–1321), Niccolo MACHIAVELLI (1469–1527), Martin LUTHER (1483–1546) und Jean BODIN (1530–1596) (VOLD, 1958, S. 15), sowie Thomas MORUS (1478–1535) (KAISER 1976, S. 17).

Bei den Denkern der Aufklärung sind besonders die Theoretiker des Gesellschaftsvertrages zu nennen, wie Thomas HOBBES (1588–1679), John LOCKE (1632–1704), de MONTESQUIEU (1689–1755), VOLTAIRE (1694–1778), ROUSSEAU (1712–1778) und CONDORCET (1743–1794) (VOLD 1958, S. 15). Sie waren insoweit bestimmend für die Entwicklung der sog. "klassischen Schule" der Kriminologie, als wichtige Gedanken, Ideen und Vorstellungen – zwar in veränderter Form – aber dem Wesen nach zu wichtigen Grundlagen der theoretischen Überlegungen dieses Ansatzes und in ihm angewandt wurden.

Die *klassische Schule der Kriminologie ist ein Produkt der Aufklärung.* Ihr gelten alle Menschen als frei, gleich und rational und können daher als Individuen verantwortlich handeln (TAYLOR u.a. 1973, S. 1 f.). Der Mensch erscheint als vernünftiges und verantwortliches Wesen, dessen im Grundsätzlichen anerkannte Willensfreiheit jedoch durch Gott, Teufel, Natur oder Unwissenheit beeinträchtigt sein kann (DESCARTES) und somit in der Lage ist, sich auch abweichend gegenüber Gesetz und Ordnung zu verhalten. Die prinzipielle Eigenverantwortlichkeit des einzelnen wird durch das Verhaltenspotential, das auch abweichende Verhaltensweisen umfaßt und das jeder verfügbar hat, dadurch eingeschränkt, daß das Hervorbrechen der abweichenden Verhaltensweisen eben nicht dem einzelnen, sondern soziologisch gesehen spezifischen Situationskonstellationen oder Variablen zugeordnet wird, die der einzelne nicht manipulieren kann.

Im Gesellschaftsvertrag übertragen die Individuen Teile ihrer Rechte auf eine Gemeinschaft bzw. deren Repräsentanten und gestehen ihr (bzw. ihnen) das Recht zu, zu strafen, wobei davon ausgegangen wird, daß das hauptsächliche Kontrollmittel in der Furcht besteht, bzw. (später) in utilitaristischer Sichtweise im Streben nach Lust und der Vermeidung von Unlust (= Strafe).

Die Ausgliederung der sozialen Kontrolle und ihre Zuweisung zu spezifisch hierfür vorgesehenen Institutionen hatte aber nicht nur positive Funktionen. Die in der Ahndung von abweichenden Verhaltensweisen angeordneten und durchgeführten Sanktionsmaßnahmen orientierten sich allzu sehr an der Zufügung von harter Bestrafung und viel zu wenig an anderen sozial orientierten Strafzwecken. Obwohl das Prinzip der Gewaltenteilung und der Zuweisung von Sanktionspotential an spezifische Institutionen gebilligt wird, entzündet sich an dem oft anzutreffenden Inkompatibilitätsverhältnis von Strafmaß und Straftat die Kritik:

Ganz im Sinne der Aufklärung mit ihrer Betonung von Vernunft und Gerechtigkeit – und im Widerspruch zur damaligen Rechtspraxis, gekennzeichnet durch Justizwillkür (Macht des Richters) und grausame Strafen (z.B. Todesstrafe für Diebe, Ehebrecher oder Majestätsbeleidiger, weite Verbreitung der Folter, katastrophale Zustände im Gefängniswesen) werden Sozialschädlichkeit der Tat und Angemessenheit der Strafen zueinander in Beziehung gesetzt und das herrschende Mißverhältnis kritisiert (vgl. auch TRABANDT/TRABANDT 1975, S. 16). Gerade der Umstand der in mancher Hinsicht kaum gesetzlich begrenzten Richterwillkür mit der Abhängigkeit von einer Vielzahl unkontrollierbarer Faktoren (Sympathien und Antipathien des Richters, seine moralischen Vorstellungen, persönlichen Abhängigkeiten z.B. vom Fürsten u.v.a.) erklären das Plädoyer der Aufklärer nach einer strikten, vom einzelnen Täter und seiner persönlichen Umstände weitgehend absehenden, gesetzlichen Regelung, die *Orientierung an der Tat, nicht am Täter.* So fordert z.B. BECCARIA, daß allein die Tat, nicht die zugrundeliegende Absicht zu berücksichtigen ist (BECCARIA 1809, S. 26, zit. nach VOLD 1958, S. 22). Nach BENTHAM hängt es von spezifischen Umständen ab, ob eine Person ein Verbrechen begeht: "It is not the individual, who vary, Bentham believed, but the situations, which are different" (MATZA 1967, S. 11) "Jeder ist fähig, Verbrechen zu begehen. Es gibt keinen Unterschied zwischen dem Verbrecher und dem Gesetzestreuen, außer dem der Tat" (TRABANDT/TRABANDT 1975, S. 16).

Stellvertretend für die klassische Schule insgesamt sollen im folgenden die Bemühungen um bessere Verhältnisse von BECCARIA, BENTHAM, ROMILLY, HOWARD, PEEL und v. FEUERBACH kurz dargestellt werden. Die Überrepräsentation britischer Philosophen, Politiker und Juristen ergibt sich aus den vielfältigen sozialen Auswirkungen (Entwurzelung, Desorganisation, Mobilität, Zunahme der Kriminalität etc) der industriellen Revolution, von der England zuerst betroffen wurde.

Infolge persönlicher Bekanntschaft mit einem Mailänder Gefängnisbeamten entwickelte der italienische Mathematiker und Wirtschaftstheoretiker Cesare Bonesana Marchese de BECCARIA (1735–1795) Interesse und Engagement für die Beseitigung von Mißständen in Gerichtswesen und Strafvollzug. Seine Erfahrungen und Einsichten publizierte er 1764 in der kriminalpolitischen Schrift: "Dei delitti e delle pene", Leghorn 1764 (engl.: Essay on Crimes and Punishment, London 1767), einen Protest aus der Sicht des Aufklärers gegen die Widersprüche des zeitgenössischen Justizwesens. Darin wendet er sich besonders gegen die Richter, die sich zuviel (ihnen aus dem Gesellschaftsvertrag nicht zustehende) Macht anmaßen, indem sie z.B. das gesetzlich vorgesehene Strafmaß überschreiten und Gesetze mehr oder weniger willkürlich interpretieren, anstatt sie genau und buchstäblich anzuwenden. BECCARIA möchte dagegen die Richter zu bloßen Instrumenten machen, die einzig über Schuld und Unschuld, nicht aber über das Strafmaß zu bestimmen haben, da dieses ja im Gesetz vorgesehen sein soll. Die Forderung nach Einengung des richterlichen Ermessensspielraumes und der Grundsatz gleicher Strafen für (nach dem Gesetzbuch) gleiche Verbrechen (wobei davon ausgegangen wird, daß sich diese ihrer Schwere gemäß auf einer Skala anordnen lassen und von besonderen Umständen und Intentionen des Täters infolge ihrer fehlenden Kontrollierbarkeit und Verantwortung abgesehen werden muß) bedeutet zwar eine Einschränkung der Gerichtswillkür, benachteiligt aber andererseits (aufgrund ungleicher Fähigkeiten und Eigenschaften der Menschen) gewisse Personen und Gruppen wie z.B. körperlich und psychisch Benachteiligte, Jugendliche oder weniger Intelligente.

Ganz im Sinne der Aufklärung, die auf eine rationalere Gestaltung menschlichen Zusammenlebens abzielt, geht es BECCARIA vornehmlich um Prävention anstatt um Sühne: Bestrafung soll nur insofern erfolgen, als sie präventiv wirkt. Wenn man bedenkt, wie lange es gedauert hat, bis der Sühnegedanke aus dem Strafrecht dem Resozialisationsgedanken Priorität zugestehen mußte (erst in den 70er Jahren unseres Jahrhunderts) und wie tief er noch heute in der Bevölkerung verwurzelt ist, dann vermag man die Progressivität solcher Gedanken erst richtig zu beurteilen. Weiterhin plädiert BECCARIA in diesem Sinne für die Beschleunigung von Gerichtsverfahren, die Abschaffung von Geheimprozessen, von Folter und Todesstrafe und für eine stärkere Anwendung von Freiheitsstrafen, was aber auch eine Verbesserung der Zustände in den Gefängnissen voraussetzt (VOLD 1958 S. 18–24).

Aufgabe und Gegenstand der Gesetzgebung muß nach Auffassung des englischen Philosophen, Wirtschaftstheoretikers und Juristen Jeremy BENTHAM (1748–1832) das "größte Glück der größten Zahl" sein. Als Mitbegründer des Utilitarismus geht er davon aus, daß die Menschheit von zwei grundlegenden Kräften beherrscht wird, nämlich Schmerz und Vergnügen bzw. dem Streben nach Vermeidung von Unlust und der Suche nach Lust. Da jegliche Bestrafung Schmerz impliziert und demzufolge Übel bedeutet, ist sie stets nur insoweit zu rechtfertigen, als damit noch größeres Übel vermieden werden kann.

BENTHAMS Begriffe, Definitionen und Kalküle (z.B. die erforderliche Quantifizierung von Glück oder Übel) sind jedoch übersimplifiziert, mehrdeutig und kaum praktikabel. Dennoch war er auch als Pionier der Gefängnisreform einflußreich, wenn auch seine Vorschläge für ein Reformgefängnis ("Panopticon") in welchem u.a. die übliche schwere Zwangsarbeit durch nützliche und sinnvolle Beschäftigungen ersetzt werden sollte, letztlich zur damaligen Zeit aber leider erfolglos blieben (Encyclopedia Britannica 1965, Vol. 3, S. 485).

Derselben philosophischen Richtung wie BENTHAM gehört auch Samuel ROMILLY (1757–1818) an. Als Kronanwalt und Unterhausmitglied wandte er sich gegen die ungerechtfertigte Härte und Grausamkeit von Strafen, wobei seine Bemühungen allerdings vielfach an der konservativen Reaktion aufgrund der Schrecken der Französischen Revolution scheiterten. 1808 setzte er schließlich die Abschaffung der Todesstrafe für Diebstahl und für Bettelei ohne Genehmigung durch (Encyclopedia Britannica 1965, Vol. 19, S. 520).

Durch eigene Erfahrungen als Gefangener französischer Seeräuber widmete sich der Landadelige und Philanthrop John HOWARD (1726–1790) dem Schicksal der Gefangenen. Als Sheriff von Bedfordshire mit den Zuständen des Gefängnisses von Bedford konfrontiert, trat er für eine *Gefängnisreform* ein und erreichte die Verabschiedung zweier wichtiger Gesetze: Gefangene, die freigesprochen waren oder ihre Strafe bereits verbüßt hatten, aber aufgrund ihrer Unfähigkeit, die Gefängnisgebühren (wovon das Personal bezahlt wurde) zu entrichten, weiterhin festgehalten wurden, wurden freigelassen und die Praxis der Unterhaltung des Gefängnispersonals durch die Gefangenen wurde abgeschafft. Das zweite Gesetz bezog sich darauf, die hygienischen Verhältnisse in den Gefängnissen zu verbessern.

Die Verwirklichung dieser Gesetze erfolgte allerdings nur schleppend. Ab 1774 inspizierte HOWARD weitere Gefängnisse in England und auf dem Kontinent. Drei Jahre später veröffentlichte er seine Erfahrungen in der Schrift: "The State of Prisons in England and Wales, with Preliminary Observations and an Account of Some Foreign Prisons", Washington 1777. Aufgrund seiner Bemühungen wurde schließlich 1779 der Bau von zwei Reformgefängnissen beschlossen, wobei u.a. die Forderung nach Einrichtung von Einzelzellen verwirklicht wurde (Encyclopedia Britannica 1965, Vol. 11, S. 792).

Die ersten wirklich effektiven Schritte zu einer rationaleren Gestaltung von Justizwesen und Strafvollzug in England unternahm der konservative Staatsmann Sir Robert PEEL (1788–1850). Seine Bemühungen galten neben der Reduzierung solcher Delikte, die mit dem Tode bestraft wurden, und der Säkularisierung im Recht (Aufhebung der Freiheit vor Strafverfolgung für Geistliche, Reduzierung des Strafmaßes für Kapitalverbrechen aus kirchlicher Sicht) der Effektivierung und Rationalisierung der Gefängnisse, wobei ein Großteil der Reformvorschläge HOWARDS verwirklicht wurden. So wurde z. B. die Überwachung der Zustände in den Strafanstalten staatlichen Inspektoren übertragen (Encyclopedia Britannica 1965, Vol. 18, S. 515).

Von den kontinentalen Reformern ist besonders der deutsche Jurist Johann Anselm von FEUERBACH (1775–1833) zu nennen, der sich u. a. gegen die Todesstrafe aussprach, die Abschaffung der Folter durchsetzte und unter dessen Einfluß 1813 in Bayern das erste moderne und vielfach vorbildliche Strafgesetzbuch entstand.

In Anlehnung an KANT sprach er sich für eine Lösung des Rechts von Moral und Sittlichkeit aus, doch hebt er sich als Begründer einer neuen Theorie des Strafrechts insofern von ihm ab, als Strafe nach FEUERBACHS Auffassung nicht um ihrer selbst willen erfolgen soll, sondern um die Angst vor dem Gesetz zu vertiefen; ihr Zweck besteht also nicht in der Wirkung auf aktuelle Täter (Sühne) sondern in ihrer Abschreckungswirkung auf potentielle Täter (Generalprävention). In der zugrundelegenden *Theorie vom psychologischen Zwang* wird der Einfluß des Rationalismus (und Utilitarismus) offenbar: Nach FEUERBACH erfolgt der Entschluß zur Begehung einer verbrecherischen Handlung unter rationaler Abwägung aller Motive, woraus sich als Aufgabe des Gesetzgebers ergibt, durch Strafdrohung "so intensive Unlustgefühle zu erzeugen, daß die zum Verbrechen drängende Lust neutralisiert werde" (Staatslexikon 1959, S. 256). Dies aber bedeutet konsequenterweise, daß sich die Strafhöhe nicht nach der Schuld, sondern nach der Stärke des Tatanreizes richten muß. v. FEUERBACH wendet sich gegen die herrschende Naturrechtslehre, die er als verantwortlich für die Willkür in der Rechtspflege ansieht. In seinem Bemühen um strenge Systematik, scharfe Begriffsbildung, der Begründung der Eigenständigkeit des Rechts gegenüber Sitte und Moral und dem Insistieren auf dem geschriebenen Gesetz gilt er als Wegbereiter des *Rechtspositivismus* (Das Recht wird allein als Ergebnis menschlichen Wollens verstanden, es gibt keine Möglichkeit, die Geltung einer rechtlichen Norm mittels allgemein gültiger Kriterien, z. B. metaphysischer Art [Naturrecht] zu beweisen). Das Strafgesetz ist dabei aber nicht nur Quelle sondern auch Schranke der Strafbarkeit, denn ohne vorliegende, fixierte gesetzliche Grundlage kann es weder ein Verbrechen noch eine Bestrafung geben (nullum crimen, nulla poena sine lege). (Man vergleiche hierzu die ausführliche Darstellung bei GRÜNWALD (1975, S. 232–250). Da nur die Merkmale einer Tat, nicht aber die Täterpersönlichkeit exakt bestimmt werden können, hat die Bestrafung ohne Ansehen der Person zu erfolgen (vgl. BECCARIA) (Encyclopedia Britannica 1965, Vol. 9, S. 223).

Zusammenfassend lassen sich die Überlegungen der klassischen Schule der Kriminologie folgendermaßen charakterisieren:

- *Gesellschaftliche Bedingungen führen zu abweichendem Verhalten,* auch wenn in den Anfängen der klassischen Schule noch stärker metaphysisch – bezüglich der Ursachen und Verantwortlichkeiten für das abweichende Verhalten – gedacht wurde (Teufel, Gott etc.).

- Jedermann kann prinzipiell davon betroffen sein, sich abweichend zu verhalten. Daher ist auch *nicht der Täter Gegenstand der Analyse* (er ist ja austauschbar) *sondern die Tat* wird in den Mittelpunkt der theoretischen Überlegungen gestellt.

- Interessenschwerpunkt ist das *Verhältnis von Gesellschaft und Täter,* also etwa die Frage nach der Angemessenheit der Sanktionen im Verhältnis zur Sozialschädlichkeit der Tat, die gesellschaftlichen Reaktionen als Sanktionen auf bestimmte Verhaltensweisen, der Machtaspekt der Sanktionsinstanzen u.a.

- Demnach ist die klassische Schule der Kriminologie sehr *stark reaktiv und weniger ätiologisch orientiert:* "Weil aber die Tat durch gesellschaftliche Übereinkunft erst zum Verbrechen wird, erfaßt dieser Ansatz schon einen wesentlichen Aspekt der Kriminalisierung (TRABANDT/TRABANDT 1975, S. 16.).

- "Die *enge Verwandtschaft der klassischen Schule der Kriminologie des 18. Jahrhunderts mit dem labeling approach des 20. Jahrhunderts* zeigt sich in der Ablehnung der individuellen Ursachenforschung, in der konventionalistischen Festsetzung des Abweichens und der definitorischen Zuschreibung sowie in der Ablehnung der negativen Bewertung des Abweichenden (LAMNEK 1977, S. 20).

2.1.2. Die positivistische, anthropogenetische Kriminologie

Hatte die klassische Schule der Kriminologie schon im 18. Jahrhundert und erst recht im Gefolge der Aufklärung im 19. Jahrhundert Überlegungen entwickelt, die geradezu modern anmuten und soziologische wie psychologische Elemente in die Diskussion um das abweichende Verhalten einbrachten, so entwickelte sich als Reaktion darauf und gezielte Absetzung davon die biologisch orientierte Kriminologie. Diese verdankte ihren Aufstieg einerseits den Naturwissenschaften und deren fortschreitender Entwicklung, insbesondere der Medizin, und auf der anderen Seite den Gedanken des Sozialdarwinismus (Evolutionismus), der auf vererbungstheoretischen Vorstellungen basierte. Der Streit darum, ob die klassische Kriminologie als philosophische oder naturwissenschaftlich orientierte Disziplin anzusehen sei, der schon längst ausgestanden schien, wurde mit den naturwissenschaftlichen Erfolgen zugunsten der Medizin entschieden. Diese Grundströmung der Zeit nutzte der italienische Arzt Cesare LOMBROSO zu seinen biologisch-medizinischen Forschungen an Verbrechern, die ihn zu der Überzeugung gelangen ließen, es gäbe den geborenen Verbrecher. In Erweiterung der damals modernen, phrenologischen Untersuchungen, die eine Beziehung zwischen Schädelform und sozialem Verhalten unterstellte, begann er seine Arbeit. Ausgangspunkt seiner theoretischen Hypothesen war die Vermutung eines fundamentalen Unterschiedes zwischen Verbrechern und "Normalbürgern"; Kriminelle und Nichtkriminelle lassen sich aufgrund von bestimmten Körpermerkmalen klar diskriminieren. Im Sinne dieses Erkenntnisinteresses untersuchte er eine Fülle von Einzelmerkmalen, die nach seiner Auffassung seine Hypothese stützen konnten. Solche körperlichen Partialmerkmale beschränkten sich mehr oder weniger auf offenkundige und leicht meßbare Äußerlichkeiten, wie das folgenden Zitat belegt:

"Diebe haben im allgemeinen sehr bewegliche Gesichtszüge und Hände; ihr Auge ist klein, unruhig, oft schielend; die Brauen gefältet und stoßen zusammen; die Nase ist krumm oder stumpf, der Bart spärlich, das Haar seltener dicht, die Stirn fast immer klein und fliehend, das Ohr oft henkelförmig abstehend. Die Mörder haben einen glasigen, eisigen, starren Blick, ihr Auge ist bisweilen blutunterlaufen. Die Nase ist groß, oft eine Adler- oder vielmehr Habichtnase; die Kiefer starkknochig, die Ohren lang, die Wangen breit, die Haare gekräuselt, voll und dunkel, der Bart oft spärlich, die Lippen dünn, die Zähne groß. Im allgemeinen sind bei Verbrechern von Geburt die Ohren henkelförmig, das Haupthaar voll, der Bart spärlich, die Stirnhöhlen gewölbt, die Kinnlade enorm, das Kinn viereckig oder hervorragend, die Backenknochen breit – kurz ein mongolischer und bisweilen negerähnlicher Typus vorhanden" (LOMBROSO, 1894, zit. nach SCHNEIDER 1974, S. 24).

Aufgrund dieser "Erkenntnisse" glaubte er, seine Theorie verifizieren zu können, daß es diese anthropologisch nachgewiesenen Merkmalskonstellationen sind, die die Besitzer dieser Eigenschaften zum Verbrecher werden lassen. Die Unausweichlichkeit dieses Schicksals erfährt ihre Beschreibung durch den Begriff des "geborenen Verbrechers", ("delinquente nato"), "dessen Kriminalität und Körperstruktur gleicherweise Manifestationen seines grundlegenden *Atavismus* darstellten. Unter Atavismus verstand er das Zutagetreten charakteristischer Züge einer primitiven biologischen Entwicklungsstufe der menschlichen Rasse" (COHEN 1968, S. 89). Die körperliche, ererbte Stigmatisierung in den Anlagefaktoren wäre danach kausal verantwortlich für die abweichenden, kriminellen Verhaltensweisen.

Abgesehen davon, daß die statistischen Verfahren, insbesondere jene, die multivariat arbeiten, zu Zeiten LOMBROSO's nicht bekannt waren, und damit seine Erkenntnisse nicht ausreichend abgesichert sein konnten, lassen sich erhebliche theoretische Einwände gegen seine Vorgehensweise erheben: angefangen von dem wissenschaftstheoretischen Argument der induktiven Schlußfolgerung über die Konstituierung von Experimental- und Kontrollgruppe auf methodologischer Ebene und die theoretisch zusammenhanglose "Faktenhuberei" bis hin zur Meßproblematik auf technisch-statistischer Ebene. Insbesondere aus der Kritik der Forschungsmethoden heraus führte später der englische Gefängnisarzt Charles GORING (1913) eigene Untersuchungen durch, um die Richtigkeit bzw. Falschheit der LOMBROSOschen Erkenntnisse und die seiner Schüler FERRI und GAROFALO belegen zu können (GAROFALO verdanken wir im übrigen den Begriff der Kriminologie). Die kritische Einstellung GORING's, die ihn zur Nachprüfung der Theorie veranlaßte, führte in der Tat zu einer Modifizierung der ursprünglichen Hypothesen. Im Hinblick auf eine Fülle von Einzelmerkmalen konnte GORING keine statistisch signifikanten Unterschiede zwischen Experimental- und Kontrollgruppe nachweisen. Demnach unterscheiden sich Kriminelle und Nichtkriminelle in diesen Variablen nicht voneinander. Kriminelle waren lediglich etwas kleiner (und hatten mithin ein etwas geringeres Körpergewicht) als Nichtkriminelle. Gleichwohl interpretierte GORING diese minimalen Differenzen als genetisch bedingte, also angeborene, Minderwertigkeit, obgleich man insgesamt wohl feststellen mußte, daß mit seiner Untersuchung die Theorie LOMBROSO's als falsifiziert zu gelten hätte.

Angespornt durch die partiell widersprüchlichen Ergebnisse der Untersuchung GORING's, die immerhin an je 1000 Personen gewonnen worden waren, stellten die Anhänger der anthropogenetischen Theorie der Kriminalität weitere Untersuchungen an, um die Richtigkeit ihrer Behauptungen zu beweisen. An insgesamt etwa 30 000 Personen prüfte HOOTON in den USA in den 30er Jahren unseres Jahrhunderts die forschungsleitende Hypothese, daß "Verbrecher biologisch unterentwickelte Wesen seien, die durch ererbte Fehlanlagen zu Verbrechen bestimmt seien, und die die Zeichen ihrer Minderwertigkeit körperlich an sich trügen (COHEN 1968a, S. 90). Sein Ergebnis bestand darin, daß Kriminelle signifikant in einer Vielzahl von körperlichen Maßen den "Normalbürgern" unterlegen waren und diese körperliche Unterlegenheit mit einer geistigen einherging. Er schloß daraus, daß die Kriminellen genetisch und morphologisch degeneriert wären, woraus er dann auf der Basis einer falschen Prämisse (nämlich der Richtigkeit seiner Theorie) folgerichtig ableitete, daß das Verbrechen nur durch Eugenik und Fortpflanzungskontrolle bekämpft werden könne (HOOTON 1939, S. 396 f.).

Daß auch die quantitativ sehr umfangreichen Untersuchungen HOOTON's methodologisch problematisch und daher in ihrem Erkenntniswert erheblich eingeschränkt sind, soll an einigen Argumenten exemplarisch gezeigt werden: HOOTON hat bei der Konstituierung von Experimental- und Kontrollgruppen den Gesichtspunkt der Repräsentativität der Auswahl nicht berücksichtigt, weshalb seine Resultate eventuell erheblich verzerrt sind. Er hat weiter übersehen, daß die statistischen Beziehungen zwischen den Körpermerkmalen und der Variablen der Kriminalität Scheinkorrelationen darstellen können. Es können intervenierende Variablen dazwischentreten, die die ursprüngliche Beziehung modifizieren. Vor allen Dingen aber ist keineswegs geklärt, in welcher Weise denn genetische und morphologische Bedingungen zu Ursachen der Kriminalität werden können. Eine statistische Beziehung zwischen beiden Variablen allein ist mit Sicherheit nicht ausreichend. (Eine Korrelation zwischen der Zahl der Todesfälle in einem Krankenhaus im Vergleich zu den Todesfällen in Wohnungen sagt eben nichts darüber aus, daß das Krankenhaus möglicherweise die Ursache für die vermehrten Todesfälle ist!)

Sich lösend von der puren Aneinanderreihung von einzelnen Variablen als determinierenden Faktoren von Kriminalität und sich eher ganzheitlichen Konzepten zuwendend werden sog. *Konstitutionstypen* in Verbindung mit Delinquenz gesehen. Diesen subtileren, aber gleichwohl noch biologistischen Theorien liegt daran, "die Menschen nach umfassenden Mustern oder Konfigurationen der körperlichen Struktur zu klassifizieren" (SHELDON 1949). SHELDON entwickelte den endomorphen, mesomorphen und ektomorphen Körperbautypus und setzt dieses Konzept zur Delinquenz in Beziehung. Seine empirische Untersuchung scheint zu bestätigen, daß der mesomorphe Typus stärker mit Kriminalität assoziiert ist, als die beiden anderen Typen. Ähnliche Überlegungen wurden mit der KRETSCHMERschen Typologie angestellt. (Zwar ist seine Terminologie unterschiedlich, die Typologie ist jedoch ähnlich: ektomorph-leptosom; endomorph-pyknisch; mesomorph-athletisch.)

Man glaubt erkennen zu können, daß der Pykniker wegen seiner guten sozialen Anpassungsfähigkeit in allen Deliktarten unterrepräsentiert ist. Die beiden anderen Körperbautypen (der Leptosome und der Athlet) finden sich gehäuft bei spezifischen Deliktformen: Leptosome sind häufiger in den Kategorien des Diebstahls und des Betrugs anzutreffen, während der muskulöse, sportliche und kräftige Athlet bei allen gewalttätigen Delikten überrepräsentiert scheint. Gerade der zuletztgenannte Typus erfährt im Hinblick auf die Delinquenz eine Problematisierung bei objektiver Betrachtungsweise durch den Verdacht, mindestens partiell tautologisch zu sein, weil bei der Klassifikation des Typus eventuell genau jene Elemente der Beurteilung eingeflossen sind, die eigentlich auch den rohen Gewaltverbrecher charakterisieren. Insoweit könnte es sich auch um eine vorurteilsbehaftete Stereotypisierung handeln. Sieht man einmal davon ab, daß Typologien immer etwas von der Realität Abstrahierendes haben und Idealisierungen darstellen, so bleibt die Tatsache bestehen, daß die Konstitutionstypen weder theoretisch noch praktisch etwas dazu beigetragen haben, das Phänomen der Kriminalität zu erhellen. Gleich den zuerst genannten Ansätzen handelt es sich um biologisch orientierte und phänotypische Klassifikationen deren Erkenntniswert als gering zu beurteilen ist.

Noch zeitlich vor den konstitutionstheoretischen Ansätzen der "Erklärung" von Kriminalität hat es empirische Erhebungen gegeben, die den Vererbungsfaktor als determinierende Variable für Kriminalität in den Mittelpunkt des Interesses gerückt haben. Bekannt für solche Beweisversuche sind die *Zwillingsforschungen* von LANGE (1929). Die Differenzierung in eineiige Zwillinge, die die absolut gleichen genetischen Informationen mitbekommen haben, und in zweieiige Zwillinge, die sich genetisch nicht mehr gleichen als "normale" Geschwister, sollte ermöglichen, das relative Gewicht des Einflusses der Vererbung abzuschätzen. Dies scheint eine naturwissenschaftlich exakte Beweisführung darzustellen und die bei LANGE referierten Zahlen scheinen die Vererbungstheorie bestätigen zu können: von 13 monozygotischen (= eineiig) Zwillingen waren in 10 Fällen beide straffällig geworden, während bei 17 dizygotischen (= zweieiig) Zwillingen in nur zwei Fällen beide schon einmal bestraft wurden. Auch die Untersuchung von STUMPFL (1936) scheint zu bestätigen, daß sich eineiige Zwillinge im Hinblick auf Kriminalität gleichförmiger verhalten als zweieiige Zwillinge. Die statistischen Absicherungen – als Beziehung zwischen der Zahl der konkordanten und der diskordanten Paare in bezug auf Kriminalität zu allen möglichen Paaren – mögen durchaus überzufällige und signifikante Resultate hervorgebracht haben, obgleich die Fallzahlen, die den Berechnungen zugrunde lagen als äußerst klein zu bezeichnen sind. Wichtigere Einwände gegen die Methode der Zwillingsforschung sind methodologischer und theoretischer Natur. So weist WÖHLCKE (1977) jüngst darauf hin, daß theoretisch auch zweisamige Zwillinge vorstellbar, konkret aber nur schwer nachweisbar wären. Ein Ei teilt sich schon vor der Befruchtung und wird durch zwei verschiedene Samen befruchtet. Mütterlicherseits hätten also beide Nachkommen identische Genstrukturen, väterlicherseits keine ähnlicheren als sie normale Geschwister haben. Unterstellt man diese Möglichkeit, so werden damit bisher vorliegende Erkenntnisse aus der Zwillingsforschung noch fragwürdiger.

Es sind aber insbesondere soziologische Gründe, die gegen die Zwillingsforschung ins Feld geführt werden. Wenn man den hereditären Effekt auf Kriminalität prüfen möchte, so muß man diesem den Umwelteinfluß gegenüberstellen. Dies bedeutet aber, daß beide Faktoren jeweils kontrolliert werden müssen (Experimente verbieten sich aus ethischen Gründen), indem folgende Konfigurationen geschaffen werden: gleiche Erbmasse, verschiedene Umwelt; gleiches Milieu, verschiedene genetische Konstellationen. Insbesondere Erkenntnisse zur frühkindlichen Sozialisation lassen die Standardisierung dieser Bedingungen als fraglich erscheinen, ganz abgesehen davon, daß die Fallzahlen immer so klein sein werden, daß generalisierende Aussagen mit Vorbehalten zu versehen wären.

Trotz dieser Probleme hat die Zwillingsforschung gegenüber der *Sippenforschung*, die insbesondere im 3 Reich durchgeführt wurde, erhebliche Vorteile in der methodologischen Basis der Untersuchungen. Auch die Sippenforschung wurde mit dem Ziel durchgeführt, nachzuweisen, daß erbbiologische Faktoren in der Kriminalität wirksam sind. DUBITSCHER (1942) glaubte bestätigen zu können, daß asoziale Sippen eine verstärkte Affinität zur Kriminalität haben, wobei diese nicht sozial sondern genetisch bedingt wäre. Diese genetischen Ursachen würden sich schon sehr früh zeigen und damit für eine Prognose der Kriminalität von Bedeutung sein. Einige der von ihm genannten Variablen, die als Indikatoren fungieren, findet man – glücklicherweise unter völlig anderen theoretischen Auspizien – z. B. in psychologischen Erklärungsversuchen von Kriminalität wieder: Bettnässen, sexuelle Spielereien, Schuleschwänzen etc. als Indikatoren und Konsequenzen aus mangelnder Sozialisation und fehlender emotionaler Zuwendung.

Insbesondere in dieser Form der Sippenuntersuchungen wurden manche brauchbaren Ergebnisse in der Praxis pervertiert, indem unmenschliche Konsequenzen daraus abgeleitet wurden: Zwar könne ja der einzelne nichts dafür, wenn er kriminell werde, er wäre ja schließlich biologisch-genetisch determiniert, doch müsse man dafür Sorge tragen, daß die Kriminalität dadurch ausgerottet werde, daß man die Kriminellen an der Fortpflanzung hindere. Hier zeigt sich besonders deutlich der ideologische Charakter der kriminalbiologischen Theorien.

Eine modernere Form kriminalbiologischer Orientierung zeigt sich in den Forschungen, die sich mit *Chromosomenaberrationen* beschäftigen (FORSSMAN/HAMBERT 1967). Wenn von kriminalbiologischer "Orientierung" statt von "Theorien" die Rede ist, so deshalb, weil hier nicht der

Anspruch vertreten wird, man könne mit den Abnormitäten der Chromosomen Kriminalität erklären. Vielmehr wird dabei nur festgestellt, es gebe bestimmte empirische Regelmäßigkeiten im Auftreten von Kriminalität und Chromosomenveränderungen. Während normalerweise die Geschlechtschromosomen X und Y in der Kombination XY bei Männern auftreten, wurden bei kriminellen Männern häufiger als in der männlichen Durchschnittsbevölkerung die Kombination XXY und XYY vorgefunden. (Letztere ist auch häufig mit Schwachsinn verbunden und tritt weniger oft auf als erstere). Diese Chromosomenaberrationen können jedoch solange nicht als theoretische Erklärung für Kriminalität herangezogen werden, als der Wirkmechanismus noch nicht geklärt ist. Empirische Regelmäßigkeiten reichen auch hier zur Erklärung nicht aus.

Die in diesem Abschnitt referierten theoretischen Ansätze und Hypothesen, die sich kriminalbiologisch legitimieren, konnten alle als problembehaftet ausgewiesen werden. Gleichwohl deuten manche Untersuchungen (Chromosomenaberrationen, Zwillingsforschung) an, daß anthropogenetische Faktoren nicht ohne weiteres als Erklärungspotential ausscheiden müssen. Vielmehr wird man dahingehend differenzieren müssen, daß der Streit nur darum gehen kann, ob biologische Ansätze allein zur Erklärung herangezogen werden können. Dies ist mit Sicherheit zu verneinen. Es ist dann weiter zu fragen, ob nicht andere Faktoren stärker und besser zur Erklärung von Kriminalität dienen können als biologische Vorstellungen. Diese Frage muß mit Blick auf psychologische und soziologische Theorien bejaht werden. Die Entwicklung, Verbreitung und Anhängerschaft der kriminalbiologischen Ansätze hat demgemäß im zeitlichen Verlauf auch abgenommen. Es gibt heute nur mehr wenige Autoren, die auf biologische oder partialbiologische Erklärungsskizzen rekurrieren. Zu ihnen gehört z. B. EYSENCK (1964), der eine lerntheoretisch-biologische kombinierte Auffassung vertritt. Er sieht Kriminalität als Charaktereigenschaft an, die durch lerntheoretische Manipulationen gemildert oder verstärkt werden kann.

Die paradigmatisch herausgegriffenen biologisch-anthropogenetischen Ansätze der Erklärung von Kriminalität lassen sich durch die folgenden Elemente charakterisieren:

- Das *Augenmerk richtet sich auf den Täter;* seine (kriminellen) Verhaltensweisen sollen im Sinne eines Verursachungsprinzips erklärt werden.

- Die Erklärung setzt an dem vermuteten, grundlegenden *Unterschied zwischen Kriminellen und Nichtkriminellen* an.

- In der Erklärung werden *naturwissenschaftlich-empirische Methoden* angewandt.

- Mit Hilfe dieser Methoden glaubt man, den fundamentalen Unterschied zwischen Kriminellen und Nichtkriminellen *biologisch-anthropogenetischen Variablen* zuschreiben zu können.
- Diese *biologischen Faktoren determinieren das individuelle Verhalten.* Sie sind verantwortlich für das Auftreten von Verbrechen. Je nach Ansatz handelt es sich dabei um vollständige bis minimale Determination (MATZA 1967, S. 1). (So hatte noch LOMBROSO sich von der apodiktischen Aussage der vollständigen Determination entfernt und den Umweltfaktoren Priorität zugewiesen) (WERKENTIN 1973, S. 239).
- Nicht zuletzt sollte man mit WERKENTIN darauf hinweisen, daß alle biologischen Ansätze gerade in faschistischen Regimes zu *"reaktionären und rassistischen Ideologien"* (WERKENTIN 1973, S. 239) mißbraucht wurden.

2.1.3. Multifaktorielle Ansätze

Da man gegen die SHELDONschen Untersuchungen doch erhebliche methodische Einwände vorbringen konnte, wurde versucht, diese Untersuchung auf der Basis der Somato-Konstitutionstypen zu replizieren, um bei besserer methodischer Absicherung die Aussagekraft der SHELDONschen Überlegungen zu ermitteln. Da seit SHELDON's Untersuchung zwischenzeitlich soziologische und psychologische Erklärungsversuche der Kriminalität – mindestens in den Theorien, wenn auch noch nicht ausreichend empirisch abgesichert – an Einfluß gewonnen hatten, wurden die Konstitutionstypen zu einem möglichen von vielen denkbaren, die Kriminalität determinierenden Faktoren. Die Abkehr von "monokausalen" Erklärungsversuchen und Hinwendung zu multifaktoriellen Ansätzen wird insbesondere in den Untersuchungen des amerikanischen Ehepaares GLUECK offenkundig (GLUECK/GLUECK 1956, 1959, 1963).

Ihre Analysen zeigten – wenn auch auf induktivem Wege, d. h. aus dem Datenmaterial wird auf theoretische und zugrundeliegende Wirkungsmechanismen geschlossen –, daß zwar der mesomorphe Typ unter den Delinquenten – gemessen an seiner Häufigkeit in der Gesamtbevölkerung – überrepräsentiert war, doch daß dieses Merkmal allein zur Erklärung nicht ausreichen konnte. Sie erweiterten den Erklärungsversuch um 67 Persönlichkeitsmerkmale und 42 sozio-kulturelle Faktoren und gelangten so zu einem Mehrfaktorenansatz, der psychologische, soziologische und biologisch-konstitutionelle (= anthropogenetische) Elemente enthielt. Die biologisch-konstitutive Komponente erfährt insoweit eine Modifizierung, als sie zwar ein bestimmtes Kriminalitätspotential enthält, das aber allein nicht zum Tragen kommt. Erst durch das Hinzutreten bestimmter situativer Faktoren wird dieses entweder gehemmt oder aktiviert. Die kausale Verknüpfung zwischen Somatotypen und Kriminalität wird daher aufgegeben zugunsten zusätzlicher Variablen. (Damit fällt auch die problematische Konsequenz biologischer Ansätze weg, zur Vermeidung von Kriminalität die Vererbung von Anlagen durch Sterilisation der Kriminellen zu unterbinden.)

Eine ähnliche Erweiterung der biologischen Erklärungsversuche wurde vor dem Ehepaar GLUECK schon 1922 von dem amerikanischen Forscher HEALY vorgenommen: er nennt als mögliche Ursachen der Kriminalität: erbliche Schäden, geistige Abnormalität, abnorme physische Konstitution, schlechte Familienbedingungen, schlechte Freunde, schlechte Bedingungen der frühkindlichen Entwicklung u. a. (HEALY 1922, S. 130 ff.). Die hier herausgegriffenen Faktoren haben eine frappierende Ähnlichkeit mit heutigen theoretischen und weit verbreiteten Ansätzen; einige wichtige Variablen sind genannt, auch wenn ihnen noch das theoretische Gerüst fehlt. Daß die Gedanken HEALY's nicht weitere Verbreitung gefunden haben, mag daran liegen, daß sie methodisch weit weniger abgesichert waren als die empirischen Erhebungen, die 30 Jahre später erfolgten.

Ein erheblicher Kritikpunkt gegen die multifaktoriellen Ansätze ist vor allem deren *mangelnde theoretische Fundierung*. Die Arbeitsweise der Mehrfaktorenansätze ist empirisch-induktiv statt theoretisch-deduktiv, was einerseits wissenschaftstheoretisch problematisch ist und andererseits dazu führt, daß empirisch eine Vielzahl von Variablen gefunden wird, die relativ unverbunden und unvermittelt nebeneinander stehen, zwar statistisch abgesichert sind, aber möglicherweise doch nur geringe theoretische Relevanz und mäßige Erklärungskraft besitzen. Als Beleg hierfür sollen die Variablen aufgeführt werden, die mit Kriminalität assoziiert sind:

Familiärer und persönlicher Hintergrund
– früher aufgetretene Kriminalität und Straffälligkeit
– Trunksucht.
– Geistesschwäche
– seelische Störungen
– schwere körperliche Leiden
– wirtschaftliche Verhältnisse
– Bildungsstand
– häusliche Verhältnisse
– Freizeitgestaltung des Delinquenten
– Alter zu Beginn der abweichenden Lebensweise
– schulischer Erfolg bzw. Mißerfolg

bei Delinquenten, seiner engsten Familie sowie der weiteren Verwandtschaft

Körperliche Beschaffenheit
- Struktur und Erscheinungsform des Körpers (Typologie von Sheldon bzw. Kretschmer)
- Körpermaße
- körperliche Verhältnismaße
- männliche Komponente

Gesundheit
- Größe und Gewicht
- Abnormitäten bei Knochenbau und Schädelform, Gaumen
- Sinnesorgane
- Herz, Lungen, Geschlechtsorgane, Unterleib, Haut
- funktionelle Abartigkeiten (Stottern, Ticks, Linkshändigkeit, Nagelbeißen)
- motorische Ausfälle
- Störungen der Drüsen
- ansteckende Krankheiten

Intelligenz

Temperament und Charakterzüge
- Emotionale und dynamische Strebungen (Aggressivität, Abenteuerlust, Extraversion, Suggestivität, Sturheit)
- Appetitive ästhetische Tendenzen (Sinnlichkeit, Gewinnsucht)
- Persönlichkeitsorientierung (Anpassung, Gewissenhaftigkeit, geringer Realitätssinn, geringe Selbstkritik)
- Emotionale Konflikte (Vater-Sohn-Beziehung, Sexualidentifikation, Gefühle physischer und/oder geistiger Unterlegenheit)
- Grundhaltung gegenüber Autorität und Gesellschaft (Trotz, Ambivalenz gegenüber Autorität, Aufsässigkeit)
- Gefühle von Unsicherheit und Angst, mangelnder Anerkennung
- Feindseligkeit

(GLUECK/GLUECK 1963, S. 12–16; 90–142).

Auch die Versuche, Variablenbündel als theoretische Konzepte zu fassen, sind unbefriedigend, wie man an den exemplarisch aufgezählten unschwer ablesen kann:

"a) die Wesenszüge und charakteristischen Eigenschaften des Kriminellen selbst

b) das Familienleben

c) die Schule

d) die Freizeitgestaltung" (GLUECK/GLUECK 1963, S. 185).

Im deutschsprachigen Bereich sind die Untersuchungen von GÖPPINGER (1970, 1971) als mehrfaktorenorientierte bekanntgeworden. Auch in ihnen wird die biologische Erklärungskomponente durch soziale Faktoren "überlagert". Man kann sich jedoch des Eindrucks nicht erwehren, als bleibe das Biologische die Basiskategorie. Zwar geht GÖPPINGER davon aus, daß alle kriminellen Verhaltensweisen in einem gesellschaftlichen Kontext stehen, doch daß die individuelle Täterpersönlichkeit die gesellschaftlichen Bedingungen eher modifiziert, verändert und relativiert, als daß die gesellschaftlichen Verhältnisse den einzelnen formen, prägen und determinieren würden. Insoweit ist dieser Ansatz sehr stark konservativ-traditional und wie alle Mehrfaktorenansätze täterorientiert. Seine Unterscheidung in kriminalitätsfördernde Faktoren (kriminovalente) und kriminalitätshemmende Konstellationen von Variablen (kriminoresistente) könnte für pragmatische Transformationen von Bedeutung sein, so man grundsätzlich den gewählten Mehrfaktorenansatz zu akzeptieren bereit ist. Dies insbesondere deswegen, weil normalerweise immer nur der positive Beweis geführt wird: eine bestimmte Variable wird als mit einer anderen sehr stark positiv assoziiert und damit als Ursache angesehen; daß es andere Variablen gibt, die diese Beziehung evtl. stören, hemmen oder gar verhindern können, wird meist in Analyse und Interpretation nicht einbezogen.

Dieses ist ein weiterer Kritikpunkt an den multifaktoriellen Ansätzen der Erklärung von Kriminalität: Statistisch abgesicherte und festgestellte Beziehungen sagen noch nichts über tatsächliche Bedingungs- und Kausalverhältnisse aus. Auch die theoretische Verkürzung auf bivariate Beziehungen in Anlehnung an naturwissenschaftliche Erklärungen ist als Manko dieser Erklärungsversuche zu nennen. Tatsächlich nämlich dürfte Kriminalität auf äußerst komplexe (und ganzheitlich nur schwer zu erfassende) Variablenkonstellationen zurückzuführen sein, auf sozialinteraktive Beziehungen, Muster und Strukturen, die nicht statisch sind – wie das einfache Erklärungsmodell über statistische Beziehungen ermittelt, unterstellt – sondern einen eminent dynamischen Charakter haben. Die Annahme eines linearen Ursache-Wirkungszusammenhanges sollte also als verfehlt aufgegeben werden (SCHNEIDER 1974, S. 39). Im übrigen gilt evtl. das Argument des labeling approach, daß durch solche korrelationsstatistischen Feststellungen, wie sie in den Mehrfaktorenansätzen getroffen werden, nur die Variablen als Ursachen entdeckt werden (können), die der gesellschaftlichen Produktion der Abweichung durch Stigmatisierung und labeling dieser Merkmale eigentlich zugrunde liegen und somit die Erklärung tautologisch und nichtssagend wird.

Diese zum Teil doch recht heftige Kritik, die darin gipfelt, den Mehrfaktorenansatz als Antitheorie zu bezeichnen (WILKINS 1967, S. 37), verkennt allerdings, daß die Mehrfaktorenansätze einerseits gegenüber den alten biologischen Theorieversuchen erhebliche Fortschritte gebracht haben, indem psychologische und soziologische Konzepte aufgenommen und verarbeitet wurden, die erst eine Therapie und Resozialisation des

Straffälligen ermöglichten, was auf der Basis anthropogenetischer Überlegungen ausgeschlossen wäre. Zum anderen muß konzediert werden, daß praktisch alle Verfahren der Individualprognose von Kriminalität bzw. Rückfallkriminalität auf diesen mehrfaktoriellen Ansätzen beruhen. Die statistischen Methoden der Prognose basieren nämlich darauf, aus in der Vergangenheit festgestellten empirischen Regelmäßigkeiten (also Faktoren, die häufig mit Kriminalität aufgetreten sind) auf zukünftige Verhaltensweisen mehr oder weniger sicher zu schließen (vgl. z.B. WOLFF 1971). Beispielhaft seien die bei GLUECK genannten Vorhersagefaktoren aufgeführt:

Vorhersagefaktoren

Faktoren beziehen sich auf ....

A. Herkunft
1. Herkunft der Eltern des Rechtsbrechers
2. Herkunft des Rechtsbrechers

B. Ökonomische Verhältnisse
1. Ökonomischer Status des Elternhauses
2. Ökonomische Verpflichtung des Rechtsbrechers
3. Arbeitsgewohnheiten des Delinquenten
4. berufliche Fähigkeiten des Delinquenten

C. Religionszugehörigkeit
1. Kirchenmitgliedschaft

D. Familienverhältnisse
1. Anzahl der Kinder
2. Reihenfolge unter den Geschwistern
3. Familienbeziehungen
4. Beziehungen der Eltern zueinander
5. Erziehungsstil
6. berufliche Fähigkeiten des Vaters (oder Vater-Ersatzes)
7. Berufstätigkeit der Mutter
8. Auftreten von Delinquenz in der Familie
9. Häusliche Verhältnisse während der Kindheit
10. Mobilität

E. Physische und geistige Bedingungen
1. Physische Kondition
2. Intelligenz
3. Geisteskrankheiten

F. Schulischer Werdegang
1. Schulabschluß
2. Schulstrafen

G. Frühe Gewohnheiten, Freizeit, Arbeit, Betragen
1. Schlechte Gewohnheiten in der Kindheit

2. Verlassen des Elternhauses
3. Freizeitverhalten
4. Alter bei Beginn des antisozialen Verhaltens
H. Frühere kriminelle Auffälligkeit
1. Schwere und Häufigkeit früherer Taten (vor Verurteilung zu Gefängnisstrafe)
2. frühere Arreste
3. Erfahrungen mit dem Strafvollzug vor der Verurteilung
(GLUECK/GLUECK 1959, S. 77–82)

Diese statistische Vorgehensweise wird meistens noch ergänzt durch ebenfalls mehr oder weniger intuitive, individuelle, subjektive, klinische Erfahrungen. Ob allerdings ein solches Korrektiv die Prognose verbessert oder ”verschlimmbessert“ soll hier nicht entschieden werden. Der praktische Nutzen solcher Prognosemethoden wird aus der Sicht des labeling approach bezweifelt werden, weil damit möglicherweise eine self-fulfilling prophecy zutrifft (vgl. LAMNEK 1977, S. 293 ff.). Tatsächlich aber stehen derzeit keine besseren Methoden zur Verfügung; auf die vorhandenen zu verzichten, würde aber unter Gesichtspunkten der Praxis abzulehnen sein. Daher haben gerade die Mehrfaktorenansätze einen eminent praktischen Bezug und sind mithin mindestens partiell brauchbar. Ihr weiterer Vorteil bestand zu Zeiten ihrer Entwicklung mindestens darin, daß sie monokausale biologistische Erklärungen zugunsten von soziologischen und psychologischen Faktoren abgelöst und somit für weitere Theorieentwicklungen einen Weg gebahnt haben. Dies schon auch deswegen, weil aus der Kritik an den Mehrfaktorenansätzen sich wieder neue Erklärungsversuche entwickeln konnten. Als wesentliche Charakteristika der multifaktoriellen Ansätze der Erklärung abweichenden Verhaltens sollen summarisch festgehalten werden:
- Während die biologisch-anthropogenetischen Ansätze im Individuum die Ursachen für das abweichende Verhalten sahen, enthalten die Mehrfaktorenansätze zwar noch stark *individuelle Elemente,* jedoch *erweitert um die soziale Dimension.* Nicht mehr die genetische Konstellation allein, sondern auch die der sozialen Umwelt bestimmt die individuelle Entwicklung.
- Aus dieser inhaltlichen Erweiterung ergibt sich eine methodische: der monokausale Erklärungsmechanismus wird aufgegeben zugunsten *mehrerer Faktoren als unabhängigen Variablen.* Da soziale Sachverhalte (und kriminelles Verhalten ist ein solcher) in der Regel nicht ausschließlich bivariat determiniert sind, bedeutet diese methodische Erweiterung einen wichtigen Fortschritt.
- ”Wegen der empirisch-induktiven Vorgehensweise fehlt den multifaktoriellen Ansätzen eine theoretische Konzeption, die eine Verbindung

der einzelnen Faktoren untereinander logisch stringent ermöglichen würde (LAMNEK 1977, S. 28)." "Ein Mehrfaktorenansatz ist *keine Theorie;* er ist der Verzicht auf die Suche nach einer Theorie (COHEN 1968b, S. 221)."

- Die empirischen Arbeiten, die der multifaktoriellen Schule zuzurechnen sind, sind methodisch besser abgesichert als frühere Untersuchungen. Sie *bleiben* aber *im Korrelativen stecken* und interpretieren gleichwohl "kausal" im Sinne von Ursache-Wirkungs-Beziehungen. Theoretische und methodologische Gesichtspunkte bleiben zu wenig berücksichtigt (HIRSCHI/SELVIN 1966).

- Während die Statistik dazu dient, eine Fülle von Informationen so zu reduzieren, daß in Form von statistischen Maßzahlen ein Informationsgewinn entsteht, zeichnen sich Mehrfaktorenansätze eher durch das Gegenteil aus: eine *Vielzahl von Variablen werden als unabhängige mit der Kriminalität assoziiert gesehen.* So gibt z. B. BURT 170 Bedingungen für das Auftreten abweichenden Verhaltens an (BURT 1944, S. 600).

- Multifaktorielle Ansätze sind durchaus noch nicht obsolet (PETERS/PETERS 1972). Sie spielen *in Alltagsvorstellungen eine wichtige Rolle,* wie sie in der Praxis zur Basis von Individualprognosen für Kriminalität gemacht werden, weil derzeit bessere Verfahren (noch) nicht zur Verfügung stehen.

- Wie der biologische Ansatz auch sind die mehrfaktoriellen Orientierungen darauf aus, Kriminalität zu erklären, also Ursachen für deren Auftreten zu finden. Beide sind daher dem sog. *factor approach* zuzurechnen, während die klassische Schule auf der Grundlage bestimmter Annahmen über das Entstehen abweichenden Verhaltens ihren Gegenstand eher als Reaktionen auf Kriminalität definierte.

2.1.4 Psychologische (psychogenetische) Theorien

Wenn man psychologische Ansätze der Erklärung abweichenden Verhaltens herausgreift, um sie anderen, nichtpsychologischen gegenüberzustellen, so erfährt man ein nur schwer lösbares Dilemma: Die Zuordnung zur Psychologie ist nicht immer unumstritten. Können psychoanalytische Theorien den psychologischen subsumiert werden, oder sind sie nicht eher soziologischer Natur? Sind sozialpsychologische Ansätze der Psychologie oder der Soziologie zugehörig? Sind lerntheoretische Hypothesen zur Kriminalität psychologisch zu nennen? Diese Fragen werden implizit durch die Wahl und Zuordnung in dieser Einführung beantwortet; gelegentlich werden Argumente gebracht werden, weshalb die getroffene

Entscheidung sinnvoll sein kann. Letztendlich bleibt jedoch immer ein Element der Willkür in der Prioritätensetzung bestehen, so daß die hier vorgenommene Klassifikation keinen Anspruch auf Alleingültigkeit erhebt.

Wenn im weiteren in ganz besonderer Weise auf psychoanalytische Erklärungen abweichenden Verhaltens Bezug genommen wird und andere psychologische Ansätze vergleichsweise knapp behandelt werden, so hat dies zwei Gründe: einmal kann man anhand der psychoanalytischen Theorie unterschiedliche Erklärungsmuster für Kriminalität liefern, die alle theoretisch begründbar und plausibel sind. Zum anderen eignet sich der psychoanalytische Ansatz sehr gut, um metatheoretische und inhaltliche Ähnlichkeiten zu anderen Theorien aufzuzeigen, gleichwohl aber seine Differenzierungen zu diesen herauszuarbeiten.

Grundlage für die kriminologische Anwendung psychoanalytischer Erkenntnisse stellen die FREUDschen Theorien dar. Diese sind zunächst nicht auf Kriminalität bezogen, sondern beruhen auf einer allgemeinen Konzeption von Persönlichkeit. Nur relativ peripher hat sich Freud mit dem Problem der Kriminalität auf der Basis seiner theoretisch-hypothetischen Überlegungen befaßt. Sein Bild der Persönlichkeit muß daher kurz vorgestellt werden. Dieses Persönlichkeitsmodell zeichnet eine Psychostruktur des Menschen in drei Ebenen: Das *Es*, das *Ich* und das *Über-Ich*. Diese drei Instanzen regeln und leiten das menschliche Verhalten und sind insoweit auch für abweichende Verhaltensweisen verantwortlich. Das Es, die älteste Instanz, beinhaltet das Ererbte, konstitutionell Festgelegte, ist sozusagen unpersönlich und primitiv und das Zentrum der Bedürfnisse und Triebe. Das Es strebt nach Befriedigung dieser Triebe, die selbst nicht moralisch kanalisiert und reduziert sind. Es bleibt während des ganzen Lebens als triebhaft-*unbewußtes* Element der Persönlichkeit bestehen und ist in dem Streben nach Ausleben der Triebe die hauptsächlichste Quelle der Vitalität.

Das Über-Ich ist nun die Instanz, die die Rolle des sozialen Gewissens übernimmt, die also gegen das Es gerichtet ist. Das Über-Ich kontrolliert und inhibiert das Es im Bestreben, die Triebe zügellos auszuleben und konstituiert und entwickelt sich durch Sozialisation, insbesondere durch die frühkindliche Beziehung zu den Eltern. Dort werden Regeln, Normen und Werte, die auch gesellschaftliche sind, erfahren, erlernt und internalisiert, so sehr internalisiert, daß evtl. nicht erkannt wird, daß es sich um von außen an das Individuum herangetragene handelt. Durch die Beurteilung und Bewertung von Wünschen, Vorstellungen und Handlungen, die bewußt oder unbewußt erfolgen können, die dem Wunsche des Es entspringen, wird das Es an seiner primitiven Entfaltung gehindert.

Als vermittelnde Instanz tritt das Ich zwischen beide konfligierenden Elemente der psychischen Struktur. Das Ich entscheidet, wann bzw. ob überhaupt eine Befriedigung des Verlangens von Es möglich erscheint oder ob nicht die Triebe und Wünsche unterdrückt werden müssen, wie es das Über-Ich möglicherweise fordert. Das Ich verhält sich gleichsam utilitaristisch, indem es nach Lust und nach Vermeidung von Unlust strebt. So mobilisiert eine erwartete Unlust beispielsweise Angst als Abwehrmechanismus. Solche Mechanismen des Ausgleichsversuchs zwischen dem Zensor Über-Ich und dem "unmoralischen" Es können *Sublimierung, Verdrängung, Reaktionsbildung, Rationalisierung* etc. sein. Das Ich wird aus bewußten und unbewußten Anteilen bzw. Funktionen konstituiert. Zum Unbewußten gehören Erlebnisbestandteile, die, obgleich verdrängt, sowohl auf das Bewußtsein als auch auf Triebe, Wünsche oder Träume einwirken und nur durch spezifisch psychoanalytische Methoden bewußt gemacht werden können.

Der Zusammenhang zur Kriminalität stellt sich nun wie folgt her: Ist das Über-Ich unterentwickelt, beispielsweise aus Sozialisationsdefiziten heraus, so verliert es seine regulierende Wirkung. Das Es wird zu stark, Triebe werden ausgelebt und soziale Normen verletzt. In dieser Abstraktion wird deutlich, daß es die Relation zwischen Es und Über-Ich ist, die zur Ursache für Angepaßtsein oder Abweichung wird. So kann auch bei "normaler" Über-Ich-Entwicklung das Es so stark sein, daß es dominant wird. Es kann aber auch der Fall eintreten, daß Es und Über-Ich schwach entwickelt sind, gleichwohl aber eine Balance besteht, die abweichendes Verhalten verhindert.

Diese etwas statisch-schematischen Überlegungen können innerhalb der Psychoanalyse lebensgeschichtlich dynamisiert werden, wenn man sich auf ihre entwicklungspsychologische Komponente beruft. Zwei grundlegende Triebe beherrschen den Menschen: der Selbsterhaltungstrieb und der Fortpflanzungstrieb, die in den späteren Arbeiten FREUD's durch den Todestrieb und die Libido ersetzt wurden. Der Mensch durchläuft verschiedene Phasen der Triebgestaltung und Triebentwicklung. Insbesondere der Sexualtrieb erfährt lebensgeschichtlich gesehen unterschiedliche Ausprägungen, obgleich er schon von Geburt an vorhanden ist. Seine erste Befriedigung erfährt dieser Sexualtrieb durch die Nahrungsaufnahme. Der Mund wird zum primären Körperteil für die Bedürfnisbefriedigung, weshalb man zu dieser Zeit von der *oralen Phase* spricht. Die orale Phase wird (nicht vollständig) von der *analen Phase* (2.–3. Lebensjahr) in der Entwicklung abgelöst. In ihr wird die Befriedigung vornehmlich in Aggressionen und im Exkrementieren gesucht und gefunden. Erst nach dieser Entwicklungsstufe übernimmt das eigentlich Geschlechtliche erogene Funktionen: die *phallische (ödipale) Phase* (4.–6. Lebensjahr) setzt ein. Nach einer Latenzzeit übernimmt dann in der Pubertät das Genitale (allgemein) diese Funktion und schließt die Phasenentwicklung mit dem *genitalen Stadium* ab.

Diese Phasen sind zu verstehen als jeweilige Dominanzen der einen oder anderen erogenen Zone. Je nachdem wie es nun dem Kind gelingt, seine Sexualtriebe in dieser Entwicklung zu befriedigen, können im Erwachsenenalter (selbstverständlich auch im Heranwachsen) Probleme auftreten, die zu abweichendem Verhalten führen: Wird in einer bestimmten Phase keine Befriedigung erzielt, sondern treten eher Frustationen auf, so wird man zu anderen Formen der Triebbefriedigung zurückkehren. Es tritt eine sog. Regression, ein Rückfall auf frühere Entwicklungsstufen ein. Es kann zu Perversionen, Neurosen und anderen krankhaften Veränderungen kommen, die sich so sehr auf das allgemeine Verhalten auswirken können, daß in der Folge Kriminalität entsteht. (Auch aus der psychoanalytischen Konzeption vom Bewußten, Unbewußten und Vorbewußten, die mit Es, Ich und Über-Ich zusammenhängen, jedoch nicht identisch sind, kann man Ursachen für Kriminalität ableiten.)

Die späte orale Phase gilt als die sensibelste für spätere Verhaltensstörungen (FREUD/BURLINGHAM, 1934). Gekennzeichnet ist sie durch die Wandlung von der passiven Oralität zu einer aggressiven, die durch die Erfahrung der ersten Frustation beim Abstillen des Kindes auftaucht. "Als psychopathologische Störungen für diese Phase werden genannt: Manie, Depression, die sog. Impulsneurosen (Wandertrieb, Pyromanie, Kleptomanie) Süchte, Organneurosen (Asthma, Ekzeme, vegetative Störungen) und Epilepsie. Die entsprechenden kriminellen Delikte sind Landstreicherei, Brandstifung, Rauschgiftdelikte (Verwender), aber auch Bombenanschläge, Morde und Diebstahl von unnützen Dingen (= Kleptomanie) (FRANCK 1972, S. 19).

Störungen in der ödipalen Phase, z.B. infolge des Verlusts eines oder beider Elternteile können zu späteren Störungen im Sozialkontakt und zu sexuellen Fehlanpassungen führen. Entsprechende delinquente Verhaltensweisen bestehen demnach in der Ausführung sexueller Perversionen wie Exhibitionismus oder Fetischismus, Körperverletzung aus sexuellen Motiven, Notzucht oder Unzucht mit Kindern (FRANCK 1972, S. 18).

Aus der Versagung in der Beziehung zum gegengeschlechtlichen Elternteil und aus Angst vor Bestrafung (Kastrationsdrohung) ist das Kind zur Verdrängung seiner sexuellen Regungen gezwungen und die ursprüngliche Objektbesetzung wird aufgegeben und durch Identifikation substituiert: "Die ins Ich introjizierte Vater- oder Elternautorität bildet ... den Kern des Über-Ich ... Die dem Ödipuskomplex zugehörigen libidinösen Strebungen werden zum Teil desexualisiert und sublimiert... und zum Teil zielgehemmt und in zärtliche Regungen verwandelt"(FREUD, GW XIII, 1949, S. 399; zit. nach BALLY, 1961, S. 47).

Für beide Geschlechter ergibt sich eine unterschiedliche Situation, da den Mädchen eine Verwandlung der sexuellen Strebungen in zielgehemmte zärtliche infolge der geringen Stärke der sadistischen Komponente des Sexualtriebes leichter fällt (FREUD, GW XIII, 1949, S. 401; zit. nach BALLY, 1961, S. 47). Gelingt es nicht, den Ödipus-Komplex untergehen zu lassen (wird er also nur verdrängt) so resultieren daraus Neurosen bzw. Schuldgefühle.

Die Psychoanalytiker sind sich darin einig, daß durch die Inzestwünsche des Ödipus- bzw. Elektrakomplexes insbesondere durch die regulierende Instanz des Über-Ichs sehr starke Schuldgefühle erzeugt werden können. Diese Schuldgefühle selbst können nun auf eine erstaunliche Weise zu den Ursachen für Kriminalität werden:

Vom Standpunkt der Psychoanalyse erscheint der Mensch als ein von Natur aus asoziales, "polymorph perverses" Wesen, als "geborener Verbrecher", dem moralische Hemmungen erst ansozialisiert werden müssen. Vom Typ des Verbrechers, bei dem dies mißlungen ist, unterscheidet FREUD den *"Verbrecher aus Schuldbewußtsein"*. Dieser ist dadurch gekennzeichnet, daß bei ihm der nichtbewältigte Ödipuskomplex starke Schuldgefühle verursacht, die durch die auf die illegitimen Handlungen erfolgende Strafe vermindert werden sollen: "So paradox es klingen mag, ich muß behaupten, daß das Schuldbewußtsein früher da war als das Vergehen, daß es nicht aus diesem hervorging, sondern umgekehrt, das Vergehen aus dem Schuldbewußtsein" (FREUD, GW X, 1949, S. 390).

Die Begehung der Tat bedeutet also eine Erleichterung für die betreffende Person, da die (unbewußte) Suche nach Bestrafung hilft, die nichtbewältigten Schuldgefühle auf den Wunsch nach Verkehr mit der Mutter und Tötung des Vaters zu erfüllen. Neben dem Verbrecher aus Schuldbewußtsein und dem Verbrecher aus fehlenden moralischen Hemmungen erwähnt FREUD auch einen Tätertyp, der sich "im Kampf mit der Gesellschaft zu (seinem) Tun berechtigt (glaubt)" (FREUD, GW X, 1949, S. 391), ohne allerdings darauf weiter einzugehen.

Die jeweils im einzelnen genannten Erklärungsmuster für Kriminalität beruhen alle auf psychoanalytisch-theoretischen Annahmen. In der Abstraktion der Ausführungen wäre zu vermuten, die Psychoanalyse könnte tatsächlich alle kriminellen Verhaltensweisen erklären. Dem ist natürlich nicht so. Jeder Fall, jedes Delikt ist anders zu beurteilen. Gleichwohl läßt sich unschwer zeigen, daß unter bestimmten Voraussetzungen und bei bestimmten Delikten wie auch bei bestimmten Verhaltensweisen, die auf die Delikte selbst folgen, der psychoanalytische Ansatz besonders geeignet ist. (vgl. hierzu z. B. MANNHEIM 1974, Bd. 1, S. 385 ff.). In der breiten Anwendbarkeit liegt allerdings die Faszination dieses Ansatzes, der viele einzelwissenschaftliche Elemente in sich vereint, wie jetzt zu zeigen sein wird.

Geht man mit der Psychoanalyse davon aus, daß der Mensch als polymorph-perverses Wesen, also als antisoziales geboren wird und somit der delinquente nato ist, als der ihn auch LOMBROSO perizipiert, so lassen sich dafür verschiedene Argumente finden: metaphysisch-religiöse (Erbsünde) ebenso wie phylo- und ontogenetische (jeder Mensch macht als Individuum die Menschheitsgeschichte durch) usw. Solche Fragen, nach dem Guten oder Bösen im Menschen können in der Tat unbeantwortet bleiben, weil sie für die Erklärung von Kriminalität relativ belanglos sind. Zwar zeigen Psychoanalyse und anthropogenetische Theorie der Kriminalität die gleiche Basis, nämlich, daß das Verbrechen angeboren sei, doch sind die Konsequenzen, die die Psychoanalyse daraus zieht völlig andere: erstens ist der *Mensch* dort *entwicklungs- und veränderungsfähig,* was eine wichtige Voraussetzung für die Vermeidung und Verhinderung von Kriminalität darstellt, ohne auf massive Persönlichkeitseingriffe rekurrieren zu müssen. Zweitens enthält die Psychoanalyse ein immens wichtiges soziologisches Argument: Das Über-Ich, das für die Eindämmung der Triebe verantwortlich ist, wird aus der sozialen Umwelt heraus entwickelt und geprägt. Wenn aber alle Menschen als Kriminelle geboren werden, so hat es die *Umwelt* in der Hand durch Sozialisation das Ausbrechen der Kriminalität zu verhindern. Sie ist also dafür verantwortlich zu machen, wenn im Einzelfall das Über-Ich nur residual geformt ist. Diese *zweifache Abhebung von der biologischen Schule* hat die positive Konsequenz, daß man sich nicht fatalistisch in die Kriminalität ergeben muß – weil sowieso nichts zu ändern ist – sondern gezielt gegensteuern kann. Sie hat weiter zur Folge, daß nicht nur an dem Delinquenten selbst anzusetzen ist, sondern auch und besonders an seiner nächsten Umwelt.

Bezieht man sich in der Beurteilung der Psychoanalyse auf den Typ des Delinquenten, bei dem präexistente Schuldgefühle das auslösende Moment darstellen, so wird ein weiteres interessantes Element sichtbar: Während der normale methodologisch-psychologische Erklärungsweg der ist, daß irgenwelche Ursachen abweichendes Verhalten bedingen, daß sich in der Folge Schuldgefühle ob der Abweichung einstellen (und dann möglicherweise die Bestrafung als Befriedigung der Schuldgefühle erfolgt), wird hier ein anderer Weg aufgezeigt: es sind die *Schuldgefühle, die das Verbrechen hervorrufen;* Bestrafungssehnsucht, um die Schuldgefühle zu befriedigen. Wichtig scheint uns an diesem Sachverhalt, daß die Umkehrung der alltäglichen und wissenschaftsalltäglichen Wirkungskette methodologisch in eine Richtung weist, die sich von konventioneller und traditionaler Vorgehensweise unterscheidet und möglicherweise einen Erkenntnisgewinn bringen kann. Insoweit ist der Verbrecher aus Schuldbewußtsein nicht nur inhaltlich-theoretisch interessant.

Will man die psychoanalytischen Überlegungen zur Genese des Verbrechens zusammenfassen, so müßten folgende Kriterien enthalten sein:

- Auf der Basis der Annahme, daß alle Menschen mit antisozialen Trieben geboren werden und diese Triebkräfte biologisch determiniert sind, vermutet man die Ursache für Kriminalität in *pathologischen Persönlichkeitsentwicklungen.*

- *Nicht alle Verbrechen lassen sich psychoanalytisch erklären* und verstehen. Sind sie jedoch psychoanalytisch beurteilbar, so lassen sie sich auf psychopathologische und neurotische Entwicklungen zurückführen.

- *Störungen in der frühkindlichen – insbesondere sexuellen – Entwicklung* können zu Ursachen für abweichende Verhaltensweisen werden.

- Sozialisationsdefekte, die in *mangelnder Über-Ich-Ausbildung* resultieren liefern ebenfalls Erklärungspotential für Kriminalität.

- Auch eine *zu starke Über-Ich-Ausformung* kann zur Ursache für Kriminalität werden, wenn die verdrängten Triebe mit kriminellen Verhaltensweisen "kompensiert" werden sollen.

- Da die Über-Ich-Ausbildung Prozesse der Identifikation mit der nächsten Umwelt voraussetzt (Eltern oder allgemeiner Bezugspersonen), kann *fehlende emotionale Zuwendung* die Identifikation und mithin die Über-Ich-Entwicklung hemmen oder verhindern.

- *Präexistente Schuldgefühle* können zur Ursache von abweichenden Verhaltensweisen werden.

- In der Psychoanalyse wird der Streit über Anlage-Umwelt sinnvollerweise nicht ausgetragen, weil auf der Basiskategorie der Anlage die Stoßrichtung entwicklungspsychologisch und soziologisch ist, die *Priorität* also *bei der Umwelt* gesetzt ist.

Um eine Verbindung von psychoanalytischen und soziologischen Ansätzen geht es Tilmann MOSER (1970), wobei er den sozialstrukturellen Kriminalitätstheorien und dem labeling-Ansatz gleichermaßen deren "Psychologiefeindlichkeit" zum Vorwurf macht. Er plädiert stattdessen für eine Überwindung der Isolation soziologischer, kriminologischer, psychologischer und psychoanalytischer Arbeiten zur Jugendkriminalität, wobei es ihm vor allem um die Herausarbeitung der *schichtspezifischen kriminogenen Sozialisationsprozesse* unter besonderer Betonung des psychoanalytischen Beitrages geht.

Die Grundhypothese lautet dabei, daß "… die Familie als Sozialisationsinstanz mit abnehmender Schicht zunehmend stärkeren Belastungen ausgesetzt ist, die ihr Funktionieren so verändern, daß kriminelles Verhalten der in ihr sozialisierten Jugendlichen ein zunehmend wahrscheinlicheres Ergebnis ist" (MOSER 1970, S. 107). Wie bei FREUD wird zwar auch zwischen einem Verbrechertypus mit starkem bzw. zu starkem Über-Ich (neurotischer Verbrecher) und einem mit schwachem Über-Ich (psychopathischer Verbrecher) differenziert, doch wird vor allem auf letzteren als charakteristisch für die Unterschicht bzw. für die dort typischen Sozialisationsbedingungen eingegangen.

Das psychopathische Bild des Delinquenten stellt sich dar als Folge der Sozialisationsbedingungen: Härte, Ablehnung, Inkonsistenz und fehlende Identifikationsmöglichkeiten, die sich auf eine normale Ich- und Über-Ich bzw. Gewissenbildung nachteilig auswirken (MOSER 1970, S. 185). Delinquente und psychopathische Charakterentwicklung stellen Reaktionen auf Störungen der Balance zwischen Triebverzicht und Triebbefriedigung dar. Da die Unterschicht-Eltern tendenziell weniger gut in der Lage sind (aufgrund eigener erfahrener Sozialisationsdefizite und ungünstigerer sozialer und ökonomischer Bedingungen) die Triebeinschränkungen in erträglichen Grenzen zu halten oder Kompensationsmöglichkeiten anzubieten, ergeben sich größere Schwierigkeiten (verglichen mit der Situation in der Mittelschicht) für die Sozialisation des Kindes, was u. a. anhand der PARSONschen Sozialisationstheorie (PARSONS 1955) gezeigt wird; (MOSER 1970, S. 271 ff.), so etwa in der Inkonsistenz der Erziehung, d. h., daß (verglichen mit der Mittelschicht) weniger kontinuierliche und kontrollierte Zufuhr positiver Sanktionen für Reifeleistungen des Kindes erfolgt (MOSER 1970, S. 280), oder daß infolge des geringeren Prestiges des Vaters Störungen der Identifikation des männlichen Jugendlichen mit ihm auftreten, was zu einer stärkeren Identifizierung mit der Mutter, damit zu Unsicherheiten in der Geschlechtsrolle und schließlich zu den Abwehrvorgängen zwanghafter Männlichkeit führt (vgl. die Subkulturtheorie von MILLER). Weitere Belastungsfaktoren liegen in der kriminogenen Familienstruktur wie der tendenziell häufigeren Unverträglichkeit der Partner und damit den Belastungen für die Kinder, den ungünstigen Wohnverhältnissen u. a. m.

Die sozialstrukturell ungünstigen Bedingungen in der Unterschicht, wie sie z. B. die Anomietheorie hervorhebt, haben aber als solche größere indirekte als direkte Auswirkungen: Sie wirken sich kumulativ (in einem Prozeß über mehrere Generationen hinweg) in der psychischen Entwicklung auf die Persönlichkeitsstruktur der Eltern bzw. ihre (mangelnde) Sozialisationsfähigkeit aus, woraus sich ein "Teufelskreis der Potenzierung der Abweichungstendenzen" (MOSER 1970, S. 346) ergibt.

Der letztendlich dafür verantwortlichen Gesellschaft wirft MOSER vor, daß sie erst zu spät und dann mit inadäquaten Mitteln eingreift, wenn Jugendliche bereits sozial auffällig geworden sind, anstatt beizeiten durch Einschränkung des elterlichen Sorgerechts und kompensierende Institutionen das Leid der Betroffenen zu mildern (MOSER 1970, S. 346 ff).

Die Ansätze, die als kriminalpsychologisch zu bezeichnen wären, führen die Entstehung abweichenden Verhaltens auf psychische oder psychopathologische Störungen der Persönlichkeit zurück. Sie sind somit wie die psychoanalytischen Theorien *persönlichkeits- und täterorientiert*. Für beide gilt, daß sie zwar ein gewisses Erklärungspotential bieten, daß sie jedoch nicht in der Lage sind, alle Formen von Kriminalität zu erklären, weil eben nicht alle Kriminellen psychisch gestört sind.

Ähnlich den multifaktoriellen Ansätzen gibt es psychologische Schulen, die durch eine Vielzahl durchgeführter Studien versucht haben, empirisch feststellbare Persönlichkeitsmerkmale als für Delinquente spezifisch herauszufinden. In der Tat ergeben sich eine Fülle von differenzierenden Persönlichkeitsmerkmalen für Kriminelle und nichtkriminelle Kontrollgruppen, über deren Erkenntniswert man unterschiedlicher Meinung sein kann. SCHUESSLER und CRESSEY (1950) konstatieren etwa, daß die von ihnen überprüften 113 Studien mit psychologischen Erklärungen die Hypothese nicht stützen könnten, wonach zwischen Kriminalität und Persönlichkeitsfaktoren eine Beziehung bestehen würde. Andererseits kommt QUAY zu der Überzeugung, daß alle angestellten psychologischen Untersuchungen trotz der Vielzahl – auch divergierender Persönlichkeitsvariablen, die in die jeweilige Analyse einbezogen wurden – von ihren Ergebnissen her durchaus vergleichbar wären (QUAY 1965, S. 165). Die nicht unbeträchtliche Zahl der Einzelvariablen scheinen ihm in einem vierdimensionalen Bezugsrahmen repräsentiert zu sein: die erste Dimension stellt Einstellungen, Meinungen und Verhaltensdispositionen dar, die auf Sozialisationsmängel hindeuten. Eine zweite Dimension betrifft offenes, feindseliges Verhalten, das aber jeweils mit Schuldgefühlen, Angst und Unglück verbunden ist. Die dritte Dimension bezieht sich darauf, daß Normen, Werte und Verhaltensweisen, die sich von den gesamtgesellschaftlichen unterscheiden, akzeptiert werden. Es handelt sich dabei also nicht um Sozialisationsdefizite, sondern um subkulturell erfolgreiche Sozialisation. Die letzte Dimension stellt darauf ab, daß eine gewisse Unfähigkeit besteht, mit komplexeren Situationen fertig zu werden. Es soll dem Leser überlassen bleiben, zu beurteilen, ob diese Dimensionen erklärungskräftiger sind, als die ihnen zugrunde liegenden, wenig erklärungskräftigen, psychologischen Einzelvariablen, wie sie zum Beispiel durch Aggression, Feindseligkeit, Hyperaktivität repräsentiert werden, die einen positiv determinierenden Einfluß auf Kriminalität ausüben sollen, oder solche Variablen, wie Rückzug, Repression, gegengeschlechtliche Identifikation etc., die kriminalitätshemmend sein sollen.

Es sind gerade jene Studien, die sich mit einer Vielzahl von einzelnen Persönlichkeitsvariablen beschäftigen, die ganz analog zu den multifaktoriellen Ansätzen – die sich von solchen psychologischen nur dadurch unterscheiden, daß sie auch andere disziplinspezifische Variablen in die Erklärung aufnehmen und damit sogar interdisziplinär sind – belegen, daß empirisch-induktive Vorgehensweisen theorielos und wenig aussagekräftig sind: Die Heranziehung von Persönlichkeitstypen zur Erklärung von Kriminalität ist sicher stärker theoretisch orientiert als die bloße Aufzählung von Persönlichkeitsmerkmalen, die mit Kriminalität assoziiert sind. Alle diese Studien haben einen nicht zu bestreitenden wissenschaftlichen und möglicherweise praktischen Wert; aber ob sie in der Lage sind, Kriminalität zu erklären, muß bezweifelt werden. Die Anwendung psychologischer Testverfahren, wie z.B. Rorschach, TAT, MMPI und andere mehr mögen durchaus statistische Differenzen zwischen Kriminellen und Nichtkriminellen aufweisen; Intelligenztests können signifikant verschiedene IQ-Werte für Delinquente und Kontrollgruppe erbringen; doch erklärt gerade der umstrittene Intelligenzbegriff überhaupt etwas oder ist nicht etwa die Intelligenz erst das Produkt einer abweichenden Karriere? Es ist sicher interessant zu wissen, daß sich Einzeltäter von Gruppentätern hinsichtlich bestimmter Subtests des MMPI voneinander unterscheiden. Aber bringt uns dies weiter, das Phänomen der Kriminalität theoretisch und praktisch in den Griff zu bekommen?

Nicht alle psychologischen Ansätze sind jedoch derart individualistisch-empirisch-faktenhuberisch. Betrachtet man zudem das methodologische Argument, daß wir in der sozialen Realität eigentlich niemals deterministisch-perfekte Beziehungen zwischen abhängigen und unabhängigen Variablen haben, es also immer auch Personen gibt, die bei gleichen Individualpersönlichkeitsmerkmalen zum Teil delinquent werden, sich zum Teil aber normkonform verhalten, so ist ein weiteres Kriterium genannt, das zur Vorsicht bei der Interpretation solcher multi-einzelvariabler psychologischer Ergebnisse mahnt. So ist unter methodologischen Kriterien jedenfalls jede Studie vorzuziehen, die a priori theoretisch-hypothetisch versucht, zu erklärungskräftigen Aussagen zu kommen, mögen die theoretischen Konzeptionen noch so einfach sein. So hat REISS (1952) beispielsweise bestimmte Typen aufgestellt und anhand von Fallstudien zuordnen lassen, wobei seine Typen sich auf das schon referierte psychoanalytische Persönlichkeitsmodell stützen (vereinfacht: schwaches Ich, schwaches Super-Ego bzw. integrierte persönliche Kontrolle).

Ganz ähnlich haben RECKLESS (1956) und Mitarbeiter versucht, theoretische Gedanken über Skalen zu operationalisieren, um so zu brauchbaren Aussagen zu kommen. Sie überprüften die theoretischen Konzepte *Sozialisation, Verantwortlichkeit, berufliche Präferenzen und Identität.* Auch sie belegen, daß Variablen wie *Feindseligkeit, Impulsivität, Aggressivität* etc. eine erhebliche Rolle spielen, aber sie zeigen auch, daß diese Variablen nur intervenieren; ausschlaggebend und wichtiger scheinen Sozialisationsprobleme für die Identität und mithin für die personale Kontrolle zu sein, die dann letztendlich Kriminalität produzieren oder inhibieren. Im Rahmen solcher sozialisationstheoretischer Erklärungsversuche kommt RECKLESS (1962, 1964) dann zu seiner sog. *Halttheorie,* die hier knapp skizziert werden soll: Er unterscheidet einmal den *inneren und äußeren Halt* und zum anderen *Zug- und Druckfaktoren,* die zur Delinquenz führen.

Der äußere Halt ist als sozialer zu sehen, indem die Umwelt des Individuums (z. B. in Primär- und Sekundärgruppen, in Bezugsgruppen etc.) eine positive Stütze liefert und inhibierend wirkt durch die von ihr ausgeübte informelle und formelle Sanktionsmacht. Äußerer und innerer Halt sind dabei komplementär: Eine Person mit starkem Ich und Über-Ich und hoher Selbstbeherrschung wird auch ohne Unterstützung durch andere dem Druck zum abweichenden Verhalten eher widerstehen können.

Ist der innere Halt nur schwach ausgeprägt, muß der äußere Halt sehr stark sein, soll Kriminalität verhindert werden. Mit der Differenzierung in die beiden Formen der Haltstrukturen ist also nichts anderes gemeint, als interne, individuelle Kontrolle des einzelnen und externe Kontrolle durch andere. RECKLESS mißt den inneren Haltstrukturen eine größere Bedeutung im Hinblick auf Delinquenz zu. Diese Haltstrukturen müssen sich gegen die Delinquenz produzierenden Druck- und Zugfaktoren durchsetzen, um Kriminalität zu verhindern. Prinzipiell kann man sagen, daß Zugfaktoren solche sind, die vom abweichenden Verhalten ausgehend wirken, also beispielsweise Freundschaften mit Kriminellen, Vorbilder und Propaganda aus diesem Bereich, Anziehung durch leichtere materielle Bedürfnisbefriedigung und viele mehr. Druckfaktoren sind solche Elemente aus der nichtdelinquenten Alltagswelt, die gewisse Zwänge auf den einzelnen ausüben, z. B. Arbeitslosigkeit, alle Formen sozialer Ungleichheit, Schwierigkeiten in der Familie etc. Aus der Nennung einiger Elemente der Zug- und Druckfaktoren sollte deutlich geworden sein, daß diese eher soziologisch als psychologisch zu klassifizieren sind; kann man dies bei der äußeren Haltstruktur auch behaupten, so ist die innere Haltstruktur eine psychologische Kategorie. Durch die Schwerpunktsetzung beim inneren Halt als kriminalitätshinderndem Faktor bekommt die

Theorie von RECKLESS einen psychologischen "touch", der nur dann begründbar ist, wenn man die Prioritäten von RECKLESS akzeptiert. Tatsächlich nämlich enthält sein Ansatz mehr soziologische als psychologische Faktoren.

Ebenfalls mehr den sozialpsychologischen als den soziologischen Theorien zuzuordnen, aber mit Verbindungen zu Ansätzen schichtspezifischer Sozialisation und zu Subkulturtheorien ist die *Kontrolltheorie* von CLINARD (1957). Ein anderer psychologisch-theoretischer Ansatz ist die *Frustations-Aggressions-Hypothese* nach DOLLARD und MILLER (1939) (interessanterweise hat sich die gegenüber "Theorie" schwächere Bezeichnung der "Hypothese" nach wie vor erhalten). In ihr geht man davon aus, daß jeder Aggression eine Frustation vorausgeht; daß auf Frustationen grundsätzlich Aggressionen folgen, muß jedoch nicht zutreffen. In Anwendung dieser Annahmen auf die Kriminalität kommt man zu der Hypothese, daß Kriminelle mehr Frustationen zu erleiden haben als andere (wobei man möglicherweise soziologisch und psychologisch hinterfragen müßte, welches die Ursachen dafür sind). In Modifizierung der Hypothese wird auch gesagt (was eine psychologische Erklärung wäre), Kriminelle hätten eine *niedrigere Frustationsschwelle oder Frustationstoleranz* als Normkonforme. Die erhöhten Frustationen führen zu Aggressionen, die sich in Kriminalität und anderen abweichenden Verhaltensweisen äußern. Kann dieses für aggressive Kriminalität (wie z.B. Körperverletzung, Sachbeschädigung etc.) plausibel erscheinen, so sind andere Deliktformen mit Sicherheit nicht durch diesen Ansatz erklärbar. Die Frustations-Aggressions-Theoretiker räumen daher auch ein, daß zumeist noch andere Bedingungen hinzutreten müßten, damit abweichendes Verhalten auftritt. Beispielsweise wird von ihnen darauf hingewiesen, daß bei Zutreffen der Frustations-Aggressions-Hypothese meist auch ein Defekt derart vorliegt, daß eine mögliche Sanktionierung des delinquenten Verhaltens nicht antizipiert wird. Diese Antizipationsschwäche wird auch in anderen psychologischen Erklärungsversuchen herangezogen, wenn man davon ausgeht, daß Kriminelle stärker gegenwartsorientiert sind (wo Sanktionen ja nicht unmittelbar auf das Verhalten virulent werden) während normkonforme Personen stärker zukunftsorientiert sind, und somit mögliche Sanktionen antizipieren. Hier ergibt sich eine interessante Parallelität zu schichttheoretischen Überlegungen. Unterschichten wird eine Gegenwartsorientierung zugeschrieben, während Mittelschichten zukunftsgerichtet handeln. Die äquivalente Kongruenz in den Kriminalitätsraten, nämlich eine (möglicherweise aber nur scheinbare) überproportionale Beteiligung von Unterschichtangehörigen, spricht für die Erklärungskraft dieses Ansatzes.

Einen ebenfalls theoretisch ausgerichteten Erklärungsversuch für kriminelles Verhalten entwickelt EYSENCK auf der Basis lerntheoretischer Zusammenhänge. Zwar wird die *Lerntheorie* aus methodologischen Gründen zuweilen und aus ideologischen Gründen recht häufig (als positivistisch) attackiert, doch kann sie immerhin einige Plausibilität beanspruchen; gelegentlich wird sogar geltend gemacht, sie wäre die einzige sozialwissenschaftliche Theorie, die universell gültig sei und damit nomologischen Charakter habe (OPP 1972b). Für EYSENCK (1964) gibt es biologische Wurzeln, die die Persönlichkeit mitbestimmen. Zudem geht er davon aus, daß sich das Bewußtsein durch ein permanentes Konditionieren in der individuellen Entwicklung konstituiert. Bestimmte Verhaltensweisen werden nach der Lerntheorie deswegen besonders häufig praktiziert, weil sie früher belohnt wurden. Das Bestrafen von Handlungen führt (jeweils in grober Vereinfachung) dazu, daß das zugehörige Verhalten ausgelöscht wird. *Kriminelle sind nun schwerer zu konditionieren als Normkonforme oder aber im Hinblick auf die Bewußtseinsbildung falsch konditioniert worden.* Für die Hypothese, daß Kriminelle schwerer zu konditionieren seien, braucht man eine weitere Erklärung. Diese würde durch die *biologischen Wurzeln der Persönlichkeit* geliefert, was nur schwer beweisbar ist; insoweit erscheint der Ansatz relativ problematisch. Bezieht man sich aber darauf, daß eine Fehlkonditionierung erfolgte, also in früheren Entwicklungsstadien des Betroffenen falsche Reaktionen auf dessen konforme wie auch abweichende Verhaltensweisen abliefen, so kann dieser lerntheoretische Ansatz durchaus als sozialisationstheoretisch bzw. psychoanalytisch begriffen werden.

Der Ansatz von EYSENCK ist insoweit stärker theoretisch ausgerichtet als mancher andere psychologische, als er nicht auf Einzelvariablen rekurriert, sondern auf theoretische Konzepte zurückgreift. So könnte man auch unschwer zeigen, daß seine Überlegungen mit persönlichkeitstypologischen Vorstellungen der JUNGschen Kategorien von Extraversion und Introversion kompatibel sind, weil aus diesen Idealtypen eine leichtere oder schwerere Konditionierung ableitbar erscheint.

Versucht man herauszuarbeiten, welche Gemeinsamkeiten diesen doch heterogenen psychologischen Erklärungsversuchen von Kriminalität zugrunde liegen, sollte man zu folgenden Kriterien gelangen können:

- Psychologische Theorien der Erklärung abweichenden Verhaltens führen dieses auf Persönlichkeitsstörungen zurück. Sie sind insoweit *individualistisch-täterorientiert.*
- Da solche Persönlichkeitsstörungen nicht nur endogene Ursachen haben, sondern auch auf soziale Bedingungen zurückzuführen sind, (vgl. z.B. die psychoanalytischen-psychiatrischen oder sozialpsychologi-

schen Ansätze) liefern die psychologischen Theorien nur ein *beschränktes Erklärungspotential.*

- Psychologische Erklärungsversuche abweichenden Verhaltens beziehen sich häufig auf medizinische Erklärungsmodelle (KEUPP 1972) und berufen sich damit auch auf *biologische Determinanten.*

- Trotz der Heterogenität der psychologischen Ansätze und wegen der Diskussionen, die ihre Apologeten um ihre Richtigkeit führen, ergeben sich *gesellschaftliche Konflikte,* die in den Ansätzen immanent angelegt sind: Kriminalität als Krankheit einerseits versus Schutzbedürfnis der Gesellschaft vor Kriminellen andererseits (MOSER 1970).

- Den psychologischen Orientierungen ist gemein, daß empirisch *noch nicht ausreichend geklärt* ist, wie das relationale und quantitative *Verhältnis von psychischen Störungen oder Erkrankungen zur Kriminalität* ist. Manche Indizien mögen für eine überproportionale Repräsentativität sprechen, doch gesichert sind diese Erkenntnisse mindestens solange nicht, als man bezüglich der psychischen Erkrankungen in der Normalbevölkerung auf vage Schätzungen angewiesen ist.

- Qualitativ ist an solchen Erklärungen unbefriedigend, daß persönlichkeitsspezifische Störungen zwar mit Kriminalität statistisch korreliert sein mögen, doch hilft dies kaum weiter, weil die *Persönlichkeitsdefekte selbst nur bedingt psychologisch erklärbar* erscheinen. Insbesondere die empirisch-induktiv gewonnenen Persönlichkeitsvariablen von Kriminellen sind theorielos und wenig erklärungskräftig, wie dies schon für die multifaktoriellen Ansätze konstatiert wurde.

- Manche psychologische Theorie ist sehr wohl in der Lage, spezifische Deliktformen besser in den Griff zu bekommen als dies anderen Ansätzen gelingt. *Ob allerdings psychologische Theorien eine allgemeine Erklärung für die Entstehung von Kriminalität liefern können, muß bezweifelt werden.*

- Interessanterweise haben die kriminalpsychologischen Überlegungen in der deutschen Kriminologie *keine entscheidende Rolle* spielen können. Die Beiträge der Psychologie beschränkten sich einerseits auf die multifaktorielle Prognosepraxis, andererseits auf die allgemeine Persönlichkeitsbeurteilung von Delinquenten mittels Testverfahren, also mehr oder weniger auf die forensische Psychologie.

- Neuerdings scheinen sich *sozialisationstheoretische Ansätze* stärker durchsetzen zu können, wobei diese aber so sehr sozialpsychologisch ausgerichtet sind, also von dem Spannungsverhältnis zwischen Individuum und Gesellschaft leben, daß ihr Charakter schon eher als soziologisch zu beurteilen wäre.

Soziologische Theorien abweichenden Verhaltens haben psychologische und vor allem biologische Ansätze relativ zurücktreten lassen, wobei der Einfluß der amerikanischen Soziologie bedeutsam war, die ihr noch zu Ende des 19. Jh. bestehendes Defizit auf dem Gebiet der Kriminologie angesichts der starken Kriminalitätszunahme aufzuholen hatte. Dabei nahm die sozialwissenschaftliche Orientierung, u. a. resultierend aus dem geistesgeschichtlichen Hintergrund (Pragmatismus, Demokratie) eine beherrschende Stellung ein. Mit aus dieser pragmatischen Perspektive heraus ergab sich eine Konzentration auf aktuelle und quantitativ besonders häufige Arten abweichenden Verhaltens wie Eigentumskriminalität, jugendliche Banden, Vandalismus u. a. m.

Innerhalb der soziologischen Ansätze findet sich wie bei den psychologischen eine große Heterogenität einzelner Richtungen und Schulen, die sich vielfältig klassifizieren lassen, so z. B. in:

- ätiologische vs. interaktionistische Ansätze (KECKEISEN 1974, S. 23),
- factor approach vs. labeling approach (HAAG 1972, S. 55)
- "alte" und "neue" Kriminologie (OPP 1972 a)
- soziologische vs. sozialpsychologische Ansätze (EISENBERG 1972, S. 42)
- makro-soziologische vs. mikro-soziologische Ansätze (RÜTHER 1975, S. 9).
- individualistische vs. kollektivistische Theorien (WISWEDE 1973, S. 82)
- multikausale oder monokausale Theorien
- Mehrfaktoren und Einfaktorenansätze (OPP 1974, S. 211)
- multiple factor approach vs. grand theory approach (WISWEDE 1973, S. 85)
- kausale und funktionale Erklärungsansätze (EISENBERG 1972, S. 24 ff.).

Die sich z. T. überschneidenden Klassifikationen (vgl. etwa RECKLESS 1964, EISENBERG 1972, WISWEDE 1973, SCHNEIDER 1974, MANNHEIM 1974, RÜTHER 1975, HEINZ 1975, KAISER 1976, KERSCHER 1977) mögen zwar unter bestimmten Beurteilungsdimensionen sinnvoll sein, doch haftet ihnen ein dezisionistisches und willkürliches Element an, da je nach Schema bestimmte Aspekte hervorgehoben, andere, die nicht "passen" dagegen herausfallen, so daß sich die Gefahr einer Stereotypisierung ergibt (LAMNEK 1977, S. 14) und die zahlreichen Querverbindungen und wechselseitigen Einflüsse nicht sichtbar werden können. Auch sind innerhalb der einzelnen Ansätze weitergehende Differenzierungen möglich und verschiedene Theorien lassen sich legitimerweise unter mehrere Ansätze "höherer Ordnung" subsumieren. Dennoch sollen hier einige Einteilungen näher ausgeführt werden:

Der überwiegende Teil soziologischer Theorien abweichenden Verhaltens ist den *ätiologischen Theorien* zuzuordnen, deren Gemeinsamkeit in der Frage nach den Ursachen abweichenden Verhaltens besteht, mögen diese im Einzelfall in schichtspezifischen Sozialisationsdefiziten, in der Diskrepanz von kulturellen Zielen und institutionalisierten Mitteln oder in unterschiedlichen Zugangschancen zu illegitimen Mitteln gesehen werden.

Mit Ausnahme der klassischen Schule, die etwas differenzierter zu sehen ist, können auch alle bisher kursorisch vorgestellten Ansätze als ätiologisch geprägt begriffen werden. Sie suchen nach den Ursachen für das Auftreten von Kriminalität und stellen deren Genese in den Mittelpunkt der Überlegungen.

Im Gegensatz dazu fragen die in der Theorie des *symbolischen Interaktionismus* gründenden Reaktions-, Stigmatisierungs-, oder Etikettierungsansätze vorwiegend nach der Entstehung und Anwendung von Normen, die erst ein als abweichend bezeichnetes Verhalten und den sich abweichend Verhaltenden konstituieren, wobei sich eine "radikale" und "gemäßigte" Position unterscheiden lassen. Letztere betrachtet die gesellschaftlichen Reaktionen als *eine* Ursache abweichender Handlungen, erkennt also auch noch andere Bestimmungsgründe an und möchte die bislang eher vernachlässigten Etikettierungsvorgänge mehr in den Vordergrund rücken. Aus der radikalen Position, repräsentiert durch die Arbeiten von SACK, ergibt sich dagegen konsequenterweise die Ablehnung jeglicher Ursachenforschung (vgl. 2.5.5).

Individualistische Theorien, die die Ursache abweichenden Verhaltens im einzelnen sehen, in seinen Erfahrungen und Lernprozessen, sind eher den psychologischen Theorien oder dem Grenzgebiet zwischen Soziologie und Psychologie zuzurechnen (WISWEDE 1977, S. 82 ff.) wie z. B. der verhaltenstheoretisch-reduktionistische Ansatz von OPP oder die Kontroll- und Abwehrtheorien von GOLD, RECKLESS oder COHEN (WISWEDE 1973, S. 82) *Kollektivistische Theorien* sind dagegen soziologische Theorien im engeren Sinne; zu ihnen gehören eine Vielzahl unterschiedlicher Ansätze wie die Anomie- bzw. Diskrepanztheorie, Subkulturtheorien, Kulturkonflikttheorien aber auch marxistische Ansätze. Ihre Gemeinsamkeit liegt darin, daß sie besonders sozio-strukturelle Variable wie z. B. Schicht, Herrschaft oder das Verhältnis von kulturellen Zielen zu institutionalisierten Mitteln in den Vordergrund stellen. Individualistische Theorien nehmen dagegen solche Faktoren eher als gegeben an und fragen danach, wie eine Person z. B. in einer irgendwie gearteten Umwelt bestimmte, als kriminell bezeichnete Verhaltensweisen lernt oder warum sie weniger gut in der Lage ist, auftauchende Aggressionen zu kontrollieren.

Die Unterscheidung von kollektivistischen und individualistischen Theorien deckt sich weitgehend mit der von soziologischen und sozialpsychologischen oder von makro- und mikrosoziologischen. Beide Perspektiven sollten dabei weniger als gegensätzlich als vielmehr als komplementär aufgefaßt werden: Die Diskrepanz von kulturellen Zielen und institutionalisierten Mitteln erklärt z.B. nicht die Prozesse der Übernahme krimineller Verhaltensmuster. Umgekehrt bedarf es zum Erlernen krimineller Verhaltensweisen einer irgendwie ungleichmäßigen Verteilung gesellschaftlicher Güter und Werte oder ungleicher Zugangschancen. Die Theorie der differentiellen Zugangschancen von CLOWARD und OHLIN (1960) stellt z.B. einen Versuch dar, beide Perspektiven zu integrieren.

Soziologische Theorien abweichenden Verhaltens lassen sich auch danach unterscheiden, ob sie nach den Ursachen von Kriminalität forschen oder nach deren *Funktionen* für ein soziales System. Während die hier zuerst genannte Perspektive bereits im Zusammenhang mit der Unterscheidung von ätiologischen vs. interaktionistischen Ansätzen umrissen wurde (vgl. oben), bedarf letztere noch näherer Ausführungen. Ohne hier auf die Problematik funktionaler Erklärungen oder auf die Implikationen der strukturell-funktionalen Theorie einzugehen (vgl. hierzu z.B. HOMANS 1972) soll zunächst zwischen positiven und negativen Beiträgen, ("Eufunktionen" und "Dysfunktionen") einzelner Elemente zu einem System unterschieden werden. Erstere fördern (gemäß der strukturell-funktionalen Theorie, wie sie z.B. von PARSONS (1951) oder MERTON (1957) vertreten wird) Integration und Wachstum eines sozialen Systems, letztere dagegen führen zu Desintegrationsprozessen. Während die negativen Funktionen abweichenden bzw. kriminellen Verhaltens offensichtlich sind (man denke nur an die dadurch verursachten materiellen und immateriellen Schäden oder die von der ganzen Gesellschaft zu erbringenden Aufwendungen für Strafverfolgung und Strafvollzug) mag die Hervorhebung positiver Funktionen befremden. (EISENBERG 1972, S.27). Abgesehen aber von auch hier mehr vordergründigen Eufunktionen in einer konkreten Gesellschaft, die aber mit dem Hinweis auf eine notwendige oder wünschenswerte Transzendendierung dieser Gesellschaft gegenstandslos würden, gleichwohl aber gesehen werden müssen (vielen Berufsgruppen wie z.B. Polizisten, Richtern, Aufsehern und manchen Berufszweigen wie den Herstellern von Alarmanlagen oder den Inhabern von Allkampf-Schulen würde ein drastischer Kriminalitätsrückgang sicher schaden) sind hier vor allem die diesbezüglichen Überlegungen DURKHEIMS zentral, wonach die Kriminalität nicht nur einen normalen, sondern auch einen sozial-integrativen Bestandteil einer Gesellschaft bildet, da sie, ebenso wie die gesellschaftliche Reaktion auf Normbrüche zum einen die in einer Gesellschaft existierenden Normen bewußt macht und bekräftigt, zum anderen aber auch dadurch eine Antizipation der zukünftigen Moral" als Beitrag zum sozialen Wandel erfolgen kann (DURKHEIM 1961, S. 160 sowie Abschnitt 1.3.5. im vorliegenden Band, vgl auch MARX/ENGELS 1965, S. 363).

Grand theory approaches werden Insbesondere auc der Kritik an den theorielosen Mehrfaktorenansätzen geboren bzw. gefordert. Basis solchen Anspruchs ist auch eine wissenschaftstheoretische Kritik an den positivistisch-empirischen Vorgehensweisen, die die Wirklichkeit eher verdoppeln (ADORNO) als neue Erkenntnisse liefern. Grand theory approach wird aber heute auch verstanden als der Versuch einer Intergration verschiedener Theorien des abweichenden Verhaltens. Hierbei soll es einerseits um eine in sich geschlossene, stringente Theorie gehen, die interdisziplinär angelegt ist, und somit ein größeres Erklärungspotential liefert, wie auch andererseits darum, noch stärker theoretisch zu arbeiten.

Die einzelnen Theorieansätze "niedrigerer Ordnung" lassen sich nun, wie bereits erwähnt, nicht immer eindeutig einer dieser Kategorien zuordnen. So weist etwa die Theorie der differentiellen Gelegenheitsstruktur bzw. differentiellen Zugangschancen von CLOWARD und OHLIN sowohl Beziehungen auf zu den Anomie- oder Diskrepanztheorien (MERTON, DUBIN, HARARY) als auch zu den Subkulturtheorien (COHEN, MILLER), zu den kulturellen Übertragungstheorien (SUTHERLAND) oder den mehr mikrosoziologischen Verhaltenstheorien. Eine historisch-chronologische Darstellung erscheint somit sinnvoller als weiter ausdifferenzierte oder neue Klassifikationen (vgl. auch LAMNEK 1977, S. 14).

Als bedeutendster europäischer Theoretiker der Soziologie abweichenden Verhaltens, mit dem Anspruch, Kriminalität als soziale Tatsache nur durch Soziales zu erklären (DURKHEIM 1965, S. 155), führte der französische Soziologe Emile DURKHEIM den Begriff der Anomie (= Regel- oder Normlosigkeit) ein. Anomie entsteht, wenn als Folge sozialer Krisen die bisher geltenden gesellschaftlichen Regeln an Einfluß verlieren, was sich z. B. in der Zunahme der Selbstmordhäufigkeit oder der Kriminalität über ein "normales" Maß hinaus, zeigt. Anomie ist demnach ein sozialer Zustand, in dem das Kollektivbewußtsein geschwächt ist und die Handlungsziele unklar werden, in dem das System kollektiv verankerter moralischer Überzeugungen versagt oder fehlt. Die wesentlichste Leistung DURKHEIMS bestand für die Soziologie allgemein und für die Erklärung abweichenden Verhaltens insbesondere darin, sich von psychologischen und individualistischen Faktoren gelöst und soziale Sachverhalte als Ursachen für soziale Tatbestände herangezogen zu haben. Dieses sollte dann auch für andere soziologische Erklärungsversuche richtungweisend sein.

Ein amerikanischer Soziologe unseres Jahrhunderts griff die DURK-HEIMschen Gedanken zur Anomie auf (MERTON) und differenzierte zwischen kulturell vorgegebenen Zielen und institutionalisierten (legitimen) Mitteln zur Erreichung dieser Ziele. Anomie entsteht diesem Konzept nach als Folge der Diskrepanz von Zielen und Mitteln, wenn sich die geltenden Normen als untauglich für die Zielerreichung erweisen und an Glaubwürdigkeit verlieren bzw. eine Abkehr von den Zielen erfolgt.

Nach CLOWARD und OHLIN (1960) sind aber zusätzlich zur Dissoziation von kulturellen Zielen und institutionalisierten Mitteln die (soziostrukturell) unterschiedlich verteilten Zugangschancen zu illegitimen Mitteln zu berücksichtigen, denn diese sind, ebenso wie die legitimen Mittel (z. B. Bildung, Einkommen) ungleich verteilt und ihr effektiver Gebrauch setzt sowohl eine günstige Lernumwelt voraus als auch eine zur Ausübung der Kriminellen-Rolle geeignete Umgebung. Eine weitere Ergänzung führen DUBIN (1959) und HARARY (1966) ein: Während DUBIN zwischen tatsächlichem Verhalten einer Person und ihren Werten differenziert und institutionalisierte Normen von institutionalisierten Mitteln unterscheidet, schlägt HARARY Indifferenz als zusätzliche Stellungnahme (neben Akzeptierung und Ablehnung) vor. Damit gelangen sie gegenüber MERTON zu komplexeren, aber auch weniger übersichtlichen Typologien, ohne aber die Erklärungskraft zu erhöhen (BOHLE 1975, S. 42; LAMNEK 1977, S. 61).

Eine andere, nicht rein soziologische Perspektive vertritt der sog. *ökologische Ansatz* oder *"area approach"*, begründet von SHAW und MCKAY, (z. B. SHAW/MCKAY 1969) der aus der Chicago-Schule der Soziologie in den 20-er Jahren dieses Jahrhunderts hervorging. Danach determiniert die ökologische Situation eines Wohngebietes (fehlende Infrastruktur, Slums etc.) Persönlichkeit und Verhalten eines Kriminellen. Andere Regionen wirken als anziehende Kräfte für die Begehung von Verbrechen (z. B. Zentrum mit Warenhäusern, Spielsalons, Bahnhöfe usw.). Ökologische Hypothesen abweichenden Verhaltens zielen auf die räumliche Verteilung dieses Verhaltens ab – es handelt sich also um Aussagen über Gebiete d. h. Aggregate.

Illustrativ für den ökologischen Ansatz ist die von SHAW aufgestellte Zonenhypothese, wonach mit zunehmender Entfernung vom Stadtzentrum die Delinquenz abnimmt. Diese Hypothese, die am Beispiel Chicagos gewonnen wurde, kann aber nicht ohne weiteres verallgemeinert werden – selbst für Chicago trifft sie nur bedingt zu (SCHNEIDER 1974, S. 61). Von diesen Ansätzen aus führen Verbindungen über THRASHER (1927) und WHYTE (1941) zu den *Subkulturtheorien*.

Ebenfalls nicht rein soziologisch sondern im Grenzgebiet zwischen Soziologie und Psychologie anzusiedeln sind die Theorien der *differentiellen Assoziation,* der differentiellen Identifikation, der differentiellen Verstärkung und der differentiellen Gelegenheitsstrukturen, die ebenso wie die Subkulturtheorien von der Existenz gesellschaftlicher Subsysteme und Bereiche mit ┐ T konfligierenden Werten und Normen ausgehen, aber ohne den Anspruch, dies zu erklären.

Die Theorie der differentiellen Assoziationen von SUTHERLAND und CRESSEY (SUTHERLAND/CRESSEY 1955; SUTHERLAND 1968; CRESSEY 1968) (auch Theorie der differentiellen Kontakte, Theorie der differentiellen Lernstrukturen) betont den Prozeßcharakter der Übernahme krimineller Verhaltensmuster, die, wie andere Verhaltensweisen auch, hinsichtlich ihres Erwerbs denselben Prinzipien unterliegen. Das Erlernen krimineller Verhaltensweisen umfaßt alle für die Verbrechensbegehung erforderlichen Techniken sowie die dazugehörigen Einstellungen, Motive und Rationalisierungen. Von einer allgemeinen Lerntheorie ausgehend wird eine Anwendung auf die spezielle Klasse abweichenden Verhaltens vorgenommen. Die zentrale These lautet dabei, daß eine Person dann delinquent wird, wenn Gesetzesverletzungen begünstigende Einstellungen gegenüber Gesetzesverletzungen negativ bewertenden Einstellungen überwiegen, wobei die Kontakte mit kriminellen Verhaltensmustern (nicht mit Personen) nach Intensität, Dauer, Abfolge und Häufigkeit variieren können. Nicht erklärt werden kann, warum eine Person bestimmte häufige oder intensive Kontakte mit abweichenden Verhaltensmustern hat.

Eine noch stärkere Anlehnung an die Lern- und Verhaltenstheorien zeigt sich in der Theorie der *differentiellen Verstärkung* von BURGESS und AKERS (1966), die den Zweck ihrer Umformulierung der SUTHERLANDschen Überlegungen in der Eliminierung von Inkonsistenzen und der Erzielung einer besseren Operationalisierbarkeit sehen.

Auch GLASERs Theorie der *differentiellen Identifikation* (GLASER 1960/61), wonach kriminelles Verhalten um so eher ausgeführt wird, je mehr eine Identifikation mit Personen stattfindet, aus deren Sicht kriminelles Verhalten positiv bewertet wird, stellt den Versuch einer Revision und Erweiterung der Assoziationstheorie dar. Da das Identifikationsprinzip Assoziationen mit einschließt sieht GLASER seinen Ansatz als integrative Theorie kriminellen Verhaltens. Weitere Berührungspunkte ergeben sich u. a. mit dem Bezugsgruppenkonzept und mit der Theorie der *Neutralisierungstechniken* von SYKES und MATZA (1968), da die Auswahl von Modellen für die Identifikation mit kriminellen Mustern entsprechende Rationalisierungen erfordert. Offen bleibt jedoch – entsprechend wie auch bei SUTHERLAND und CRESSEY – warum bestimmte Identifikationen ausgewählt, beibehalten oder verworfen werden (HEINZ 1975, S. 38).

Zur bereits mehrfach erwähnten Theorie der differentiellen Gelegenheiten bestehen insofern Berührungspunkte, als es zur erfolgreichen Anwendung der gesellschaftlich illegitimen Mittel bestimmter Lernstrukturen und Zugangschancen bedarf, die ungleich verteilt sind, zu denen also ein differentieller Zugang besteht. Für diesen zuletztgenannten Ansatz trifft der ansonsten gegen sozialpsychologische Theorien erhobene Vorwurf einer Vernachlässigung soziostruktureller Bedingungen am wenigsten zu.

Die unter der Bezeichnung *"Subkulturtheorien"* zusammengefaßten und z.T. widersprüchlichen Ansätze (vgl. COHEN vs. MILLER) stellen in gewisser Weise eine Brücke zwischen rein soziologischen Theorien (Anomietheorie) und mehr sozialpsychologischen Theorien her: Wie bei ersteren liegt ihnen eine mehr makrosoziologische Betrachtungsweise zugrunde und wie letztere weisen sie auch auf die Prozesse des Erlernens (sub-)kulturell übermittelter Werte hin.

Die meisten Subkulturtheorien betonen dabei die Diskrepanzen zwischen den kulturellen Normen und Werten von Mittel- und Unterschicht und die spezifischen Anpassungsprobleme des (männlichen) Unterschichtangehörigen in der dominanten Mittelschichtkultur, doch legen andere Arbeiten einen umfassenderen Rahmen zugrunde, indem sie die Konflikte zwischen unterschiedlichen Kulturen, z.B. von Einwanderern und Eingesessenen oder Majoritäten und Minoritäten herausarbeiten oder gewalttätige Subkulturen, d.h. Subkulturen die den offenen Ausdruck physischer Gewalt rechtfertigen, nachzuweisen versuchen (z.B. WOLFGANG/FERRACUTI 1967).

Die *Kulturkonflikttheorie* betont, ausgehend von SELLIN (1936, 1938) die Verschiedenartigkeit von Leitbildern, Normen und Wertsystemen von Immigranten und Eingesessenen in den USA, doch läßt sie sich generell auf Minoritäten- und Generationskonflikte erweitern (SCHNEIDER 1974, S. 58). Gemeinsam mit den Subkulturtheorien ist ihr die Herausstellung von Konsequenzen aus dem Neben- und Miteinander, aber auch Gegeneinander unterschiedlicher kultureller Systeme, wobei jedoch der Begriff der Subkultur häufig unpräzise gebraucht wird, wenn man besser von einer *Kontrakultur* sprechen sollte (YINGER 1960, S. 626).

Nach COHEN (1957) stellen die verschiedenen Typen von Subkulturen *Anpassungsprobleme* Jugendlicher dar, für die die Gesellschaft keine befriedigenden, institutionalisierten Lösungen anbieten kann. Im Gegensatz zu *Kulturübertragungstheorien,* die von einer bereits bestehenden delinquenten Subkultur ausgehen und erklären wollen, wie eine Person delinquent wird, zielt COHEN auf eine strukturell-funktionale Theorie ab, die nach Voraussetzung, Genese, Inhalt und Verteilung delinquenter Subkulturen fragt.

Hingegen sieht MILLER (1958, 1968) die Subkulturen jugendlicher Banden nicht primär als Reaktion auf das Nicht-Erreichen von Mittelschicht-Zielen, sondern als Ausdruck einer eigenständigen *Kultur der Unterschicht* mit einer "viele Jahrhunderte alte(n) Tradition mit einer ganz eigenen Geschlossenheit" (MILLER 1968, S. 359). Die Verletzung von Mittelschichtnormen ist dabei weniger beabsichtigt, sondern vielmehr ein zwangsläufiges Nebenprodukt bei der Verfolgung (sub-)kulturspezifischer Ziele.

Sowohl MILLER's als auch COHEN's Überlegungen widersprechen dabei den Beobachtungen von SYKES und MATZA (1957, 1968) wonach überführte Jugendliche der Unterschicht weder Entrüstung noch Gefühle des Märtyrertums (COHEN) zeigen, noch Indifferenz oder Verständnislosigkeit (MILLER) sondern häufig Schuld und Scham erleben und die Konformitätsforderung der herrschenden sozialen (Mittelschicht-) Ordnung anerkennen, und die so erfahrene Dissonanz zwischen der Anerkennung dieser Ordnung einerseits und dem Wissen um die Begehung unerlaubter Handlungen irgendwie rationalisieren müssen, wozu sie sich einer Reihe von *Neutralisierungstechniken* bedienen.

Mit der Frage, inwieweit es sich bei den kriminellen und halbkriminellen Banden Jugendlicher um wirkliche Gruppen (im soziologischen bzw. sozialpsychologischen Sinn) oder um lockerere Gebilde vom Typ der Menge handelt, beschäftigten sich einige Autoren. Während Gangs für THRASHER (1936) mehr im Sinne der letztgenannten Position als spontan entstandene *Zwischengruppen* erscheinen, als Ergebnis von Bemühungen, anderweitig unzureichend erfüllte Bedürfnisse nach Gemeinschaft zu befriedigen, gelang W. F. WHYTE (1958) in seiner Studie über Cornerville der Existenznachweis von Gangs mit *festgefügter Struktur,* konsistenten Normen- und Wertsystemen und relativ rigidem Code sexualmoralischer Vorstellungen, doch sind seine Ergebnisse nur bedingt generalisierbar, da es sich um eine spezielle und relativ homogene Population italienischer Immigranten handelte.

Im Widerspruch zu WHYTE stechen daher auch die Überlegungen von YABLONSKI (1973), der Jugendliche Banden als "Fast"-Gruppen *(Near-Groups)* zwischen "echte", organisierte Gruppen z.B. professioneller Verbrecher und diffuse Gebilde (z.B. lynchender Mob) einordnet – ähnlich auch SHORT und STRODTBECK (1965), die die Unfähigkeit der Jungen, sich richtigen Gruppen anzuschließen, auf die Unfähigkeit zu entsprechender Rollenerfüllung infolge von Sozialisationsdefiziten zurückführen, d.h. die Jungen werden in derartige Banden gleichsam hineingedrängt und von ihnen abhängig.

Von den bisher referierten soziologischen Theorien hebt sich der nun vorzustellende Ansatz deutlich ab. Der *labeling approach,* der zum Teil in klarer Absetzung von konventionell-traditionalen soziologischen Erklärungen abweichenden Verhaltens entwickelt und ausgebaut wurde, verzichtet insbesondere auf eine explizite, statische und täterorientierte Ursachenforschung.

Von den ätiologischen bzw. kausalen Erklärungsansätzen lassen sich die Arbeiten dieses Reaktions- oder Stigmatisierungsansatzes abheben. Nicht der Straftäter oder die sozio-strukturellen Ursachen seines Verhaltens oder Übertragungsprozesse für kriminelle Verhaltensmuster stehen hier an zentraler Stelle, sondern die Institutionen bzw. die *Agenten der sozialen Kontrolle,* die durch Prozesse der Normsetzung, Normanwendung und der selektiven Verfolgung Abweichung erst definieren und konstituieren, wobei das sozio-strukturelle Machtgefälle determinierend wirkt.

Als Begründer dieses Ansatzes gilt Frank TANNENBAUM, der als erster die Reaktionen der sozialen Umwelt als entscheidend für das Auftreten abweichenden Verhaltens sah: *"The young delinquent becomes bad, because he is defined as bad"* (TANNENBAUM, 1953, S. 17; zuerst 1938), TANNENBAUMS Einfluß blieb jedoch gering, und erst LEMERT (1964) wird als der eigentliche (Wieder-)Begründer des Reaktionsansatzes angesehen. Auf ihn geht die Unterscheidung von *primärer und sekundärer Devianz* zurück: Während erstere zwar wahrgenommen aber hinwegrationalisiert wird, der Betroffene jedenfalls noch kein entsprechendes derogatives Etikett erhält, beruht sekundäre Devianz auf einer bereits erfolgten Rollenzuschreibung als Abweicher seitens der sozialen Umwelt, z.B. auch infolge primärer Devianz, wobei sich die endliche Stabilisierung abweichenden Verhaltens als Aufschaukelungsprozeß darstellen läßt: Auf primäre Devianz erfolgen Strafen, eine Einschränkung des Symbol- und Aktionsfeldes, d.h. eine Einengung der konformen Verhaltensmöglichkeiten (z.B. Schwierigkeiten, aufgrund früherer Strafen einen Arbeitsplatz zu finden), daraufhin weitere Abweichungen, stärkere Strafen usw. bis schließlich der Betroffene selbst die zugeschriebene Abweicherrolle akzeptiert und eine neue Identität gewinnt.

Im Rahmen des Etikettierungsansatzes unterstreicht BECKER (1963, 1973) den *Macht- und Herrschaftsaspekt,* indem er darauf hinweist, daß in einer Gesellschaft, bestehend aus einer Vielzahl von Gruppen mit z.T. widersprüchlichen Regeln die Normsetzung von politischer und wirtschaftlicher Macht abhängt, und die Perspektiven der Menschen, die eine bestimmte Verhaltensweise zeigen, von denen derjenigen verschieden sind, die dieses Verhalten verurteilen. Abweichendes Verhalten ist "keine Qualität, die im Verhalten selbst liegt, sondern in der Interaktion zwischen einem Menschen, der eine Handlung begeht, und Menschen, die darauf reagieren" (BECKER 1973, S. 13).

Da BECKER ausdrücklich die Bedeutung weiterer Faktoren wie z. B. den Grad der Entfremdung zur konventionellen Gesellschaft anerkennt, wird er den sog. "gemäßigten" labeling-Theoretikern zugeordnet, die ihren Ansatz eher als Ergänzung zu den bisherigen Theorien denn als Alternative dazu sehen – im Gegensatz etwa zu SACK, für den das Auftreten abweichenden Verhaltens in Häufigkeit und Art *allein* durch formelle und informelle soziale Reaktionen in Form von Definitionszuweisungen bestimmt wird (LAMNEK 1977, S. 81; WISWEDE 1973, S. 86). Ein weiterer Unterschied zu anderen labeling-Vertretern besteht in SACK's Absicht, den labeling-Ansatz in eine allgemeine Theorie der Gesellschaft zu integrieren – formal in ein systemtheoretisch-kybernetisches Modell – inhaltlich aber in den historischen Materialismus, weshalb sein Ansatz auch als *interaktionistisch-marxistisch* bezeichnet wird. Dies wird u. a. damit begründet, daß die "gesellschaftliche Verteilung der Kriminalität nach sozialen Prinzipien erfolgt, die auch in anderen gesellschaftlichen Sektoren wirksam sind" (SACK 1973 a, S. 417) und sich aus der Klassenstruktur der kapitalistischen Gesellschaft ableiten.

Frühe *marxistische Erklärungen* der Kriminalität, deren Unhaltbarkeit in der ursprünglichen Form angesichts der auch in sozialistischen Ländern zu beobachtenden Kriminalitätszunahme, besonders der Jugendlichen, offensichtlich wird, orientieren sich nun in zunehmendem Maße am theoretischen Entwicklungsstand im Westen, wobei zwischen den einzelnen Ländern Unterschiede bestehen. (SCHNEIDER 1974, S. 55). Während MARX und ENGELS das Verbrechen noch als notwendige Folge der Widersprüche im kapitalistischen System sahen, das als Ausdruck äußerster Entfremdung und Demoralisierung mit Aufhebung der Klassenstruktur verschwinden würde, widerlegte die tatsächliche Entwicklung in den kapitalistischen wie auch sozialistischen Ländern diese Prognose. Für das Fortbestehen und Ansteigen der Kriminalität entgegen der marxistisch-leninistischen Theorie, die sie als "dem Kommunismus und Sozialismus wesensfremd" begriff, wurden (nach einer Periode des Totschweigens) zwei Erklärungsansätze herangezogen: zum einen die *Rudimenttheorie,* die die Ursache abweichenden Verhaltens in den Überbleibseln (Rudimenten) früheren kapitalistischen und kleinbürgerlichen Denkens sieht (und die mit der Zeit an Wirksamkeit verlieren müßten), zum anderen die *Kontaminationstheorie,* die schädliche Einflüsse aus dem Ausland verantwortlich macht. Beide Theorien werden aber heute nur noch in modifizierter Form beibehalten und Kriminalität wird nun auch als durch Entwicklungen im Sozialismus bedingte Tatsache angesehen (EISENBERG 1972, S. 32).

Von diesen Erklärungen der Kriminalität in marxistisch-sozialistischen Staaten sind natürlich solche zu unterscheiden, die zwar marxistisch sind, sich aber auf "kapitalistische Gesellschaften des Westens" beziehen. Die Position SACK's kann als eine solche angesehen werden. Solche Ansätze beziehen sich auf das gesellschaftliche Schichtgefüge, das dort in der Dichotomie zwischen Arbeiterklasse und Bourgeoisie bzw. Besitz und Nichtbesitz an Produktionsmitteln gefaßt ist. Mögen in solchen Versuchen durchaus manche Kriminalitätsformen erklärt werden können (vgl. hierzu auch die Anomietheorie), so erscheint der marxistische Ansatz doch als insgesamt zu einfach und einseitig, um das Phänomen der Kriminalität in den Griff zu bekommen.

Ungeachtet der unterschiedlichen Perspektiven lassen sich bei den soziologischen Erklärungsversuchen abweichenden und kriminellen Verhaltens gewisse Gemeinsamkeiten gegenüber alternativen Betrachtungsweisen ausmachen:

- Abweichendes Verhalten wird als von prinzipiell veränderbaren *sozialen Bedingungen* verursacht gesehen. (Dies gilt auch für den labeling-Ansatz, der ja eine Änderung des Verhaltens der Kontrollinstanzen befürwortet.)
- Zwar steht – in den einzelnen Ansätzen unterschiedlich stark – der Täter im Mittelpunkt des Interesses, doch seine Verhaltensweisen werden durch *soziale Tatbestände verursacht* angesehen.
- Dies impliziert eine *Verantwortlichkeit der Gesellschaft* für das Schicksal der Abweicher, insofern, als die Bedingungen für das Auftreten von Kriminalität von Menschen geschaffen sind, sei es durch soziale Ungleichheiten oder durch daraus resultierende Etikettierungsprozesse u. a. m.
- Hieraus ergibt sich eine *pragmatische Orientierung.* Theorien abweichenden Verhaltens werden nicht zuletzt danach beurteilt, inwieweit sie sich kriminalpolitisch umsetzen lassen, inwieweit sie der Prognose, Prävention oder Resozialisierung dienen.
- Abweichendes Verhalten wird in den meisten Ansätzen ausdrücklich als *erlernt* betrachtet – eine Gegenposition wird in keinem Fall vertreten. Auch im labeling-Ansatz sind letztlich Sozialisationsprozesse für die Übernahme der Abweicher-Rolle entscheidend.
- Soziologische Theorien abweichenden Verhaltens lassen sich auf einem Kontinuum anordnen, dessen einer Endpunkt eine mehr *mikrosoziologische*, individualistische Betrachtungsweise darstellt, der andere eine kollektivistische *makrosoziologische,* wobei beide *Perspektiven* einander ergänzen.
- Ein weiteres Unterscheidungskriterium soziologischer Theorien be-

soziologische Kriminalitätstheorien

ätiologische Theorien

mikro-soziologische Theorien (individualist., Soz. psych.)

- Theorien differentiellen Lernens, SUTHERLAND, GLASER, SYKES/MATZA, CLOWARD/OHLIN, BURGESS/AKERS
- psycho-dynamische Kontroll-theorien, RECKLESS, GOLD

makro-soziologische Theorien (kollektivist., soziologisch)

- Anomietheorie, DURKHEIM, MERTON, DUBIN, CLOWARD/OHLIN, HARARY
- Subkulturtheorie, THRASHER, WHYTE, COHEN, MILLER, YABLONSKI, SHORT/STRODTBECK
- Marxistische Ansätze

interaktionistische Theorien

mikro-soziologische Theorien (individualist., soz.-psych.), LEMERT, BECKER

makro-soziologische Theorien (kollektivist., soziologisch), SACK

Soziologische Basistheorien:

- psycho-analytischer Ansatz
- Lern- und Verhaltenstheorien
- strukturell-funktionale Theorie
- historischer Materialismus
- symbolischer Interaktionismus
- symbolischer Interaktionismus/ historischer Materialismus

steht (im Unterschied zu multifaktoriellen und biologisch-positiven Ansätzen) in der starken Betonung des *dynamischen Aspekts* in der Erklärung (LAMNEK 1977, S. 39).

- Die meisten soziologischen Ansätze (Ausnahme z. B. WOLFGANG und FERRACUTI) heben sich von Mehrfaktorenansätzen durch eine *theoretisches* Gesamtkonzeption ab, woraus ein größerer Erkenntniswert resultiert (LAMNEK 1977, S. 40).

Da im Rahmen dieser Arbeit auf marxistische Ansätze nicht weiter eingegangen wird, soll nachstehendes Orientierungsschema einen Einstieg erleichtern. Im übrigen verweisen wir auf die Darstellungen bei KERSCHER (1977), MANNHEIM (1974), KAISER (1976), SCHNEIDER (1974) oder EISENBERG (1972).

Nachdem einige Versuche der Erklärung abweichenden Verhaltens kursorisch referiert wurden, um einen Überblick über verschiedene disziplinspezifische oder -übergreifende theoretische Ansätze zu geben, sollen im weiteren und ausführlicher die soziologischen Theorien abweichenden Verhaltens deskriptiv dargestellt werden.

Die Schwerpunktsetzung bei den soziologischen Theorien läßt sich dadurch motivieren, daß im Gegensatz zu vielen anderen ”Ansätzen“ gerade die soziologischen sich durch theoretische Fundierung auszeichnen. Eine relationale Beurteilung der Theorien im Vergleich wird ausweisen können, daß die soziologischen schon allein deswegen als stärker theoretisch orientiert zu sehen sind, weil sie einen generellen Charakter aufweisen, weil sie deduktiv angelegt sind und den Anspruch auf empirische Überprüfung und Ausweis der Richtigkeit haben und weil ihre innere Stringenz und Konsistenz logisch überlegen erscheint. Diese metatheoretischen Kriterien werden komplettiert durch pragmatische Elemente: soziologische Ansätze eröffnen der gesellschaftlichen Praxis mehr und bessere Handlungsmöglichkeiten, um die delinquenten Verhaltensweisen in den Griff zu bekommen, weil sie stärker sozial und weniger persönlichkeitszentriert denken. (Die Richtigkeit dieser Annahmen wird noch im Kapitel 3 zur Leistungsfähigkeit der Theorien überprüft werden.) Gerade aus diesen Gründen war bisher auch weniger oft von Theorien als vielmehr von ”Ansätzen“, ”Überlegungen“, ”Gedanken“ etc. die Rede.

2.2. Die Anomietheorie

Der Terminus Anomie*theorie* scheint anzudeuten, daß es sich um ein in sich geschlossenes, ganzes, klar strukturiertes und unzweideutiges gedankliches Gebäude von miteinander in Beziehungen stehenden Aussagen

Abb. 7: Marxistische Erklärungsansätze

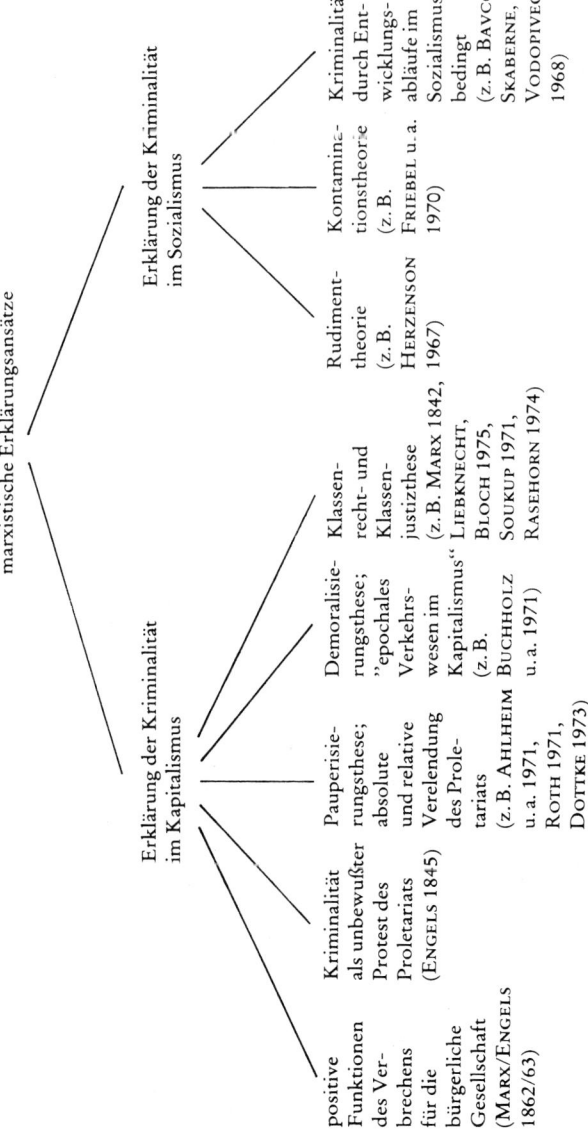

marxistische Erklärungsansätze

Erklärung der Kriminalität im Kapitalismus

Erklärung der Kriminalität im Sozialismus

positive Funktionen des Verbrechens für die bürgerliche Gesellschaft (MARX/ENGELS 1862/63)

Kriminalität als unbewußter Protest des Proletariats (ENGELS 1845)

Pauperisierungsthese; absolute und relative Verelendung des Proletariats (z. B. AHLHEIM u. a. 1971, ROTH 1971, DOTTKE 1973)

Demoralisierungsthese; "epochales Verkehrswesen im Kapitalismus" (z. B. BUCHHOLZ u. a. 1971)

Klassenrecht- und Klassenjustizthese (z. B. MARX 1842, LIEBKNECHT, BLOCH 1975, SOUKUP 1971, RASEHORN 1974)

Rudimenttheorie (z. B. HERZENSON 1967)

Kontaminationstheorie (z. B. FRIEBEL u. a. 1970)

Kriminalität durch Entwicklungsabläufe im Sozialismus bedingt (z. B. BAVCON, SKABERNE, VODOPIVEC 1968) handelt. Tatsächlich ist die Anomietheorie ein Hypothesengerüst, ein Netzwerk von aufeinander bezogenen Aussagen, doch werden die Inhalte der Hypothesen von verschiedenen Soziologen mehr oder weniger unterschiedlich gefaßt und interpretiert. Zwar gehen alle von dem Begriff der Anomie aus, doch auch dieser erfährt Nuancierungen und Schattierungen, die erkannt werden müssen, will man die von den jeweiligen Autoren gemeinten Sachverhalte richtig aufnehmen. Für manche Autoren gilt dann, daß sie selbst ihre Begriffe unscharf verwenden oder aber im Laufe der Entwicklung und Anwendung der Theorie die Begriffe modifizieren. Absicht dieser Darstellung zur Anomietheorie ist es daher, die anomietheoretischen Gedanken so wiederzugeben, daß der Entwicklungsprozeß, den sie durchgemacht haben, für den Leser nachvollziehbar wird. Da wissenschaftlich-theoretische Konzepte nicht unabhängig von den sie entwickelnden und formulierenden Forschern sind, bietet sich eine autorenbezogene Vorgehensweise an, die erlaubt, inhaltliche Veränderungen jeweils mit den dazugehörigen Autorennamen zu assoziieren und das Memorieren erleichtert. Dabei wird versucht, die historisch-chronologische Entwicklung zu reflektieren, weil sich darin die Dynamik der Wissenschaft, die reversible Abhängigkeit und das gegenseitige Aufeinanderbezogensein der Ansätze spiegeln. Diese Aussagen gelten sowohl für die soziologisch-unterschiedlichen Theorien, wie sie in den Abschnitten 2.2., 2.3., 2.4. und 2.5. behandelt werden, wie auch für die Differenzierungen der einzelnen Ansätze innerhalb der relativ einheitlichen und verwandten Konzepte wie Anomietheorie, labeling approach, Subkulturtheorie und der Theorien des differentiellen Lernens.

2.2.1. Der Begriff der Anomie bei DURKHEIM

Der Begriff der *Anomie* (den man vorläufig als Regellosigkeit oder Normlosigkeit fassen kann) wurde von DURKHEIM zur Erklärung sozialer Desintegrationserscheinungen im Gefolge der Arbeitsteilung eingeführt. Er meint, daß Dauerhaftigkeit und ''Intimität'' der Beziehungen der Gesellschaftsmitglieder untereinander nur noch unzureichend sind, so daß sich daraus kein gemeinsames Regelsystem entwickeln kann. Diese Grundlage der Anomietheorie soll nun expliziert werden, indem auf die DURKHEIMschen Formulierungen Bezug genommen wird. Er geht von den folgenden Grundannahmen aus:

Die gesellschaftliche Arbeitsteilung ist nicht nur ein ökonomisch determiniertes Prinzip kapitalistischer Produktionsweise in Industriegesellschaften sondern ein grundlegendes Organisationsprinzip menschlichen Zusammenlebens überhaupt. Arbeitsteiligkeit hat zur Folge, daß gesell-

Abb. 8: Anomietheorien

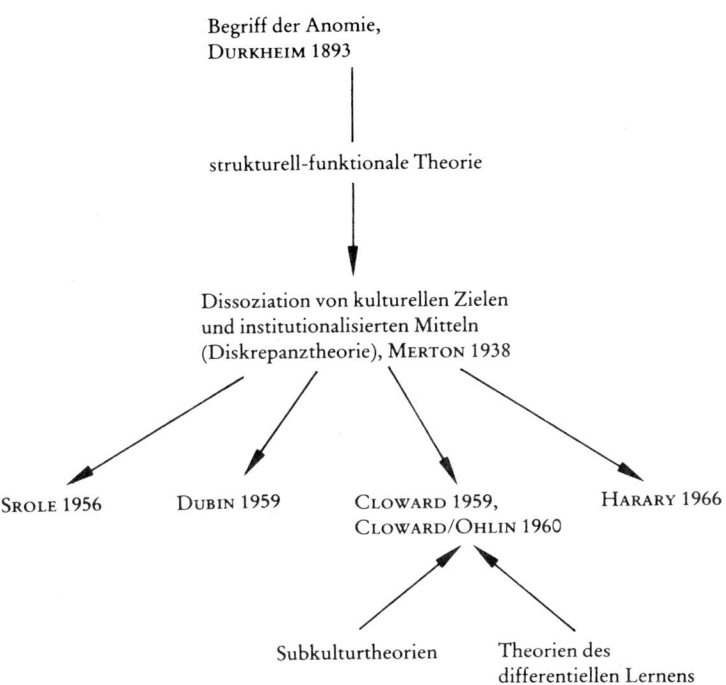

schaftliche Differenzierungen notwendigerweise einsetzen. In Gesellschaften mit geringer Arbeitsteilung ist die Differenzierung zwischen den einzelnen Gesellschaftsmitgliedern nicht sehr stark ausgeprägt. (Im Extremfall kann man sich relativ autarke, selbstversorgende Familien vorstellen, die alle erforderlichen Tätigkeiten zur Reproduktion je für sich durchführen, womit sich erhebliche Ähnlichkeiten der einzelnen Familien ergeben.) Diese Ähnlichkeiten (um nicht zu sagen Gleichheiten) führen zu relativer Unabhängigkeit voneinander. Wenn daher Gefühle der Solidarität vorhanden sind, so ergeben sich diese gleichsam mechanisch durch die allgemein gebilligten Moralvorstellungen: die *mechanische Solidarität.*

Aus gesellschaftlich hochgradiger Arbeitsteilung resultieren vielfältige Abhängigkeiten der Gesellschaftsmitglieder untereinander, sie sind in den verschiedensten Funktionen jeweils aufeinander bezogen, nicht mehr selbständig und autark. Da sich Spezialisierungen in den Funktionen ergeben, werden Ungleichheiten geschaffen. "Die Mitglieder differenzierter Gesellschaften sind nicht nur verschiedenartig, sie sind auch wechselseitig aufeinander angewiesen, weil ihre jeweils spezialisierten Tätigkeiten und Eigenschaften Teil eines arbeitsteiligen Ganzen sind" (KRECKEL 1975, S. 146). Eine solche Gesellschaft kann als soziales System verstanden werden, dessen einzelne Elemente aufeinander angewiesen sind. Im Vergleich Gesellschaft – Lebewesen bietet sich daher die Analogie an, daß die Organe der Lebewesen für das System notwendig sind. Daraus leitet sich nun die organische Solidarität in hoch arbeitsteiligen Gesellschaften ab.

Diese Gesellschaften weisen aber nicht nur eine *organische Solidarität* auf, sondern sie tendieren auch dazu, daß die Einzelelemente stärker betont, daß individuelle Differenzierungen herausgestrichen und verselbständigt werden. Das bedeutet, daß das Kollektivbewußtsein, also die Solidarität zum Ganzen, geschwächt wird. Dieses Kennzeichen moderner Industriegesellschaften, die Funktionsdifferenzierung, bringt auch weniger Gemeinsamkeiten und weniger gegenseitige Verständigungsmöglichkeiten mit sich. Damit hat die wachsende Arbeitsteilung auch zur Folge, daß die sozialen Beziehungen zunehmend problematischer, weniger befriedigend und insgesamt möglicherweise sogar verhindert werden. Fehlt also die organische Solidarität durch Individualisierung, so entsteht der Zustand der Anomie, der gleichzusetzen ist mit der Tatsache, daß es keine gemeinsamen Verbindlichkeiten, Erwartungen und Regeln mehr gibt, die die Interaktionen der Gesellschaftsmitglieder leiten und steuern.

Damit dient DURKHEIM der Begriff der Anomie dazu, "die sozial-pathologischen Auswirkungen der im Frühindustrialismus sich schnell entwikkelnden menschlichen und sozialen Arbeitsteilung zu erklären" (DURKHEIM 1893, 1964) bzw. die Anomie als deren Produkt auszuweisen.

Diese Überlegungen erfahren später (1897), in der Studie über den Selbstmord, eine Modifizierung. Die Anwendung darauf läßt ihn zum Typus des anomischen Selbstmordes gelangen, den er sowohl in Zeiten ökonomischer Prosperität wie auch in solcher tiefer Depression überrepräsentiert zu finden glaubt. Als Erklärung dient ihm die Anomie, wobei folgende, sich von der bisherigen Argumentation abhebende Auffassung zugrundliegt: Im Gegensatz zum Tier gibt es beim Menschen keine natürlichen Grenzen seiner Bedürfnisse, so daß er eigentlich permanent in einem unbefriedigten Zustand lebt, in dem die Wünsche ständig die verfügbaren Mittel übersteigen. Zur Abhilfe dieses qualvollen Zustandes bedarf es einer Eindämmung der Leidenschaften, eine Anpassung der Wünsche an die realen Möglichkeiten, was nur durch eine äußere, moralische (= anerkannte Autorität, im Gegensatz zum wirkungslosen bloßen Zwang) Macht geschehen kann. (Man beachte die Parallelität zur Psychoanalyse FREUD's, der ja auch davon ausgeht, daß der Mensch als poly-morph-perverses Wesen in seiner Triebbefriedigung durch die Über-Ich-Bildung reduziert werden müsse und damit erst zum sozialen Wesen werde.)

"Nur die Gesellschaft unmittelbar und insgesamt oder auch mittelbar durch eines ihrer Organe, vermag diese mäßigende Rolle zu spielen. Denn sie ist die einzige dem Individuum überlegene moralische Macht, deren Überlegenheit es anerkennt. Sie allein hat die erforderliche Autorität, Recht zu sprechen und den Leidenschaften jenen Punkt aufzuzeigen, über den sie nicht hinausgehen dürfen" (DURKHEIM 1966, S. 397). Die Beloh-nungen, die jeder Gruppe gemäß ihrer Funktionen für die Gemeinschaft zukommen, werden gesellschaftlich festgelegt und müssen vom morali-schen Bewußtsein anerkannt sein. Diese Regelungen sind dabei klassen-, schicht- und kulturspezifisch und für sozialen Wandel offen, schränken aber die Begierden des einzelnen ein: Unter ihrem Druck "... trägt jeder in seinem Bereich vage dem extremen Punkt Rechnung, bis zu dem sein Ehrgeiz gehen kann, und man erstrebt nichts darüber hinaus. Wenn man wenigstens die Regeln achtet und sich der kollektiven Autorität fügt, das heißt, wenn man in gesunder moralischer Verfassung ist, dann empfindet man, daß es nicht gut ist, mehr zu verlangen. So ist den Leidenschaften ein Ziel und eine Grenze gesetzt. ... Diese relative Begrenzung und die daraus resultierende Mäßigung lassen den Menschen mit ihrem Schicksal zufrie-den werden, indem sie sie in Maßen dazu anhalten, es zu verbessern. Diese durchschnittliche Zufriedenheit läßt Gefühle ruhiger und aktiver Freude aufkommen, jener Lebenslust und Daseinsfreude, die für die Gesellschaft wie für die Individuen das Kennzeichen von Gesundheit sind. Ein jeder befindet sich, wenigstens im allgemeinen, im Einklang mit seinen Lebens-bedingungen und verlangt nur, was er legitimerweise als normalen Preis für seine Tätigkeit erhoffen kann" (DURKHEIM 1966, S. 398). Aber auch die Art und Weise, wie sich die einzelnen Funktionen herausbilden, muß als gerecht empfunden werden. Glaubt etwa ein Tagelöhner zu Höherem berufen zu sein, so wird er die Regelungen bezüglich der Vergabe von Funktionen und Positionen anzweifeln.

Infolge der natürlichen Ungleichheit der Menschen (verschiedene Bega-bungen, Fähigkeiten, Interessen etc.) werden selbst mit zunehmender so-zialer Gleichheit sozialer Zwang und moralische Autorität nicht hinfällig: "Es bedarf ... noch einer moralischen Disziplin, um die von der Natur weniger Begünstigten ihre schlechte Ausgangssituation hinnehmen zu las-sen" (DURKHEIM, 1966, S. 399). Diese Disziplin muß von den ihr Unter-worfenen als gerecht angesehen, Gehorsam muß auf Achtung, nicht allein auf Furcht gegründet werden (DURKHEIM 1966, S. 400).

"Wird die Gesellschaft durch eine schmerzhafte Krise oder durch
glückbringende, aber allzu plötzliche Wandlungen gestört, dann ist sie
vorübergehend handlungsunfähig" (DURKHEIM 1966, S. 400). Solche Krisen sind z. B. wirtschaftliche Zusammenbrüche oder große Prosperität,
die sich in sozialen Deklassierungen ganzer Gruppen und der Unfähigkeit, sich an die neuen, eingeschränkten Bedingungen anzupassen, bzw. in
neuen, übersteigerten Hoffnungen und in der Folge sich in Unsicherheit,
niederschlagen. Im letzteren Fall (Prosperität) "... weiß (man) nicht mehr,
was möglich ist, und was nicht, was gerecht ist und was ungerecht, welche
Ansprüche und Hoffnungen legitim sind und welche maßlos. Folglich
gibt es nichts, das man nicht erstreben könnte" (DURKHEIM 1966, S. 401).
Infolge der größeren Aussichten auf "Beute" sind aber zugleich auch die
Leidenschaften stärker geworden: "Der Zustand der Aufhebung jeder
Regel oder der Anomie wird also noch durch den Umstand verstärkt, daß
die Leidenschaften gerade in dem Augenblick weniger diszipliniert sind,
wo sie eine stärkere Disziplin nötig hätten" (DURKHEIM 1966, S. 401).

Übertriebene (also nicht begrenzte) Ansprüche übertreffen aber immer
das Erreichte und Mögliche, so daß eine Befriedigung unmöglich wird.
Schärfere Wettbewerbsbedingungen und geringere Regelungen machen
den Kampf immer schmerzhafter und härter (DURKHEIM 1966, S. 402).
(Daraus leitet DURKHEIM eine Schwächung des Lebenswillens und eine
Zunahme der Selbstmordhäufigkeit ab, der aber im folgenden nicht weiter
nachgegangen werden soll.)

Sozial instabilen Verhältnissen (als Gemeinsamkeit von Prosperität und
Depression) fehlt also die Sicherheit über Inhalt und Ausmaß der Normgeltung, die für die Kanalisierung der menschlichen Bedürfnisse notwendig ist. Instabile Verhältnisse wirken sich auf die Normgeltung aus, so daß
der Zustand der Anomie eintritt, eine allgemeine Schwächung des Kollek-
tivbewußtseins, der allgemein geteilten moralischen Überzeugungen und
Handlungsmaximen.

DURKHEIM's Arbeiten verdienen hier nicht nur Erwähnung, weil er als
erster 1893 den Begriff der Anomie in die Literatur eingeführt hatte,
sondern insbesondere auch, weil er der Soziologie des abweichenden Verhaltens (die sich erst viel später entwickeln und entfalten konnte) weitere
wichtige Impulse gegeben hat. Der erste Anstoß ging von der Erkenntnis
aus, daß das Verbrechen eine normale Erscheinung (DURKHEIM 1961,
S. 156), ja sogar ein "Faktor der öffentlichen Gesundheit, (ein) integrie-
render Bestandteil einer jeden gesunden Gesellschaft" sei (DURKHEIM
1961, S. 157). Wir hatten schon im Abschnitt 1.3.5. auf positive Funktionen der Abweichung von Normen als scheinbarem Paradoxon hingewiesen. Schon DURKHEIM hatte diese Einsicht formuliert, deren Verstehen

112

und Verbreitung auch heute noch nicht umfassend ist. Kriminalität ist nicht a priori etwas Unsoziales und der Kriminelle nicht in jedem Falle ein sozialer Außenseiter. Daß Kriminalität eine übliche, normale gesellschaftliche Tatsache darstellt, scheinen manche Journalisten, insbesondere die Macher von Boulevardblättern und manchen Sorten von Illustrierten Jahr für Jahr zu vergessen. Insoweit erschien es immer wieder wichtig, auf die Normalität der Kriminalität hinzuweisen (HAFFERKAMP 1972 a). Nicht das Verbrechen überhaupt, sondern extreme Schwankungen seiner Häufigkeit (sowohl nach oben wie auch nach unten – besonders wenig Gewalttaten werden ja bekanntermaßen in Notzeiten verübt) indizieren kranke Gesellschaften.

Ein weiteres Verdienst DURKHEIM's ist darin zu sehen, daß er Kriminalität als einen sozialen Tatbestand ansieht, der als solcher – gemäß den Regeln der soziologischen Methode – nur durch soziale Tatsachen erklärbar ist (DURKHEIM 1961, S. 155 ff.) also nicht auf biologische oder psychologische Erklärungen reduziert werden kann. Damit leitete er die Entwicklung von der individuellen, biologischen und/oder psychologischen Erklärungsebene auf die soziologisch-soziale Erklärungsebene ein. "Man kann als Prinzip aufstellen, daß die soziologischen Tatbestände desto geeigneter sind, objektiv erfaßt zu werden, je mehr sie von den individuellen Handlungen, in denen sie sich offenbaren, losgelöst werden" (DURKHEIM 1961, S. 138). Diese konsequent soziologische Orientierung wurde und wird nur von wenigen Soziologen eingehalten und verfolgt. Die in seinen Ausführungen enthaltene Annahme der interkulturellen Variabilität von Normen und Normsetzungen und damit auch die Relativierung der Beurteilung abweichenden Verhaltens verdient auch heute noch Beachtung. Gesehen zu haben, daß gleiche Verhaltensweisen normkonform und normabweichend sein können, bedeutet eigentlich die Vorwegnahme von Erkenntnissen, die heute im labeling approach propagiert werden. Er formulierte: "Wie oft ist das Verbrechen wirklich bloß eine Antizipation der künftigen Moral, der erste Schritt in dem was sein wird" (DURKHEIM 1961, S. 160). Dieser Gedanke taucht dann verstärkt wieder in der MERTONschen Taxonomie abweichender Verhaltensweisen auf.

Aus seiner funktionalistischen Sicht gelangt DURKHEIM noch zu weiteren positiven Funktionen, die das Verbrechen für die Gesellschaft hat: durch eine verbrecherische Handlung werden die Kollektivgefühle bewußt gemacht und Normabweichungen verhindern eine Erstarrung des moralischen Bewußtseins bzw. der gesellschaftlichen Autoritäten; z.T. bereiten sie entsprechende Änderungen direkt vor (DURKHEIM 1961, S. 160). Aus der Betonung möglicher Integrationswirkung des Verbrechens und der Weigerung, das Verbrechen als soziale Krankheit zu betrachten, ergeben sich modern anmutende kriminalpolitische Folgerungen hinsichtlich des Sinns der Strafe: "Ist das Verbrechen tatsächlich eine soziale Krankheit, so ist die Strafe das Heilmittel und kann nicht anders aufgefaßt werden; ... hat aber das Verbrechen nichts krankhaftes an sich, so kann auch die Strafe nicht auf Heilung abzielen und ihre Funktion muß anderswo gesucht werden" (DURKHEIM 1961, S. 161). Die Strafzweckdiskussion bzw. die Diskussion um die Behandlung von Delinquenten bezieht gerade solche Gedanken in einen modernen Strafvollzug im Sinne von Resozialisation der Betroffenen ein.

Mit diesen letzten Bemerkungen sollte darauf hingewiesen werden, daß DURKHEIM's Bedeutung für die Soziologie und Kriminalsoziologie unterschätzt werden würde, bezöge man sie nur auf seine Ausführungen zur Anomie. Seine vielschichtigen und weitreichenden Gedanken finden sich in vielerlei, auch unterschiedlichen, Soziologiepositionen heute wieder.

2.2.2. MERTON's Typologie abweichenden Verhaltens

In Fortführung der Überlegungen DURKHEIM's zur Anomie, erweiterte MERTON dieses Konzept in vielfacher Hinsicht: Er bezieht *explitit sozialstrukturelle Elemente* der Gesellschaft in die Erklärung abweichenden Verhaltens mit ein und trifft die wichtige Unterscheidung zwischen Anomie, die sich auf Individuen bezieht (Anomia) und der, die gesellschaftlich ist (Anomie). Gesellschaftliche Anomie ist dabei das Ergebnis des Auseinanderklaffens von allgemein verbindlichen, kulturellen Zielen und der sozialstrukturell determinierten Verteilung der legitimen Mittel, die der Zielerreichung dienen sollen. Eine geringe Integration von Zielen und Mitteln, d.h. deren unzureichende Kongruenz mündet in Desorientierung für das einzelne Gesellschaftsmitglied. Diese erfordert eine irgendwie geartete Lösung, weil das Individuum nicht permanent mit den durch die Desorientierung verursachten Konflikten leben kann. Je nach individueller Einstellung gegenüber den kulturellen Zielen und Werten (dichotomisiert in Zustimmung oder Ablehnung) ergeben sich Typen der Anpassung als Lösungsformen der Desorientierung: *Innovation, Rebellion, Ritualismus* und *Rückzug*.

MERTON's Anomiekonzept ist allgemeiner als das DURKHEIMsche, weil es über die speziellen Phänomene Arbeitsteilung und Selbstmord hinausgeht und weil es sich auf – diesen Einzelphänomenen übergeordnete – abstraktere Kategorien wie *kulturelle und soziale Struktur* bezieht. Die Erweiterungen und Differenzierungen gegenüber DURKHEIM sollen im folgenden herausgearbeitet werden:

MERTON's vordringliches Anliegen ist es, herauszufinden, inwieweit durch sozialstrukturelle Bedingungen auf bestimmte Personen bzw. eine Gesellschaft Druck ausgeübt wird, sich eher abweichend als konform zu verhalten (MERTON 1969, S. 132). Anstatt die Anteile pathologischer Persönlichkeiten oder die Wirksamkeit bzw. Nicht-Wirksamkeit sozialer

Kontrolle geht es ihm um die Schaffung eines Bezugsrahmens zur systematischen Analyse sozialer und kultureller Ursachen abweichenden Verhaltens. Dazu wird eine analytische Trennung der sozialen Realität in eine kulturelle und soziale Struktur vorgenommen.

Die *kulturelle Struktur* ist definiert als "organized set of normative values governing behavior which Is coming to members of a designated society or group (MERTON 1964, S. 216). Sie umfaßt zwei, für die Entstehung abweichenden Verhaltens bedeutsame Elemente, zum einen "kulturell festgelegte Ziele, Absichten und Interessen, die allen oder unterschiedlich plazierten Mitgliedern der Gesellschaft als legitime Zielsetzungen dienen" (MERTON 1968, S. 286). "Ein zweites Element der kulturellen Struktur bestimmt, reguliert und kontrolliert die erlaubten Wege zum Erreichen dieser Ziele" (MERTON 1968, S. 287). Dies sind die Normen zur Regulierung der für die Zielerreichung als legitim angesehenen Mittel.

Beide in der kulturellen Struktur unterschiedenen Elemente (Normen und Ziele) können nun ungleichgewichtig betont werden: Liegt der Schwerpunkt allein auf den Zielen (z. B. materieller Erfolg oder Erwerb eines guten Rufes als erfolgreicher Krieger), so wird das Verhalten nur noch hinsichtlich technischer Effizienz beurteilt (z. B. Spekulation als angemessener Weg zur Erlangung von Reichtum bzw. Vernichtung einer möglichst großen Anzahl von Menschen). Sind dagegen die ursprünglich (zur Zielerreichung) nur instrumentell definierten Aktivitäten und Normen zum Selbstzweck (z. B. extreme Sparsamkeit bzw. Kopfjagd) und das ursprüngliche Ziel mehr oder weniger aufgegeben worden, so kann von Ritualismus gesprochen werden. Während MERTON im erstgenannten Fall von schlechtintegrierten Kulturen spricht, handelt es sich im zweiten um höchste stabile, allerdings auf Kosten der Flexibilität. Gesellschaften zwischen diesen beiden Extremformen, also solche mit einer gleichgewichtigen Betonung von Zielen und Normen, sind trotz des in ihnen stattfindenden Wandels als relativ stabil anzusehen.

Ein kulturelles Ziel unserer Gesellschaft stellt z. B. der Erwerb von (möglichst viel) Sozialprestige dar (im Unterschied etwa zu den Zunis in Neu-Mexico) (BENEDICT 1955, S. 48 ff.). Eine institutionelle Norm dazu besteht in der Forderung, daß es auf "respektable" Art und Weise erworben sein muß, nicht also auf betrügerischen Wegen. Institutionelle Mittel können hier beispielsweise harte Arbeit, Talente oder Geburt sein, nicht dagegen Einbruch oder Zuhälterei. Ein institutionalisiertes Mittel zum Erwerb von Ansehen stellt bei Kopfjägerstämmen die Anzahl der erbeuteten Köpfe dar. Institutionelle Normen besagen, daß diese Köpfe im Kampf erworben sein müssen, daß also von anderen Jägern gekaufte oder von anderweitig Verstorbenen abgetrennte Köpfe nicht zählen. Hier bleibt die Schwierigkeit einer Unterscheidung von Zielen und Mitteln anzumerken (OPP 1974, S. 126 ff.); bestimmte Wünsche, z. B. nach Prestige können sowohl als Ziele als auch als Mittel (z. B. um leichter die Bekanntschaft schöner Frauen machen zu können) betrachtet werden. Weiterhin stellt sich die Frage, ob es für die Genese abweichenden Verhaltens immer entscheidend ist, ob kulturelle Ziele vorliegen, oder ob man nicht besser von Zielen generell sprechen sollte (OPP 1974, S. 124).

Mit diesen beiden Elementen der kulturellen Struktur einer Gesellschaft steht ein erster theoretischer Bezugsrahmen zur Analyse abweichenden Verhaltens zur Verfügung, der sich bewußt von eher psychologisierenden Konzepten, die das Versagen der sozialen Kontrolle (individuell und gesellschaftlich) zur Ursache für abweichendes Verhalten erklären, abhebt. Die analytische Betrachtungsweise im soziologischen Erklärungsversuch wird von MERTON fortgesetzt, indem er auf das zweite, gesellschaftliche Hauptelement, die *Sozialstruktur* verweist: sie ist definiert als "... organized set of social relationship in which members of the society or group are variously implicated" (MERTON 1969, S. 216). Ihr für die Genese abweichenden Verhaltens bedeutsamer Aspekt ist die Verteilung der institutionalisierten Mittel. Sie "sind die objektiven Bedingungen des Handelns insoweit, als sie die faktische Verteilung der Mittel und Möglichkeiten, die kulturellen Ziele auf einem als legitim definierten Wege (Normen) zu erreichen, regeln" (LAMNEK 1977, S. 51).

Werden nun kulturelle und soziale Struktur aufeinander bezogen (unter Vernachlässigung der Unterscheidung von kulturell festgelegten Zielen und Regulierungsnormen), so können beide mehr oder weniger integriert sein, bzw. sich in einem Gleich- oder Ungleichgewicht befinden. Genau darauf bezieht sich die Basishypothese MERTON's. "It is indeed my central hypothesis that aberrant behaviour may be regarded sociologically as a symptom of dissociation between culturally described aspirations and socially structured avenues for realizing these aspirations" (MERTON 1969, S. 188). Das Ungleichgewicht zwischen kultureller und sozialer Struktur wird als Auslöser abweichenden Verhaltens begriffen, wobei die Abweichung als Anpassung an das Auseinanderfallen der beiden Strukturen interpretiert wird. (Man beachte die vorsichtige Formulierung MERTON's "may be regarded". Sie weist darauf hin, daß es durchaus auch andere Erklärungen für abweichendes Verhalten geben mag, wie auch Anomie durch andere gesellschaftliche Variablenkonstellationen entstehen kann.) Besteht aber dieses Ungleichgewicht zwischen Werten und Normen und den sozialstrukturell unterschiedlich verteilten institutionalisierten Mitteln, diese zu erreichen, so wird abweichendes Verhalten provoziert. "Die Sozialstruktur gerät also in Spannung zu den kulturellen

Werten, indem sie wert- und normadäquates Handeln den Inhabern bestimmter Positionen in der Gesellschaft ohne weiteres ermöglicht, anderen dagegen erschwert oder unmöglich macht. Die Sozialstruktur wirkt sich entweder hemmend oder fördernd bei der Erfüllung kultureller Erwartungen aus. Wenn die kulturelle und die soziale Struktur schlecht integriert sind, wenn die erstere Verhalten und Einstellungen verlangt, die die zweite verhindert, dann folgt daraus eine Tendenz zum Zusammenbrechen der Normen, zur Normlosigkeit" (MERTON 1968, S. 292). Genau diese Folgeerscheinung wird als Anomie bezeichnet.

Die konfligierenden Anforderungen an das Individuum aus kultureller und sozialer Struktur schaffen beim Individuum eine massive Desorientierung, die jedoch irgendwie bewältigt werden muß, indem man sich an die so geschaffenen Situationen anpaßt. Es gibt nun auf das MERTONsche Modell bezogen unterschiedliche Formen der Anpassung, die aber mit einer Ausnahme: Konformismus) gesellschaftlich als abweichende Verhaltensweisen definiert sind. Demnach dienen diese devianten Handlungen der Bewältigung gesellschaftlich vorgegebener und vom einzelnen nicht manipulierbarer Strukturen. Es ist also nicht das einzelne Gesellschaftsmitglied, das die Abweichung als Merkmal der Persönlichkeit in sich trägt, sondern es sind gesellschaftliche Bedingungen, die den einzelnen zum Abweicher werden lassen. Bevor nun die einzelnen Formen der Abweichung als Typen der Anpassung näher erläutert werden, soll diese Differenzierung zwischen individueller und sozialer Ursache noch stärker herausgearbeitet werden, in dem auf die Unterscheidung von Anomia und Anomie eingegangen wird:

Anomie im MERTONschen Sinn ist also eine Bedingung der sozialen Umgebung, nicht eine Eigenschaft von Personen. Da aber auch von anomischen Individuen gesprochen werden kann, ist es sinnvoll, verschiedene Begriffe zur Kennzeichnung von Zuständen sozialer Systeme und Individuen zu benutzen; für letztere wird der Terminus "Anomia" eingeführt (SROLE 1956, S. 712).

Anomia als unzureichende soziale Integration läßt sich nach SROLE durch nachfolgende Elemente kennzeichnen:

1. Das Individuum hat das Gefühl, daß die Politiker seinen Bedürfnissen gleichgültig gegenüberstehen.
2. Es herrscht die Auffassung, daß in einer grundsätzlich als unvorhersehbar und ungeregelt angesehenen Gesellschaft wenig erreicht werden kann.
3. Lebensziele werden eher aufgegeben als realisiert.
4. Das Leben erscheint in sich als bedeutungslos, die Aufzucht von Kindern nicht zu verantworten.

5. Man kann sich auf andere zur sozialen und psychischen Unterstützung nicht verlassen (SROLE 1956, S. 712–713).

Die von SROLE entwickelte Skala liefert einen Wert für das Ausmaß von "Anomia" eines Individuums. Daraus lassen sich aggregierte Anomia-Maße für Populationen gewinnen, die als Indizes für die Anomie sozialer Einheiten begriffen werden können (MERTON 1964, S. 228). – Anomie und Anomia sind also, wiewohl theoretisch unterscheidbar, vielfach aufeinander bezogen. (Hierzu sei nur am Rande bemerkt, daß methodologisch zu beachten ist, daß sowohl der individualistische wie auch der ökologische Fehlschluß zu vermeiden ist.)

Gesellschaftlich anomische Zustände werden also zur Erklärung devianter Verhaltensweisen herangezogen, indem gleiche soziale Lagen von Gesellschaftsmitgliedern in ihren Verhaltensweisen bestimmend werden, nicht jedoch individuelle und persönlichkeitsspezifische Differenzierungen. Zwar können die Anpassungsmodi an gleiche gesellschaftliche Bedingungen unterschiedlich sein, doch die Gründe für das als abweichend definierte Anpassungsverhalten sind gesellschaftliche.

Unterscheidet man nur noch zwischen Zielen auf der kulturellen und (legitimen) Mitteln auf der sozialen Ebene, und dichotomisiert man die Einstellungen zu Zielen und Mittel nur noch nach Akzeptierung und Ablehnung, so erhält man nachfolgende Typologie der Anpassungsmöglichkeiten auf anomische Situationen:

Abb. 9: Typen der Anpassung nach MERTON (vgl. MERTON 1951, S. 133 ff.)

Anpassungstyp	Einstellung zu kult. Zielen	Einstellung zu institutionalisierten Mitteln
Konformität	+	+
Innovation	+	−
Ritualismus	−	+
soz. Rückzug	−	−
Rebellion	(±)	(±)

(+ = Akzeptierung; − = Ablehnung; (±) = Substitution)

Die in der Tabelle unabhängig voneinander gesehenen kulturellen Ziele und institutionalisierten Mittel (nur durch die Unabhängigkeit können die Einstellungen dazu beliebig variieren) werden aufeinander bezogen und ergeben verschiedene Anpassungstypen. Die Unabhängigkeit wird von MERTON postuliert: "Der kulturelle Nachdruck, der auf bestimmte Ziele gelegt wird, variiert unabhängig von der Betonung der institutionalisierten Mittel" (MERTON 1968, S. 287).

Dieser Gedanke erscheint einigermaßen gewagt, weil aus einer Vielzahl realer gesellschaftlicher Situationen unschwer abgeleitet werden kann, daß kulturelle Ziele und institutionalisierte Normen nur bedingt voneinander unabhängig sind. So dürfte es relativ sinnlos sein, kulturelle Ziele zu proklamieren, ohne Mittel der Zielerreichung zur Verfügung zu stellen. Ein Überhandnehmen abweichender Verhaltensweisen auf bestimmte kulturelle Ziele bezogen führt über kurz oder lang entweder zur Modifizierung der Ziele oder der Mittel als gesellschaftliche Reaktion der Normsetzer. (Man vergleiche z. B. die Phänomene der Entkriminalisierung des Verkehrsrechtes, der Modifizierung oder Abschaffung von Strafrechtsnormen etc.) Die Abhängigkeit von Zielen und Mitteln dürfte sich daher auch auf der Einstellungsebene widerspiegeln, da man sich schlecht vorstellen kann, daß die Attitüden völlig losgelöst voneinander ihre Ausprägungen erfahren. Im Extremfall würde das in intraindividueller Inkonsistenz, Ungleichgewicht und evtl. gar in psychischer Erkrankung enden. Gleichwohl erscheint die analytische Trennung unter heuristischen Gesichtspunkten sinnvoll, weil sie differenzierte Erkenntnisse liefern kann.

Der Anpassungstyp der *Konformität*, der ja sowohl die Ziele als auch die Mittel bejaht, ist nur der Vollständigkeit halber in die Matrix aufgenommen. Selbstverständlich ist diese Konstellation in ihrer Verhaltenskonsequenz nicht als Abweichung zu definieren, wie ja der Name schon sagt.

Innovation: Dieser Anpassungstyp ist charakterisiert durch die Betonung kultureller Ziele (z. B. Erfolg, Wohlstand) bei gleichzeitiger Ablehnung institutionalisierter (legitimer) Mittel. Gerade durch die starke Betonung von Erfolgszielen in der westlichen Kultur bei gleichzeitiger Knappheit der Mittel (unterschiedliche Bildungschancen, Arbeitsplätze etc.) wird diese Reaktion herausgefordert. Voraussetzung ist eine Fixierung auf die Ziele, einschließlich der Bereitschaft, entsprechende Risiken einzugehen. Obgleich auch in der Ober- und Mittelschicht anzutreffen (White-Collar-Crime), sind nach MERTON die unteren sozialen Schichten am stärksten dem Druck zur Abweichung ausgesetzt (MERTON 1951, S. 136), denn ihre Angehörigen befinden sich in Situationen, die durch die Betonung kultureller Ziele – wie etwa wirtschaftlichen Erfolg – und geringe Zugangsmöglichkeiten zu den legitimen Möglichkeiten der Zielerreichung, gekennzeichnet sind. Die Konfrontation der Ideologie der "offenen Gesellschaft" mit den aufgrund sozialstruktureller Ursachen beschränkten Mobilitätschancen kann also bei Fixierung der Ziele zur Aufgabe legitimer, aber unwirksamer Mittel (arbeiten, sparen) zugunsten illegitimer, aber wirksamer Mittel (nicht-reelle Geschäftspraktiken, Betrug, Raub) führen. Da der Innovationstyp besonders mit Verbrechen (Eigentumsdelikte) assoziiert ist, kommt ihm die größte Bedeutung zu. Wenn mittels der Anomietheorie in der MERTONschen Fassung abweichendes Verhalten zu erklären versucht wird, kann man meist diesen Anpassungstypus in der Argumentation erkennen. Gerade auch im Hinblick auf schichtspezifische Kriminalität ist Innovation zu deren "Aufhellung" herangezogen worden. (Hier wurde bewußt der Terminus "Erklärung" vermieden, weil ja der Anpassungstyp eigentlich nicht erklären kann, weshalb die Mittel in der Unterschicht z.B. unterproportional verteilt sind. Somit dient der Innovationstyp eher zur Beschreibung und als richtungweisend für mögliche Erklärungsversuche. Dies wird auch von MERTON gesehen, wenn er meint, man müßte sein Augenmerk darauf richten "which features of the social structure predispose toward this type of adaption thus producing greater frequencies of deviant behaviour in one social stratum than in another" (MERTON 1957, S. 195). Der Innovationstyp weist auch den nicht gering zu schätzenden Vorteil auf, daß der Begriff der Innovation relativ wertneutral und wenig tabuisiert gebraucht werden kann, obgleich er innerhalb der Typologie am häufigsten mit Verbrechen assoziiert wird. Dies führt zu einer nüchternen und weniger negativ besetzten Betrachtungsweise.

Zusammenfassend ist der Anpassungstypus des Innovators durch eine starke Betonung der kulturellen Ziele bei Ablehnung der institutionalisiert als legitim zur Zielerreichung vorgegebenen Mittel zu charakterisieren. Hierbei ist unentschieden belassen, ob die Ablehnung der Mittel aus einem Mangel an Verfügungsmacht über diese resultiert oder ob diese a priori zurückgewiesen werden.

Ritualismus: Sind die kulturellen Ziele aufgegeben, bzw. soweit herabgeschraubt worden, bis sie erfüllt werden können und wird dabei zwanghaft an den institutionalisierten Normen festgehalten, so liegt die Reaktionsform "Ritualismus" vor. (Beispiel: Millionär, der durch extreme Sparsamkeit zu seinem Vermögen gekommen ist und weiter daran festhält.) Dieses Verhalten kann nach MERTON nicht eindeutig als problematische Abweichung gesehen werden, da es sich um eine Entscheidung handelt, die kulturell weitgehend akzeptiert wird (MERTON 1951, S. 140). Ritualismus bedeutet die Möglichkeit, durch Senkung des eigenen Anspruchsniveaus sich dem permanenten Konkurrenzkampf zu entziehen. Besonders verbreitet soll diese Reaktionsform in der unteren Mittelklasse sein (MERTON 1951, S. 141), da hier die Eltern besonderen Nachdruck auf die Einhaltung moralischer Standards legen, der soziale Aufstieg aber schwieriger als in der oberen Mittelklasse ist. Im Alltagsleben lassen sich eine Fülle von ritualistischen Verhaltensweisen finden, so z. B. der religiös Indifferente, der an hohen Festtagen, zur Taufe, Konformation, Hochzeit etc. das Gotteshaus betritt, sich auch kirchlich beerdigen läßt; alle Verhaltensweisen, die ihres ursprünglichen Sinnes entleert sind, gleichwohl aber als Etikette etc. fortbestehen; bestimmte Grußformeln in Briefen u. v. a. m. Aus der Vielzahl solcher Anpassungsformen – deren ritualistischer Charakter nicht immer unmittelbar sichtbar wird – ergibt sich die Konsequenz, daß solche Verhaltensweisen als gesellschaftlich abweichend, doch auch als relativ unproblematisch gesehen und definiert werden.

Sozialer Rückzug: Dieser, nach MERTON am wenigsten verbreitete Anpassungstyp (MERTON 1951, S. 142) ist charakterisiert durch die Aufgabe sowohl der kulturellen Ziele als auch der institutionalisierten Mittel, durch den Verzicht auf mögliche gesellschaftliche Belohnungen, wobei aber auch viele Frustrationserfahrungen erspart bleiben. (Beispiel: Desperados, Drop-Outs, Abenteurer, Vagabunden, Trunkenbolde, Drogensüchtige u. a. m.) Hierbei handelt es sich um wirkliche Fremde – sie gehören zwar der Bevölkerung an, nicht aber der Gesellschaft, da sie deren gemeinsame Werte nicht teilen (MERTON 1951, S. 142).

Zum Rückzug kommt es am ehesten, wenn sowohl Ziele als auch Mittel akzeptiert wurden, letztere sich aber als nicht effektiv erwiesen haben. Die Bindung an die Ziele legt den Gebrauch aller Mittel nahe, doch verbietet die Bindung an legitime Mittel die Wahl effektiver, aber moralisch abzulehnender Wege, so daß nur die Flucht als Konfliktlösung bleibt. Dieser "Anpassungstyp" wird häufig abgelehnt, da er weder äußerlich die Regeln einhält wie der Ritualist, noch aktiv versucht, seine Situation zu ändern wie der Neuerer und auch wie der Rebell (vgl. unten) kein neues Konzept anbieten kann. Ungeachtet möglicher subkultureller Züge handelt es sich hier um eine "private" und isolierte Reaktion, ohne Ziel und Anspruch, ein neues verbindliches Wertsystem zu schaffen. Obgleich sich dieser Personenkreis mehr oder weniger stark von der Gesellschaft gelöst hat und von dieser als massiver Außenseiter perzipiert wird, ist diese Anpassungsform keine, die individuell motiviert wäre; ihre Ursachen sind in den gesellschaftlichen Bedingungen zu sehen. Rückzug heißt nicht, "daß nicht in manchen Fällen (das) Verhalten durch eben diese Sozialstruktur bedingt ist, von der sie sich eigentlich losgesagt haben (MERTON 1968, S. 310). Gerade daß MERTON hier nur auf "manche Fälle" abstellt, indiziert, daß es weitere Ursachen, die allein oder zusammen mit den gesellschaftlichen den Rückzugstypen hervorbringen können, gibt. Er erscheint in der Tat mit manchen psychologischen Konzepten kompatibel zu sein.

Rebellion: Auch bei diesem Typ liegt, wie beim vorgenannten, eine Entfremdung von den herrschenden Zielen und Normen vor, doch wird zugleich auch deren Substitution angestrebt, da Ziele und Mittel als "künstlich" und damit veränderbar angesehen werden. (MERTON 1951, S. 145). Der Begriff der Rebellion wird gegenüber dem damit verwandten "Ressentiment" abgegrenzt: Während es sich bei letzterem um diffuse Gefühle von Haß, Neid und Feindseligkeit, und der Machtlosigkeit, diese Gefühle auszudrücken und um die immer wieder erlebte Erfahrung dieser hilflosen Feindseligkeit handelt, zielt Rebellion aktiv und intentional auf Wandel ab, und kann sich dabei auf ein großes Reservoir Unzufriedener stützen. Wird das institutionelle System als Hindernis für die Erfüllung berechtigter Ziele gesehen, so sind die Bedingungen für die Rebellion als Art der Anpassung gegeben. Dazu müssen die Loyalitätsverpflichtungen gegenüber dem alten System auf neue Gruppen übertragen werden. Entgegen der konservativen Überzeugungen, wonach Mißstände unabhängig vom sozialen System sind ("Natur des Menschen" etc.), müssen hier die Ursachen von Frustrationen in der Sozialstruktur nachgewiesen und Alternativen dazu entworfen werden (MERTON 1951, S. 144 ff.). Der Anpassungstyp des Rebellen unterscheidet sich von den vorher genannten Typen vor allen Dingen schon formal dadurch, daß Ablehnung oder Zustimmung nun plötzlich ergänzt und erweitert werden durch Substitution der abgelehnten Ziele und Mittel. Somit müßte rein logisch bei den zuerst genannten Typen komplettiert werden, daß sie bei Ablehnung von Zielen oder Mitteln diese nicht intendiert und aktiv durch Ersatz-Ziele oder Ersatz-Mittel substituiert wissen wollen.

Während die anderen Anpassungstypen durchaus und mehr oder weniger als der Gesellschaft zugehörig perzipiert werden und sich selbst auch so verstehen, erfolgt beim Rebellen die bewußte Lösung von der bestehenden Gesellschaft. "Dieser Anpassungstypus stellt die Betroffenen außerhalb und in Gegensatz zu der bestehenden Sozialstruktur und läßt sie eine neue, d. h. eine weitgehend geänderte Sozialstruktur suchen und anstreben" (MERTON 1968, S. 310). Ein gutes Beispiel für Rebellen kann auf der politischen Ebene gefunden werden: Alle diejenigen, die das gegenwärtige System der Bundesrepublik Deutschland revolutionär umstürzen wollen, werden gesellschaftlich nicht mehr toleriert; sie werden als außerhalb unserer Gesellschaft stehend wahrgenommen. Systemreformer jedoch, die die Ziele grundsätzlich bejahen, jedoch die Wege kritisieren, sind gesellschaftlich geachtet.

Die MERTONsche Typologie der Anpassung an konfligierende Erwartungen in bestimmten Situationen basiert – um zu rekapitulieren – nicht auf individuell sondern auf gesellschaftlichen Ursachen. Insbesondere die sozialstrukturellen Bedingungen provozieren einen erheblichen Druck, dem man sich als Individuum nicht oder nur schwer entziehen kann.

Die soziokulturelle Dissoziation innerhalb eines sozialen Systems als Auseinanderfallen von kultureller und sozialer Struktur produziert einen anomischen Zustand relativer Normlosigkeit, bzw. besser einer relativen Desorientierung. Insbesondere durch die ungleiche Verteilung legitimer Mittel der Realisierung kulturell vorgegebener Ziele entsteht ein Verhaltensdruck, der in unterschiedlicher Weise, in verschiedenen Anpassungsformen aufgefangen werden kann. Diese Anpassungsformen werden gesellschaftlich als abweichende Verhaltensweisen (Ausnahme Konformität) definiert.

MERTON's Erklärungsversuch abweichenden Verhaltens ist in der Literatur mit zum Teil unterschiedlichen Argumenten kritisiert worden: Es handele sich um ein rein deskriptives Schema, die Begriffe wären unpräzise (Unterscheidung von Zielen und Normen z. T. schwierig; Beschränkung auf kulturelle Ziele anstatt Einbeziehung von Zielen generell; kulturelle Ziele und soziale Schichten seien nur unzureichend beschrieben; die Bedingungen für das Auftreten einzelner Anpassungsarten nicht detailliert genug angegeben) (vgl. OPP 1974, S. 123 ff., KAISER 1976, S. 194).

Der Vorwurf der reinen *Taxonomie*, das heißt der ausschließlich begrifflichen Festlegung kann nicht ganz entkräftet werden. Denn man kann die Typen der Anpassung in der Tabelle als über diese Matrix definiert denken. Definitionen liefern aber keine Erklärungen. Gleichgültig ob diese Definitionen nominal oder real gemeint sind, sagen sie als solche recht wenig aus. Erst wenn man weitere Bedingungen hinzunimmt gelangt man zu erklärungskräftigen Aussagen. Insoweit trifft auch der Einwand zu, daß die Bedingungen für das Auftreten der einzelnen Anpassungsarten nicht ausreichend beschrieben und theoretisch abgeklärt sind. Auch die begrifflichen Unschärfen zwischen Zielen und Normen bzw. deren mögliche Überlappung stellen ein Problem innerhalb des theoretischen Ansatzes dar, der zudem ergänzungsbedürftig scheint. So sind die unterschiedlichen Zugangschancen zu illegitimen Mitteln (CLOWARD und OHLIN 1960) mit zu berücksichtigen, weiterhin die Möglichkeit einer indifferenten Haltung gegenüber Zielen und Mitteln (HARARY 1966) so wie eine Differenzierung nach dem tatsächlichen Verhalten und den Werten des Handelnden (DUBIN 1959; 1967) einzubeziehen. Da das Schwergewicht auf den Möglichkeiten *individueller* Anpassung liegt, werden kollektive Lösungsversuche (Revolution, Klassenkampf) vernachlässigt. Die Frage, nach den Chancen einer explosiven Entladung des Innovationsdrucks (MOSER 1970) wird z. B. nicht gestellt.

Abweichendes Verhalten kann auch zugleich konformes Verhalten gegenüber den Normen einer Subkultur sein (MILLER). Die Annahme eines "anomischen Drucks" ist daher überflüssig. Andererseits läßt sich aber in der Unterschicht Konformität gegenüber konventionellen Mittelschicht-Normen feststellen (vgl. SYKES und MATZA) – die subkulturelle Orientierung der Unterschicht kann auch als Reaktion auf das Nicht-Erreichen von Mittelschicht-Erfolgszielen aufgefaßt werden (WISWEDE 1973, S. 165). Aus der Sichtweise des kontrolltheoretischen Ansatzes (z. B. HIRSCHI 1967) sowie des labeling approach ist die Vernachlässigung sozialer Reaktionen und Kontrollprozesse zu bemängeln (BOHLE 1975, S. 53 ff.). (Auf die einzelnen Kritikpunkte wird bei der Beurteilung der Leistungsfähigkeit der einzelnen Theorien noch eingegangen.)

2.2.3. CLOWARD's und OHLIN's Kritik an der Anomietheorie

CLOWARD und OHLIN (1960) machen geltend, daß neben der Dissoziation von kulturellen Zielen und institutionalisierten legitimen Mitteln der Zielerreichung die sozialstrukturell unterschiedlich (differentiell) verteilten Zugangschancen zu illegitimen Mitteln zu berücksichtigen sind. Abgesehen von konstitutionell bedingten Fähigkeiten und Fertigkeiten (jemand, dem es an Fingerfertigkeit und einer ruhigen Hand mangelt, wird es trotz starker Betonung des Erfolgszieles und hoher Bereitschaft zum Gebrauch illegitimer Mittel nicht zum erfolgreichen Taschendieb bringen) sind illegitime Mittel ebenso wie legitime Mittel ungleich verteilt. Dieser Sachverhalt kann wohl kaum bestritten werden. (Wer keine Zugangschancen zu Handfeuerwaffen besitzt, hat auch eine geringere Wahrscheinlichkeit dafür, Mörder zu werden. Wer dagegen in einem bestimmten Milieu zu Hause ist, hat größere Zugangschancen zu solchen Waffen). Der tatsächliche Gebrauch von illegitimen Mitteln setzt sowohl eine entsprechende Lernumwelt voraus – wobei ein spezifisch-subkulturelles Milieu das Lernen erleichtern kann – als auch eine geeignete Umgebung zur Ausübung der Abweicherrolle. (Scheckfälscher benötigen z. B. eine Wirtschaft mit entwickeltem Geld- und Kreditwesen.)

Wie aus den gewählten Formulierungen schon zu ersehen ist, verbinden CLOWARD und OHLIN mit der Kritik an der Anomietheorie den Versuch einer Verknüpfung von Anomietheorie, Subkulturtheorie und Theorie der differentiellen Assoziation. Deshalb erscheint die Zuordnung ihres Ansatzes zu allen drei "Basis"theorien möglich. Er wird hier als Erweiterung der Anomietheorie behandelt und in dem Kapitel zur differentiellen Assoziation als Theorie der *differentiellen Gelegenheiten* oder *Chancenstrukturtheorie*.

In seinem Aufsatz unternimmt CLOWARD (1959, 1968) den Versuch, Anomietheorie und Theorie der differentiellen Assoziation zu konsolidieren. Ausgangspunkt ist die Anomietheorie, in der DURKHEIMschen und MERTONschen Prägung, die aber als *Phasenmodell* und daher stärker *dy-*

namisch verstanden werden soll. In der Phase eins führen die unbegrenzten Bedürfnisse zum Zusammenbruch der Normen, zur Anomie; insoweit wird der DURKHEIMsche Ansatz übernommen. In einer zweiten Phase kommen die MERTONschen Überlegungen zur Geltung: Es tritt die Dissoziation zwischen kultureller und sozialer Struktur insoweit auf, als die legitimen Mittel der Zielerreichung sozialstrukturell ungleich verteilt sind. Diese beiden Phasen reichen jedoch für die Entstehung abweichenden Verhaltens nicht aus. Fehlen nämlich die Möglichkeiten – aus welchen Gründen auch immer – illegitime Mittel einzusetzen, so kann abweichendes Verhalten nicht auftreten, weil es ja nicht zuletzt durch den Einsatz illegitimer Mittel definiert ist. Also müssen auch die Zugangschancen zu den illegitimen Mitteln in die Erklärung mit einbezogen werden. Der Zugang zu illegitimen Mitteln konstituiert Phase drei.

Die Erweiterung durch CLOWARD und OHLIN wäre nur dann überflüssig, wenn man davon ausgehen könnte, daß die illegitimen Mittel gesellschaftlich gleich verteilt wären. Da diese Annahme aber an den Realitäten absolut vorbeigehen würde, stellt die Einbeziehung der Phase drei eine wichtige Ergänzung und Verbesserung des Erklärungspotentials dar. Zwar konzedieren die Autoren, daß implizit auch bei MERTON diese Variable schon enthalten war, daß sie aber nicht nur aus Gründen der logischen Komplementarität sondern insbesondere auch wegen der sozialstrukturell ungleichen Verteilung der Zugangschancen zu illegitimen Mitteln, die nicht kongruent mit der Verteilung der legitimen Mittel, aber auch nicht komplementär sein muß, explizit in den Ansatz aufgenommen werden sollte.

Auf diesen Sachverhalt macht CLOWARD durch folgende Überlegungen aufmerksam: Ist keine schichtspezifische Verteilung der illegitimen Mittel festzustellen, so gilt, daß Unterschichten häufiger kriminell werden, weil sie geringere legitime Mittel haben. Sind in der Unterschicht illegitime Mittel in Relation zu den anderen Schichten verstärkt vorhanden, so gilt der von MERTON vermutete Zusammenhang verstärkt. Ergäbe sich jedoch auch eine unterprivilegierte Verteilung des Zugangs zu illegitimen Mitteln in der Unterschicht, so können sich tendenziell legitime und illegitime Zugangsmöglichkeiten aufheben, so daß eine exakte Aussage über das Auftreten abweichenden Verhaltens in der Unterschicht nur bei quantitativer Operationalisierung der Zugangchancen möglich erscheint. Von solchen Quantifizierungen sind wir gegenwärtig noch weit entfernt, auch wenn gelegentlich solche Versuche gemacht werden. Gleichwohl zeigen die obigen Überlegungen, wie wichtig es ist, die illegitimen Mittel bzw. die Zugangchancen dazu in die Erklärung einzubeziehen, weil sich daraus eventuell völlig andere Konsequenzen und Prognosen ergeben.

Abschließend zu diesem Abschnitt seien noch zwei Verweise darauf gegeben, inwieweit eine Verwandtschaft dieses Ansatzes zur Subkulturtheorie einerseits und zur Theorie der differentiellen Assoziation andererseits besteht. Die Verbindung zur Subkulturtheorie ist darin zu sehen, daß CLOWARD die Hypothese für richtig hält, daß in Subkulturen der Zugang zu illegitimen Mitteln erleichtert ist. Er denkt dabei an solche Subkulturen, die eine besondere Affinität zur Kriminalität haben, und vermutet bei diesen ein erhöhtes Potential an illegitimen Mitteln und damit höhere Zugangschancen. Subkulturen können somit partiell die differenzierten Zugangsmöglichkeiten zu illegitimen Mitteln erklären.

Das subkulturelle Element der Erklärung erscheint auch in dem Zitat, das die Affinität zur Theorie der differentiellen Assoziation belegen kann: "Wenn wir den Begriff "Mittel" verwenden – ob legitimer oder illegitimer Art – sind wenigstens zwei Zusammenhänge impliziert: erstens, daß es eine geeignete Umwelt für die Aneignung (Lernen) von Werten und Fertigkeiten gibt, die mit der Ausübung einer besonderen Rolle verbunden sind; und zweitens, daß der einzelne die Möglichkeit hat, die Rolle zu spielen, sobald er vorbereitet ist. Der Begriff schließt also ein: sowohl *Lernstrukturen wie Strukturen von Zugangschancen*" (CLOWARD 1968, S. 321).

Durch die kombinierte Verwendung der Anomietheorie und der Theorie der differentiellen Assoziation sollte es nach Meinung CLOWARD's möglich sein, die Mängel jeder einzelnen zu vermeiden und ihre Stärken zu erhalten. Er schreibt: "Unsere Analyse zeigt deutlich, daß diese Theorien verschiedenen Aspekten desselben Problems zugewandt sind: den unterschiedlichen Zugangschancen. Eine Theorie konzentriert sich auf die legitime, die andere auf die illegitime Zugangschance. Durch Einbeziehung des Konzepts der Unterschiede im Zugang zu legitimen und illegitimen Mitteln kann die Theorie der Anomie dahingehend erweitert werden, daß scheinbar unzusammenhängende Studien und Theorien über abweichendes Verhalten, die einen Teil der amerikanischen Kriminologieliteratur darstellen, integriert werden" (CLOWARD 1968, S. 322). Tatsächlich klären sich manche scheinbare Widersprüche in empirischen Erhebungen unter Heranziehung dieses Konzepts auf, wobei man bedenken muß, daß die Erweiterung nicht allein in der Einbeziehung der Zugangschancen zu illegitimen Mitteln besteht, sondern daß die eigentliche Erklärungskraft aus der Differenz zwischen Zugangschancen zu legitimen und denen zu illegitimen Mitteln resultiert. So sinnvoll dieses theoretisch und abstrakt sein mag, so schwierig ist aber die empirische Einlösbarkeit, weil die Operationalisierung der Zugangschancen bislang noch nicht geglückt scheint.

2.2.4. DUBIN's Erweiterung der MERTON'schen Typologie

DUBIN (1959, 1967) untersucht die von MERTON entwickelten Typen der individu-ellen Anpassung im Hinblick auf ihre logische Konsistenz und auf ihre Brauchbar-keit als Modell. Er beabsichtigt eine Ergänzung der Typologie, die ihm unvollstän-dig erscheint, durch die Unterscheidung von tatsächlichem Verhalten und tatsächli-chen Werten sowie durch die Differenzierung in institutionalisierte Mittel und institutionalisierte Normen. Er geht dabei davon aus, daß auch seine Differenzie-rung keine eigentliche Erklärung des abweichenden Verhaltens liefert, doch geht es ihm um die Bestimmung der Grenzen "innerhalb derer ein Modell abweichenden Verhaltens funktionieren kann" (DUBIN 1967, S. 145). DUBIN's Ergänzung wurde –vermutlich auch, weil sie den Sachverhalt erheblich kompliziert und wenig über-sichtlich macht, wie im weiteren noch zu sehen sein wird – kaum mehr aufge-griffen.

Bei der Ablehnung (von Mitteln) ist nach DUBIN zwischen der Suche nach Alternativen (= aktive Ablehnung) und der einfachen Ablehnung (wie z.B. bei Rückzug oder Ritualismus) zu unterscheiden. Innovation beinhaltet aktive Ablehnung. Damit erfährt MERTON's Schema eine erste Modifikation:

Abb. 10: 1. Modifizierung DUBIN's (DUBIN 1967, S. 234)

Art der Anpassung	Kulturelle Ziele	institutionalisierte Mittel
Neuerung (Innovation)	+	±
Ritualismus	−	+
Weltflucht (Rückzug)	−	−
Rebellion	±	±

(+ = Akzeptierung; − = einfache Ablehnung; ± = aktive Ablehnung)

Aktuelles Handeln ist zwar stets Wert- und einstellungsabhängig, kann jedoch allein daraus nicht zureichend erklärt werden, da immer eine Viel-zahl anderer Variablen hinzutritt. Neuerungen können sich entweder al-lein auf das Verhalten beziehen (Verhaltens-Neuerung) oder auf die Werte (Wert-Neuerung; im Gegensatz zur Rebellion werden die institutionali-sierten Mittel akzeptiert). Analoges gilt für Ritualismus. Weltflucht (Rückzug) und Rebellion sind durch ein auf Handeln und Werte bezoge-nes einheitliches Verhalten gekennzeichnet – eine weitere Differenzierung erscheint somit nach DUBIN nicht sinnvoll (vgl. dagegen HARARY).

127

Somit ergibt sich eine zweite Modifikation des Schemas

Abb. 11:2. Modifizierung Dubin's (Dubin 1967, S. 235)

Arten der Anpassung	Kulturelle Ziele	institutionalisierte Mittel
Verhaltensneuerung	+	±
Wertneuerung	±	+
Verhaltensritualismus	−	+
Wertritualismus	+	−
Weltflucht	−	−
Rebellion	±	±

Eine dritte Modifikation resultiert aus der Unterscheidung von institutionalisierten Normen und institutionalisierten Mitteln. *Institutionelle Normen* sind Übersetzungen der gesamtgesellschaftlichen Ziele. Sie lassen sich definieren "... durch die Grenzen zwischen vorgeschriebenen und verbotenen Verhalten in einem gegebenen institutionellen Rahmen. Institutionelle Normen setzen Grenzen, innerhalb derer institutionelle Mittel vorgeschrieben werden; in einer bestimmten Institution sind das die Grenzen der legitimen Verhaltensweisen. Jenseits dieser Normen liegt das illegitime Verhalten" (Dubin 1967, S. 236). (Beispiel: Institutionelle Normen bestimmen, wie das kulturelle Ziel des Erwerbs von Sozialprestige oder des materiellen Erfolgs zu geschehen hat; vgl. dazu Merton's Unterteilung der kulturellen Struktur in Ziele und Normen. Inwieweit besteht hier Identität von kulturellen Normen bei Merton und institutionalisierten Normen bei Dubin?)

Im Unterschied dazu bestehen "*institutionelle Mittel* aus den (spezifischen oder möglichen) Verhaltensweisen, die innerhalb der durch die institutionellen Normen gezogenen Grenzen liegen. Die institutionellen Mittel sind tatsächliche menschliche Verhaltensweisen; sie bestehen in der Ausübung von Funktionen innerhalb eines institutionellen Rahmens" (Dubin 1967, S. 236).

Aus dieser Unterscheidung zwischen Normen und Mitteln ergibt sich nachfolgende Tabelle.

Die einzelnen Typen lassen sich kurz wie folgt charakterisieren:
1. *Institutionelle Erfindungen:* Kulturelle Ziele werden akzeptiert, Normen und Mittel aktiv abgelehnt (d.h. man sucht nach Ersatz). Neue

Abb. 12: Das Gesamtmodell DUBIN's (DUBIN 1967, S. 236)

Typ des abweichenden Verhaltens	Verhältnis zu		
	kulturellen Zielen	institutionellen Normen	Mitteln
Verhaltens-Neuerung			
Institutionelle Erfindung	+	±	±
Normative Neuerung	+	±	+
Operative Erfindung	+	+	±
Wert-Neuerung			
Intellektuelle Erfindungen	±	+	+
Organisatorische Erfindungen	±	±	+
Soziale Bewegungen	±	+	±
Verhaltens-Ritualismus			
Nivellierung von Ansprüchen	−	+	+
Institutioneller Moralist	−	+	−
Organisationsroboter	−	−	+
Werte-Ritualismus			
Demagoge	+	−	−
Normativer Opportunist	+	−	−
Opportunist der Mittel	+	+	−
Weltflucht	−	−	−
Rebellion	±	±	±

+ = Bejahung, − = Ablehnung, ± = Ablehnung und Substitution (aktive Ablehnung)

Maßstäbe der Legitimität erlangen Geltung, durch die neu entstandene oder bisher illegitime Verhaltensweisen sanktioniert werden. Beispiel: Entwicklung des Tarifvertragswesens.

2. *Normative Neuerung:* Ohne aktiv einen Wechsel der institutionellen Mittel zu erstreben, werden neue Normen in einen institutionellen Rahmen eingeführt (DUBIN 1967, S. 238).
(Beispiel: Liberalisierung des Sexualstrafrechts).

3. *Operative Erfindungen* stellen die häufigste Form der Verhaltensneuerung dar. Es werden nur solche Verhaltensweisen neu eingeführt, die innerhalb der durch die institutionellen Normen gezogenen Grenzen liegen.
Beispiel: Modische Neuheiten (DUBIN 1967, S. 238).

4. *Intellektuelle Erfindungen:* Kulturelle Ziele werden abgelehnt, ein po-

sitiver Ersatz erstrebt, doch bewegt man sich im Rahmen institutioneller Normen und bedient sich institutioneller Mittel. Beispiele finden sich in der Ideengeschichte (z. B. KOPERNIKUS). Die neue Bestimmung kultureller Ziele beschränkt sich auf eine gegebene Institution (z. B. Wissenschaft) und der Urheber glaubt an die Prüfbarkeit seiner Erfindung mittels derjenigen institutionellen Normen und Mittel, für die sie Bedeutung hat (DUBIN 1967, S. 239).

5. *Organisatorische Erfindungen:* Alte kulturelle Ziele und institutionelle Normen werden durch neue ersetzt, die Mittel werden beibehalten.

   Beispiel: Bedeutungswandel der Luftwaffe von der Hilfsfunktion für das Heer zur eigenen Teilstreitkraft mit spezieller militärischer Funktion (DUBIN 1967, S. 240).

6. *Soziale Bewegungen:* Ersetzung der kulturellen Ziele und der institutionellen Mittel, Bejahung der institutionellen Normen, die auf eine bisherige Außenseitergruppe (z. B. rassische Minderheiten) ebenfalls angewandt werden sollen.

   Beispiel: Negeremanzipation (DUBIN 1967, S. 240).

7. *Nivellierung von Ansprüchen:* (vgl. MERTON).

8. *Institutioneller Moralist:* einfache Ablehnung von Zielen und Mitteln (hier könnte es sinnvoll sein, zwischen Ablehnung und Indifferenz zu unterscheiden, wie dies HARARY tut; vgl. 2.2.5.) bei Bejahung institutioneller Normen. Seine Überanpassung konzentriert sich auf die Normen der Institution, in der er handelt (DUBIN 1967, S. 241).

   Beispiel: Soldaten, die Disziplin und Gehorsam um ihrer selbst willen betonen.

9. *Organisationsroboter:* Hier sind die institutionellen Mittel zentral; Ziele und Normen werden dagegen abgelehnt; Verhalten ist ausschließlich durch die Legitimität der Mittel bestimmt und verdient das Attribut "anomisch" im buchstäblichen Sinne, da es nicht durch Werte geleitet ist. Dies beinhaltet jedoch keineswegs Dysfunktionalität – im Gegenteil erledigen sie einen Großteil der Routinearbeit in Organisationen und ihre Art abweichender Anpassung bzw. Überanpassung erlaubt, sobald legitimiert, raschen Wandel im Verhalten.

   Beispiele für solche "Gottseidank-daß-wir-sie-haben"-Leute (DUBIN) sind etwa der Verwaltungsbürokrat oder der Gläubige, für den das Zeremoniell das wahre Wesen der Frömmigkeit darstellt (DUBIN 1967, S. 241–242).

10. *Der Demagoge* gehört zur Kategorie der Werte-Ritualisten, d. h. der Werte-Konformismus wird betont, während Mittel bzw. Normen (im Unterschied zum Verhaltens-Ritualisten) abgelehnt werden. Der

Demagoge betont dabei ausschließlich die Werte und Ziele, ohne Fragen der Realisierbarkeit Beachtung zu schenken (DUBIN 1967, S. 244).
Beispiel: Politiker, die unrealistische, aber populäre Ziele erstreben, um möglichst viele Wählerstimmen zu gewinnen.

11. Der *normative Opportunist* akzeptiert Ziele und Mittel, setzt sich aber über beengende institutionelle Normen zeitweilig hinweg (DUBIN 1967, S. 244).
Beispiel: Antragsteller bei einer Behörde, der versucht, eine Entscheidung durch Umgehung des Instanzweges zu beschleunigen.

12. *Opportunisten der Mittel* lehnen die vorgeschriebenen Mittel zugunsten illegitimer bewußt ab, sei es aus Unfähigkeit oder Unwilligkeit – häufig durch besondere Umstände und als einmaligen Akt gerechtfertigt (DUBIN 1967, S. 245).
Beispiel: Professor, der die Norm der akademischen Freiheit besonders betont, um intellektuelle Mittelmäßigkeit zu kaschieren (DUBIN 1959, S. 161).

MERTON's Kategorien der Weltflucht (sozialer Rückzug) und Rebellion werden von DUBIN unverändert beibehalten, doch sollte bei der letztgenannten zwischen der Bedeutung in der Umgangssprache und der analytischen Verwendung in einer Typologie abweichenden Verhaltens unterschieden werden (DUBIN 1967, S. 244).

DUBIN beansprucht nicht eine Theorie im Sinne von Erklärung zu liefern; vielmehr spricht er von einem Modell. "Theoretische Modelle abweichenden Verhaltens, die das Warum und Wie solchen Verhaltens erklären, müssen erst noch erarbeitet werden. Vielleicht werden sich diese Typologien als Teilstücke bei derartigen Versuchen als nützlich erweisen" (DUBIN 1967, S. 248). Somit liegt das Schwergewicht für DUBIN bei einer Taxonomie, die aber durchaus heuristischen Wert haben kann.

2.2.5. HARARY's nochmalige Erweiterung der Typologie

HARARY bezieht sich ebenfalls auf die MERTONsche Typologie und zeigt, daß manche Symbole in seiner Matrix mehrdeutig gebraucht werden. Deshalb führt er neben Ablehnung und Akzeptierung die *Indifferenz* ein und gelangt so zu einem umfassenderen Schema, das jedoch auch keine Erklärungen liefert (BOHLE 1975, S. 42), das leider ob seiner Komplexität eher verwirrend als klärend wirkt und auf das man sich auch in der Literatur kaum mehr bezieht.

Der Fehler MERTON's bestand nach Ansicht von HARARY darin, daß das gleiche Symbol (−) für verschiedene Sachverhalte verwendet wurde (im Falle des Ritualismus bedeutet das Minuszeichen Indifferenz gegenüber kulturellen Zielen, im Fall der Innovation dagegen Ablehnung) und daß MERTON verschiedene Symbole für dasselbe Konzept gebrauchte. (Sowohl Innovation als auch Rebellion beinhalten eine Ablehnung der institutionalisierten Mittel, doch wird im ersten Fall das Symbol ' −', im zweiten das Symbol ± gewählt.)

In einer früheren Arbeit zur Balance-Theorie (CARTWRIGHT/HARARY 1956) wurde auf die Notwendigkeit einer Unterscheidung zwischen Indifferenz (0) und Ablehnung (−) hingewiesen. Vorläufig ungeachtet einer weiteren Differenzierung von Ablehnung in Zurückweisung und Substitution ergibt sich nachfolgendes Schema:

Abb. 13: 1. Modifizierung HARARY's (HARARY 1966, S. 695)

		Wertigkeit der Ziele	
	0 (Indifferenz)	+ (Akzeptierung)	− (Ablehnung)
Wertigkeit 0	Rückzug		
der +	Ritualismus	Konformität	
Mittel −		Innovation	Rebellion

Wie ersichtlich, bleiben einige Felder leer. HARARY versucht nun, für die Kombinationen von 0, + und − entsprechende Typen zu finden:

Personen, die die Mittel akzeptieren, den Zielen aber ablehnend (nicht gleichgültig) gegenüberstehen bzw. neue Ziele suchen, könnte man als "Entwickler" bezeichnen, das entsprechende Verhalten als "Developmentism". (Beispiel: hochspezialisierter und − qualifizierter Atomphysiker, der, obgleich Pazifist, nur in einem Rüstungsbetrieb eine entsprechende Anstellung findet). Eine Haltung, die durch Gleichgültigkeit gegenüber den Mitteln und Ablehnung der Ziele gekennzeichnet ist, wird mit "Antiwishism" (etwa: Anti-Wunschdenken) bezeichnet. Personen mit dieser Einstellung lehnen also gesellschaftlich akzeptierte Ziele ab, ohne sich aber in irgendeiner Weise zu engagieren (Beispiel: chronische Querulanten).

Eine positive Einstellung gegenüber den Zielen und Gleichgültigkeit gegenüber den Mitteln wird "Wishim" (etwa: Wunschdenken) benannt (Beispiel: Tagträumer).

"Beatnikism" schließlich ist eine Einstellung, die durch die Ablehnung herkömmlicher Mittel und die Suche nach neuen Wegen, aber einer Gleichgültigkeit gegenüber Zielen charakterisiert ist (Beispiel: Künstler).

Nachstehend die vervollständigte Tabelle:

Abb. 14: 2. Modifizierung HARARY's (nach HARARY 1966, S. 696)

| | | *Einstellung zu Zielen* | | |
		0	+	−
Einstellung	0	Rückzug	Wunschdenken	Anti-Wunschdenken
zu	+	Ritualism.	Konformität	Developmentismus
Mitteln	−	Beatnikismus	Innovation	Rebellion

Wird nun bei der Ablehnung weiter unterschieden in negative Einstellung (−), Ablehnung und Ersatz (±) und Ambivalenz (a), so ergeben sich rein logisch 25 Kombinationen, wovon jedoch nur 20 ausgeführt werden.

Abb. 15: Das Gesamtmodell HARARY's (nach HARARY 1966, S. 697)

| | | *Einstellung zu Zielen* | | | | |
		0	+	−	a	±
	0	Vegetation (totale Indifferenz)	Indolence (Trägheit)	Retreatism (Rückzug)	Confusion (Verwirrung)	Preacherism (Predigertum)
	+	Ritualism (Ritualismus)	Conformity (Konform.)	Fetishism (Fetischism)	Mobility (Mobilität)	Developmentism (Entwicklung)
Einst. zu Mitteln	−	Retreatism (Rückzug)	Wishism (Wunschdenken)	Retreatism (Rückzug)		Demagogery (Demagogie)
	a	Confusion (Verwirrung)			Confusion (Verwirrung)	Democracy (Demokratie)

Fortsetzung nächste Seite

133

		Einstellung zu Zielen		
	0	+	−	a	±

| ± | Beat-nikism (Anti-konfor-mismus) | Inno-vation (Neue-rung) | | | Rebel-lion |

0 = indifferent, + = positiv, − = negativ, a = ambivalent, ± = Zurückweisung und Ersatz

Diese, wesentlich komplexere Typologie wird nicht weiter beschrieben – die leeren Zellen und das mehrfache Auftreten einzelner Bezeichnungen (z. B. Retreatism) lassen Zweifel an der Trennschärfe und Brauchbarkeit des Schemas in der vorliegenden Form aufkommen.

Ist die Kritik HARARY's an der MERTONschen Unschärfe sicher berechtigt, so geht die positive Fortentwicklung der Typologie doch über ein praktikables, anschauliches Modell weit hinaus, und soll deshalb bei den weiteren Überlegungen keine entscheidende Rolle mehr spielen.

2.2.6. Die Präzisierung der Anomietheorie durch OPP

OPP's Absicht liegt in der *Präzisierung* und *Erweiterung* durch *Explikation* der Inhalte der Anomietheorie, die er für "eine der furchtbarsten Theorien abweichenden Verhaltens" hält (OPP 1974, S. 156). Mit dieser Präzisierung will er vor allem die doch enge begriffliche Orientierung der bisherigen anomietheoretischen Ansätze, die er tendenziell als Taxonomien ansieht, zu einer empirisch nachprüfbaren Theorie, als einer Menge von Wenn-dann-Aussagen, die ohne raum-zeitliche Begrenzung sind und in denen einer unendlichen Menge von Objekten Merkmale zugeschrieben werden können, gelangen.

OPP's Intention unterscheidet sich aber von der MERTON's insoweit als es letzterem stärker darum geht, den Funktionsverlust verhaltensregulierender Normen zu erklären. Demgegenüber richtet sich das Augenmerk OPP's vornehmlich auf die Erklärung abweichenden Verhaltens. Die sozialstrukturellen und kulturellen Erklärungselemente werden bei ihm ausgeklammert bzw. als gegeben vorausgesetzt (OPP 1974, S. 133, LAMNEK 1977, S. 69). Die Präzisierung der Anomietheorie durch OPP beruht in Kurzfassung auf folgenden explizierenden Schritten:

- Erhöhung des Informationsgehaltes der in Wenn-dann-Aussagen umformulierten Theorie durch Verallgemeinerung der Wenn-Komponente, das heißt Ausdehnung auf alle möglichen verhaltensrelevanten Ziele einer Person im Gegensatz zur bisherigen Beschränkung auf kulturell definierte Ziele.
- Abgrenzung und Präzisierung der Begriffe "Ziel" (=Wunsch, zu dessen Reali-

sierung vom Standpunkt einer Person aus ein anderer Wunsch besteht – der also eines Mittels bedarf) und „Norm" (= Wunsch, der vom Standpunkt einer Person aus zur Realisierung eines anderen Wunsches besteht).

- Einbeziehung der Intensität von Zielen und Normen (und damit Möglichkeit der Quantifizierung anstelle der bloß qualitativen Alternativen des Ablehnens und Akzeptierens).
- Einbeziehung legitimer und illegitimer Realisierungschancen der Ziele (vgl. CLOWARD und OHLIN, 1960).
- Präzisierung der Art der Beziehungen zwischen den Variablen "Zielintensität", "Intensität legitimer Normen", "Intensität illegitimer Normen", "Grad der legitimen Möglichkeiten" und "Grad der illegitimen Möglichkeiten" als unabhängige, "abweichendes Verhalten" als abhängige Variable.

Dieser Überblick über die Vorgehensweise OPP's soll nun detaillierter gefaßt werden: Auf der Basis der kritisch-rationalen Wissenschaftstheorie vertritt OPP ein spezifisches Theorieverständnis, nach dem die Anomietheorie in den vorliegenden Formen nur sehr bedingt mit dem Prädikat Theorie zu versehen ist. Sein Theorieverständnis setzt voraus, daß die in der Theorie enthaltenen Aussagen in konkrete Hypothesen transformiert und einer empirischen Überprüfung ihrer Richtigkeit bzw. Falschheit zugeführt werden müssen. Unter der Voraussetzung der Richtigkeit der Hypothesen tragen diese dann zur Erklärung der in der Theorie enthaltenen Sachverhalte bei (OPP 1970, 1976). Das folgende Zitat fürfte daher OPP's Beurteilung der anomietheoretischen Ansätze wie auch seinen allgemeinen theoretischen Erwartungen gerecht werden: "MERTON's conceptual scheme ..., although obviously valuable for taxonomic purposes does not in itself constitute a theory of deviant behaviour-conformity. Such a theory would be a system of propositions which would make it possible to account for the actual choices among the possibilities given by this scheme" (COHEN 1959, S. 464). OPP geht mit seinem Explikationsversuch über eine theoretisch irrelevante Taxonomie hinaus und formuliert entsprechende Hypothesen, die präziser sind als die bisherigen Aussagen der Anomietheorie. Seine erste Hypothese lautet:
"Wenn Personen bestimmte Ziele akzeptieren, wenn Personen Normen, die in einer Gesellschaft als legitim betrachtet werden, zur Erreichung dieser Ziele nicht akzeptieren, dann trägt dies dazu bei, daß sich die Personen abweichend verhalten" (OPP 1974, S. 124). Wenn MERTON noch von kulturell definierten (und akzeptierten) Zielen ausgeht, plädiert OPP für eine Einbeziehung von Zielen generell: "Ob etwa das Ziel, in einem Spiel zu gewinnen, ein kulturell definiertes Ziel ist oder nicht: in jedem Fall ist es für das Auftreten abweichenden Verhaltens relevant. Es erscheint also sinnvoll, die Anomietheorie so zu formulieren, daß sie für alle Ziele einer Person gilt" (OPP, S. 125).

Durch diese Generalisierung in den Zielen wird aber eine Schwierigkeit deutlich, die implizit auch schon in der MERTONschen Fassung der Anomietheorie angelegt war, dort aber nicht so deutlich hervortrat:

Sowohl Ziele als auch regulierende Normen können als bestimmte Arten von Wünschen aufgefaßt werden, im letzteren Fall als Wunsch der Normbefolgung.

Ein Wunsch kann also sowohl Ziel als auch regulierende Norm sein (Beispiel: Reichtum als Möglichkeit über Güter und Dienstleistungen zu verfügen kann ein Ziel sein – Ziel kann aber auch die Erlangung von Prestige sein und der Erwerb von Reichtum ist dann ein Mittel dazu, eine regulierende Norm) – eine Zuordnung ist nur möglich, wenn man weiß, in welchem Verhältnis die Wünsche zueinander stehen. (Weiß man, daß es Person A um ein bequemes Leben geht und daß Person B sehr ehrgeizig ist, so ist in dem einem Fall Reichtum als Ziel, im anderen als Norm zu sehen.)

Wünsche zur Realisierung anderer Wünsche können als Normen bezeichnet werden. Die "letzten" Wünsche, die also nicht zur Realisierung anderer Wünsche dienen, sind Ziele, doch können Wünsche sowohl Normen als auch Ziele sein, wenn andere Wünsche ihrer Realisierung dienen, sie selbst aber wiederum der Realisierung anderer Wünsche vorausgehen. (Beispiel: Das Ziel einer Person C besteht im Erfolg bei Frauen [Ziel=Wunsch 1] – als Mittel dazu erscheint Reichtum geeignet [Ziel=Norm=Wunsch 2] – um dieses Ziel zu erreichen, wünscht die Person, eine gutbezahlte Stellung zu bekommen [Norm=Wunsch 3]). (Solche Ketten kann man geradezu beliebig ergänzen und weiterführen.)

Normen bedeuten im folgenden immer Wünsche, die unmittelbar einander zugeordnet sind: "Eine Norm heiße ein Wunsch, soweit dieser Wunsch vom Standpunkt der Person aus zur Realisierung eines anderen Wunsches besteht"..."Ein Ziel heiße ein Wunsch, soweit zur Realisierung dieses Wunsches vom Standpunkt einer Person aus ein anderer Wunsch besteht" (OPP 1974, S. 127).

Die Schwierigkeit, in konkreten empirischen Situationen, in deren Analyse zwischen Ziel und Norm zu differenzieren wird durch solche Definitionen zwar gemildert, nicht jedoch aufgehoben. Es ist dabei immer die Frage, wo die Analyse selbst abgebrochen wird, weil sie ja nicht ad infinitum, bis zu letzten Wünschen und Zielen, fortgeführt werden kann. Immerhin ergibt sich aber mit diesen Definitionen eine gewisse begriffliche Präzisierung.

Ziele und regulierende Normen können unterschiedlich stark betont werden, woraus sich bestimmte Typen der Anpassung hinsichtlich anomischer Zustände (=Auseinanderklaffen von Zielen und Normen) ergeben (vgl. MERTON). "Unterschiedlich starke Betonung" bedeutet nun, daß Ziele und Normen in unterschiedlichem Grade akzeptiert oder abgelehnt werden, daß es also nicht nur die beiden Extremfälle des Akzeptierens und Ablehnens in der MERTONschen Typologie gibt. Ziele und Normen können mit unterschiedlicher Intensität verfolgt werden, woraus sich Konsequenzen für das Auftreten abweichenden Verhaltens ergeben: Die ursprünglich qualitative Hypothese wird nun quantitativ formuliert und erfährt damit eine weitere Präzisierung.

"Je intensiver die Ziele von Personen sind, je weniger intensiv die für die Realisierung dieser Ziele relevanten legitimen regulierenden Normen sind, desto eher verhalten sich Personen abweichend" (OPP 1974, S. 128). (Beispiel: Eine Person, bei der die Intensität des Zieles, über viel Geld zu verfügen sehr groß, die Intensität der regulierenden Norm [Arbeit] dagegen sehr gering ist, wird sich eher abweichend verhalten [z. B. einen Einbruch begehen] als eine Person, bei der die Intensität des Zieles "Reichtum" mittel und die Intensität der regulierenden Norm [Arbeit] sehr hoch ist.)

OPP geht im weiteren dann davon aus, daß Ziele und Normen nicht jeweils abstrakt gesehen und zueinander in Beziehung gesetzt werden, sondern daß jene Ziele und Normen, die sich auf die konkreten und in Frage stehenden Handlungen beziehen, in die Hypothese eingehen müssen. (So dürfte für Handlungen, die auf Gelderwerb ausgerichtet sind, die Norm des Inzesttabus keine Rolle spielen.) Es ergeben sich erst aus dem Vergleich (der Differenz) zwischen den Intensitäten legitimer und illegitimer Normen, die für das angestrebte Handeln relevant sind, mögliche Konsequenzen für das konforme oder abweichende Verhalten. Weiterhin bleibt noch zu klären, welche Art abweichenden Verhaltens verfolgt wird, denn die obige Hypothese lieferte keine Informationen über die Art des abweichenden Verhaltens: Wird eine Person mit hoher Ziel- und geringer Normenintensität z. B. einen Diebstahl oder eher einen Einbruch begehen?

Analog der Wirkungen hoher Intensität legitimer regulierender Normen für das Auftreten konformen Verhaltens ist zu erwarten, daß eine hohe Intensität illegitimer regulierender Normen zum Auftreten abweichenden Verhaltens beiträgt (OPP 1974, S. 128). Solche illegitimen Normen können etwa sein: Wunsch, eine Unterschlagung zu begehen, Wunsch, einen Einbruch zu begehen etc., d. h. für geübte Einbrecher wird die Intensität des Wunsches einen Einbruch zu begehen, größer sein als die Intensität des Wunsches nach einer Unterschlagung. Dies gilt natürlich auch für die legitimen Normen: Um das Ziel "Reichtum" zu erlangen, können die entsprechenden Wünsche (z. B. Mehrarbeit, Sparsamkeit,

Börsenspekulation etc.) verschieden intensiv sein und so einen differenzierten Einfluß auf die Verhaltensentscheidung ausüben.

Ob eine Person sich nun konform oder abweichend verhält, hängt von den legitimen und illegitimen regulierenden Normen ab. Sind alle legitimen Normen intensiver als alle illegitimen, so wird kein abweichendes Verhalten auftreten. Ist aber nur die illegitime Norm, Geld durch Glücksspiel zu verdienen, besonders intensiv, so wird sich die betreffende Person in dieser Beziehung abweichend, ansonsten aber konform verhalten.

Allgemein gilt:

"Je intensiver die für die Ausführung einer Klasse von Handlungen relevanten Ziele von Personen sind, je weniger intensiv die für die Realisierung dieser Ziele relevanten legitimen regulierenden Normen für bestimmte konforme Handlungen aus der genannten Klasse von Handlungen sind, je intensiver die für die Realisierung dieser Ziele relevanten illegitimen regulierenden Normen für bestimmte abweichende Handlungen aus der genannten Klasse von Handlungen sind, desto eher werden die Personen diese abweichenden Handlungen ausführen" (OPP 1974, S. 130).

Die Chancen, Ziele durch Befolgung legitimer und illegitimer Normen zu erreichen, sind aber ungleich verteilt (vgl. CLOWARD 1959; CLOWARD/OHLIN 1960). Bildungschancen, Talente, Geschicklichkeit, Kaltblütigkeit, etc. – und damit die Chance, den verschiedenartigen Anforderungen zu genügen, stehen nicht allen Gesellschaftsmitgliedern gleichermaßen zur Verfügung:

"Je intensiver die für die Ausführung einer Klasse von Handlungen relevanten Ziele von Personen sind, je weniger intensiv die für die Realisierung dieser Ziele relevanten legitimen Normen für bestimmte konforme Handlungen aus der genannten Klasse von Handlungen sind, je intensiver die für die Realisierung dieser Ziele relevanten illegitimen regulierenden Normen für bestimmte abweichende Handlungen aus den genannten Klassen von Handlungen sind, je geringer die Möglichkeiten sind, die Ziele gemäß den illegitimen regulierenden Normen zu erreichen, desto eher werden Personen die abweichenden Handlungen ausführen" (OPP 1974, S. 133).

Abweichendes Verhalten resultiert also demnach aus dem Auftreten der fünf Variablen: *Intensität der Ziele, Intensität der illegitimen Normen, Grad der illegitimen Möglichkeiten einerseits, Intensität der legitimen Normen und Grad der legitimen Möglichkeiten andererseits.* Erstere tragen zum Auftreten abweichenden Verhaltens bei, letztere verringern die Chance seines Auftretens.

Abb. 16: Modell der Anomietheorie bei OPP (OPP 1974, S. 133)

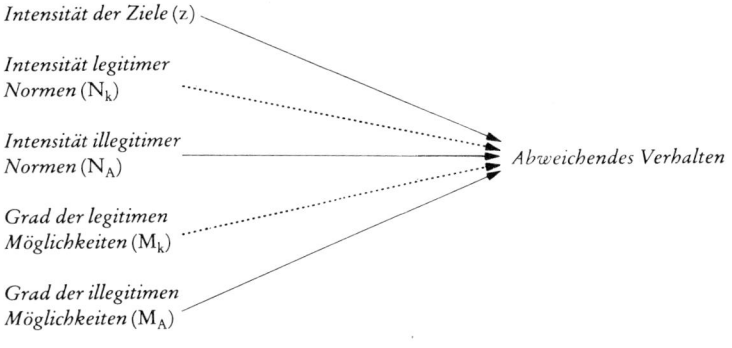

Intensität der Ziele (z)

Intensität legitimer Normen (N_k)

Intensität illegitimer Normen (N_A)

Grad der legitimen Möglichkeiten (M_k)

Grad der illegitimen Möglichkeiten (M_A)

Abweichendes Verhalten

Nicht erklärt werden können damit die Ausprägungen der unabhängigen Variablen wie die Verteilung von legitimen und illegitimen Möglichkeiten in verschiedenen Schichten oder Unterschiede in den Zielintensitäten. Dies kann jedoch durch andere Theorien, z. B. aus der Sozialisationsforschung oder zur sozialen Ungleichheit, geleistet werden (OPP 1974, S. 133). Nun haben es Theorien so an sich, daß die unabhängigen Variablen nie erklärt werden, sondern immer nur die abhängigen. Allerdings kann man doch eine deutliche Verschiebung der Variablenkonstellation von MERTON zu OPP konstatieren: Während bei ersterem (und insbesondere natürlich bei DURKHEIM) das abweichende Verhalten aus genuin soziologischen Variablen heraus begründet wurde, verändern sich diese bei OPP zu eher individuellen Merkmalen, die zwar sozialstrukturell determiniert sein können, doch können auch andere Bedingungen als Ursachen dafür auftreten. Diese Frage ist offen belassen.

Aufgrund des Wissenschaftsverständnisses von OPP versucht dieser natürlich sein Modell der Determination abweichenden Verhaltens, das quantitativ formuliert ist, auch quantitativ prognostisch zu nutzen, indem er einen Algorithmus konstruiert, der seinen theoretisch entwickelten Hypothesen genügt.

Soll also prognostiziert werden, ob sich Personen bzw. Gruppen in einer bestimmten Weise abweichend verhalten, so ist es erforderlich, Zielintensität, Intensität legitimer und illegitimer Normen und den Grad legitimer und illegitimer Möglichkeiten zu kennen. Genau hier tritt aber die schon mehrfach apostrophierte Schwierigkeit einer gültigen und zuverlässigen Operationalisierung auf. Während das Modell als solches sicher Plausibilität für sich in Anspruch nehmen kann (um den methodologischen Ausdruck der face-validity nicht zu verwenden), sind unseres Wissens keine ausreichend abgesicherte Operationalisierungen bisher möglich gewesen. Aber gehen wir mit Opp einmal davon aus, daß es vernünftige Operationalisierungen gäbe und fassen wir die im Modell genannten Bedingungen mathematisch, daß nämlich eine (abweichende oder konforme) Handlung sich als Folge (Funktion) aus den Zielen, Normen und Mitteln ergibt, so gelangt man zu der folgenden Formel:

$$H = Z \times M (N + aZ + bM) \qquad \text{(OPP 1974, S. 138)}$$

H = Handlung, Z = Ziele, M = Mittel, N = Normen, a,b = Gewichtskoeffizienten

In diese Formel sind folgende Prämissen eingegangen:

- H hat die Chance aufzutreten, wenn die Variablen Z, M und N größer als Null sind und mithin auch H größer als Null wird.
- H tritt nicht auf, wenn die anderen Variablen den Wert Null annehmen, weil dann H selbst Null wird.
- H tritt auch dann auf, wenn die Normen (N) nicht besonders ins Gewicht fallen (z.B. relativ schwach negativ sind) und die Ziele (Z) und Mittel (M) aber relativ hohe positive Werte haben.
- H tritt auch dann auf, wenn die Normen den Wert Null annehmen, Ziele und Mittel jedoch positiv sind (OPP 1974, S. 136f.).

Wie ist nun diese mathematische Formel zu beurteilen, die das theoretische Modell repräsentieren soll? Zunächst muß ergänzt werden, daß Ziele und Mittel im Klammerausdruck noch durch die Koeffizienten a und b gewichtet werden, um dem Modell zu entsprechen. Diese Koeffizienten werden von Opp mit 0,75 bzw. 0,25 angegeben. Zwar mögen diese Werte der Koeffizienten den oben genannten vier Bedingungen entsprechen, doch sind sie selbst iterativ, induktiv, in einem trial-and-error Verfahren gewonnen und nirgendwo theoretisch abgeleitet. Auch andere Koeffizientenkonstellationen könnten mit dem Modell kompatibel sein. Eigentlich hätten hier empirische Analysen einzusetzen, um in jedem einzelnen Fall die Gewichtung sinnvoll vornehmen zu können.

Zum zweiten ist gegen diese Formalisierung einzuwenden, daß Formalisierungen durchaus den Erkenntniswert steigern können, doch daß Voraussetzung für deren praktische Anwendung immer eine brauchbare Operationalisierung der begrifflichen Konzepte ist. Gerade aber durch die Quantifizierung erfährt die Operationalisierung nur eine vermeintliche Exaktheit und Schärfe, die eher als Meßartefakt – produziert durch die Operationalisierung – denn als gültiges Ergebnis zu sehen ist. Ist schon das Problem, welches in die Analyse einzubeziehende legitime und illegitime Mittel bzw. Normen sind, nur unvollkommen lösbar, so dürfte die

Quantifizierung von Intensitäten fast unmöglich sein; dies muß gerade auch deshalb so deutlich ausgesprochen werden, weil die inhaltlich-theoretische Argumentation, die zum Modell geführt hat, sicherlich ein wichtiger Beitrag zur Erhöhung der Erklärungskraft der Anomietheorie war (OPP 1974, S. 144 f.). Auch eine gelegentliche empirische Bestätigung als Sekundäranalyse älterer Untersuchungen (SPERGEL 1964) kann nicht darüber hinwegtäuschen, daß der Eindruck einer "Manipulation", die die Werte der Variablen und der Koeffizienten so lange verändert, bis "alles paßt", erhalten bleibt. Gleichwohl konnte durch die Formalisierung gezeigt werden, wie aus bestimmten Bedingungskonstellationen bestimmte Handlungen resultieren. Verzichtet man dabei auf quantifizierende Vorgehensweise, indem man nur in hohe und niedrige Merkmalsausprägungen der unabhängigen Variablen dichotomisiert, was die Meß- und Operationalisierungsprobleme entscheidend reduziert, so kann das OPPsche Modell besser als die anderen Theorieformen eine Prognose über das Auftreten abweichenden Verhaltens stellen. Dieses Modell ist umfassender, stringenter und präziser gefaßt und weist damit doch erhebliche Vorteile auf. (Ein noch differenzierteres Modell der Bedingungen für die Befolgung von Gesetzen zeichnet OPP an anderer Stelle [OPP 1975, S. 229].)

2.2.7. Die Anomietheorie in Gesamtschau

Vernachlässigt man die einzelnen referierten, autorenspezifischen Differenzierungen in den anomietheoretischen Konzeptionen, so bleibt ein soziologisch-sozialstrukturelles Gesamtkonzept von Anomie, das in seiner ätiologischen Orientierung versucht, abweichende Verhaltensweisen als Anpassungsprozesse von Gesellschaftsmitgliedern an widersprüchliche Anforderungen seitens der Gesellschaft zu fassen. Diese Theorie ist von ihrer Erklärung her soziologisch, weil gesamtgesellschaftliche Elemente als Ursachen für abweichendes Verhalten ausgewiesen werden. Sie ist insoweit individualistisch, als die Anpassungsprozesse an diese konfligierenden gesamtgesellschaftlichen Elemente individuell organisiert – wenn auch nicht unabhängig von anderen soziologischen Variablen – sind.

Divergenzen zwischen kultureller Struktur als Verhaltensforderungen an das einzelne Gesellschaftsmitglied und sozialer Struktur als ungleiche Verteilung von legitimen oder illegitimen Realisierungschancen sind die Determinanten von Devianz. Diese wird in relativer Loslösung aus dem situativen und interaktiven Kontext heraus, aus dem Anlegen des Maßstabes der Norm hervorgegangen, begriffen. Normsetzungsbedingungen, Normdurchsetzungsprozesse etc. sind nicht Gegenstand dieser Theorie. Sie sind ihr vorgelagert oder werden ausgeklammert. Die Frage der Anomietheorie ist nicht, welche Konsequenzen hat abweichendes Verhalten, sondern welches sind die sozialstrukturellen Ursachen von Devianz. Während einige Autoren sich explizit dieser und ähnlichen Fragestellungen widmen, gehen andere Anomietheoretiker dazu über, die sozialstrukturellen Bedingungen nicht als gesamtgesellschaftliches Phänomen zu begreifen, sondern dieses auf die Individuen zu beziehen, indem sie analysieren, inwieweit diese gesamtgesellschaftlichen Faktoren auf den einzelnen wirken.

Entscheidend bleibt für die Beurteilung der Anomietheorie, daß sie die erste soziologische Theorie ist, die versucht, sich von den älteren Ansätzen zu lösen, indem eine Gesamtkonzeption gesellschaftlicher Art entwickelt wird. Die hier summarisch-vereinfachend dargestellte Anomietheorie wird in dieser relativ pauschlierenden Form als Grundlage für ihre im 3. Kapitel durchzuführende Beurteilung herangezogen werden.

2.3. Theorien der Subkultur und des Kulturkonflikts

In den Vereinigten Staaten, die ja immer schon größere Probleme mit der *jugendlichen Bandenkriminalität* hatten als die europäischen Länder, entwickelte sich aus diesem sozialen Problem heraus auf der theoretischen Basis der Chicagoer Schule ein Ansatz, der als Subkulturtheorie in die soziologische und kriminologische Literatur Eingang gefunden hat. (In neuerer Zeit ist auch eine Zunahme der Jugendkriminalität in der Bundesrepublik Deutschland zu verzeichnen, die teilweise subkulturell angesiedelt ist und partiell in Bandenform auftritt.)

Die Soziologen der *Chicagoer Schule,* die zum Teil aus der konkreten Sozialarbeit mit kriminellen Jugendlichen kamen (KÖNIG 1968, S. X) oder aber sich in zumeist *teilnehmenden Beobachtungsstudien* mit dem Milieu vertraut machten, entwickelten durch ihre praktischen Erfahrungen, ihre theoretischen Auffassungen sowie durch ihre methodische Vorgehensweise bedingt theoretische Ansätze, die sich speziell auf jugendliche Kriminelle beziehen. Es entstand die Subkulturtheorie, die heute keineswegs nur auf die Kriminalität Jugendlicher und Heranwachsender beschränkt ist, sondern einen entscheidend weiteren Objektbereich aufweist und in vielerlei Hinsicht soziologisch und kriminologisch verwertbar ist. Die

Bedeutung dieser Subkulturtheorie und ihrer Apologeten ist nicht zu unterschätzen: "It is quite fair to say that subculture is the central idea of the domiant sociological view of delinquency" (MATZA 1967, S. 19). Diese etwas absolute Beurteilung muß man nicht unbedingt teilen, wenngleich der Einfluß der Subkulturtheorie auf die Soziologie abweichenden Verhaltens unbestreitbar ist.

Der Subkulturansatz geht davon aus, daß in größeren, komplexen sozialen Gebilden Normen, Werte und Symbole nicht für alle Elemente dieses sozialen Systems (konkret: alle Gesellschaftsmitglieder) gleich gelten oder gleiche Bedeutung haben. Vielmehr sind große soziale Konfigurationen in sich strukturiert durch verschiedene *Subsysteme,* die sich untereinander nicht zuletzt auch dadurch unterscheiden können, daß in ihnen unterschiedliche, differenzierte, nuancierte Werte und Normen gelten können. Diese Werte und Normen können selbst mehr oder weniger mit den Normen des übergeordneten Ganzen übereinstimmen, sich aber auch relativ stark von diesen abheben. Es gibt aber immer auch einige Basiswerte und -normen die von der dominanten und übergeordneten Kultur übernommen werden, was die Zugehörigkeit zum Gesamtsystem ausmacht. Subkulturen übernehmen also einige Normen der dominanten Kultur, unterscheiden sich jedoch in anderen Werten und Normen von dieser (vgl. WOLFGANG/FERRACUTI 1967, S. 103). Aus dieser *Wert-* und *Normdifferenzierung* lassen sich Erklärungen für abweichende Verhaltensweisen ableiten. Die Subkultur wird zu einem soziologischen Konzept der Erklärung abweichenden Verhaltens.

Aus der Tatsache unterschiedlicher Wert- und Normvorstellungen innerhalb einer Gesamtgesellschaft (und natürlich auch aus dem dann logisch notwendig-möglichen Auseinanderfallen von Werten und Normen zwischen verschiedenen Gesellschaften) entwickelten sich auch solche Theorien, die anders als die Subkulturansätze, davon ausgehen, daß es keine gemeinsame und grundlegende Basis der Subkulturen innerhalb von Gesamtkulturen gibt, sondern daß es sich geradezu um verschiedene Kulturen handelt. Aus dem Aufeinanderprallen bzw. der Inkongruenz verschiedener Kulturen kann man ebenfalls Erklärungen für das Auftreten abweichenden Verhaltens ableiten. Daher wurde dieses Kapitel mit "Theorien der Subkultur und des Kulturkonflikts" überschrieben.

Kennzeichnend für beide Ansätze ist der soziologische Charakter; individuelle Züge können vernachlässigt werden, weil mit Hilfe der sozialstrukturellen und kulturellen Differenzierung innerhalb von größeren sozialen Systemen die Abweichungen beschreibbar und erklärbar werden. Alle im einzelnen noch vorzustellenden Theorien genügen dieser Aussage; sie berufen sich auf subkulturelle oder kulturkonfligierende Kon-

Abb. 17: Theorien der Subkultur*

Theorien der Subkultur

Gefangenen-Subkultur, z. B. CLEMMER 1940

Subkultur jugendlicher Banden

Autochthone Subkulturen

Theorien des Kulturkonflikts, z. B. SELLIN 1936

THRASHER 1926

WHYTE 1943

COHEN 1955

YABLONSKI 1963

SHORT/STRODTBECK 1965

Unterschichtsubkultur, MILLER 1958

Subkultur der Gewalt WOLFGANG/FERRACUTI 1967

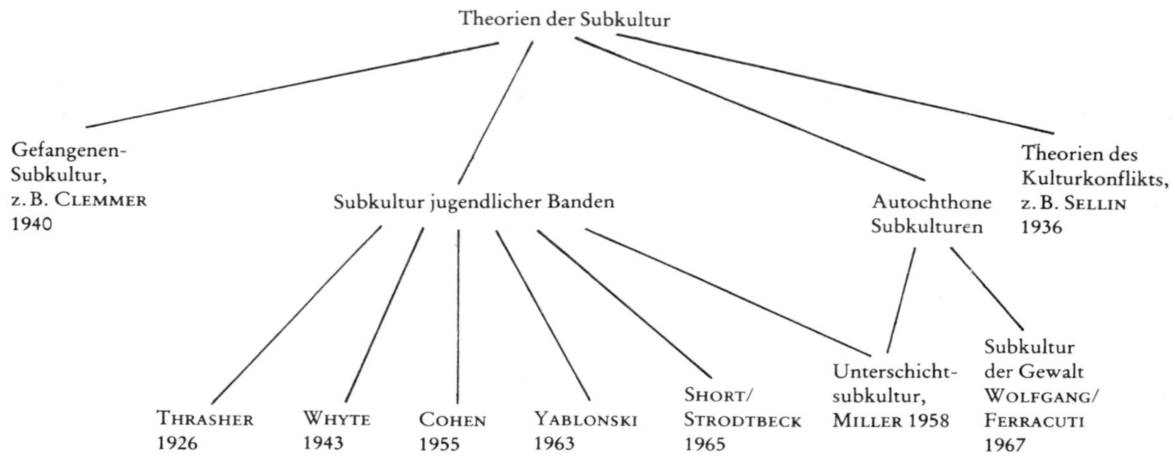

* Theorien der Mittelschicht-Subkulturen werden nicht behandelt und daher auch in die Abbildung nicht aufgenommen. Der interessierte Leser sei auf: COHEN (1961), ENGLAND Jr. (1959), SCOTT/VAZ (1963), BOHLKE (1961) verwiesen.

stellationen, die sozialstrukturell gefaßt werden können. (Gelegentlich wird explizit auf die Schicht- oder Klassenstruktur von Gesellschaften abgestellt, um das sozialstrukturelle Element mit greifbarem Inhalt zu versehen.) Daß auch aus anderen Theorien entliehene Erklärungselemente in die hier zu referierenden Ansätze einfließen, wird dem Leser unmittelbar auffallen (Sozialisationstheoretische Gesichtspunkte, kommunikationstheoretische Kriterien etc.), was auch schon aus einer einleitenden Definition für Subkultur ersichtlich ist: Subkultur kann definiert werden "als ein System von Überzeugungen und Werten, das sich in einem Prozeß kommunikativer Interaktion unter Kindern bildet, die durch ihre Position in der Sozialstruktur in einer ähnlichen Lage sind, als Lösung von Anpassungsproblemen, für die die bestehende Kultur keine befriedigenden Lösungen bereitstellt" (COHEN/SHORT 1968, S. 372f.).

2.3.1. TRASHER und WHYTE als frühe Subkultur"theoretiker"

Die beiden amerikanischen Autoren haben in den zwanziger bzw. dreißiger Jahren unseres Jahrhunderts in den USA verschiedene kriminelle Subkulturen untersucht und ausführlich beschrieben. Obgleich ihre Arbeiten noch nicht im Sinne von Theorien zu verstehen sind – auch wenn viele theoretische Einzelelemente enthalten sind –, sollen sie hier referiert werden, weil sie dem Leser einerseits eine gute Beschreibung von Subkulturen und der in ihnen ablaufenden Mechanismen liefern. Zum anderen geben sie einen ausgezeichneten Lagebericht der damaligen Situation in den Vereinigten Staaten, die insbesondere durch Bandenkriminalität Jugendlicher und Heranwachsender beeinträchtigt war. Diese Stimmungsbilder stellen somit auch eine wissenschaftshistorische Erklärung für die Genese der Subkulturtheorien und vor allem der wissenschaftlichen Beschäftigung mit Subkulturen dar.

THRASHER kann bei seinen zwischen 1919 und 1926 analysierten 1313 Gangs (Gangs können als eine Form der Subkultur angesehen werden) zu der Schlußfolgerung, es handele sich bei diesen um *Zwischengruppen*, die nur temporär und im Übergang existieren. Seine explorative Untersuchung lieferte erste Hypothesen, die auch nach seiner Auffassung nur mit Vorbehalten generalisierbar sein sollten (THRASHER 1936, S. XIII). (Leider hat er keine näheren Angaben über Planung und Durchführung der Untersuchung gemacht, so daß seine Ergebnisse methodisch nur schwer beurteilbar sind.)

Neben der Deskription der Gangs zeigt die Arbeit eine strenge Problemorientierung, während Bezugnahmen auf Theorien nur partiell und sporadisch erfolgen. Mit seinem Beitrag will er weitere Forschungen anregen und initiieren.

Gangs sind Gemeinschaften männlicher Jugendlicher, unter den besonderen Bedingungen, wie sie in modernen amerikanischen Großstädten gegeben sind. Sie spielen eine wesentliche Rolle hinsichtlich der Rekrutierung und Mobilisierung von Kriminellen; der Kampf gegen das organisierte Verbrechertum hat demzufolge vorbeugend bereits auf der Ebene jugendlicher Banden zu beginnen.

Gangs sind "Zwischengruppen", Ersatzlösungen für (männliche) Unterschichtjugendliche in (amerikanischen) Großstädten, die die Möglichkeit bieten, anderweitig nicht erfüllbare Gemeinschaftsbedürfnisse zu befriedigen. Sie stellen natürliche und spontane Reaktionen auf die vielfältigen Erfahrungen sozialer Mißstände, wie Desintegration der Familie, Korruption in der Politik, geringe Löhne, schlechte Arbeitsbedingungen, hohe Arbeitslosigkeit, unzumutbare Lebensverhältnisse in den Slums u. a. m. dar. Häufig tritt die Konfiguration von Immigranten (überproportional viele Gangmitglieder sind Farbige oder Einwanderer) mit einer neuen Kultur hinzu. Es handelt sich bei den Gangs um durch Konflikterfahrung integrierte Primärgruppen, die dem einzelnen Teilnahmemöglichkeiten an kollektiven Aktionen, neue Erfahrungen, Spannung, Genuß und Romantik vermitteln und die oft einzige Chance des Statuserwerbs bieten. Weiterhin entscheidend für die Bildung von Banden ist eine Abnahme der sozialen Kontrolle, die selbst viele sozialstrukturelle Ursachen haben kann.

Eine Gang ist also das Ergebnis des Wirkens verschiedener *sozialer* Umstände – THRASHER wendet sich hier gegen die Auffassung von einem "Gang-Instinkt" – und läßt sich durch folgende Merkmale knapp charakterisieren:

- *spontane und ungeplante Entstehung* (im Gegensatz etwa zu einem Verein);

- *intime persönliche (face-to-face) Kontakte* der eigentlichen Bandenmitglieder, d. h. des Kerns der Bande. Selbst die Mehrheit der bloßen Mitläufer muß wenigstens von Zeit zu Zeit zusammenkommen, da sonst Auflösung droht;

- *wechselseitige Stimulation und Reaktion* als rudimentäre Verhaltensformen (gemeinsames Herumlungern und Spielen etc.). Es besteht ein Übergang zur Menge: Mobbildungen werden oft von Gangs initiiert und das Verhalten des Mobs stimuliert wiederum die Gang, die nun ihr Publikum hat. Dies schließt aber nicht aus, daß Gangs, falls erforderlich, auch überlegt agieren. Je nach Typ der Gang wird planvolles Handeln einen anderen Stellenwert haben;

- *Betonung von Aktivität und Konflikt;* häufig sind Gangs das Ergebnis des Integrationseffekts von Konflikten mit anderen Gangs bzw. ihrer Umwelt.

- *Entwicklung von gemeinsamen Codes, Normen und Werten,* von Traditionen, Gruppenbewußtsein und Korpsgeist – im Gegensatz etwa zum Mob;
- *ungeplante Organisation:* Rollen- und Statussysteme sind nicht Produkt formaler Vereinbarungen oder Regeln, sondern Ergebnis der wechselseitigen Interaktionen der Mitglieder; die Ordnung ist natürlich und gewachsen, nicht geschaffen.
- *Bindung an ein Territorium,* das gegen andere Gangs verteidigt wird (THRASHER 1936, S. 45–58).
- Gangs entwickeln eine Dynamik, machen einen *Evolutionsprozeß* durch, der von einer diffusen und wenig organisierten Gruppe ausgehen und bis zu berufsmäßigen, kriminellen Vereinigungen reichen kann. Die Entwicklung kann aber auch dazwischen irgendwo abgebrochen werden bzw. stehen bleiben. (Hierzu ein relativ umfassendes Modell bei THRASHER 1936, S. 70.)

Diese generelle Beschreibung von Gangs, die wenigstens tendenziell auch erklärende Elemente enthält, wird durch die Angabe spezieller Gangtypen ergänzt. Obgleich jede Bande einen eigenen Charakter besitzt, entwickelt THRASHER anhand von Beispielen eine Typologie:

- Die *diffuse, amorphe Gang* ist gekennzeichnet durch eine nur kurzzeitige Solidarität. Die Gruppenstruktur ist locker, der Konsens der Mitglieder über die Führerschaft ist gering.
- Die *gefestigte, konsolidierte Bande* ist das Resultat einer längeren Entwicklung oder intensiver bzw. permanenter Konflikte nach außen. Loyalität und Gruppenmoral sind hoch, der Grad innerer Reibung gering.
- Der *konventionelle Typ* geht häufig auf die Initiative Außenstehender (Sozialarbeiter, Behörden, caritative Organisationen etc.) zurück. Zwar handelt es sich hier um mehr angepaßte Cliquen mit formaler Struktur (Mitgliedsbeiträge, Wahlen usw.), doch treten, besonders bei Verschwinden der Kontrolle, destruktive und demoralisierende Einflüsse auf.
- Der *kriminelle Typ* entsteht, wenn eine Integration der älter gewordenen Gang-Mitglieder in die Sozialstruktur nicht gelingt (THRASHER 1936, S. 58–69).

Neben diesen unvollständigen und herausgegriffenen Typen von Gangs (das Modell ist viel komplexer) können diese auch im Hinblick auf ihre Altersstruktur klassifiziert werden. Zwar sind viele Gangs altersmäßig heterogen zusammengesetzt (Kinder werden in kriminellen Gangs als Spitzel eingesetzt), doch lassen sich Dominanzen angeben:

- *Kinder-Gangs* mit diffuser Organisation, die um die Spielgruppe in der Nachbarschaft zentriert sind.

- *Gangs von Jugendlichen,* die besser organisiert sind als Kindergruppen. Sie sind lokal fixiert (Straßenecke), unbeaufsichtigt und halb delinquent (kleine Diebstähle, Vandalismus). Häufig nimmt die Entwicklung zum Berufsverbrecher von derartigen Gangs ihren Ausgang.
- *Erwachsenen-Gangs* sind meist in Club-Form organisiert (fester Treffpunkt, z. B. Clubräume, Lokal). Ihre Aktivitäten sind vielfältig und Konflikt spielt eine vergleichsweise geringe Rolle. Eine spezifische Art stellt der kriminelle Typ dar (THRASHER 1936, S. 72–76).

Aus der durch Konflikterfahrung entstandenen Gruppenidentität entwickelt sich eine Gemeinsamkeit von Gewohnheiten, Gefühlen, Einstellungen und Symbolen.

Wie in jeder Gruppe gibt es in Gangs Positionen, mehr oder weniger spezialisierte Rollen und Normen. Der einzelne Jugendliche hat in ihnen die (oft für ihn einzige) Möglichkeit, Status zu erwerben, und er mag selbst einen niedrigen Status in der Gruppe dem "statuslosen" Leben außerhalb vorziehen.

Die soziale Kontrolle in Gangs ist groß. Die Sanktionen beim Verstoß gegen die Gruppennormen reichen vom Auslachen und Geldstrafen bis zu Schlägen, Degradierung, Einschüchterung von Familienangehörigen des Mitglieds bis zu dessen Liquidation. Angebliche positive Sozialisationsfunktionen von Gangs auf die moralische Entwicklung der Mitglieder werden von THRASHER skeptisch beurteilt, denn die von manchen Autoren gepriesenen Gang-Tugenden haben nur Wert für die Gruppe, leisten jedoch keinen Beitrag zum Zurechtfinden in der Welt außerhalb.

Die Größe (Mitgliederzahl) ist durch die gangkonstitutive Bedingung der Möglichkeit von face-to-face-Kontakten beschränkt. Knapp ²/₃ der von THRASHER untersuchten Gangs umfaßten 20 oder weniger Mitglieder (THRASHER 1936, S. 319). Neben dem inneren Kreis, der eigentlichen Gang, gibt es auch noch eine größere Anzahl von Sympathisanten oder Mitläufern, die u. U. selbst wiederum in eigenen Cliquen organisiert sind. Übersteigt die Mitgliederzahl eine bestimmte Größe, so kommt es zur Spaltung oder zu einer Änderung der Organisationsstruktur, indem sich die Gang dem konventionellen Typ oder dem Club annähert.

Ungeachtet ihrer relativen Isolation unterhalten Gangs auch Außenbeziehungen. Sie schließen z. B. Allianzen mit anderen Gangs oder sind in umfassende Strukturen, z. B. Syndikate, eingebettet (THRASHER 1936, S. 323).

Zwischen den Gangs Jugendlicher und den kriminellen Banden Erwachsener läßt sich keine eindeutige Trennungslinie ziehen. Erstere stellen für letztere häufig eine Ursache dar, indem sie zur Rekrutierung, Mobilisierung und Organisierung der "kriminellen Gemeinschaft" beitragen. Kriminelle Karrieren haben häufig ihren Beginn lange bevor eine Person zum erstenmal vor den Strafrichter kommt. Mit zunehmendem Alter nimmt tendenziell die Schwere der begangenen Delikte zu.

Das Verbrechen in den USA der zwanziger und dreißiger Jahre unterscheidet sich von früheren Formen vor allem dadurch, daß es weniger zufällig und sporadisch, sondern mehr organisiert auftritt. Es gibt ganze kriminelle Gemeinschaften, die durch Flexibilität, Mobilität, Spezialisierung, Arbeitsteilung und die Fähigkeit, Allianzen mit anderen Organisationen zu bilden, gekennzeichnet sind. "Kriminalitätsunternehmer" (criminal enterprisers) koordinieren die Aktivitäten und stellen Verbindungen zu benötigten Spezialisten (gerissene Anwälte, bestechliche Politiker, verschwiegene Ärzte usw.) her. Einige solcher krimineller Gruppen sind direkte Fortläufer jugendlicher Gangs, doch findet in der Regel eine Selektion statt: Viele Bandenmitglieder steigen z. B. mit der Eheschließung und zunehmendem Alter aus der Gruppe aus. Die verbleibenden sind die Opfer des Zusammenwirkens verschiedener Umstände, wobei dem Gefängniswesen als Verstärker eine besondere Rolle zukommt.

Gerade weil die Mehrzahl der jugendlichen Gang-Mitglieder irgendwann einmal den Absprung als Lösung von der Subkultur und Anpassung an die gesamtgesellschaftlichen Erwartungen schafft, spricht THRASHER von Gangs als Zwischengruppen, als Ersatzbefriedigungsmöglichkeiten für gesamtgesellschaftlich nicht angebotene Bedürfnisbefriedigungen. Allerdings wird auch nicht verkannt, daß die Sozialisation und die Bedürfnisbefriedigung in der Gang als Katalysator für die spätere Laufbahn des Berufs-Kriminellen wirken.

WHYTE's Arbeit ist jünger als die THRASHER's. Sie ist vor allem unter methodischen Gesichtspunkten bemerkenswert, da WHYTE als teilnehmender Beobachter drei Jahre lang Mitglied einer Gang war. Er war vor allem an der *Beschreibung und Analyse informeller Cliquen* interessiert, unabhängig davon ob diese sich abweichend oder konform verhalten. Daher sind seine Erkenntnisse nur indirekt für die Erklärung kriminellen Verhaltens verwertbar.

Er konnte durch seine Beobachtungen die allgemein gehegte Vermutung, daß Slums desorganisiert sind, durch den Existenznachweis zahlreicher Gruppen mit festgefügter Struktur, konsistenten Normen- und Wertsystemen, einem relativ rigiden Code sexualmoralischer Vorstellungen usw. widerlegen. Die Generalisierbarkeit auch seiner Erkenntnisse ist als eingeschränkt zu bezeichnen, da sich sein Datenmaterial vornehmlich auf italienische Einwanderer und deren Nachkommen bezog und nicht auszuschließen ist, daß aus der Nationalität sich bestimmte Strukturen in den Gruppen ergeben haben.

WHYTE's Untersuchung unterscheidet sich von der THRASHER's vor allem in dreifacher Hinsicht:

- Die Gangmitglieder waren sämtlich erwachsen, zumeist im Alter zwischen 20 und 30 Jahren (es handelt sich also um Erwachsenen-Gangs im Sinne THRASHER's)
- WHYTE war nicht primär interessiert an Ursachen und Erscheinungsformen kriminellen Verhaltens, sondern am Verhalten in informellen Cliquen bzw. der Organisation solcher Gruppen, deren Mitglieder u. a. auch illegale Handlungen begingen.
- WHYTE untersuchte lediglich fünf Gangs, jedoch über einen Zeitraum von mehr als drei Jahren (1936–1939). Er zog nach Cornerville (der Name ist nicht authentisch), einem Slum-Viertel von Boston und quartierte sich dort ein. Nach anfänglichen Schwierigkeiten gewann er schließlich die Unterstützung des Anführers einer Gang, womit ihm der Zugang zu Außenstehenden verborgenen Sachverhalten möglich wurde (vgl. dazu WHYTE 1955, S. 279–358).

In seiner Untersuchung betont WHYTE, daß innerhalb von Slums verschiedene Bezirke mit unterschiedlichem Organisationsgrad liegen und die generelle These der Desorganisation somit nicht haltbar sei. Neben mißlungener Anpassung, die ohne Zweifel anzutreffen war, habe es auch Beispiele erfolgreicher Assimilation und geringer Intergenerationenkonflikte bei den Immigranten gegeben und auch in desorganisierten Familien wären Verhaltensregulierungen und -steuerungen durch die Gruppe auf einer persönlichen Basis zu verzeichnen gewesen (WHYTE 1943a, S. 36–38). *Von Desorganisation läßt sich nur insofern sprechen, als eine Abnahme des Einflusses bestimmter sozialer Regeln (der Mittelschicht) beobachtet wird, wobei man die Entstehung neuer Regeln leicht übersieht* (WHYTE 1943a, S. 38).

Der Grund dafür, daß ein Verhalten gemäß der Unterschichtnormen als Abweichung bzw. Desorganisation gesehen wird, liegt darin, daß es keine Verbindung von Unterschicht- und Mittelschichtorganisation gibt (WHYTE 1955, S. 273; vgl. dazu auch HAFERKAMP 1972, S. 53). Bestimmte Verhaltensweisen und Eigenschaften wie Härte, die Fähigkeit, Schläge auszuteilen und einzustecken oder bestimmte sportliche Leistungen wurden, unabhängig von der Legalität oder Illegalität nach dem Mittelschichtcode, hoch bewertet (vgl. MILLER, 2.3.4.). Gewisse Handlungen, wie z. B. das Bestehlen Betrunkener wurden als eines Bandenmitgliedes nicht würdig mißbilligt (HOMANS 1960, S. 170). Die Existenz einer funktionierenden Normen- und Wertestruktur soll am Beispiel sexueller Standards näher exemplifiziert werden. Diese dienen dazu, den subkulturellen Kanon (den Normensatz) zur Sexualität als vorhanden und von der Gesamtgesellschaft verschieden auszuweisen. (Dabei ist aber zu berücksichtigen, daß die entsprechenden Traditionen der spezifischen ethnischen Gruppe von maßgeblicher Bedeutung gewesen sein dürften und Rückschlüsse auf einen generellen sexuellen Code der Unterschicht oder Gang-Mitgliedern unzulässig sind.)

Die Jungen ordneten Mädchen in ein Schema von vier Kategorien ein. Am höchsten rangierten dabei "gute" Mädchen, d.h. Jungfrauen. Obgleich sie den höchsten Wert hatten, verbot es der Code den Jungen, sie zu verführen und verpflichtete sie dazu, Jungfräulichkeit zu beschützen und günstige Situationen nicht auszunutzen. Bei den Mädchen der anderen Kategorien konnten sich die Jungen mehr Freiheiten herausnehmen. Wenn sie auch schließlich nur Jungfrauen heiraten sollten, konnten sie mit anderen Mädchen sexuelle Beziehungen unterhalten, wobei aber auch hier eine Rangordnung bestand: Am wenigsten angesehen waren Prostituierte; sie um ihren Lohn zu prellen, war "clever". Mädchen, die mit mehreren Männern Umgang hatten, galten mehr, aber weniger als solche, die nur mit einem liiert waren, wobei die Gefahr für die Mädchen besonders groß war, von der zweiten zur dritten Kategorie abzurutschen (WHYTE 1943b, S. 24–31).

Stellvertretend für andere Gruppen sei die erste der von WHYTE untersuchten Gangs als Subkultur näher umschrieben. Die Norton-Gang (benannt nach der Norton-Straße, wo ihr Territorium war) bestand aus 13 Mitgliedern, vorwiegend den Nachkommen italienischer Einwanderer, waren etwa 20–30 Jahre alt, hatten nur Grundschulbildung und waren zum größten Teil arbeitslos oder schlugen sich durch Gelegenheitsarbeiten durch.

Sie trafen sich fast jeden Nachmittag oder Abend an ihrer "Ecke" (die auch Gehsteige, Bars, Cafes und Billardzimmer mit umfaßte) zur Unterhaltung oder zu verschiedenen meist sportlichen Unternehmungen. Die Gesprächsthemen drehten sich vorwiegend um Sport, Sex, Politik oder persönliche Angelegenheiten. Aus der gewohnheitsmäßigen Verbindung der Männer über einen längeren Zeitraum hinweg, zurückgehend bis in die Kindheit, hatte sich eine stabile Struktur entwickelt mit regelmäßigen sozialen Aktivitäten, einer Hierarchie (von den Mitgliedern selbst kaum wahrgenommen, sich aber verschiedentlich z.B. in der Sitzordnung im Cafe oder im Ausmaß der finanziellen Unterstützung manifestierend) und einem System von Werten, Normen und Verpflichtungen.

Die Familie spielte bei den Bandenmitgliedern eine vergleichsweise geringe Rolle (vielfach war eine Desorganisation zu beobachten); ihr Zuhause galt ihnen vorwiegend nur als Schlafgelegenheit und auch der Unterschied zwischen Verheirateten und Ledigen war in dieser Beziehung gering (vgl. hierzu SHORT/STRODTBECK, 2.3.6.). Hier zeigen sich erhebliche Differenzen zur Familienideologie der Mittelschichten.

Aufgrund des Mangels an sozialer Sicherheit und Bestätigung, den die Eckenjungen erfahren, ist die Interaktionsrate innerhalb der Gruppe und der Gruppenzusammenhalt groß: "Der Mangel an größerer sozialer Erfahrung trägt zu der engen Verbindung mit kleinen Freundesgruppen bei, ist aber auch eine Folge derselben" (HOMANS 1960, S. 167). Dies führt zu weiterer Isolation nach und von außen, zu einer stärkeren Innenorientierung und zu stärkerer Gruppenabhängigkeit. Auch hier zeigen sich Unterschiede zu dem Kodex der Mittelschichten: Während bei Mittelschichtjugendlichen eine individualistische Aufstiegsorientierung vorherrscht, (die ein tendenzielles Lösen von der Gruppe voraussetzt), ist der Unterschichtjunge oft unfähig oder auch unwillig, sich von seiner Subkultur loszusagen (WHYTE 1955, S. 107).

Daß die so beschriebene Subkultur der Gang in den Slums von Boston nicht als *Kontrakultur* perzipiert werden kann, läßt sich durch Gemeinsamkeiten mit der Mittelschichtkultur belegen. So laufen Führungsprozesse in der Gang ganz ähnlich ab – nämlich als Produkt sozialer Interaktionen – wie in anderen informellen oder formellen Gruppen auch. Es zeigen sich erhebliche Strukturähnlichkeiten bezüglich der Kommunikationsabläufe zu hierarchisch organisierten Gebilden oder Organisationen, wie sie auch in der Industrie anzutreffen sind. Als Beispiel hierfür soll gezeigt werden, welche Wege von rangniedrigen Mitgliedern eingehalten werden mußten, um eigene Vorstellungen über das, was die Gruppe tun sollte, erfolgreich durchzusetzen.

Mit dieser Vorstellung der Untersuchungen THRASHER's und WHYTE's wurde das Ziel verfolgt, dem Leser einen ersten illustrativen Einblick in spezifische Formen der Subkultur zu geben. Beide Untersuchungen sind eher deskriptiv als theoretisch gehalten. Sie sind als problemorientierter Einstieg und Wegbereiter für spätere Theorieversuche zu betrachten und haben deswegen einen heuristischen Wert. Die geschilderten Verhältnisse der zwanziger und dreißiger Jahre dürften zeitbezogen richtig, heute jedoch obsolet sein. Da sich die realen Verhältnisse in den USA doch verändert haben und in anderen Ländern die Gangs nie diese bedeutsame Rolle gespielt haben, hat auch das Subkulturkonzept etwas an Bedeutung verloren. Gleichwohl werden in den folgenden Abschnitten unterschiedliche subkulturelle Ansätze referiert.

2.3.2. Die Subkulturtheorie nach COHEN

Subkulturen sind nach COHEN kollektive Reaktionen auf Anpassungsprobleme, die aus gesellschaftlich ungleichen Lagen entstehen und für die eine bestehende Kultur

Abb. 18: Gruppenstruktur der Norton-Gang (WHYTE 1955, S. 13)

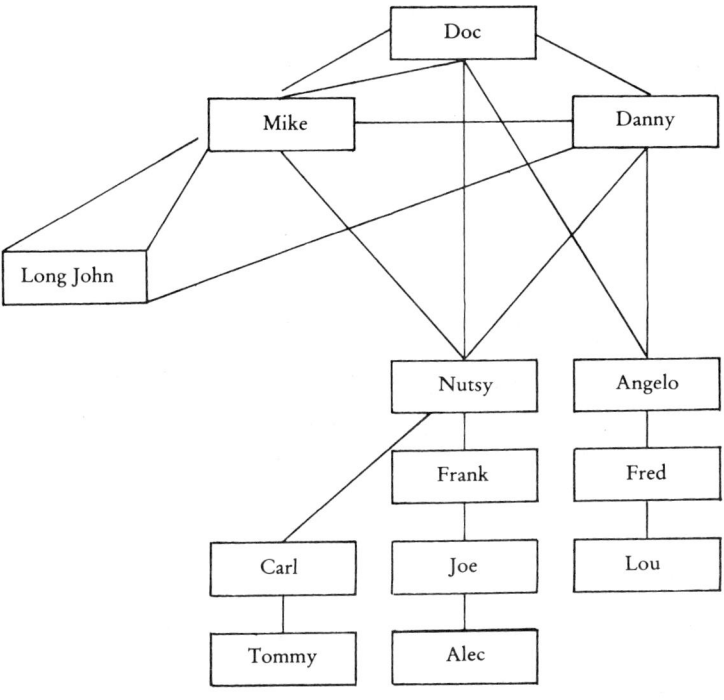

keine zureichenden Lösungen zur Verfügung stellen kann bzw. stellt. (Aus der Tatsache, daß keine akzeptablen Lösungen angeboten werden, muß ja nicht geschlossen werden, daß keine angeboten werden können!) Im Gegensatz zu den Kulturübertragungstheorien oder zur Theorie der differentiellen Assoziation, die von einer schon bestehenden delinquenten (Sub)kultur ausgehen, stellt COHEN auf eine soziologische, strukturell-funktionale Theorie ab, die nach Voraussetzungen, Genese, Inhalt und Verteilung delinquenter Subkulturen fragt.

COHEN's Subkulturbegriff ist aus dem Studium jugendlicher Subkulturen (jugendliche Gangs) entwickelt worden und unterliegt insofern einer gewissen Einschränkung. (Man kann jedoch eine Generalisierung auf alle Subkulturen bei geringen inhaltlichen Modifikationen vornehmen.) Er beschreibt eine *"Basis-Subkultur"*, die er in verschiedene Abarten differenziert. Delinquenz stellt sich in diesen Subkulturen nicht als zielgerichtetes, intendiertes und bewußt abweichendes Verhalten dar, wie das etwa bei dem Typ des Innovators in der Anomietheorie unterstellt war, sondern Devianz ist eine irrationale Reaktion auf die durch die Diskrepanz zwischen demokratischer Ideologie und Klassengesellschaft entstandenen Anpassungs- und vor allem Statusprobleme Jugendlicher der Unterschicht.

Ausgangspunkt ist für COHEN, daß sich die Jugendkriminalität in den USA meist in aus männlichen Jugendlichen der Unterschicht bestehenden Banden abspielt (COHEN/SHORT 1968, S. 372). Den "Inhalt", d. h. das Normen- und Wertesystem solcher Banden, die er für die typische Subkultur Jugendlicher bzw. für die häufigste Spielart oder "Basis-Subkultur" hält, beschreibt er als negativistisch, d. h. nichtutilitaristisch, bösartig, autonom und vielseitig (COHEN/SHORT 1969, S. 373). Wenn nun Jugendkriminalität hauptsächlich in der Teilnahme an kriminellen Subkulturen besteht, die ihrerseits von der Sozialstruktur abhängen (COHEN 1957, S. 103), so stellt sich zur Lösung dieses Problems die Frage nach den Strukturbedingungen für die Entstehung der Subkulturen.

Basis seiner Überlegungen hierzu ist, "daß alles Handeln das Ergebnis von andauernden Bemühungen ist, Probleme der Anpassung zu lösen" (COHEN 1957, S. 105). Anpassungsprobleme hängen von Persönlichkeits- und Situationskomponenten sozialer Felder ab, d. h., durch die Subsysteme der Rekrutierung, der Rollenzuteilung, der Sozialisation, der Macht, der Kommunikation, des Eigentums usw. werden Persönlichkeiten, Situationen und damit entsprechende Anpassungsprobleme in charakteristischer Weise über das weitere soziale System verteilt. Diese Anpassungsprobleme setzen einen Spannungszustand voraus, der auf verschiedene Weise bewältigt werden kann. Eine Lösungsform ist die *legale* (z. B. kann die Spannung zwischen einem niedrigeren Einkommen und dem Wunsch nach Reichtum durch Lottospielen gelöst werden). Da es nicht für alle Situationen befriedigende institutionalisierte Lösungen gibt, muß eine gewisse Frustrationstoleranz bei den Individuen vorausgesetzt werden können (vgl. "Konformität" bei MERTON).

Eine zweite Lösungsmöglichkeit dieses Spannungsverhältnisses besteht in einem möglichen *Wechsel der Bezugsgruppe,* falls die in der eigenen Gruppe institutionalisierte Lösung als nicht angemessen erscheint (z. B. Senkung des Anspruchsniveaus und Orientierung an einer seinem geringen Einkommen entsprechenden Bezugsgruppe für den oben erwähnten Lottospieler) ("Aufgabe des Zieles" in der Terminologie MERTON's).

Zusammenschlüsse sind eine dritte Anpassungsmöglichkeit an diese Spannungszustände: Gibt es für eine Anzahl von Personen mit ähnlichen Anpassungsproblemen keine institutionalisierte Lösung und auch keine verfügbare alternative Bezugsgruppe einerseits, günstige, Kommunikation und Zusammenschluß fördernde Umstände andererseits, so kann es zu Zusammenschlüssen kommen; im Verlauf der Interaktionsprozesse entstehen gemeinsame Normen, Werte, Verhaltensweisen und Rollensysteme und als Endergebnis schließlich eine Subkultur (COHEN 1957, S. 105–108).

So könnte z. B. der erwähnte Lottospieler unfähig sein, sein Anspruchsniveau zu senken oder realistische institutionalisierte Möglichkeiten zur Erzielung eines höheren Einkommens wahrzunehmen; er kann sich mit anderen in einer vergleichbaren Situation zusammentun. Gemeinsam werden dann etwa Einstellungen und Ideologien entwickelt, die bestimmte Arten abweichenden Verhaltens rechtfertigen usw., bis endlich auch entsprechende delinquente Aktionen durchgeführt werden.

Diese allgemein skizzierten Anpassungsprobleme, die auf situative Bedingungen der gesellschaftlichen Subsysteme zurückgeführt und für die drei Lösungsmöglichkeiten der daraus entstehenden Spannungsverhältnisse genannt wurden, erfahren eine Konkretion in deren Anwendung auf die Arbeiterklasse bzw. Unterschicht (beide Begriffe werden hier synonym verwendet, sind also nicht auf bestimmte theoretische Ansätze bezogen).

Subkulturen stellen eine Möglichkeit der kollektiven Lösung eines gemeinsamen Problems dar (COHEN 1968a, S. 186). Voraussetzung für die noch zu skizzierende *negativistische Basis-Subkultur* ist das Auftreten einer Diskrepanz zwischen einer Klassengesellschaft einerseits und einer demokratischen Ideologie andererseits, die einheitliche Bewährungs- und Aufstiegskriterien und den Anspruch der Chancengleichheit enthält. Zwar gelten die Normen und Werte der Mittelschicht gesamtgesellschaftlich, also auch für Angehörige der Unterschicht, doch vermögen diese ihnen nicht in ausreichendem Maße zu genügen, um in einen erfolgversprechenden Statuswettbewerb mit den Mittelschichtangehörigen eintreten zu können, woraus sich Unzufriedenheiten, Spannungen und Frustrationen ergeben, die, da gute Interaktionsmöglichkeiten bestehen, nach einer kollektiven Lösung drängen.

Auf mehrfache Weise ergibt sich eine *Deprivation der Unterschichtangehörigen:* So konnten sie die Mittelklassemaßstäbe und -motivationen sowie die dazugehörigen Fähigkeiten (Ehrgeiz, Selbständigkeit, verbale Fertigkeiten, Aufschub von unmittelbarer Bedürfnisbefriedigung [=deferred gratification pattern]) aufgrund unterschiedlicher Sozialisationsbedingungen (z. B. weniger effektive elterliche Kontrolle, verglichen mit der Mittelschicht) nur in geringerem Ausmaß internalisieren. Hinzu tritt der Einfluß von Verhaltensmustern und Einstellungen der Unterklasse ("Ethik der Gegenseitigkeit" z. B.) die sich negativ auf das individuelle Leistungsstreben auswirken, eine stärkere Abhängigkeit von Primärgruppen (im Gegensatz zur Betonung von Individualismus in der Mittelschicht), eine erhöhte Bedeutung von Aggressivität (anstelle von Selbstkontrolle und der Betonung guter Umgangsformen), sowie die geringen Möglichkeiten, für die dominante Welt der Mittelklasse adäquate Verhaltensformen einzuüben.

Aufgrund der Existenz von nur einer Statuswelt, nämlich der der Mittelklasse (vgl. dagegen MILLER 2.3.4.) erfährt der Unterschichtangehörige Unzufriedenheit mit der eigenen sozialen Lage (COHEN 1961, S. 64–72). Da es zur Reduktion der so entstandenen Spannungen weder institutionalisierte Möglichkeiten gibt, noch die Wahl anderer Bezugsgruppen bleibt und sich weiterhin eine beträchtliche Anzahl von Personen in einer ähnlichen Situation befinden, über die sie sich gegenseitig verständigen können, entsteht – da alle Voraussetzungen gegeben sind – die Lösungsform des Zusammenschlusses, die ihre reale Entsprechung in der Bandenkultur findet (COHEN 1961, S. 43). Als wesentliches Element der Erklärung war die Unzufriedenheit mit der eigenen sozialen Lage, waren die Statusprobleme genannt worden. Damit gelangen wir zu COHEN's zentraler Hypothese, wonach *"... die Kultur der Bande ... diese Probleme (löst), indem sie Statuskriterien schafft, nach denen diese Kinder und Jugendlichen zu leben imstande sind"* (COHEN 1961, S. 91). Da jedoch die Mittelklassenormen für gesamtgesellschaftlich allgemeingültig angesehen werden und auch entsprechend internalisiert wurden, ist ein komplizierter Mechanismus notwendig, um den Leidens- und Versagensdruck zu mildern und den einzelnen, der den Normen nicht genügen kann, von Schuldgefühlen, Selbstanklagen und Selbsthaß zu befreien (MOSER 1970, S. 32). Dieser Mechanismus kann nach COHEN nur in der vollständigen, kollektiv-solidarischen und im Gruppenmaßstab vollzogenen Ablehnung der Mittelklassenmaßstäbe und -normen wirksam werden, ja nur in der Verkehrung dieser Werte und Normen in ihr Gegenteil erfolgen (COHEN 1955, S. 133). In dieser Umkehrung der Mittelschichtmaßstäbe ist dann häufig auch die Möglichkeit enthalten, vorhandene Aggressionen zu legitimieren (COHEN 1955, S. 131).

In Anlehnung an den entsprechenden Begriff in der Psychoanalyse verwendet COHEN hierfür den Terminus "Reaktionsbildung". (Die Verwendung dieses Begriffs wird von MOSER [unter Bezugnahme auf KITSUSE/DIETRICK 1959] abgelehnt, da er sich bei COHEN auf die Abwehr von Normen [anstatt von Trieben bzw. die damit verbundenen Affekte] bezieht [MOSER 1970, S. 33]). Charakteristisch ist eine übertriebene, disproportionale und abnorme Intensität der Reaktion, die in keinem Verhältnis zum auslösenden Stimulus steht (COHEN 1955, S. 133). Daraus ergibt sich der, im Hinblick auf das Werte- und Normensystem der Mittelklasse, *negativistische Charakter*, was heißen soll, daß das delinquente Verhalten deshalb begangen wird, weil es verboten ist und daher eine bewußte Verneinung der herrschenden konventionellen (Mittelklasse-) Kultur bedeutet (vgl. dagegen MILLER 2.3.4.).

Die zweite Charakterisierung einer solchen Basis-Subkultur als *nicht-utilitaristisch* beinhaltet, daß die verbotene Handlung nicht aufgrund der Erwartung eines Vorteiles begangen, also nicht als angemessenes (obgleich illegitimes) Mittel zur Erreichung eines bestimmten Zieles aufgefaßt wird. Nicht ein individueller oder kollektiver (materieller) Nutzen ist Handlungsmotiv und Ursache des abweichenden Verhaltens, auch wenn nicht ausgeschlossen werden kann, daß persönlichkeitsspezifische, abnorme Befriedigungen empfunden werden, wenn mutwillig Objekte zerstört werden oder Vandalismus praktiziert wird, was als Anwendungsbeispiele für nicht-utilitaristische Orientierung gelten kann. "Böswilligkeit" schließlich bedeutet, daß es Zweck des betreffenden delinquenten Verhaltens ist, andere Personen damit zu ärgern (COHEN 1957, S. 109). (Beispiel: Fahren mit "frisierten" Motorrädern.)

Diese attributive Charakterisierung der Reaktionsweisen von Basis-Subkulturen als Anpassungsprozesse auf gesellschaftlich induzierte Spannungszustände scheinen ein treffendes Bild von jugendlicher Bandenkriminalität oder auch von Vorstufen davon zu zeichnen. Die Kategorien zur Kennzeichnung selbst sind nach unserem Dafürhalten allerdings nicht trennscharf und vermutlich sprachlich redundant. Eine klare Unterscheidung zwischen negativistisch, non-utilitaristisch und bösartig dürfte nur schwer vorzunehmen sein. Als Stimmungsbild der Reaktionen sind diese Charakterisierungen aber illustrativ und eingängig.

Die so beschriebenen Reaktionsweisen sind für Subkulturen des Basistyps konstitutiv. Die von den Subkulturen allgemein praktizierten Anpassungsprozesse in der Form gesamtgesellschaftlich definierter Abweichung sind in vielerlei Hinsicht für die Mitglieder der Subkulturen funktional, denn nur so läßt sich die Beständigkeit der Abweichung (Lebensdauer der Banden, Rückfallkriminalität etc.) erklären:

- Subkulturen verleihen ihren Mitgliedern Status, den sie anderweitig (im Mittelklasse-System) nicht erreichen können (vgl. z. B. auch THRASHER 2.3.1.).
- Sie rechtfertigen Feindseligkeit und Aggression gegen jene, derentwegen die Selbstachtung ihrer Mitglieder leidet (COHEN 1957, S. 111; vgl. auch SYKES und MATZA 2.4.5.).
  (Dabei vernachlässigt COHEN jedoch das Frustrations- und Aggressionspotential aus den (Unterschicht-) Sozialisationserfahrungen vor der Berührung mit der Sozialstruktur (MOSER 1970, S. 34).
- Sie vermindern Angst- und Schuldgefühle, indem die Gesamtheit der übrigen Mitglieder als Bezugsgruppe herangezogen werden kann (CO-

HEN 1957, S. 111). Die Teilnahme an einer Subkultur stellt eine Neutralisationstechnik im Sinne von SYKES und MATZA dar (COHEN/SHORT 1968, S. 374) – die Versagenssituation wird somit erträglich gestaltet. COHEN unterscheidet sechs Arten delinquenter Subkulturen (COHEN/SHORT 1968, S. 378 ff.). Bei der nachfolgenden Zusammenstellung handelt es sich um die hauptsächlich auftretenden Typen aus der Vielfalt delinquenter Subkulturen. Den beiden zuletztgenannten Typen – der delinquenten Mittelklasse-Subkultur und der weiblichen delinquenten Subkultur wird dabei mehr Raum zugestanden; ersterer, da sich die bisherigen Darstellungen der Subkulturtheorie vorwiegend an der männlichen Basis-Subkultur orientierten (wobei die nachfolgenden drei Typen nach CO-HEN/SHORT nur Varianten dazu darstellen); letzterer, weil hierzu am wenigsten bekannt ist (COHEN/SHORT 1968, S. 390).

a) Die *männliche Basis-Subkultur* wurde in COHEN's Buch "Kriminelle Jugend" als "die" Subkultur bezeichnet und ist gekennzeichnet als nicht-utilitaristisch, negativistisch, bösartig und vielseitig, sowie durch kurzfristigen Hedonismus und Gruppenautonomie. Sie ist beschänkt auf die Arbeiterklasse. Die Bezeichnung "Basis-Subkultur" wurde gewählt, weil sie die am häufigsten vorkommende Spielart darstellt. Ihr Organisationsprinzip sind kleine Banden oder Cliquen.

b) Die *konfliktorientierte Subkultur* ist im Gegensatz dazu eine Kultur großer Banden (von ca. 20 bis zu hunderten von Mitgliedern) mit komplexer Organisation, Rollendifferenzierung, altersmäßiger und territorialer Gliederung und einem eigenen Ehrenkodex. Der Status der Bande bestimmt sich weitgehend aus ihrer Härte. In ihren Aktivitäten zeigen diese Banden die allgemein beobachteten Merkmale delinquenter Subkulturen, wie Trinken, Sex, Glücksspiel, Stehlen und Vandalismus. Sie konzentrieren sich auf Stadtteile von hoher Mobilität, hohem Anteil der Arbeiterbevölkerung, Armut und vielen Anzeichen der Desorganisation (COHEN/SHORT 1968, S. 379).
Häufiger als die eben charakterisierten reinen Formen dürften Zwischengebilde von Basis-Subkultur und Konfliktgang sein, nämlich locker organisierte Koalitionen von Cliquen, die sich nur sporadisch zur Ausübung offener Gewalt zusammenschließen (vgl. dazu YABLONSKI 2.3.5.). (Männliche Basis-Subkultur und konfliktorientiere Subkultur entsprechen der "Konflikt-Subkultur" bei CLOWARD und OHLIN; vgl. Abschn. 2.4.3.)

c) Die *Subkultur der Rauschgiftsüchtigen*. COHEN bezieht sich hierbei auf zwei empirische Untersuchungen (FINESTONE 1957; CHEIN/ROSEN-FELD 1957), die zu dem Ergebnis kommen, daß Rauschgiftsucht und Kriminalität gemeinsam auftreten; Rauschgiftsucht in Gemeinden entsteht, die bereits durch ein hohes Maß an Delinquenz gekennzeichnet sind und die meisten Süchtigen bereits vorher delinquent waren. Süchtige meiden gewalttätige Formen der Delinquenz (Körperverletzung, Vandalismus) und ziehen einkommensträchtige vor, d. h. es herrscht im Gegensatz zur Basis-Subkultur und zur konfliktorientierten Subkultur ein starker utilitaristischer Zug.

Die Süchtigen sind in der Regel Mitglieder organisierter Gangs, nehmen darin aber eine Randposition ein bzw. genießen relative Autonomie. "Der Angehörige dieser Subkultur gibt sich 'kühl', selbstbeherrscht, selbstsicher und von sich eingenommen, legt großen Wert auf die ästhetischen Reize von Kleidung und Musik und besitzt einen ausgeprägten und kritischen Geschmack" (COHEN/SHORT 1968, S. 381).

Beide zitierten Untersuchungen fanden die Rauschgiftsüchtigen Subkulturen in den am meisten verelendeten Stadtteilen, ferner eine Überrepräsentation stark diskriminierter Minderheiten in ihr, hohe Mobilität, Familiendesorganisation und das Fehlen wirksamer sozialer Kontrolle. (Vgl. hierzu einerseits den Rückzugstypus bei MERTON und den Typus der Rückzugs-Subkultur bei CLOWARD und OHLIN in 2.4.3.)

d) *Halbprofessioneller Diebstahl.* Diese Subkultur erfaßt die Minorität derjenigen, die sich im Alter von 16–17 Jahren von der Basis-Subkultur absetzen und sich auf utilitaristisch motiviertes Verbrechen konzentrieren. Über Gemeinsamkeiten und Differenzen zur Basis-Subkultur können jedoch nur Vermutungen angestellt werden (COHEN/SHORT 1968, S. 382). (Vgl. hierzu den Typ der kriminellen Subkultur bei CLOWARD und OHLIN in 2.4.3.)

e) Die *delinquente Mittelklassen-Subkultur* unterscheidet sich von den bisher genannten Typen dadurch, daß sie nicht auf analoge Weise erklärt werden kann, obgleich auch sie Anpassungsprobleme widerspiegelt. Zwar hat der Mittelschichtjugendliche andere Statusprobleme als Angehörige der Arbeiterklasse, und aufgrund seiner spezifischen Sozialisation kann er die Anforderungen in einer Bande (z. B. Unterordnung, Loyalität [vgl. THRASHER, WHYTE oder MILLER]) weniger gut erfüllen, doch hat sich seine Situation infolge der Auswirkungen des sozialen Wandels im Vergleich zu früher grundlegend geändert: Durch die Produktivitätssteigerung und die Veränderungen auf dem Arbeitsmarkt hat sich die Funktion der Schule gewandelt, d. h. sie ist nicht länger in der Lage, ein hohes Leistungsniveau aufrechtzuerhalten: Dadurch, daß für die Schüler der Zusammenhang zwischen Schulleistung und der Erreichung zukünftiger Ziele z. T. verlorengegangen ist, sind auch die strukturellen Stützen des "Musters der aufgeschobenen Belohnungen" (deferred gratification pattern) geschwächt worden.

Da keine direkte Verbindung von Konsum- und Vergnügungsverzicht zugunsten "konstruktiver" Tätigkeiten für den späteren Erfolg in der Rolle des männlichen Erwachsenen gesehen wird, ist der Anreiz, eine Bestätigung der eigenen Männlichkeit und Reife innerhalb des Mittelklasse-Statussystems zu suchen, zurückgegangen.

Diese Lücke wird durch die Jugendkultur ausgefüllt, die die infolge unklar definierter Rollen für das Jugendalter (WILENSKY/LEBEAUX 1958) entstandenen Identitätsprobleme zu bewältigen hat (COHEN/SHORT 1968, S. 389). Status wird in ihr durch traditionell männliche Symbole wie Rücksichtslosigkeit und Tapferkeit erworben, was zu destruktivem Verhalten führen kann (COHEN 1957, S. 115).

Infolge der gesunkenen Ansprüche ist es dem Jugendlichen der Mittelklasse eher als früher möglich, sich hedonistisch orientierten Jugendkulturen anzuschließen, die sich der Kontrolle der Erwachsenen weitgehend entziehen, aber nicht notwendigerweise delinquent sind.

Praktiken der Kindererziehung in der Mittelklasse (Demokratisierung der Familienbeziehungen, "Kult der Jugend" u. a.) sind weitere Faktoren, die über eine Schwächung der Internalisierung von Autorität und der Fähigkeit zum Ertragen von Frustrationen zur Erhöhung der Delinquenz unter den Mittelklasse-Jugendlichen beigetragen haben (COHEN/SHORT 1968, S. 390).

f) *Weibliche delinquente Subkulturen,* die gewöhnlich sexuelle Vergehen mitumfassen, sind nach COHEN wenig erforscht. Als Motivation für die Teilnahme daran ist die Schwierigkeit des Statuserwerbs für Mädchen verantwortlich zu machen: Da der Status einer Frau weitgehend vom Status des Mannes abhängt, sie zur Erlangung von Prestige fähig sein muß, die Aufmerksamkeit angesehener Männer zu erringen und viele Mädchen, besonders solche niedriger sozialer Herkunft nicht in der Lage sind, hier erfolgreich zu konkurrieren, sind ihre Hoffnungen auf eine "gute Partie" weitgehend vergeblich. Zurückhaltung stellt in diesem Fall auch keine lohnende Strategie mehr dar, und so verzichten sie, um sich wenigstens als Mädchen zu bewähren, auf einen guten Ruf, indem sie sich sexuell anbieten, um immerhin zeitweilig Gunst zu gewinnen, womit sich aber ihre Chancen auf dem Heiratsmarkt weiter verschlechtern (COHEN 1955, S. 141).

COHEN glaubt, daß es verschiedene Abarten weiblicher delinquenter Subkulturen – z. T. parallel zu den entsprechenden männlichen – gibt, doch kann er infolge des lückenhaften Datenmaterials keine weiteren Aussagen darüber machen. Die Untersuchung einer weiblichen Rauschgiftsüchtigen-Subkultur (SHYPPER 1953) ergab, daß fast alle Mädchen (vorwiegend Farbige aus der Unterschicht) Schwierigkeiten hatten, befriedigende Beziehungen zu Männern herzustellen und deswegen sowohl leicht zu Opfern von Männern wurden, die die Notlage auszunutzen verstanden, als auch Zugang zu Rauschmitteln fanden (COHEN/SHORT 1968, S. 391 ff.).

Das Wechselspiel von Isolierung und Abhängigkeit stellt einen Teufelskreis dar: "Sucht und Prostitution führen zu einer weiteren Isolierung von der Gesellschaft und zu einem Sinken des Status; dadurch wachsen wiederum Einsamkeit und Depression und das Ausgeliefertsein des Mädchens für Ausbeutung durch Männer; und diese wiederum ermutigen zur Fortsetzung oder zu einem Rückfall im Gebrauch von Rauschgiften" (COHEN/SHORT 1968, S. 393).

Diese Mädchen sind aber nicht voll integriert in die Rauschgiftsüchtigen-Subkultur. Vielfach äußerten sie den Wunsch, herauszukommen, doch fällt es ihnen schwer, diese zu verlassen (COHEN/SHORT 1968, S. 393).

Eine Zusammenfassung der in COHEN's Subkulturtheorie enthaltenen Gedanken, die den prozessualen Aspekt der Entstehung abweichenden Verhaltens auch deutlich machen, sollte die folgenden Gesichtspunkte berücksichtigen (vgl. HIMMEL-KESSELRING 1972, S. 12 ff.):

- Unterschicht-Jugendliche haben Werte und Normen der Mittelschicht gelernt und aufgenommen und akzeptieren sie mehr oder weniger. Nur wenige Unterschicht-Eltern lehnen das Wertsystem der Mittelschicht völlig ab (COHEN 1961, S. 93).
- Die Unterschicht hat aber auch ihr eigenes – von der Mittelschicht abweichendes – Wert- und Normensystem, das an die Jugendlichen herangetragen wird (COHEN 1961, S. 70 ff.).
- Der Unterschicht-Jugendliche kann nicht erreichen, was von ihm nach gesamtgesellschaftlichen Statuskriterien erwartet wird (z. B. in der Schule von den Lehrern, die meist aus der Mittelschicht stammen, die ja im wesentlichen die gesamtgesellschaftlichen Erwartungen determinieren); teilweise übernimmt der Jugendliche diese sogar für sich. So ergeben sich *Statusprobleme, die zu Anpassungsproblemen führen* (COHEN 1961, S. 90).
- Daher sucht der Jugendliche nach einer Lösung seiner mehrschichtigen Versagenssituation, seiner Anpassungsprobleme. Die Beteiligung an einer Bande bzw. das Schaffen und Kultivieren ihrer Kultur bedeutet eine mögliche Lösung seiner Statusprobleme, denn "die Kultur der Bande löst diese Probleme, indem sie Statuskriterien schafft, nach denen die Jugendlichen zu leben imstande sind" (COHEN 1961, S. 91).
- Eine *negativistische jugendliche Bande* der Unterschicht entsteht, wenn die interagierenden Jugendlichen sich in der *Ablehnung der Mittel-*

schichtwerte und -normen einig sind, sich gegenseitig stützen und die Ablehnung legitimieren, wobei vorauszusetzen ist, daß die neuen Unterschichtwerte auch tatsächlich realisiert werden können (COHEN 1961, S. 101).

• Je geringer die emotionale Bindung der Unterschicht-Jugendlichen an Personen, die das Mittelschicht-Wertsystem akzeptiert haben, desto geringer sind soziale Kontrollfunktionen für konformes Verhalten (COHEN 1961, S. 75 ff.) und desto größer die Wahrscheinlichkeit für das Auftreten abweichenden Verhaltens.

Kennzeichnend für die Subkulturtheorie ist also das mehr oder weniger starke Abweichen von den gesamtgesellschaftlichen Werten und Normen, bei partieller Übernahme beider kultureller Inhalte.

Strebt man, wie SPRINGER, eine Überprüfung des Realitätsgehaltes der Theorie an, was deren empirische Überprüfung voraussetzt, so könnte man mit ihm die Subkulturtheorie in der spezifisch COHENschen Ausprägung in die folgende Hypothesenkette bringen (Hervorhebungen durch S. L.).

"(1) Wenn eine Gesellschaft in *soziale Klassen* unterteilt ist,

  (2) wenn in ihr allgemein sozialer *Status nach Kriterien zugeteilt wird, die klassengebundene Fähigkeiten voraussetzen,*

  (3) wenn andererseits die Angehörigen der benachteiligten Klasse(n) neben ihren klassenspezifischen Werten und Normen die sozial *durchgesetzten Werte und Normen akzeptieren und sich ihres niedrigen sozialen Status bewußt sind,*

  (4) wenn das (im Sozialisationsprozeß internalisierte) *Statusstreben* der Angehörigen der benachteiligten Klasse(n) einerseits und ihr *niedriger Status* andererseits *spezifisch männliche Anpassungsprobleme für sie aufwirft,*

  (5) wenn Jungen der benachteiligten Klasse(n) diese *Anpassungsprobleme gemeinsam* sind und sie sich wechselseitig wirksam beeinflussen,

  (6) wenn sie *Ablehnung und Feindschaft gegenüber den Werten und Normen teilen, die ihnen einen niedrigen Status zuweisen,*

  (0) dann entwickeln sie interaktiv in Gruppen Normen und Werte bzw. Statuskriterien, die ihnen bessere, von ihnen akzeptierte soziale Ränge einräumen, d. h. sie konstruieren ein Werte- und Normensystem, das negativistisch zu dem gesellschaftlich gültigen ist und richten daran ihr Handeln aus" (SPRINGER 1973, S. 18 f.).

2.3.3. Die Kontrakultur nach Yinger

Aus dem recht extensiven Gebrauch des Begriffes der Subkultur, der in soziologischen Analysen von Phänomenen der Delinquenz und Statusstrukturen ebenso herangezogen wird wie von solchen der Berufsdifferenzierung oder religiöser Minderheiten, erwächst die Kritik Yinger's an dem Konzept der Subkultur. Bei so vielfältigem Einsatz kann es nicht ausbleiben, daß der Begriff implizite und explizite Bedeutungsveränderungen erfährt. Der unpräzisen und vieldeutigen Verwendung, die er bei der Durchsicht von mehr als einhundert Studien feststellen konnte, entspringt eine Klassifikation, die drei Hauptbedeutungen des Subkulturbegriffs enthält:

- Subkultur im Sinne von *Präkultur,* Phänomene umfassend, die allen Kulturen vorangehen. "They underlie culture, precede it, and set limits to the range of its variation." (Yinger 1960, S. 626). Gemeint sind auch soziale und biologische Bedingungen, die jeder Kultur zugrundeliegen. (Auf diese Bedeutungsvariante wird im weiteren – analog zu Yinger – nicht weiter eingegangen.)
- Subkultur, verstanden als ein *normatives System bzw. Teilsystem einer größeren Einheit* (Gesamtgesellschaft). (Dieser Vorstellungsinhalt scheint den engeren Subkulturtheorien eigen zu sein und wird daher noch ausführlicher behandelt.)
- Eine dritte Bedeutungszuschreibung beinhaltet Subkultur als Ergebnis eines *Konflikts einer Gruppe mit der Gesamtgesellschaft.*

Aus dieser Differenzierung heraus plädiert Yinger für die Verwendung des Subkulturbegriffs in der zweitgenannten Bedeutungsvariante. Für den Inhalt der dritten "Definition" schlägt er den Begriff der *Kontrakultur* vor. Dabei geht er davon aus, daß es Verwandtschaften zwischen den beiden Begriffen gibt, daß evtl. Kontrakulturen aus Subkulturen hervorgehen, daß sich beide aber doch analytisch und sinnvoll trennen lassen.

Yinger möchte den Terminus "Subkultur" beschränkt wissen auf normative Systeme von Gruppen innerhalb einer Gesellschaft, die sich von dieser in bestimmten Eigenschaften wie Sprache, Werten, Religion oder Lebensstil unterscheiden. Beispiele dafür sind ethnische Enklaven und Sekten, aber auch kleinere und weniger dauerhafte Einheiten bis hin zu Freundschaftscliquen oder zu der Subkultur von Wissenschaftlern einer Disziplin (Yinger 1960, S. 626).

Selbst bei dieser eingeschränkten Verwendung des Subkulturbegriffes bleibt dieser relativ umfassend, weitläufig und vage. Aus dieser mangelnden Präzision lassen sich methodologische, theoretische und praktische Probleme ableiten. Einige seien genannt:

Infolge vielfältiger möglicher Differenzierungen des normativen Systems lassen sich Subkulturen in verschiedener Weise klassifizieren, so etwa nach dem Umfang der Gruppen, nach der Bedeutung der verschiedenen Lebensbereiche, für die die relevanten Normen gelten (z.B. ob sie sich auf die Sprache oder auf moralische Vorstellungen beziehen oder nur auf spezielle Praktiken der Mitglieder von Berufsgruppen), nach der Lebensdauer, nach dem Ursprung oder nach dem Verhältnis zur Umwelt. Durch Spezifizierung von Klassifikationskriterien kann der Nachteil der Anwendung eines einzigen Begriffes für eine Vielzahl von Phänomenen allerdings tendenziell kompensiert werden. Die Vielfalt der möglichen Objektbereiche der Anwendung des Subkulturbegriffs birgt gleichwohl die Gefahr mangelnder Bedeutungsäquivalenz in sich.

Weitere Schwierigkeiten ergeben sich aus der Vermengung der Begriffe ''Subkultur'' und ''Rolle'', etwa wenn von der Subkultur der Inhaber bestimmter Berufspositionen die Rede ist (wobei durchaus subkulturelle Elemente in eine Berufsposition eingehen können; vgl. unten). Während aber Rollen einen Teil der Gesamtkultur ausmachen und prinzipiell allen Gesellschaftsmitgliedern bekannt sind und von ihnen anerkannt werden, sind subkulturelle Normen nicht im selben Ausmaß in die Gesamtkultur eingebettet, sondern z.T. unbekannt bzw. werden als getrennt von der Gesamtkultur und/oder ihr gegenüber als minderwertig perzipiert. So ist z.B. die Rolle des Arztes allgemein wenigstens umrißhaft bekannt, während bestimmte subkulturelle Einflüsse darauf (z.B. Geschäftstüchtigkeit) als nicht zur Rolle gehörig wahrgenommen werden. Ungeachtet der in der Realität vorfindbaren Vermengung ist eine analytische Unterscheidung von Subkultur und Rolle sinnvoll. ''All societies have differentiating roles, but only heterogeneous societies have subcultures. Role is *that part of* a full culture that is assigned, as the appropriate rights and duties, to those occupying a given position'' (YINGER 1960, S. 627f.).

Während im anthropologischen Kulturkonzept häufig nicht zwischen dem durchschnittlichen (häufigsten) Verhalten (statistische Norm) und Verhaltensforderung (ideale Norm) unterschieden wird (was zum einen auf der größeren Stabilität und Homogenität der von Anthropologen untersuchten Gesellschaften beruht, in welchen Differenzen zwischen statistischen und idealen Normen seltener auftreten – zum anderen aber wahrscheinlich darauf, daß Differenzen auch weniger sichtbar sind, etwa infolge von Restriktionen, denen die Forscher in fremden Kulturen ausgesetzt sind) und Soziologen Kultur abstrakter, im Sinne eines gemeinsamen normativen Systems definieren, beziehen sich manche Subkulturkonzepte auf Verhalten. Da dieses jedoch nicht allein durch kulturelle Normen determiniert ist, sondern z.B. Persönlichkeitsvariable hinzutreten, erscheint ein Kulturbegriff der auf der Identifikation von normativem System und Verhalten beruht, problematisch.

Bei Verwendung des Subkulturbegriffes wird häufig nicht zwischen einer soziologischen und sozialpsychologischen Erklärungsebene differenziert. Verhalten, als Produkt von Interaktion und soziokulturellen-

und Persönlichkeitsfaktoren, kann aber nicht allein durch eine soziologische Theorie erklärt werden. Zur Abhebung von soziologischen Ansätzen, die von normativen Systemen ausgehen, schlägt YINGER deshalb den Terminus "Kontrakultur" (Contraculture) vor, wenn es um die (sozialpsychologische) Verhaltensanalyse von Personen geht, die unter dem Einfluß von in Konflikt zur Gesamtkultur stehenden normativen Systemen stehen.

"To sharpen our analysis, I suggest the use of the term contraculture wherever the normative system of a group contains, as a primary element, a theme of conflict with the values of the total society, where personality variables are directly involved in the development and maintenance of the group's values, and wherever its norms can be understood only by reference to the relationships of the group to a surrounding dominant culture" (YINGER 1960, S. 629).

Mit dem Konzept der Kontrakultur geht es YINGER also vor allem um die Betonung des Konflikt-Aspekts, wobei er an LASSWELL's (1935, 1950) und PARSON's (1951, S. 355) Begriff der "countermores" bzw. "counteri-deology" anknüpft.

Als Kriterien für das Vorliegen einer Kontrakultur werden genannt:

a) zwischen dem normativen System der Gruppe und dem der Gesamtgesellschaft existiert ein *Konfliktthema*. Zwar kann dies auch für eine Subkultur zutreffen, doch ist hier das Konfliktelement nicht zentral (vgl. MILLER's These von der Unterschichtkultur in 2.3.4.), sondern ein eher zufälliges "Nebenprodukt". So ist beispielsweise im Verhältnis des normativen Systems einer Sekte wie der Zeugen Jehovas zur dominanten Kultur weniger Konfliktpotential enthalten, als in dem zwischen dominanter Kultur und einer Gegenkultur wie der Hippie-Bewegung mit ihrer partiellen Verweigerungsideologie.

b) an der Entwicklung und Erhaltung der Gruppenwerte sind *Persönlichkeitsvariable direkt beteiligt*. Zwar gilt dies für jede Kultur bzw. Subkultur, doch während bei letzterer Persönlichkeitsvariable um einen bestimmten Gegenstand oder ein bestimmtes Thema der Kultur variieren, sind es bei der Kontrakultur die Persönlichkeitsvariablen, die das Thema bestimmen. (So ist etwa die Unterschichtkultur im Sinne MILLER's u.a. durch geringe Leistungsmotivation charakterisiert, die auf die Persönlichkeit wirkt [Thema → Persönlichkeit], während es für eine Gegenkultur [z.B. Hippie-Bewegung] entscheidend ist, daß sich Individuen mit bestimmten Persönlichkeitsmerkmalen zusammenfinden [Persönlichkeit → Thema]).

c) die Gruppennormen können nur unter *Bezugnahme auf das Verhältnis der Gruppe zu der sie umgebenden dominanten Kultur* verstanden werden. Die Beziehungen der Subkulturnormen zu den Normen der Gesamtkultur sind im Gegensatz dazu im wesentlichen kein Produkt der Interaktion zwischen beiden Kulturen; eine Analyse der Beziehungen zwischen Kultur und Subkultur erscheint daher weniger vordringlich als zwischen Kultur und Kontrakultur, die ja eine Reaktion auf die dominante Kultur darstellt. Das normative System einer ethnischen Minderheit erfordert z. B. zur Erklärung ein geringeres Maß an Kenntnissen der dominanten Kultur bzw. der wechselseitigen Beziehungen im Vergleich zur Erklärung etwa einer bewußten Gegenbeziehung zur "bürgerlichen" Gesellschaft (die vorher erst dargestellt und erklärt werden muß).

Konfliktthematik, direkte Beteiligung von Persönlichkeitsvariablen und Bezug zur übergreifenden Kultur sind auch für die Beziehungen zwischen Kultur und Subkultur von Bedeutung, doch in geringerem Ausmaß. Die *Kontrakultur hebt sich von dieser insbesondere durch das Konfliktelement ab.* YINGER konzediert aber, daß die begriffliche Differenzierung in Sub- und Kontrakultur empirisch-real nicht so eindeutig ist, wie die Definition glauben machen will. Er spricht von einem Kontinuum für jeden Begriff. Wir würden ergänzen, daß sich die Kontinua überlappen können und in den jeweiligen Endpunkten sich die Extrem- und Idealtypen von Subkultur und Kontrakultur befinden. (Empirisch sind diese Typen meist nicht rein anzutreffen.)

Während der Kontrakulturansatz zur Erklärung abweichenden Verhaltens herangezogen werden kann, sagt er nichts über die Entstehung der Kontrakulturen aus. Sie läßt sich am besten unter Heranziehung sozialpsychologischer Theorien erklären, z. B. mit Theorien des Kollektivverhaltens, der Frustrations-Aggressions-Hypothese oder Theorien der Gruppenentstehung (YINGER 1960, S. 635). Kontrakulturelle Normen entstehen z. B., wenn eine Deprivation und Frustration von wesentlichen Werten eintritt oder perzipiert wird, Wertunsicherheit herrscht und eine schwache soziale Kontrolle besteht. (Insoweit wird das kontrakulturelle Konzept durch andere theoretische Ansätze ergänzt.)

Das wechselseitige Verhältnis von sub- und kontrakulturellen Normen läßt sich am Beispiel der Neger im Süden der USA aufzeigen: Während in ländlichen Gebieten subkulturelle Elemente vorherrschen dürften, ist bei der ersten und zweiten Generation der Städter eine Zunahme kontrakultureller Normen zu erwarten. Zwar sind beide Gruppen ähnlich benachteiligt, doch gibt es bei städtischen Populationen mehr Berührung mit den Werten der dominanten Kultur, mehr Wertunklarheit und schwächere soziale Kontrollen (YINGER 1960, S. 635).

Die Brauchbarkeit des Kontrakulturkonzeptes soll im folgenden demonstriert werden: Das Verhalten Jugendlicher wird in zahlreichen Arbeiten unter dem Subkulturaspekt gesehen. Nach YINGER sollten jedoch vier Interpretationsebenen unterschieden werden, die die Erklärungsmöglichkeiten erweitern:

Jugendlichen sind bestimmte Rollen zugeschrieben (z. B. Schüler, Lehrling, Person mit geringer Autorität etc.). Auf dieser Ebene kann mit dem Rollenkonzept gearbeitet werden, da die dazugehörigen Normen (gesamtkulturell) von Jugendlichen und Erwachsenen als jugendgemäß definiert sind (erste Ebene).

Daneben existieren Normen, die ein von der dominanten Kultur relativ losgelöstes System konstituieren und nicht der Jugendrolle, so wie sie von Erwachsenen aufgefaßt wird, zugehören, und im Verlauf der Interaktion mit dem Subsystem der Jugendlichen gelernt werden (z. B. bestimmte Redewendungen, Sprachstile oder Interessen) (zweite Ebene).

Moden als Ausdruck des Kollektivverhaltens sollten trotz der engen Verbindung zur Kultur bzw. Subkultur davon unterschieden werden (dritte Ebene).

Auch unter dem Subkulturkonzept vorgenommene Analysen betonen kontrakulturelle Züge von Gruppen Jugendlicher, die sich aus den Schwierigkeiten und Widersprüchen ihrer Situation ergeben (z. B. sexuelle Probleme oder der Zwiespalt zwischen dem Wunsch, erwachsen zu sein und der Angst vor dem Verlust der Geborgenheit). Die Gruppe der Gleichaltrigen hilft, mit derartigen Schwierigkeiten fertig zu werden, indem sie ein *Gegenmuster* entwickelt, das sich nach PARSONS vor allem durch das Element der "Unverantwortlichkeit" (irresponsibility) kennzeichnen läßt (PARSONS 1949, S. 92) (vierte Ebene).

Die Differenzierung von sub- und kontrakulturellen Elementen ist auch für die Untersuchung krimineller Banden nützlich. Banden bzw. deren normative Systeme sind Resultate blockierter Ambitionen und der daraus resultierenden Spannungen (Kontrakultur), während subkulturelle Normen innerhalb des normalen Sozialisationsprozesses gelernt werden (YINGER 1969, S. 635).

An MILLER's These von der *Unterschichtkultur als Milieu für Bandenkriminalität* kritisiert YINGER, daß der Einfluß von Persönlichkeitsvariablen und die Rolle des Kollektivverhaltens vernachlässigt werden (im Gegensatz etwa zu den Arbeiten von SYKES und MATZA, COHEN oder YABLONSKI). Kriminalität wird als von vielen Variablen verursacht gesehen, wobei es nicht darauf ankommt, ob kulturelle, subkulturelle oder kontrakulturelle Einflüsse dominieren, sondern auf eine Spezifizierung der Bedingungen, unter welchen derartige Elemente und Einflüsse auftreten (YINGER 1960, S. 633).

YINGER's Differenzierung in Subkultur und Kontrakultur bezieht sich im wesentlichen auf folgende Kriterien:

- Normen einer Subkultur beruhen auf normaler Sozialisation innerhalb einer Subgesellschaft. *Normen einer Kontrakultur entstehen aus Konflikts- und Frustrationserfahrungen* derer, die ursprünglich die gesamtgesellschaftlichen Werte teilen, diese aber nicht realisieren können (YINGER 1960, S. 632 f.).
- Kontrakulturelle Normen sind immer relational in Beziehung zu den abgelehnten Normen der Gesamtgesellschaft zu verstehen.
- In dieser Relationalität manifestiert sich der Konflikt zwischen Kultur und Kontrakultur.
- In das Konzept der Kontrakultur werden auch psychologische und sozialpsychologische Komponenten aufgenommen, weil sie für die Entstehung der Kontrakultur mitentscheidend sind.

2.3.4. Die These von der Unterschicht-Kultur (MILLER)

Im Gegensatz zu den bisher betrachteten Ansätzen sieht MILLER die Subkultur jugendlicher Banden primär nicht als Reaktion auf das Nichterreichen von Mittelschichtzielen, sondern als Manifestation einer *eigenständigen* Kultur der Unterschicht mit einer "viele Jahrhunderte alte(n) Tradition mit einer ganz eigenen Geschlossenheit" (MILLER 1968, S. 359). Daher werden die jugendlichen Banden auch anders beurteilt als z. B. bei COHEN. Da MILLER die Meinung vertritt, daß es für die Analyse von Verhaltensmotivationen fruchtbar sei, sich den Standpunkt des Akteurs zu eigen zu machen (im Sinne der Rollentheorie: Empathie zu entwickeln) anstatt die Verhaltensweisen an einem anderen kulturellen System zu messen (Mittelschichtnormen), kommt er zu der Konsequenz, daß es nicht primäre Intention ist, die Mittelschichtnormen zu verletzen, sondern sich den Unterschichtnormen konform zu verhalten. Das Abweichen von den Mittelschichterwartungen ist eher ein zwangsläufiges Nebenprodukt in der Realisierung der subkulturellen Unterschichtsnormen, deren Befolgung ebenso wie in der Mittelschicht durch Anpassungs- und Konformitätsdruck durchgesetzt wird. Deshalb kann MILLER COHEN nicht zustimmen, wenn dieser in Mittelschichtnormorientierung die Unterschichtensubkultur der jugendlichen Banden als negativistisch und rebellisch apostrophiert. Die vorherrschende Motivationskomponente des – aus der Sicht der Mittelschichtkultur gesehen – delinquenten Verhaltens besteht "in einem positiven Bemühen zur Erreichung bestimmter Zustände, Bedingungen oder Eigenschaften, ... die in dem für den Handelnden bedeutsamen kulturellen Milieu (dem der Unterschicht [S. L.]) geschätzt werden" (MILLER 1968, S. 358).

Nach MILLER stehen etwa 40–60% der Bevölkerung der USA unter dem direkten Einfluß der Unterschichtkultur; etwa 15% der Amerikaner sind dabei dem "harten Kern" der Unterschicht zuzurechnen, der sich vor allem durch Haushalte mit "weiblichem Übergewicht" und durch das "periodisch monogame Paarungsverhalten" als wesentlichste Form der Ehe beschreiben läßt (MILLER 1968, S. 341). Infolge des Fehlens des Vaters bzw. seiner relativ unbedeutenden Rolle kommt der eigengeschlechtlichen Gleichaltrigengruppe für männliche Jugendliche eine besondere Bedeutung zu, vornehmlich (aber nicht nur) in der Jugendphase. Zum einen bietet sie nämlich relativ stabile und konfliktfreie Primärbeziehungen, zum anderen aber die Möglichkeit, wesentliche Aspekte der männlichen Rolle zu lernen. Nicht die zweigeschlechtliche Familieneinheit bzw. die heterosexuelle Paarbeziehung, sondern die eingeschlechtliche Gleichaltrigengruppe stellt (für beide Geschlechter) die bedeutsamste Sozialbeziehung dar, die nur temporär in der Eheschließungsphase aufgegeben wird. Da die ehelichen Verbindungen häufig instabil sind und die eingeschlechtliche Gruppe problemloser ist (und diese auch einen entsprechenden Druck auf das Individuum ausübt), erfolgt vielfach eine Rückkehr zu ihr. Form und Funktion dieser Gruppe wirken als selektiver Rekrutierungsmechanismus: für gestörte, anpassungsunwillige bzw. -unfähige Personen ist kein Platz darin. Die Gruppenmitglieder zeichnen sich dagegen durch einen hohen Grad von Fähigkeit und Motivation zur Konformität mit den Normen der Unterschichtkultur aus (vgl. dazu YABLONSKI und SHORT/STRODTBECK).

Die durch eine relativ kohärente kulturelle Struktur gekennzeichnete Unterschichtkultur läßt sich durch eine Reihe sog. *Kristallisationspunkte (focal concerns)*, d.h. Dimensionen, innerhalb derer die Individuen in verschiedenen Situationen ein weiter Bereich von Verhaltensmöglichkeiten offenstehen, charakterisieren (MILLER 1968, S. 341). Die "wahrgenommenen Alternativen" stellen dabei Endpunkte eines Kontinuums für bestimmte Parameter innerhalb der einzelnen Dimensionen dar.

Erläuterungen zu den einzelnen Dimensionen der Unterschichtkultur:

1. *Schwierigkeiten* (trouble): Die Beschäftigung mit "Schwierigkeiten" ist kennzeichnend für die Unterschichtkultur. Das Streben nach Konformität gegenüber Gesetzen und Mittelschichtvorstellungen beruht in erster Linie auf dem Bestreben, nicht in Schwierigkeiten zu geraten (äußere Konformität); der Status einer Person hängt wesentlich von ihrem Potential bezüglich dieser Dimension ab, wobei das Prestige einer Entscheidung für eine der wahrgenommenen Alternativen (gesetzliches Verhalten vs. gesetzwidriges Verhalten bzw. Schwierigkeiten vermeidendes vs. Schwierigkeiten hervorrufendes Verhalten) situationsspezifisch variieren kann.

2. *Härte* (thoughness): Diese Dimension setzt sich aus verschiedenen Komponenten wie „Maskulinität", Mut, Indifferenz gegenüber Kunst

Abb. 19: Focal Concerns (MILLER 1968, S. 342)

Kristallisationspunkte der Unterschichtkultur

Gebiet	Wahrgenommene Alternativen (Zustand, Qualität, Bedingung)	
1. Schwierig-keiten	gesetzliches Verhalten	gesetzwidriges Verhalten
2. Härte	physische Tapferkeit, "Maskulinität"; Furchtlosigkeit, Mut, Wagemut	Schwäche, Unangepaßtheit, Weiblichkeit; Schüchternheit; Feigheit, Vorsicht
3. Geistige Wendigkeit	Fähigkeit zu übervorteilen, zu täuschen, jemanden hereinzulegen; durch "Gewitztheit" Geld verdienen; cleverness, Schlagfertigkeit	Gutgläubigkeit, "Vertrauensseligkeit"; durch harte Arbeit Geld verdienen; Langsamkeit, Beschränktheit, verbale Hilflosigkeit
4. Erregung	Spannung; Risiko, Gefahr; Abwechslung, Aktivität	Langeweile; "Apathie", Sicherheit; Gleichförmigkeit, Passivität
5. Schicksal	vom Schicksal begünstigt, "Glück" haben	vom Schicksal benachteiligt, "Pech" haben
6. Autonomie	Freisein von äußerlichem Zwang; Freisein von übergeordneter Autorität; Unabhängigkeit	Vorhandensein von äußerlichem Zwang; Vorhandensein starker Autorität; Abhängigkeit, "umsorgt werden"

und Literatur etc. zusammen. Ihr hoher Stellenwert beruht wahrscheinlich auf einer Art zwanghafter Reaktionsbildung infolge des Aufwachsens in Haushalten mit einem Übergewicht des weiblichen Elements. Als "feminin" bezeichnetes Verhalten – die wahrgenommene Alternative zur Maskulinität, tritt in der Unterschichtkultur nur verdeckt auf, ist deshalb aber keineswegs bedeutungslos.

3. *Geistige Wendigkeit* (smartness): Beinhaltet in der Sichtweise der Unterschichtkultur die Fähigkeit, den anderen zu überlisten, um zu verhindern, selbst Opfer einer Täuschung zu werden. Die Fähigkeit, erstrebenswerte materielle und immaterielle Güter (Status) durch maximalen Einsatz geistiger und minimalen Einsatz physischer Anstrengungen zu erreichen, wird hoch bewertet und hat Tradition in der Unterschichtkultur. "Geistige Wendigkeit" ist von der mit "Weiblichkeit"

assoziierten und daher verachteten "Intellektualität", der Beherrschung eines Komplexes formal erlernten Wissens, zu unterscheiden. Mit zur geistigen Wendigkeit gehören Techniken des in der Unterschicht verbreiteten aggressiven Parierens.

4. *Erregung* (excitement): "Für viele Personen der Unterschicht pendelt das Leben zwischen Perioden relativ routinemäßiger und sich wiederholender Arbeit und den gesuchten Situationen hoher emotionaler Erregung hin und her" (MILLER 1968, S. 347). Die Suche nach Spannung, wie sie sich in Alkoholgenuß, Glücksspielen oder der Suche nach sexuellen Abenteuern manifestiert, spielt eine bedeutsame Rolle in der Unterschichtkultur. Ein Gegengewicht dazu stellen langdauernde Perioden relativer Inaktivität dar.

5. *Schicksal* (fate): Weitverbreitet ist die Auffassung, wonach das Leben einer Reihe unbeeinflußbarer Kräfte unterworfen ist, so daß zielgerichtete Anstrengungen letztlich vergeblich bleiben. Damit hängt auch die große Bedeutung des Glücksspiels in der Unterschicht zusammen.

6. *Autonomie* (autonomy): Hinsichtlich von Ausmaß und Art der Kontrolle menschlichen Verhaltens zeigt sich die Differenz zwischen dem äußerlich als positiv Bewerteten und dem insgeheim Erstrebten besonders deutlich: Während eine besondere Sensibilität gegenüber Autorität, Kontrollen, Bevormundung und Versorgung demonstriert wird, deuten verdeckte Wünsche auf die Suche nach einer restriktiven sozialen Umwelt bzw. entsprechende Abhängigkeiten hin. Ähnlich wie bei der Dimension "Erregung" zeigt sich auch hier eine zyklische Abfolge von Abhängigkeits- und Unabhängigkeitswünschen.

Bei Jugendlichen spielen (zusätzlich zur Situation der Erwachsenen) zwei weitere Kristallisationspunkte eine Rolle, nämlich Fragen nach Zugehörigkeit und Status, die auf einem höheren Abstraktionsniveau angesiedelt werden:

7. *Zugehörigkeit:* Wegen der großen Bedeutung der Gruppe infolge ihrer zahlreichen Funktionen für den einzelnen ist es bedeutsam, ein angesehenes Mitglied zu sein, wozu in erster Linie die Konformität mit den Gruppennormen (und damit mit den Forderungen der Unterschichtkultur) verhilft. In Konfliktfällen sind sind diese Normen der unmittelbaren Bezugsgruppe zwingender, da bei ihrer Mißachtung Ausschluß droht.

8. *Status* (sowohl individuell als auch für die Gruppe als Ganzes): Hierfür gelten andere Kriterien als in der Mittelschicht, nämlich Härte, Gerissenheit, Widerstand gegenüber Autorität, "Erwachsensein" (mit den dazugehörigen Symbolen) etc. Der Status kann sowohl aufgrund gesetzlichen als auch gesetzwidrigen Verhaltens erworben werden.

Die Orientierung an den genannten Kristallisationspunkten ist für die Unterschichtkultur und damit auch für die "Eckenstehergruppen" und jugendlichen Banden charakteristisch.

Den Prozeß der Begehung illegitimer Handlungen faßt MILLER wie folgt zusammen:

1. Das Verhalten nach bestimmten kulturellen Erwartungen, die wesentliche Elemente des Lebensstils der Unterschicht in ihrer Gesamtheit ausmachen, verletzt automatisch gewisse gesetzliche Normen.

2. In Situationen, in denen alternative Handlungen zu gleichen Zielen führen, gewährt der gesetzeswidrige Weg eine relativ größere und unmittelbarere Belohnung bei einem relativ kleineren Einsatz.

3. Die auf bestimmte, im Unterschichtmilieu häufig entstehenden Situationen "erwartete" Reaktion schließt das Begehen von gesetzeswidrigen Handlungen ein (MILLER 1968, S. 358).

Vom Standpunkt der als verbindlich angesehenen Normen und Werte der Mittelschichtkultur werden bestimmte Handlungsweisen als illegitim angesehen (worüber sich die Bandenmitglieder bewußt sind), ohne daß aber die Verletzung der Regeln, der Protest gegen die Mittelschichtkultur zentral bzw. intendiert ist: "Die Verletzung der Normen der Mittelschicht … ist ein Nebenprodukt bei Handlungen, die in erster Linie an dem Unterschichtsystem orientiert sind" (MILLER 1968, S. 359). Gut etablierte kulturelle Verhaltensmuster wie das Begehen bestimmter gesetzeswidriger Handlungen von Bandenmitgliedern aus der Unterschicht könnten nicht fortdauern, wenn sie nur von negativen, feindlichen oder abweisenden Motiven gestützt würden, anstatt vom positiven Streben nach Erreichung dessen, was innerhalb dieser Tradition geschätzt wird, und nach ihrer Konformität mit expliziten und impliziten Normen geleitet zu sein (MILLER 1968, S. 359).

Die Vorzüge des "Kristallisationspunkt-Konzepts" gegenüber dem "Wertkonzept" anderer Ansätze zum abweichenden Verhalten liegen nach MILLER

– in der größeren Konkretheit, d. h. auch leichteren empirischen Erfaßbarkeit durch direkte Feldbeobachtung,

– in der deskriptiven Neutralität gegenüber dem mit positiv-evaluativen Gehalt versehenen Begriff "Wert",

– in der Möglichkeit zur verfeinerten Analyse subkultureller Unterschiede, da es (im Gegensatz zu den an Mittelschicht-Vorstellungen orientierten "Wert-Konzept") am tatsächlichen Verhalten ausgerichtet ist.

MILLER's These der Unterschichtkultur ist ein soziologisches Konzept, das viele theoretische Überlegungen anderer Ansätze (Sozialisation, Verfügbarkeit illegitimer Mittel, Identifikation, um nur einige schlagwortartig zu benennen) verarbeitet und den großen Vorteil hat, daß die negativ-evaluative Beurteilung der Verhaltensweisen relativiert wird und zum Bezugspunkt der Verhaltensbeurteilung die eigenständigen Werte und Normen der Unterschicht werden. Eine Verwandtschaft zur Kontrakultur-theorie ist gegeben, weil die eigenständigen Unterschichtnormen denen der Mittelschicht völlig konträr sein können; eine Abhebung davon, weil die Normen der Unterschicht nicht als gezielt gegen die Mittelschichtnormen gerichtet, sondern als eigenständig betrachtet werden. Zur Subkultur-theorie besteht eine Verwandtschaft, weil die Unterschichtkultur nicht in allen sozial relevanten Aspekten ein eigenständiges Wert- und Normengefüge aufweisen muß und durchaus Gemeinsamkeiten zur Mittelschicht vorhanden sein können.

Auf der Basis der Prämisse, daß die Gangbildung Jugendlicher "ein häufig auftretendes und bedeutsames sozialstrukturelles Phänomen der Unterschicht" (MILLER 1968, S. 351) ist, lassen sich die Grundgedanken der Unterschichtkultur, daß eine eigenständige Verhaltensorientierung an den "focal concerns" der Unterschicht erfolgt und keine negative Mittel-schichtorientierung gegeben ist, mit HIMMEL-KESSELRING (1972, S. 62–65) in Hypothesenform fassen:

- Dem Unterschichtjugendlichen fehlt die männliche Erwachsenenbe-zugsgruppe infolge der Dominanz des weiblichen Elternteils, weshalb für ihn *Identifikationsprobleme* entstehen.
- Die Unterschichtjugendlichen haben ein ausgeprägtes *Statusstreben,* das sich in dem Wunsch äußert, erwachsen sein zu wollen. (Dies ist eine typische Unterschichtnorm, die sich von dem Statusstreben der Mittel-schicht abhebt.) Erwachsen sein heißt für den Jugendlichen, mehr Frei-heiten und einen *größeren Verhaltensspielraum* zu haben.
- Statusstreben und Identifikationswünsche können für den Jugend-lichen in delinquenten, gleichberechtigten Banden am ehesten realisiert werden.
- Diese drei Aussagen können in eine quantifizierende Hypothesenform gebracht werden: "Je größer der Mangel an männlichen Identifika-tionsmöglichkeiten ist und je stärker das jugendspezifische Statusstre-ben ist, desto eher besteht die Neigung zur Bildung von Eckensteher-gruppen und Banden" (HIMMEL-KESSELRING 1972, S. 63).
- Der spezielle Bezug zur Unterschicht wird wie folgt hergestellt: Wenn die Erwachsenen der Unterschicht Werte und Normen haben, die von denen der Mittelschicht abweichen, dann werden auch die Jugendlichen der Unterschicht (durch Sozialisation) die unterschichtspezifischen Verhaltenserwartungen teilen.

- Dementsprechend werden sich die Jugendlichen der Unterschicht wie deren Erwachsene, auf die Mittelschichtnormen bezogen, abweichend verhalten, weil sie den Erwartungen der Unterschicht damit entsprechen.

- Für das Auftreten des abweichenden Verhaltens genügt aber nicht allein der Wunsch bzw. die entsprechende Verhaltenserwartung, sondern es müssen auch die verfügbaren Mittel, die Gelegenheiten vorhanden sein.

- Faßt man die letzten drei Aussagen zusammen, so kann man mit OPP (1974, S. 96) folgende Gesamthypothese formulieren: "Je stärker die Jugendlichen motiviert sind, sich den in diesen Gemeinden akzeptierten Werten und Normen entsprechend zu verhalten, je mehr Möglichkeiten für solche Verhaltensweisen bestehen, desto eher verhalten sich diese Jugendlichen in dieser Weise abweichend."

2.3.5. YABLONSKI's Konzept der "Near-Group"

Die bisher behandelten Subkulturtheorien oder Theorien des kulturellen Konflikts wandten deren zentrale Konzepte auf (jugendliche) Banden an. Diese wurden als Sub- oder Kontrakultur begriffen und als Gruppen im soziologischen Sinne beschrieben. Tendenziell erfolgte also eine Gleichsetzung: Subkultur = Gruppe = Gang. Gegen diese Auffassung wendet sich YABLONSKI, der bei der Untersuchung und Analyse jugendlicher Banden zu der Erkenntnis gelangte, daß die Anwendung des Gruppenbegriffs in seiner soziologischen Bedeutung problematisch sei. Obgleich auch bei den jugendlichen Banden gewisse Gruppenmerkmale (Definitionskriterien des soziologischen Gruppenbegriffs) vorhanden seien, stellten sie doch keine eindeutige Gruppe dar. Würde man ein Kontinuum zwischen den Extremen soziologische Gruppe und unstrukturierte Menge annehmen, so läge die jugendliche Gang – je nach konkreter Ausprägung – irgendwo in der Mitte. Die jugendliche Bande ist also zwischen der amorphen, unstrukturierten, wenig definierten Menge und der durch hohen Zusammenhalt, Interaktionshäufigkeit, emotionale Befriedigung etc. charakterisierten soziologischen Gruppe zu lokalisieren. Diese "gemischte" Organisationsform, die sich nicht allein auf delinquente Gangs beschränkt, sondern auch auf andere, nicht-delinquente Kollektive anwendbar ist, bezeichnet er als "Near-Group" bzw. "Fast-Gruppe". Das Near-Group-Konzept mit der Betonung lose strukturierter Gangs als spezifischer Organisationsform von Jugendlichen in einer Slum-Umgebung mit spontaner Interaktion und aktuellen emotionalen Bedürfnissen stellt eine Ergänzung zu den Subkulturansätzen dar, die sich mehr oder weniger auf relativ festgefügte Systeme devianter Werte und Normen konzentrieren.

Ordnet man Kollektive in dieser Weise nach dem *Grad der Ausprägung ihrer Organisationsfaktoren* auf einem Kontinuum an, so findet sich an einem Ende die durch Anonymität, Führungslosigkeit und dem Vorherr-

Abb. 20: Die Near Group (Darstellung aus SPRINGER 1973, S. 25)

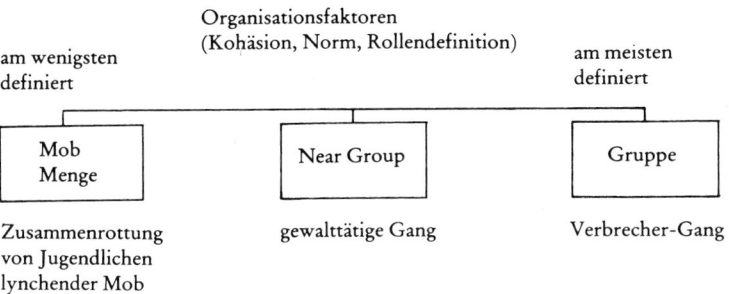

Struktur kollektiver Einheiten

Organisationsfaktoren
(Kohäsion, Norm, Rollendefinition)

am wenigsten definiert		am meisten definiert
Mob Menge	Near Group	Gruppe
Zusammenrottung von Jugendlichen lynchender Mob	gewalttätige Gang	Verbrecher-Gang

schen von Emotionen bewegte und häufig destruktive Menge, am anderen die hochorganisierte und kohäsive Gruppe, was abstrakt und theoretisch leichter gesagt, als empirisch konkret getan ist. Dies nicht nur deshalb, weil die Typen empirisch rein nur selten auftreten, sondern auch weil sich Operationalisierungsprobleme ergeben würden. Die jugendlichen Banden liegen dazwischen (wobei deren konkrete Lokalisation noch schwieriger sein dürfte), weisen Merkmale beider Pole auf, unterscheiden sich aber von diesen auch durch weitere Kriterien.

Solche, als "Near-Group" bezeichnete Gebilde, die von Beobachtern häufig zu Unrecht dem einen oder anderen Extremtyp zugeordnet werden, weisen folgende Merkmale auf (YABLONSKI 1973, S. 246 und S. 254):
– Unbeständigkeit, wechselnde Mitgliedschaft,
– individualisierte, diffuse Rollendefinitionen gemäß augenblicklichen Bedürfnissen,
– diffuse und unterschiedliche Mitgliedschaftskriterien,
– begrenzte Definitionen von Erwartungen gegenüber Mitgliedern,
– begrenzte Verantwortlichkeit und Soziabilität als Erfordernisse für die Mitgliedschaft,
– selbsternannte, häufig wechselnde und ungeklärte Führung,
– begrenzte Kohäsion, die mit zunehmender Entfernung vom Zentrum abnimmt,
– begrenzter Konsens über Funktionen, Ziele und Normen,
– wechselndes und personalisiertes Schichtungssystem,
– Unklarheit über die Mitgliederzahl; Einbeziehung von Mitgliedern in der Phantasie der Teilnehmer,

- Konflikte mit den Vorschriften des sozialen Systems,
- emotional motiviertes Verhalten.

Zwar können auch Gruppen bzw. Mengen unter bestimmten Bedingungen durch die obengenannten Merkmale charakterisiert sein, doch handelt es sich dann um nur vorübergehende Zustände. Demnach bestehen zum Teil nicht unerhebliche Unterschiede zwischen Gruppen und Fast-Gruppen, wobei der Vorwurf YABLONSKI's dahin geht, daß diese oft nicht bemerkt werden, d. h. daß in Theorie und Praxis von Gangs als soziologischen Gruppen ausgegangen wird. Eine derartige Unterstellung (die impliziert, daß Gangs u. a. eine feste Mitgliederzahl aufweisen, über eindeutige Mitgliedschaftskriterien, Rollenspezifizierung, Normkonsens und stabile Führung verfügen) kann nicht nur Ursache für eine falsche Theorie sein, sondern auch zu ineffektiver praktischer Arbeit führen, z. B. indem durch entsprechende (an der falschen Theorie orientierte) Aktivitäten des Sozialarbeiters infolge des Mechanismus einer "group-fulfilling prophecy" aus der Near-Group eine Gruppe entsteht (YABLONSKI 1973, S. 250).

Wie sieht nun die Struktur einer solchen Near-Group in einigen herausgegriffenen Dimensionen aus? YABLONSKI's Untersuchung zeigte drei Organisationsebenen der Gangmitglieder: Im Zentrum sitzen die Führer, zugleich die psychisch gestörtesten Mitglieder, die der Gruppe zur Bedürfnisbefriedigung am stärksten bedürfen und die auch die meisten Anstrengungen unternehmen, sie zusammenzuhalten und Aktivitäten zu organisieren. Auf einer zweiten Ebene befinden sich diejenigen Jugendlichen, die sich nur von Fall zu Fall, gemäß ihrer aktuellen Bedürfnislage an gemeinsamen Unternehmungen beteiligen. Zur dritten Ebene schließlich gehören diejenigen, die zwar auch gelegentlich an Gang-Aktivitäten teilnehmen, sich aber kaum als Mitglieder identifizieren (YABLONSKI 1973, S. 250–251).

Die Größe einer solchen Fast-Gruppe kann nicht genau angegeben werden, da sie in Abhängigkeit von den temporären Bedürfnislagen der Mitglieder bzw. der potentiellen Mitglieder zu sehen ist. (Diese Bedürfnislagen spielen auch eine entscheidende Rolle bezüglich der Perzeption der Gruppengröße.) (YABLONSKI 1973, S. 251). Ein weiteres Merkmal der Near-Group ist die unklare Auffassung der Mitglieder bezüglich ihrer Rolle innerhalb der Gang, deren Ziele und Normen und der Mitgliedschaftskriterien. Die sich daraus (und aus der spezifischen, wenig stabilen Führung, bei der Gewalt eine große Rolle spielt) ergebende relativ einfache Struktur kommt den begrenzten sozialen Fähigkeiten der Mitglieder, die größtenteils aus mehr oder weniger desorganisierten Slums mit zusammengebrochenen Kontrollmechanismen und einem Mangel an geeigneten neuen normativen Strukturen entstammen, sowie ihren Bedürfnissen entgegen. Es ist von einer mehr oder weniger defizitären familiären Sozialisation ohne viel Gelegenheit zu Rollenspiel und Rollenübernahme auszugehen (SPRINGER 1973, S. 25). Stattdessen wird sich eine Tendenz zur Aneignung von selbstbefriedigenden, impulsiven und egozentrischen Verhaltensmustern, wie sie für "asoziale" oder "soziopathische" Persönlichkeiten kennzeichnend sind, finden (YABLONSKI 1962, S. 194 ff.; vgl. auch die Social-Disability-These von SHORT/STRODTBECK sowie GORDON, 1967).

Die Gang (und damit die Struktur der Near-Group) ist in hohem Maße für ihre Mitglieder funktional:

- Ihre Funktionen sind variabel und unklar, d. h. sie ist den wechselnden Bedürfnissen der Mitglieder gegenüber flexibel.
- Sie schafft die Möglichkeit, Feindseligkeit und Aggression auszudrücken.
- Sie ist ein Ersatz für sozial benachteiligte Jugendliche, die aufgrund von Sozialisationsdefiziten unfähig sind, den Anforderungen "richtiger" Gruppen zu genügen.
- Sie stellt eine (vorübergehende) Befreiung von den als stumpfsinnig und drückend empfundenen Forderungen der Gesellschaft dar.

Diese Charakterisierung zeigt, daß das Near-Group-Konzept einerseits eine begriffliche Differenzierung und Präzisierung des Bandenbegriffs in bezug auf den soziologischen Gruppenbegriff bringt. Andererseits haben die empirischen Untersuchungen YABLONSKI's das Subkulturkonzept als solches stützen können, wobei in die Beschreibung der Subkultur stark psychologische Elemente einfließen. Es sind subkulturell-sozialstrukturelle Bedingungen, die bei bestimmten Jugendlichen psychische Störungen hervorbringen (aufgrund von mangelnder Sozialisation und Kontrolle sowie diffusen und evtl. gar konfligierenden Normstrukturen) und diese so geformten psycho- und soziopathischen Jugendlichen schließen sich Near-Groups an, um dort ihre sich verändernden Bedürfnisse befriedigen zu können. SPRINGER (1973, S. 27) faßt diesen Prozeß in einigen Hypothesen zusammen:

"(1) Wenn diese psychisch gestörten männlichen Jugendlichen ständige oder zeitweise wechselnde individuelle Bedürfnisse haben und emotionale Beziehungen zu anderen Jungen suchen,

(2) wenn sie nur über begrenzte Fähigkeiten verfügen, Rechte und Verbindlichkeiten (Rollen) mit anderen Personen einzugehen,

(3) wenn sie über dauernde oder momentane feindliche und aggressive Gefühle verfügen, die sie ausleben wollen,

(0) dann schließen sich diese Jungen mit großer Wahrscheinlichkeit einer sogenannten "Near-Group" an,

deren Struktur nur begrenzte soziale Fähigkeiten erfordert, die selbst modifiziert werden kann, entsprechend den emotionalen momentanen Bedürfnissen der Mitglieder,
die Kanäle für das Ausleben von Feindschaft und Aggressionen bereitstellt,
die ihnen Befriedigung ihrer Bedürfnisse verschafft."

2.3.6. Die Social Disability-These von SHORT und STRODTBECK

Mit der These der *social disability*, d.h. der Unfähigkeit der normalen Rollenerfüllung – wobei "normal" sich auf die Mittelschichtwerte und -normen bezieht – greifen SHORT und STRODTBECK die von YABLONSKI aufgeworfene Fragestellung nach der Bedeutung (Funktionalität) der Gangs für deren Mitglieder auf. YABLONSKI konstatierte, daß es den Bandenmitgliedern an den Fähigkeiten und Voraussetzungen mangele, "... in differenzierte, über den unmittelbaren ständigen Aktionszusammenhang hinausreichende Situationen einzutreten und in ihnen erfolgreich zu agieren" (SPRINGER 1973, S. 30). Dieses Defizit war auf Sozialisationsbedingungen zurückzuführen, die auch in persönlichkeitsspezifische Variablen hineinwirkten. Die Sozialisationsdefekte waren somit – via Persönlichkeitsstrukturen – die Ursache für das Hineindrängen in die Subkultur der Gangs. SHORT und STRODTBECK stellen in ihrem Ansatz nun eine Verbindung zwischen den Erklärungsebenen der schichtspezifischen Sozialisation und der in den subkulturellen Gruppen ablaufenden Prozesse her.
    Sie kritisieren die Einseitigkeit der Subkulturansätze wie sie u.a. von COHEN und CLOWARD und OHLIN (die ja eigentlich eine Vermittlerrolle zwischen Subkultur- und Assoziationstheorie einnehmen) vertreten werden. Die Einseitigkeit sehen sie in der Konzentration auf sozialstrukturelle Variablen zur Erklärung der Delinquenz (MOSER 1970, S. 75).
    Bei ihrer Untersuchung von sechzehn Banden stellten sie u.a. eine weitgehende (geäußerte) Übereinstimmung von Normen und Zielen delinquenter und nichtdelinquenter Jugendlicher mit den konventionellen Mittelklassewerten fest. Sie fanden auch keinen Hinweis darauf, daß ein in den "Mittelklassebildern" (d.h. den typischen Wertvorstellungen und Lebenssituationen der Mittelschicht) repräsentiertes Verhalten in den untersuchten Gang-Populationen eine unterschiedliche oder geringere Legitimation besaß (SHORT/STRODTBECK 1965, S. 65). Damit scheiden "ideologisch" fundierte Motivationen bzw. solche, die sich auf ein System krimineller Normen gründen, aus (worauf ja – wie gezeigt wurde – z.B. COHEN und MILLER sich explizit stützen). Es bleibt also die Diskrepanz zwischen der Bejahung der Mittelklassenormen und deren Nichtbefolgung bzw. zwischen dem positiven Selbstbild (im Sinne der Mittelklassevorstellungen) und der Teilnahme an (damit vereinbaren) kriminellen Aktivitäten zu

erklären. Auch der Einfluß der Gruppensituation allein bietet dafür keine zureichende Begründung.

Die Situation, der der einzelne in der Gruppe ausgesetzt ist, verstärkt nur die bereits vorhandene Rollenverarmung und Rollenrigidität, die letztlich auf in der Herkunftsfamilie gegebene Bedingungen zurückgeht. Die Familiensituation der meist aus der Unterschicht stammenden Gangmitglieder ist so strukturiert, daß dem Kind jene Erfahrungen und Fertigkeiten vorenthalten werden, die in der modernen, durch das Nebeneinander unterschiedlicher Wertsysteme charakterisierten Gesellschaft von zentraler Bedeutung sind. Die erforderliche Handlungsflexibilität setzt Rollenspielfähigkeit und eine Erfahrungsbreite voraus, die im Rahmen einer meist strengen Erziehung in *desorganisierten Familien der Unterschicht* nur unzureichend vermittelt werden können. Hinzu kommt ein durch die Unterschichtsituation bedingtes *erhöhtes Aggressionspotential* sowie die verminderte Fähigkeit (im Vergleich zur Mittelschicht), damit umzugehen. Mittelschichtkinder können dagegen durch eine entsprechende Erziehung ihre kognitiven und verbalen Fähigkeiten sowie ihr Geschick im Rollenspiel besser entwickeln. Besonders kraß offenbaren sich die Diskrepanzen zwischen Unterschicht- und Mittelschichtkindern beim Eintritt in das Berufsleben und in der Konfrontation mit der Erwachsenenrolle (SHORT/STRODTBECK 1965, S. 228).

Aus der *mangelnden Befriedigung emotionaler Bedürfnisse* und der *Unfähigkeit, sich in zahlreichen Situationen adäquat zu bewegen bzw. der gehäuften Erfahrung der darin erlittenen Frustrationen* "... wenden sich die enttäuschten Unterschichtjugendlichen aus den strukturschwachen Familien ungeplant, unbeabsichtigt, mehr zufällig spontan den Leuten zu, die wie sie keine große gesellschaftliche Mobilität haben ..." (HAFERKAMP 1972, S. 79). Die Banden stellen also lediglich mehr oder weniger freiwillig gewählte Rückzugsgebiete für die in ihren sozialen Fähigkeiten geschädigten Jugendlichen dar, was sich auch auf ihre gesamte Persönlichkeitsstruktur und ihren Charakter auswirkt. Nur sehr begrenzt werden Gruppennormen ausgebildet (vgl. YABLONSKI), positive interpersonale Beziehungen sind selten und emotionale Sicherheit und Befriedigung bleiben weitgehend unerfüllt.

Wegen der emotionalen Benachteiligung sind die Mitglieder zu gegenseitigem warmherzigen und stützenden Verhalten unfähig. Aus ihrer Enttäuschung resultieren erhöhte Aggressionen "... die eine Verstärkung außerdem noch dadurch erfahren, daß die Angst vor emotionaler Abhängigkeit gleichzeitig dauernd durch aggressives, die persönliche Autonomie betonendes Verhalten bekämpft werden muß" (MOSER 1970, S. 80). Solidaritätserzeugende Gefahrensituationen stellen die einzige Möglichkeit dar, zu befriedigenden emotionalen Beziehungen zu gelangen: "Die Problematik der Bandenjungen, so vermuten wir, erfährt in dieser Hinsicht eine Erleichterung durch ihre Teilnahme an kriminellen Verhalten" (SHORT/STRODTBECK 1965, S. 245; zit. nach MOSER 1970, S. 80). Dies erklärt die Häufigkeit krimineller Aktionen.

Weiterhin bietet die Bande infolge ihrer "near-group"-Struktur Gelegenheit, ansonsten unerfüllbare Statusbedürfnisse zu befriedigen (SHORT/STRODTBECK 1965, S. 264). Durch die Zugehörigkeit zu einer Bande wird aber der Aktionsspielraum sowohl regional als auch sozial weiter eingegrenzt. Die in anderen sozialen Bereichen (Familie, Schule, Beruf) geltenden Werte, Normen, Verhaltensweisen und Fähigkeiten, die Vorbedingung für Anpassung an und Mobilität in der mittelschichtgeprägten Kultur sind, werden nicht nur nicht geübt bzw. nicht unterstützt, sondern mehr oder weniger offen diskreditiert und bekämpft, womit sich die soziale Unfähigkeit weiter verfestigt.

In ihrer Untersuchung kommen SHORT und STRODTBECK zu einer Bestätigung der *Chancenstrukturtheorie* von CLOWARD und OHLIN, doch zeigen sie auch, daß die sich unterscheidenden Perzeptionen der Chancen keine klare Korrelation mit dem je individuellen Verhalten aufweisen (SHORT/STRODTBECK 1965, S. 269). "Damit ist eine Stufe der Erkenntnis erreicht, die erstmals eine klare Trennung der Wirkungsebenen von Variablen, mindestens in theoretischer Hinsicht, erlaubt, sowie eine vorläufige Eingrenzung der Erklärungsreichweite der rein soziologisch-sozialstrukturellen Kriminalitätstheorien" (MOSER 1970, S. 83).

Es sind die Gruppenprozesse selbst, die über die sozialstrukturellen Merkmale hinweg das Auftreten abweichenden oder konformen Verhaltens in den Banden steuern. Unter Gruppenprozessen wird das Zusammenwirken von Gruppenerwartungen und situationsspezifischen Erfordernissen verstanden (SHORT/STRODTBECK 1965, S. 139). Hinzu kommt die soziale Unfähigkeit, im Alltagsleben die real existierenden Handlungsmöglichkeiten in spezifischen Situationen zu erkennen und zu antizipieren. Die Möglichkeiten der Rollenerfüllung sind für die Jugendlichen der Unterschichten offensichtlich sehr reduziert. Daraus resultiert eine Unsicherheit, die in dem relativ begrenzt variablen Situationsrahmen der Gang in eine tendenzielle Sicherheit verwandelt werden soll. Die Reduktion des Spielraumes der situationsspezifischen Rollenerwartungen tritt zwar durch die Gangmitgliedschaft ein und bringt somit mehr Sicherheit für das einzelne Mitglied, doch wird damit die soziale Unfähigkeit, außerhalb der Bande zu interagieren, verfestigt.

In etwas verkürzter Darstellung könnte man die These der social disability wie folgt formulieren:

- Unterschichtjugendliche erlernen infolge von *Sozialisationsdefiziten* nur ein beschränktes Ausmaß an *Rollenverhalten.*
- Diese *begrenzte Rollenspielfähigkeit* führt zur *social disability*, dem Unvermögen sich an eine schier unbegrenzte Variabilität der Situationen und Rollenerwartungen anzupassen.
- Das Erleben dieser Unfähigkeit führt zu *sozialer Unsicherheit,* die in den begrenzten Situationen der Banden tendenziell reduziert wird, weshalb man sich den Gangs anschließt.
- In den Banden wird die *allgemeine Interaktionsunfähigkeit* außerhalb der Gangs verfestigt, die Sicherheit innerhalb der Gangs erhöht. *Das deviante Verhalten innerhalb der Gang übernimmt Kompensationsfunktionen für die Unsicherheit nach außen.*

2.3.7. Die Subkultur der Gewalt nach WOLFGANG und FERRACUTI

Nicht von ungefähr kommt, daß sich zwei Amerikaner mit der Subkultur der Gewalt beschäftigt haben, gelten doch die USA als besonders von Gewalttätigkeiten heimgesucht. Da es sich um ein scheinbar nur amerikanisches Phänomen handelt, hat man sich mit dieser Spezialform der Subkultur außerhalb der Vereinigten Staaten kaum befaßt. Daß dieser doch etwas periphere Ansatz hier behandelt wird, hat seinen Grund nicht zuletzt darin, daß auch bei uns eine Diskussion über Gewalt eingesetzt hat, die sich auf die Darstellung von Gewalt in den Massenmedien einerseits – in der Vermutung einer davon ausgehenden Nachahmungswirkung bei der Bevölkerung – und andererseits auf die terroristischen Aktionen der letzten Jahre bezieht. Zwar liefern WOLFGANG und FERRACUTI für beide Phänomene nur begrenzte Erklärungsmöglichkeiten, doch bieten sich immerhin Ansatzpunkte.

In einem interdisziplinären Ansatz – unter besonderer Berücksichtigung psychologischer und soziologischer Theorien – versuchen beide Autoren die *Gewaltkriminalität* theoretisch zu fassen und auf die *Existenz von Werte- und Normensystemen* zurückzuführen, die den Gebrauch von physischer Gewalt gegen andere Personen regulieren und legitimieren. An die Diskussion verschiedener Aspekte von aggressivem und gewalttätigem Verhalten anschließend referieren sie Beispiele aus verschiedenen Regionen, von denen sie annehmen, daß sie Elemente gewalttätiger Subkulturen beinhalten. Sie erörtern verschiedene kriminalpolitische Maßnahmen zur Bekämpfung der Subkultur der Gewalt (WOLFGANG/FERRACUTI 1967, S. 284 ff.), setzen sowohl beim Täter als auch bei der Gemeinschaft bzw. deren Kontrollorganen an und zielen auf ein Aufbrechen der kriminellen Subkultur ab.

WOLFGANG und FERRACUTI diskutieren unterschiedliche Einzelansätze der Erklärung aggressiven Verhaltens und kritisieren diese: der *psychoanalytische* Ansatz wird in seiner Grundannahme eines Todestriebes als nicht beweisbar zurückgewiesen. Die *psychometrischen* Ansätze werden als nur korrelativ, deskriptiv und wenig erklärend abgelehnt. *Medizinische und biologische* Ansätze können ihrer Meinung nach auch keinen Nachweis dafür liefern, daß äußere Bedingungen als Ursachen für aggressives Verhalten auszuschließen sind. Die *Frustrations-Aggressions-Hypothese* wird von ihnen mit der Einschränkung akzeptiert, daß Aggressionen auch ohne vorhergehende Frustrationen möglich sind. Das *Katharsis-Konzept* (BERKOWITZ 1962, S. 196 f.), das davon ausgeht, daß durch die Darstellung von Gewalt vorhandene Aggressionen abreagiert werden, entbehrt einer empirischen Bestätigung usw. Aus der jeweiligen Unzulänglichkeit aber auch den jeweiligen Stärken der einzelnen Ansätze wird ein ”neues“ Konzept entwickelt. Durch die in der Literatur als Prozesse des *"sozialen Lernens"* bezeichneten Phänomene, die in sozialpsychologischen, psychologischen und soziologischen Theorien behandelt werden (Lern- und Verhaltenstheorie, Theorie der kognitiven Dissonanz, andere Balance-Theorien, Wahrnehmungs- und Persönlichkeitstheorien) wird eine Verbindung zur soziokulturellen Umwelt in ihrem Erklärungsansatz hergestellt, indem zwischen individuellem, gewalttätigem Verhalten und einem subkulturellen Werte- und Normensystem ein Konnex vermutet wird.

WOLFGANG und FERRACUTI konstatieren eine Vielfalt von Definitionen von ”Subkultur“ und beziehen sich selbst auf SHILS (1961, S. 63–64) und JAEGER und SELZNICK (1964, S. 653–669), die den Unterschied zwischen der Gesamtheit aller in einer Gesellschaft existierenden Wertesysteme und dem zentralen Wertesystem betonen, sowie den Umstand, daß nicht alle Werte, Überzeugungen und Normen in einer Gesellschaft denselben Status besitzen und Subkulturen einige Werte akzeptieren, sich anderen gegenüber indifferent verhalten und wiederum andere ablehnen bzw. Gegenkonstruktionen hervorbringen, wobei sie aber immer noch innerhalb des kulturellen Systems verbleiben.

Der Ansatz der Subkultur der Gewalt geht davon aus, daß *physischer Aggression eine hohe Bedeutung im Wert- und Normengefüge zukommt, d. h., daß sie Sozialisationsprozesse, interpersonelle Beziehungen und den Lebensstil der Individuen durchdringt und sich in ihrer Persönlichkeitsstruktur niederschlägt.* Ihre Entstehung kann auf verschiedene Ursachen zurückgeführt werden (worüber aber keine detaillierten Ausführungen gemacht werden); sie kann eine negative Reaktion auf die Ziele der dominanten Kultur darstellen, eine positive Reaktion gegenüber den Zielen, kombiniert mit der Bereitschaft, illegitime (negative) Mittel zu gebrauchen oder aus der Übernahme originär subkultureller Wertesysteme als Antithese resultieren (WOLFGANG/FERRACUTI 1967, S. 163). Als Indikator für gewalttätige Subkulturen ziehen WOLFGANG und FERRACUTI die relativen Häufigkeiten von Tötungsdelikten ohne ausdrückliche Tötungsabsicht (Totschlag) heran (z. B. Affektmord aus Eifersucht), wobei nicht zwischen versuchter und vollendeter Tat differenziert wird.

Abweichendes, gewalttätiges Verhalten ist nicht gleichmäßig über die gesamte Sozialstruktur verteilt; bestimmte soziale Gruppen, Altersklassen und ethnische Gruppen sind überrepräsentiert. Frauen begehen weitaus weniger häufig Mord und Totschlag als Männer, und es gibt bisher keine Beweise für eine Zunahme durch die in anderen Bereichen feststellbare Gleichberechtigung (WOLFGANG/FERRACUTI 1967, S. 259). Das Absinken der Mord- und Totschlagsraten in den USA zwischen 1920 und 1960 wird mit der "Verweiblichung" (feminization) der Kultur, der Gleichberechtigung und dem Wandel des Männlichkeitsideals infolge des Rückgangs der Bedeutung offener physischer Gewalt zugunsten intellektueller und finanzieller Potenz in Verbindung gebracht. Die Überrepräsentation Jugendlicher und junger Männer resultiert aber auch aus deren physischer Überlegenheit, die die Übernahme eines auf Gewalt beruhenden Ideals nahelegt sowie aus dem Einfluß von Altersgruppen, die entsprechendes Verhalten verstärken.

Rassische Differenzen hinsichtlich der Belastungshäufigkeit sind als durch die Schicht- bzw. Klassenlage verursacht anzusehen. Die Überrepräsentation der Unterschicht bei Totschlagsdelikten (auch überproportional zu ihrer auch ansonsten höheren Kriminalitätsrate) ist u. a. Ergebnis unterschiedlicher Sozialisation bezüglich des Umgangs mit Aggressionen: Angehörige der Mittelschicht werden eher auf deren Unterdrückung bzw. zur Lenkung nach innen (Selbstmord) im Gegensatz zu Unterschichtsangehörigen hin sozialisiert (WOLFGANG/FERRACUTI 1967, S. 261). Mittelschichtangehörige müssen infolge der Unvereinbarkeit ihres, die Gewalt ablehnenden, internalisierten Wertesystems größere Anstrengungen zur Rationalisierung von Gewaltverbrechen unternehmen. Sie werden weniger von der möglichen Strafe abgeschreckt, sondern mehr vom Wunsch nach Konformität von der Tatbegehung abgehalten, während das Wertesystem der Unterschicht den Gebrauch von Gewalt stützt und deshalb dort die Furcht vor Strafverfolgung eine größere Rolle spielt.

Die Konzentration von Mördern und Totschlägern auf bestimmte Bevölkerungsgruppen (z. B. männliche, nicht-weiße, ledige Jugendliche und junge Erwachsene aus der Unterschicht) kann nicht mit dem Anomiekonzept (im Sinne von Normkonflikten) erklärt werden, da mobile Individuen, die der Erfahrung des Normenkonflikts verstärkt ausgesetzt sind, nicht signifikant mehr Gewaltverbrechen begehen. Die höchsten Mord- und Totschlagsraten treten dagegen in relativ homogenen, subkulturellen Gruppen in Großstädten auf, d. h., daß das Wertesystem solcher Gruppen konstituierend für eine Subkultur der Gewalt ist. Um so stärker eine

Person in eine solche Gruppe integriert ist, um so höher ist die Wahrscheinlichkeit gewalttätigen Verhaltens in verschiedenen Situationen (WOLFGANG/FERRACUTI 1967, S. 152).

WOLFGANG und FERRACUTI gehen also davon aus, daß Gruppen mit hohen Totschlagsraten einen hohen Ausprägungsgrad einer Subkultur der Gewalt aufweisen. Die subkulturelle Bestimmung ergibt sich dabei aus dem Werte- und Normensystem, das *Gewalt als Verhaltenserwartung* vorsieht und gewaltlose Akte in spezifischen Situationen negativ sanktioniert (Schwäche, weiblich, memmenhaft …). Es ist dabei zu beachten, daß die Forderung nach Gewalt situationsspezifisch definiert ist und diese Definitionen subkulturell gelernt werden. WOLFGANG und FERRACUTI weisen auch auf Beziehungen zur Persönlichkeitsstruktur hin, doch lösen sie selbst die Forderung nach deren Einbeziehung in die Erklärung von Gewalt nur bedingt ein.

Die These einer Subkultur der Gewalt enthält zusammengefaßt folgende Überlegungen:

- Gewalt kann durchaus auch in nicht-gewalttätigen Subkulturen auftreten. In Subkulturen der *Gewalt ist diese jedoch normativ verankert.*
- Die normative Struktur der Subkultur erfordert nur für bestimmte, definierte (nicht für alle) Situationen Gewalt.
- Anzahl und Art der Situationen, für die normativ Gewalt gefordert wird, bestimmen den gewalttätigen Charakter dieser Subkulturen.
- Art und Ausmaß, indem sich die Mitglieder einer Subkultur gewalttätig verhalten, sind auch durch *psychologische Variablen* determiniert.
- *Die Entwicklung einer die Gewalt begünstigenden Einstellung und ihr Gebrauch sind erlernt.* Hier stützt man sich auf die Theorien der differentiellen Identifikation (GLASER), der differentiellen Assoziation (SUTHERLAND) und auf Prozesse des differentiellen Lernens (BURGESS/ AKERS).
- Die *verhaltenstheoretische Komponente* der Erklärung besteht darin, daß dieses gewalttätige Verhalten z.B. durch Schmerz des Opfers oder durch andere äußere Belohnungen verstärkt wird (Geld, soziales Ansehen etc.).
- Da der Gebrauch von Gewalt in einer Subkultur nicht als unerlaubte Handlung erscheint, hat der Täter auch keine Schuldgefühle. Gewalt erscheint als Teil des Lebensstils, als Problemlösungsmöglichkeit, die legitimiert ist.

2.3.8. Der Tenor der Subkulturtheorien

Subkulturtheorien abweichenden Verhaltens gehen davon aus, daß in komplexen Gesellschaften zwar bestimmte grundlegende Werte von allen Gesellschaftsmitgliedern geteilt werden, daß es jedoch aufgrund der Komplexität des Gesamtsystems kleinere soziale Gebilde, wie z. B. Gruppen gibt, die auch von den gesamtgesellschaftlichen Verhaltenserwartungen und Normen abweichende entwickeln und praktizieren. Diese unterschiedlichen Normen beruhen auf sozialstrukturellen Bedingungen, die gesamtgesellschaftlich ungleich verteilt sind; divergierende Normen als Ausdruck sozialer Differenzierung in einer komplexen Gesellschaft. Wenn zur Gesamtkultur verschiedene Normen entwickelt werden, so entstehen diese als Anpassungsprozesse an unterschiedliche soziale Bedingungen. Aus bestimmten Wert- und Normenkonstellationen heraus ergeben sich dann solche Verhaltenserwartungen, die von der Gesamtgesellschaft als abweichend begriffen, innerhalb der Subkultur jedoch als mehr oder weniger zwingend erwartet werden, dort also nicht als abweichend definiert sind.

In der Kontrakultur stellt sich auf der Verhaltensebene das Verhältnis von Subsystem zu kulturellem Gesamtsystem ähnlich dar, wenngleich auf der Ebene der Normgenese zur Subkultur ein wichtiger Unterschied besteht: die Normen der Kontrakultur werden in bewußter Ablehnung der Erwartungen der Gesamtgesellschaft entwickelt und befolgt, während in der Subkultur eine partielle Identifikation, mindestens aber eine Orientierung an den gesamtkulturellen Normen und Werten erfolgt.

Das Subkulturkonzept relativiert die Zuschreibung der Abweichung, soweit eine solche Definition normbezogen vorgenommen wird, weil eine Differenzierung in verschiedene Normsysteme empirisch feststellbar erscheint. Auf einen einfachen Nenner gebracht, könnte man die Subkulturtheorie wie folgt fassen: Gesamtgesellschaftlich als abweichend definierte Verhaltensweisen mögen subkulturell konforme sein. Die subkulturelle Konformitätserwartung erfordert die gesamtkulturell verstandene Abweichung, wobei einmal die sozialstrukturellen Bedingungen für die Entstehung von Subkulturen verantwortlich zu machen sind und zum anderen unmittelbar deutlich wird, daß abweichendes Verhalten ähnlichen Entstehungsbedingungen folgt, wie konforme Verhaltensweisen. Ebenso zeigt sich, daß die Definitionen von Abweichung und Konformität für gleiche Verhaltensweisen austauschbar und geradezu beliebig (im Rahmen von z. B. sozialstrukturellen und persönlichkeitsspezifischen Bedingungen) gefaßt werden können.

2.4. Theorien des differentiellen Lernens

Die in diesem Kapitel zu referierenden Theorien werden als soziologische behandelt, obgleich sie in der Literatur häufig als sozialpsychologische bezeichnet werden, "weil die sozialstrukturellen Bedingungen der Devianz nur insoweit zur Erklärung herangezogen werden, als aufgrund sozialstruktureller Bedingungen konfligierende kriminelle und konforme Verhaltensmuster angenommen werden" (LAMNEK 1977, S. 36). Die Sozialstruktur ist somit nicht unmittelbar als unabhängige Variable in den Erklärungszusammenhang einbezogen. Da es gerade SUTHERLAND darum ging, soziologische Aspekte in die Erklärung abweichenden Verhaltens und der Reaktionen darauf aufzunehmen und da er das abweichende Verhalten selbst ausgesprochen soziologisch – als auf die Dimensionen Norm, Normbruch und soziale Kontrolle bezogen (SUTHERLAND/CRESSEY 1955, S. 3) – begreift, sollte man seine theoretischen Überlegungen doch als soziologische bezeichnen können. Da zudem die Grenzziehung zwischen Soziologie und Sozialpsychologie relativ willkürlich erscheint, wird auf eine weitere Diskussion der Theoriezuordnung verzichtet.

Die Theorien des differentiellen Lernens bauen auf allgemeinen *Lerntheorien* auf und wenden diese in der Angabe spezifischer Bedingungen auf abweichendes Verhalten an. Ausgangspunkt der Überlegungen ist, daß abweichende wie konforme Verhaltensweisen erlernt werden. Das "differentielle" bedeutet dabei die Unterscheidung zwischen als konform und abweichend definierten Verhaltensweisen, Normen, Werten etc. "Lernen" meint in diesen Theorien die Prozesse, die als Interaktionen mit anderen Gesellschaftsmitgliedern (oder spezifischen Gruppen in einer Gesellschaft) in Kommunikationsbeziehungen ablaufen und die individuelle Folgen in Form der Übernahme oder Ablehnung der in diesen Interaktionen gezeigten Verhaltensweisen haben. Diese lerntheoretischen Ansätze beziehen Stellung gegen solche theoretischen Überlegungen, die von statischen oder gar unveränderbaren Beziehungen zwischen abweichendem Verhalten und persönlichkeitsspezifischen oder biologischen Variablen ausgehen. Sie betonen den prozeßhaften Charakter der Entstehung von Devianz und zeigen die gesellschaftliche "Beteiligung" daran auf, indem sie darauf aufmerksam machen, daß es in jeder Gesellschaft abweichendes Verhalten gibt, daß dieses gruppenspezifisch auftreten und weitergegeben, daß es in unterschiedlichen Quantitäten (relational bezogen auf konformes Verhalten) festgestellt werden kann und daß selbst in kleineren sozialen Gebilden (die ja homogener als Gesamtgesellschaften sind) Abweichungen nichts Außergewöhnliches sind. Wenn diese Überlegungen zu-

Abb. 21: Theorien des differentiellen Lernens

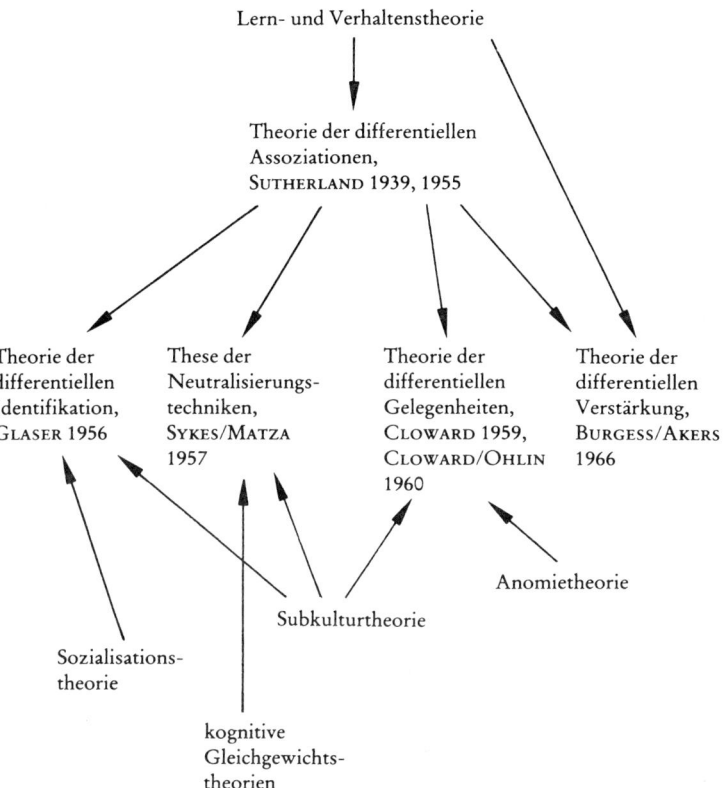

treffen, so bestehen für jedes Gruppenmitglied (innerhalb einer Gruppe, wie auch über diese hinausgehend) Möglichkeiten, sich an konformen wie auch an abweichenden Verhaltensweisen zu orientieren, sich mit konformen oder abweichenden Personen zu *identifizieren,* abweichende oder konforme Gelegenheiten wahrzunehmen, abweichende oder konforme Verhaltensweisen durch Reaktionen *verstärkt* zu bekommen oder *Techniken der Neutralisierung* zu entwickeln. Ob sich jemand konform oder deviant verhält, hängt mit diesen genannten Mechanismen zusammen. Da jedes Gruppenmitglied prinzipiell die unterschiedlichen Verhaltensmuster auf der Basis solcher differentieller Lernprozesse internalisieren kann, individuell aber ein in sich konsistentes und homogenes Selbstverständnis als Identität entwickeln muß, kommt es zu Prioritätensetzungen. Die einen identifizieren sich stärker mit dem konformen, die anderen mit dem devianten Verhaltensmuster. (Selbstverständlich gibt es auch solche Verhaltensmuster, die im Hinblick auf die Definition von abweichend oder konform ambivalent, neutral oder indifferent sind. Da diese aber nichts zur Erklärung der Entstehung von Delinquenz beitragen, kann auf deren Einbeziehung verzichtet werden.)

Lerntheoretische Ausnahmen, die individualpsychologisch oder allgemein verhaltenstheoretisch genannt werden können, und spezifische Lernbedingungen, die soziologisch-sozialstrukturell determiniert sind, konstituieren die Theorien des differentiellen Lernens. Die älteste dieser Theorien, die auch für andere theoretische Ansätze richtungsweisend war, die Theorie der *differentiellen Assoziation* von SUTHERLAND sei als erste beschrieben.

2.4.1. Die Theorie der differentiellen Assoziation: SUTHERLAND

Die Theorie der differentiellen Assoziation ist wie die Subkulturtheorie aus der sog. Chicagoer Schule hervorgegangen. Sie wurde erstmals von SUTHERLAND 1939 formuliert, später modifiziert und von seinem Schüler und Mitarbeiter CRESSEY (zum Teil kritisch) weitergeführt (SUTHERLAND/CRESSEY 1955). Mit der Theorie der differentiellen Assoziation, die auch Theorie der *differentiellen Kontakte* oder Theorie der *differentiellen Lernstrukturen* genannt wird, zielt SUTHERLAND zum einen auf die Erklärung der unterschiedlichen Verteilung der *Kriminalitätsraten* (z.B. in den verschiedenen Schichten) und zum anderen auf die Herausarbeitung des *Lern- und Prozeßcharakters kriminellen Verhaltens* (etwa im Gegensatz zur Anomietheorie, die statischer ist, oder gar den biologisch-anthropologischen Ansätzen) ab. Differentielle Assoziation meint dabei die Kontakte mit abweichenden und nicht-abweichenden (= differentiellen) *Verhaltensmustern,* die für die Übernahme dieser Verhaltensmuster entscheidend sind, wobei sie nicht allein durch persönliche Kontakte vermittelt werden, auch wenn diese einen besonderen Stellenwert einnehmen.

Von einer allgemeinen Theorie des Lernens ausgehend wird die Anwendung auf den Bereich des devianten Verhaltens vorgenommen. Der Ansatz von SUTHERLAND ist im Gegensatz zu manchen Ausprägungen der Anomietheorie und der Subkulturtheorie primär *mikrosoziologisch* (um den Begriff des Sozialpsychologischen zu vermeiden). Sozialstrukturelle Faktoren werden nur beiläufig erwähnt (SUTHERLAND 1968, S. 397) bzw. bleiben in ihrer Bedeutung unklar (RÜTHER 1975, S. 15) oder müssen der Theorie nachträglich zur Erklärung der differentiellen Strukturen vorgelagert werden. Die zentrale These, SUTHERLAND's, die im folgenden noch weiter ausgearbeitet wird, lautet, *daß eine Person dann delinquent wird, wenn Gesetzesverletzungen begünstigende Einstellungen gegenüber den Einstellungen, die Gesetzesverletzungen negativ bewerten, überwiegen.*

Für das Auftreten abweichenden Verhaltens sind sowohl die Lebensgeschichte, die vermittels entsprechender Kontakte die bestimmenden Neigungen und Widerstände produziert, wie auch die aktuellen, situativen Umstände verantwortlich, die für den einzelnen in einer konkreten Handlungssituation als relevant empfunden werden. Bei der aktuellen Situation kommt es also nicht darauf an, ob sie objektiv günstig ist, sondern ob sie vom Täter als günstig für die Begehung der Tat definiert wird. Zur Lebensgeschichte gehören Persönlichkeitsmerkmale (etwa: Introversion – Extraversion), soziale Verhältnisse (z.B. Wohngegend, Schicht) und Inhalte der Lernprozesse, d.h. die Beherrschung eines entsprechenden Verhaltensrepertoires.

Dieses sind die sozusagen individuellen Faktoren (zwar sozial mitdeterminiert), die für das Auftreten abweichenden Verhaltens mitbestimmend sind. Sie allein genügen jedoch nicht. Eine weitere Voraussetzung für Devianz ist die *differentielle Organisation der Gesellschaft,* d.h. das Individuum muß die Chance zum Kennenlernen *konkurrierender Situationsdefinitionen* haben. Mit dieser Grundannahme, die aber von SUTHERLAND und CRESSEY nicht weiter ausgeführt wird, ist eine Verbindung zu den Subkultur-Ansätzen hergestellt.

Die Ursachen und Prozesse, die zu kriminellem Verhalten führen, werden in neun Thesen formuliert (vgl. SUTHERLAND 1968, S. 394 ff.):

- ”Kriminelles Verhalten ist erlerntes Verhalten“, d.h. es ist nicht anlagebedingt oder vererbt und erfordert entsprechende (kriminelle) Übung.
- ”Kriminelles Verhalten wird in Interaktion mit anderen Personen in einem Kommunikationsprozeß gelernt.“ Kommunikation ist hier im weitesten Sinne, als verbale und nicht-verbale (Gestik, Mimik), direkte und indirekte zu verstehen.
- ”Kriminelles Verhalten wird hauptsächlich in intimen persönlichen Gruppen gelernt.“ Eine (nach SUTHERLAND) vergleichsweise geringe Rolle spielen dagegen andere Kommunikationsmittel wie Filme, Fernsehen oder Zeitungen (gerade über den Einfluß von Massenmedien auf das Erlernen kriminellen Verhaltens liegen zahlreiche Arbeiten vor, allerdings mit z.T. konträren Ergebnissen; vgl. dazu KLAPPER 1968; weitere Literaturhinweise bei SCHNEIDER 1974, S. 150–157 oder WISWEDE 1973, S. 139 ff.).

Die besondere Hervorhebung intimer persönlicher Kontakte führte zu dem Mißverständnis, daß Kontakte mit ”differentiellen“ (kriminellen und nicht-kriminellen) *Personen,* nicht mit entsprechenden *Verhaltensmustern* als bestimmend für das Erlernen delinquenten Verhaltens angesehen werden. Ebenso wie Nichtkriminelle aber kriminelle Verhaltensmuster zeigen können (z.B. Filmschauspieler in einer Gangsterrolle) demonstrieren auch Kriminelle konformes, gesetzestreues Verhalten (z.B. Bankräuber, der mit dem erbeuteten Geld Raten für die Waschmaschine bezahlt). Man beachte daher, daß die Kontakte mit abweichenden Verhaltensmustern entscheidend sind!

- "Das Erlernen krimineller Verhaltensweisen schließt das Lernen
  a) der Techniken zur Ausführung des Verbrechens, die manchmal sehr kompliziert, manchmal sehr einfach sind,
  b) die spezifische Richtung von Motiven, Trieben, Rationalisierungen und Attitüden ein."

Auch hier muß auf das gelegentliche Mißverständnis hingewiesen werden, sich nur auf das Erlernen der Verhaltensweisen zu beziehen. Gerade auch die Einstellungen, Motive und Rationalisierungen (vgl. Sykes/Matza in 2.4.5.) sind notwendige Voraussetzungen, abweichende Verhaltensmuster anzunehmen.

- "Die spezifische Richtung von Motiven und Trieben wird gelernt, indem Gesetze positiv oder negativ definiert werden" (Sutherland 1968, S. 395); d.h. den Akteuren müssen konkurrierende Situationsdefinitionen zur Verfügung stehen – es muß also eine gewisse Offenheit und Vielfalt in der Gesellschaft vorausgesetzt werden können. Neben der Kultur, die Gesetze positiv definiert, besteht eine andere (von der ersten aus gesehen unerwünschte) ebenso reale Kultur, die die Verletzung der Gesetze begünstigt (Springer 1973, S. 13).

- "Eine Person wird delinquent infolge des Überwiegens der die Verletzung begünstigenden Einstellungen über jene, die Gesetzesverletzungen negativ beurteilen" (Sutherland 1968, S. 396) (= Prinzip der differentiellen Kontakte).

Diese These besagt, daß Delinquenz dann eintritt, wenn entsprechende *Milieubedingungen* vorliegen, die eine Majorität der negativen Definitionen von Gesetzen (also deren Ablehnung) gegenüber positiven Beurteilungen (also deren Billigung) hervorbringen. Ob diese These in dieser Form haltbar ist, muß bezweifelt werden. Die Forderung nach relational-quantitativem Überwiegen ist eine sehr eingeschränkte Bedingung. So kann man sich unschwer vorstellen, daß auch ohne das Vorliegen dieser Konstellation abweichende Verhaltensweisen auftreten, wenn z.B. die Einstellungen zu einer Person mit abweichenden Verhaltensmustern so positiv ist, daß diese übernommen werden, obgleich die devianten Verhaltensmuster allgemein nicht überwiegen. Zudem bleibt die Schwierigkeit der Operationalisierung: Wie läßt sich das "Überwiegen" der einen oder anderen Einstellung überprüfen? In welchem Verhältnis stehen Häufigkeit und Intensität? Opp schlägt hier zur Präzisierung vor, den Quotienten aus der Menge der positiven und der Menge der positiven und negativen Definitionen zu bilden. Übersteigt er den Wert von 0.5, so liegt ein Überwiegen der die Verletzung begünstigenden Einstellungen vor (OPP 1974, S. 165). Unabhängig davon bleibt das Problem, positive und negative Definitionen zu bestimmen und den Grad ihrer jeweiligen Ausprägung zu messen (WISWEDE 1973, S. 137). (Zum Operationalisierungsproblem vgl. auch DeFLEUR/QUINNEY 1966, S. 513.)

- "Differentielle Kontakte variieren nach Häufigkeit, Dauer, Priorität und Intensität."

    Differentielle Kontakte sind Kontakte mit abweichendem und nichtabweichendem Verhalten. "Priorität" trägt der großen Bedeutung der frühkindlichen Sozialisation hinsichtlich der weiteren Steuerung selektiver Prozesse Rechnung. "Intensität", obgleich nicht genau definiert, wird mit dem Prestige des Ursprungsortes eines kriminellen oder konformen Verhaltensmusters und mit emotionalen Reaktionen auf entsprechende soziale Kontakte in Verbindung gebracht (SUTHERLAND 1968, S. 397); Berührungen mit kriminellen Verhaltensmustern z.B. in der Familie üben in der Regel einen stärkeren Einfluß aus als etwa der Besuch einer Gaststätte, in der vorwiegend Kriminelle verkehren. Offen bleibt die Frage nach dem Verhältnis von "Häufigkeit", "Dauer", "Priorität" und "Intensität" zueinander: Inwieweit tritt unter bestimmten Bedingungen eine gegenseitige Verstärkung oder eine Kompensation ein? Sind intensive aber kurzzeitige Kontakte in einer Freundesclique bedeutsamer als relativ langdauernde, aber weniger intensive Kontakte im Arbeitsleben? Die fraglichen Qualitäten (Häufigkeit, Dauer, Priorität und Intensität), so SUTHERLAND, können quantifiziert und in einer mathematischen Formel ausgedrückt werden, was aber äußerst schwierig sei (SUTHERLAND 1968, S. 397).

- "Der Prozeß, in dem kriminelles Verhalten durch Kontakte mit kriminellen und antikriminellen Verhaltensmustern gelernt wird, umfaßt alle Mechanismen, die bei jedem anderen Lernprozeß auch beteiligt sind" (SUTHERLAND 1968, S. 397). Hier wird nochmals betont, daß es sich bei der Theorie der differentiellen Assoziation um eine generelle Verhaltenstheorie handelt. Die Entscheidung darüber, ob eine Person abweichendes oder nichtabweichendes Verhalten gelernt hat, ergibt sich erst aus der inhaltlichen Bestimmung dieses Verhaltens, nicht aus Besonderheiten des Lernprozesses.

- "Obwohl kriminelles Verhalten ein Ausdruck genereller Bedürfnisse und Werte ist, wird es nicht durch diese generellen Bedürfnisse und Werte erklärt, da nicht-kriminelles Verhalten Ausdruck eben derselben Bedürfnisse und Werte ist" (SUTHERLAND 1968, S. 398). So ist z.B.

sowohl bei Dieben als auch bei Wohnungsmaklern das Bedürfnis verbreitet, Geld zu erwerben – dieses Bedürfnis kann aber das Auftreten abweichenden Verhaltens beim Dieb nicht erklären.

SUTHERLAND war selbstkritisch genug zuzugeben, daß differentielle Kontakte allein für das Auftreten kriminellen Verhaltens keine hinreichenden Bedingungen darstellen. (Nicht alle Personen, die häufig Kontakt mit abweichenden Verhaltensmustern haben, werden selbst zu Abweichern.) Die Gelegenheit zur Ausführung krimineller Handlungen (vgl. CLOWARD/OHLIN 1960), die Intensität der Bedürfnisse und der Mangel an Alternativen zum kriminellen Verhalten (vgl. SHORT/STRODTBECK 1965) müßten in ihrer Interaktion mit dem Prinzip der differentiellen Assoziation mitberücksichtigt werden. Differentielle Kontakte sind aber insofern notwendige Bedingungen, als niemand in ein System kriminellen Verhaltens eintreten kann, ohne Kontakt mit kriminellen "patterns" gehabt zu haben (SUTHERLAND 1956, S. 30). Bis es gelingt, eine angemessene Theorie zu entwickeln, ist deshalb der methodische Anspruch der Ablösung der Viel-Faktor-Theorien zurückzunehmen (SUTHERLAND 1956b, S. 40).

Donald H. CRESSEY bringt eine Zusammenstellung weiterer Einwände, die seiner Ansicht nach z. T. auf Mißverständnissen und nicht haltbaren Interpretationen beruhen, wie z. B. der Verwischung des Unterschieds von "Situation" und "Definition der Situation", der Berücksichtigung allein der Quantität der Kontakte (CRESSEY 1968, S. 409) oder die fälschliche Gleichsetzung von "Kontakten zu Kriminellen" mit "Kontakten zu kriminellen Verhaltensmustern" (CRESSEY 1968, S. 403). Auch der Vorwurf gegen SUTHERLAND, daß seine Theorie nicht erklären könne, "warum eine Person die Kontakte hat, die sie hat", beruht auf einem Mißverständnis, da ja ein derartiger Anspruch gar nicht erhoben wird (CRESSEY 1968, S. 407). Zur Untersuchung der diese Kontakte determinierenden soziostrukturellen Bedingungen sind andere (makrosoziologische) Ansätze wie etwa Theorien sozialer Ungleichheit, Ergebnisse der Sozialisationsforschung oder die Bezugsgruppentheorie heranzuziehen. Andere Kritikpunkte erscheinen dagegen gewichtiger, so die Nichtanwendbarkeit der Theorie der differentiellen Assoziation auf verschiedene kriminelle Gruppen wie z. B. ländliche Kriminelle, Triebtäter oder bestimmte Typen von "White-Collar"-Verbrechern, womit der Anwendungsbereich erheblich eingeschränkt ist. Dieser Einwand, soweit er nicht ebenfalls auf Mißverständnissen bzw. apriorischen Behauptungen beruht, ist als Aufforderung für die weitere Arbeit zu sehen, was auch z. T. bereits geschehen ist (vgl. CRESSEY 1954, CRESSEY 1968). Diese Kritik gilt jedoch unseres Erachtens für alle derzeit vorhandenen Kriminalitätstheorien. Sie alle können einen bestimmten Deliktbereich oder bestimmte Tätertypen erklärend erfassen, nicht jedoch alle Kriminalitätsformen.

SUTHERLAND selbst überlegte auch, ob er nicht Persönlichkeitsvariablen in seinen Ansatz mit aufnehmen sollte (vgl. SUTHERLAND 1956a, S. 25). Dem hielt er jedoch entgegen, daß Begriffe wie "Persönlichkeit" nur bedingende Ursachen aufzeigen, ohne daß dadurch Beziehungen zur Kriminalität hergestellt würden bzw. solche Begriffe nur Synonyme für "unbekannte Bedingungen" darstellen (CRESSEY 1968, S. 413).

Er stellte drei Fragen, die auch heute noch nicht ausreichend beantwortet sind:

a) Welche Persönlichkeitsmerkmale sollen als wichtig angesehen werden?

b) Gibt es Persönlichkeitsfaktoren, die als Vervollständigung der Theorie der differentiellen Kontakte gebraucht werden sollten und die noch nicht in ihr enthalten sind?

c) Kann die Theorie der differentiellen Kontakte, die im wesentlichen einen Lern*prozeß* beschreibt, mit Persönlichkeitsmerkmalen verbunden werden, die im wesentlichen ein Lern*produkt* sind? (Persönlichkeitsmerkmale sind Produkte, die aus den mittels Assoziationsprinzip beschriebenen Prozessen resultieren) (SUTHERLAND 1949, S. 272; zit. nach CRESSEY 1968, S. 413).

Mit dem Einwand der Vernachlässigung von Persönlichkeitsfaktoren hängt eng zusammen die unzureichende Berücksichtigung von individuell verschiedenen Reiz-Reaktions-Mechanismen; m. a. W.: die differentiellen Prozesse der Rezeption werden vernachlässigt (von zwei Personen, die im selben Milieu aufwachen, werden nicht unbedingt beide kriminell oder nicht kriminell). Zwar lassen sich Unterschiede der Reaktionsmuster durch die differentiellen Kontakte erklären, indem man die Wahrnehmung von Verhaltensmustern als durch bereits früher perzipierte Muster determiniert auffaßt, doch ist ein derartiger Regreß praktisch unüberprüfbar, weil man bis zur Geburt zurückgehen müßte. In diesem Zusammenhang gehört auch die bereits oben aufgeworfene Frage nach dem Verhältnis von Intensität und Priorität von Kontakten.

Weiterhin wurde Sutherland vorgeworfen, daß die Theorie der differentiellen Kontakte die Prozesse des Erlernens kriminellen Verhaltens zu sehr vereinfache bzw. spezifische Lernprozesse wie die der differentiellen Identifikation (vgl. GLASER 1956) vernachlässige. Die Berechtigung dieser Kritik wird von CRESSEY ausdrücklich anerkannt (CRESSEY 1968, S. 417).

SUTHERLAND's Theorie stellt, wenn man OPP's Beurteilung folgt, kein logisch stringentes System von Aussagen zur Erklärung abweichenden Verhaltens dar, weshalb er eine Präzisierung und Systematisierung vornimmt, die in die bekannte Hypothesenform mündet (OPP 1974,

S. 156 ff.). Wir wählen zwei Darstellungen zum Abschluß, wovon die eine den *prozessualen* Charakter der Theorie der differentiellen Assoziation besonders illustriert, während die andere die *Hypothesenform* vorzieht.

Zunächst eine Darstellung als Ablaufdiagramm wie sie HAFERKAMP (1972, S. 41) wählt:

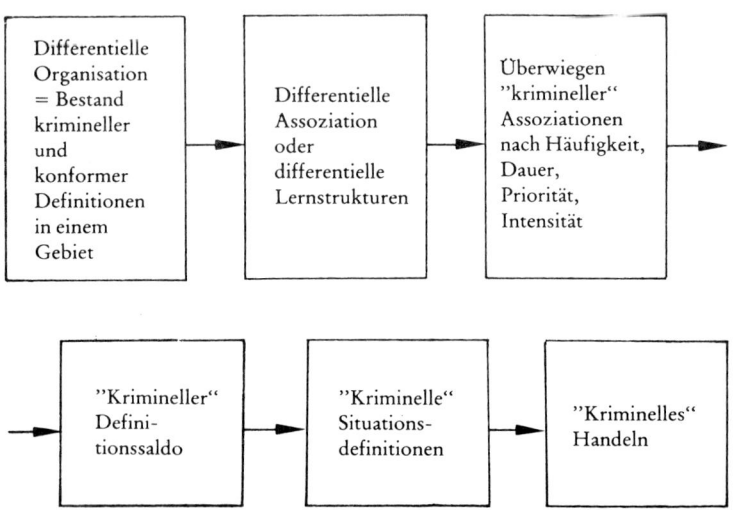

Abb. 22: Prozeß des Erlernens von kriminellen Verhaltensmustern (HAFERKAMP 1972, S. 41)

SPRINGER nimmt folgende thesenartige Zusammenfassung vor:

"(1) Wenn eine Person Mitglied einer Gesellschaft ist, die aus verschiedenen sozialen Gruppen besteht, die kriminelle und antikriminelle Verhaltensmuster halten und

(2) wenn eine Person zu beiden Systemen von Verhaltensmustern Zugang hat, sie diese durch Interaktion jeweils mit Gruppenmitgliedern erlernt und

(3) wenn in Situationen die erlernten Verhaltensmuster, Einstellungen, Motive und Rationalisierungen der kriminellen Gruppe gegenüber denen der Gruppe, die antikriminelle Verhaltensmuster etc. vermittelt hat, überwiegen,

(0) dann wird diese Person kriminelle Verhaltensmuster zeigen" (SPRINGER 1973, S. 14).

2.4.2. Die Theorie der differentiellen Verstärkung: BURGESS und AKERS

Die Autoren stellen auf eine Revision bzw. Reformulierung der SUTHERLANDschen Theorie der differentiellen Assoziation ab, die nach ihrer Auffassung sowohl in der Originalfassung wie auch nach den erfolgten Modifikationen zu inkonsistenten und zum Teil widersprüchlichen Ergebnissen führt. Die Bewertungskriterien, die an empirisch-wissenschaftliche Theorien anzulegen sind, nämlich die empirische Absicherung der grundlegenden Aussagen, die Potenz (power) der Theorie (gemeint ist die Menge der Sätze und Fakten, die sich aus Sätzen höherer Ordnung ableiten bzw. erklären lassen) und die Überprüfungsmöglichkeit der Theorien werden von der Assoziationstheorie nur unzureichend erfüllt (BURGESS/AKERS 1966, S. 147). Eines der gewichtigsten Probleme dürfte dabei in den Operationalisierungsschwierigkeiten zu finden sein.

BURGESS und AKERS meinen, daß die Anwendung der Prinzipien der Lerntheorie auf die Assoziationstheorie zu operationalisierbaren Hypothesen führt. Auch die Identifikationsprozesse (vgl. GLASER in 2.4.4.) lassen sich verhaltenstheoretisch (= lerntheoretisch) erklären. Die beiden Autoren wollen daher die Theorie der differentiellen Assoziation in den umfassenden Rahmen der Lerntheorie stellen, das heißt Lernprozesse aufzeigen, aus denen die Assoziationstheorie abgeleitet werden kann, um daran die Vorzüge der Lerntheorie für die Erklärung kriminellen Verhaltens zu demonstrieren. Zum Verständnis der Überlegungen von BURGESS und AKERS sind Grundkenntnisse der Lerntheorie Voraussetzung. Da wir dies aber nicht bei allen Lesern unterstellen können, sollen einige Grundbegriffe erläutert werden.

In der Lerntheorie unterscheidet man zwischen *reflexivem Verhalten*, das als Reflex auf einen bestimmten Stimulus ausgelöst wird (zum Beispiel unwillkürliches Zusammenzucken, wenn man erschrickt) und *operantem Verhalten*. Dieses ist abhängig von den *Auswirkungen* einer *gezeigten Reaktion*. Folgt auf ein zufällig gezeigtes Verhalten (das Schreien eines Säuglings) eine Reaktion (liebevolle Zuwendung der Mutter), so steigt die Wahrscheinlichkeit, daß dieses Verhalten auch in Zukunft öfter gezeigt wird. Operantes Verhalten ist also eine Funktion vergangener und aktueller Umweltreize.

Stimuli, die die Häufigkeit operanter Verhaltensweisen beeinflussen, nennt man *Verstärker*. Tritt eine Erhöhung der Auftretenswahrscheinlichkeit ein, spricht man von positiven Verstärkern oder Belohnungen, tritt eine Verminderung ein, so wurden negative Verstärker (aversive Stimuli, Bestrafungen) verabreicht.

Positive Verstärker können z. B. sein: Nahrung, Lob, Geld. Durch ihren Einsatz kann erwünschtes Verhalten erzeugt bzw. gefördert werden. Negative Verstärker wie etwa Elektroschocks oder Tadel können dagegen unerwünschtes Verhalten reduzieren.

Bei Verhaltensweisen, die nicht verstärkt werden, tritt eine Verminderung der Auftretenswahrscheinlichkeit ein (Extinktion oder Löschung).

Stimuli haben die Qualität von positiven oder negativen Verstärkern nicht an sich, sondern sie ist abhängig von besonderen Situationen und Umständen. Elektroschocks können z.b. unter bestimmten Bedingungen als lustvoll erlebt werden, ebenso Schläge oder Demütigungen (Masochismus). Die Verstärkungsqualität erhält ein Stimulus durch den Prozeß der *Konditionierung*. Konditionierung meint, daß ein ursprünglich neutraler Stimulus durch gleichzeitige Präsentierung mit einem primären Verstärker selbst zu einem *sekundären Verstärker* wird. (Erhält z.b. ein Affe bei Betätigung eines bestimmten Hebels im Käfig eine Banane und ertönt gleichzeitig eine Klingel, so findet eine Konditionierung statt, bei der das Klingelzeichen zum sekundären Verstärker für die Betätigung des Hebels wird.) Durch Konditionierung können prinzipiell beliebige Stimuli zu Verstärkern werden: Macht ein Jugendlicher beispielsweise die Erfahrung, daß die Beteiligung an gewalttätigen kriminellen Aktionen sein soziales Ansehen erhöht, so kann Gewalttätigkeit zu einem sekundären Verstärker werden.

Durch differentielle Verstärkung läßt sich eine erwünschte *Response-Differenzierung* und *Stimulus-Diskriminierung* erreichen: Werden z.b. bei einem Kleinkind, das das Sprechen lernt, anfangs alle sprachlichen Äußerungen mit Schokolade belohnt, so werden die Eltern im Laufe der Zeit schließlich nur noch solche Reaktionen verstärken, die bestimmten Kriterien genügen (die sinnvolle Wörter oder Sätze ergeben). Stimulus-Diskriminierung bedeutet, daß eine bestimmte Reaktion nur beim Vorliegen gleicher oder ähnlicher Bedingungen erfolgt: Während z.b. ein Kind das Wort "Tante" zuerst auf jede weibliche Person mit Ausnahme der Mutter anwendet, kann es durch differentielle Verstärkung dazu gebracht werden, nur noch Personen in einem bestimmten Verwandtschaftsverhältnis so zu benennen. Diskriminierende Stimuli sind also Reize, bei deren Vorliegen bestimmte Reaktionen belohnt und bei deren Nicht-Vorliegen bestimmte Reaktionen nicht belohnt werden. Durch Stimulus-diskriminierung lernt man, Situationen als verschieden wahrzunehmen und so sein Verhaltensrepertoire zu erweitern.

Der Unterschied zwischen *klassischem Konditionieren* und *operantem Konditionieren* sei noch einmal in Gegenüberstellung aufgezeigt: Wird zusammen mit einem Stimulus, auf den eine bestimmte Reaktion erfolgt (z.B. Speichelabsonderung bei einem Hund nach Darbietung von Futter), ein an sich neutraler Stimulus dargeboten (z.B. Klingelzeichen), so wird mit der Zeit auch der zweite, ursprüngliche neutrale Stimulus allein die Reaktion hervorrufen = klassisches Konditionieren. Entscheidend ist, daß die Reaktion nicht spontan erfolgt, sondern nur von einem Stimulus hervorgerufen wird. Beim operanten Konditionieren wird dagegen davon ausgegangen, daß der Handelnde bereits immer schon in irgendeiner Weise reagiert, und durch die Folgen seines Verhaltens die Häufigkeit dieser Reaktionsweisen verändert wird (Lernen).

Der Wert einer Belohnung bzw. allgemein eines Verstärkers hängt von dem jeweiligen *Deprivationsniveau* ab. Für ein Kind, das gerade drei Tafeln Schokolade verzehrt hat, wird eine vierte Tafel wahrscheinlich nur einen geringen Belohnungswert (Grenznutzen) haben. Je geringer also der Grad der Deprivation ist (je häufiger also der entsprechende positive Stimulus aufgetreten ist), desto geringer ist der Wert dieses Stimulus (und umgekehrt).

Sowohl das Fehlen von positiven als auch das Vorhandensein von negativen Stimuli ist für eine Person deprivierend. Der Grad der Bestrafung ist proportional dem Grad der als deprivierend empfundenen negativen Verstärker (z. B. ist für die Ratte ein starker Stromstoß mehr deprivierend als ein schwacher; eine Geldstrafe wird im allgemeinen als weniger deprivierend als eine Haftstrafe empfunden).

Belohnungen können in unterschiedlicher Weise auf die Menge der zu belohnenden Handlungen verteilt werden, z. B. indem man jede einzelne Handlung, indem man nur jede n-te Handlung (Reaktionsquotenverstärkung) oder indem man nach einer bestimmten Zeitspanne belohnt. Man bezeichnet diese Möglichkeiten allgemein als *Verstärkungsraten*. Handlungen können aber auch diskontinuierlich belohnt werden (z. B. nach zufällig gewählten Reaktionsquoten). Diese Art von Verstärkung kommt in der sozialen Realität relativ häufig vor und erweist sich als wirksamer als eine Verstärkung nach festen Reaktionsquoten. Ebenso läßt sich auch die Länge der Zeitintervalle, nach denen verstärkt wird, variieren. Optimal ist eine Kombination beider zuletzt genannten Verstärkungsarten, eine variierende Reaktionsquoten-Zeitintervallverstärkung. Der "Lorber-Effekt", d.h. der Rückgang der Häufigkeit eines Verhaltens nach der Verstärkung ist hier minimal, da die Wahrscheinlichkeit einer neuen Verstärkung konstant bleibt, im Gegensatz zu einer kontinuierlichen Verstärkung, wo die Wahrscheinlichkeit einer weiteren Verstärkung unmittelbar nach dem Verhalten absinkt, bzw. das Auftreten antizipiert werden kann. Zugleich führt die diskontinuierliche Verstärkung zu einer größeren Frustrationstoleranz (vgl. hierzu: CORRELL 1971, S. 39–47).

Die Beziehungen zwischen Stimulus und Response (= Reiz und Reaktion) sind in der Realität natürlich viel komplexer als hier skizziert. Diese Grundlagen der Verhaltenstheorie sind jedoch notwendige Basis für die Theorie der differentiellen Verstärkung, die sich als Anwendung der Lerntheorie auf die Theorie der differentiellen Assoziation ergibt. Bei der Anwendung der Lern- oder Verhaltenstheorie zum Zwecke der Erklärung devianten Verhaltens sind nach Burgess und Akers drei Aspekte zu unterscheiden:

– Auf welche Weise lernt eine Person delinquentes Verhalten?
– Wodurch wird dieses delinquente Verhalten unterstützt?
– Wodurch wird das Gefüge der Verstärkungsraten gestützt? (hierfür sind z. B. strukturelle Faktoren wie das Deprivationsniveau einer Gruppe hinsichtlich verschiedener sozialer Verstärker, ein Mangel an effektiven Verstärkern für gesetzestreues Verhalten u. a. m. bestimmend) (Burgess und Akers 1966, S. 145).

Die bisherigen Versuche einer Anwendung lerntheoretischer Prinzipien, insbesondere die Arbeit von Jeffery (1965) halten die Autoren für weniger befriedigend, da keine direkte Verbindung zur Assoziationstheorie hergestellt und die vorhandene Literatur zur experimentellen Verhaltenswissenschaft nur unzureichend berücksichtigt wurde (Burgess/Akers 1966, S. 131). Sie streben eine Integration der Assoziationstheorie mit der Lerntheorie an; ihr Prinzip der differentiellen Verstärkung besagt im wesentlichen, daß im Falle der Abwesenheit von Verstärkung das Ergebnis von Assoziationen nur seicht und vorübergehend sein kann (Wiswede 1973, S. 139). "Criminal behavior would … occur under those conditions where an individual has been most highly reinforced for such behavior, and the aversive consequences contingent upon the behavior have been of such a nature that they do not perform a 'punishment function'" (Burgess/Akers 1966, S. 143). Für die weitere Explikation der Thesen von Burgess und Akers erscheint die nachfolgende Gegenüberstellung von differentieller Assoziations- und Verstärkungstheorie zweckmäßig (Übersetzung der Thesen nach Wiswede 1973, S. 140).

Gegenüberstellung von differentieller Assoziations- und differentieller Verstärkungs-Theorie

Hypothesen von SUTHERLAND	Hypothesen von BURGESS/AKERS	Erläuterung
I. Kriminelles Verhalten ist erlernt. VIII Der Prozeß des Lernens kriminellen Verhaltens durch Assoziation mit kriminellen und anti-kri-	I. Kriminelles Verhalten wird entsprechend den Prinzipien operanter Konditionierung gelernt.	Das Erlernen von Verhaltensweisen hängt ab von der Häufigkeit der Verstärker und der Abfolge ihrer Präsentierung. Kontinuierliche Verstärkung (z. B. nach konstanten Zeitabständen oder einer bestimmten Anzahl von Reaktionen) ist dabei weniger effektiv als

Gegenüberstellung von differentieller Assoziations- und differentieller Verstärkungs-Theorie

Hypothesen von SUTHERLAND	Hypothesen von BURGESS/AKERS	Erläuterung
minellen Verhaltensmustern, impliziert alle Mechanismen, die auch jedes andere Lernen bestimmen.		eine diskontinuierliche Verstärkung. Da soziale Verstärker (infolge vielfacher Interdependenzen) häufig diskontinuierlich verabreicht werden, ist das entsprechende Verhalten gegenüber Extinktion (Auslöschung, "Vergessen") besonders resistent.
Hypothese II Kriminelles Verhalten wird in Interaktion mit anderen Personen in einem Kommunikationsprozeß gelernt.	Hypothese II Kriminelles Verhalten wird sowohl in nichtsozialen Situationen, die verstärkend oder diskriminativ wirken, als auch in sozialen Interaktionen gelernt, in denen das Verhalten anderer verstärkend oder diskriminativ für kriminelles Verhalten wirkt.	SUTHERLAND's Ansatz ist hier zu eng, da er das Erlernen von Kriminalität auf Interaktionsprozesse, d. h. auf soziales Lernen einschränkt (vgl. hierzu die Kritik zu SUTHERLAND). Abweichendes Verhalten kann aber auch in nichtsozialen Situationen gelernt werden, d. h. ohne direkten Kontakt zu anderen Personen, und ohne soziale Verstärker. So konnte z. B. JEFFERY (1965) zeigen, daß Stehlen als Verstärker wirkt, unabhängig davon, ob es von anderen Personen verstärkt wird oder nicht.
Hypothese III Kriminelles Verhalten wird hauptsächlich im Rahmen intimer persönlicher Gruppen erlernt.	Hypothese III Kriminelles Verhalten wird hauptsächlich im Rahmen solcher Gruppen erlernt, die die Hauptquellen der Verstärkungen für das Individuum abgeben.	Auch hier ist SUTHERLAND's Hypothese zu speziell, da der Einfluß von Massenmedien und Bezugsgruppen, in welchen das Individuum keine Mitgliedschaft besitzt, vernachlässigt wird (vgl. zum letzteren Punkt die Theorie der differentiellen Identifikation von GLASER). Die Umformulierung von BURGESS und AKERS trägt diesen beiden Punkten Rechnung.

Gegenüberstellung von differentieller Assoziations- und differentieller Verstärkungs-Theorie

Hypothesen von SUTHERLAND	Hypothesen von BURGESS/AKERS	Erläuterung
Hypothese IV Erlernen kriminellen Verhaltens schließt ein das (a) Lernen der Techniken zur Ausführung von Verbrechen, die manchmal sehr kompliziert, manchmal sehr einfach sind und (b) die spezifische Richtung von Motiven, Trieben, Rationalisierungen und Einstellungen.	Hypothese IV Das Erlernen des kriminellen Verhaltens, einschließlich spezifischer Techniken, Einstellungen und Umgehungstaktiken, ist eine Funktion der wirksamen und verfügbaren Verstärker und der existierenden Verstärkungsmöglichkeiten.	Zur Änderung von Punkt a) der SUTHERLANDschen Hypothese besteht kein Anlaß. Das Erlernen der Motive läßt sich lerntheoretisch darstellen: Motive können als Funktionen von Prozessen gesehen werden, in welchen Stimuli Verstärkereigenschaften erlangen bzw. zu diskriminierenden Stimuli werden. Unabhängige Variable sind Konditionierungsvorgänge und Deprivationsniveau. *Beispiel:* Für Inhaftierte, die keine Möglichkeit zu Kontakten mit dem anderen Geschlecht haben, gewinnen sexuelle Verstärker an Bedeutung. Verfügbare sexuelle Verstärker wie Homosexualität oder Masturbation, die ohne eine derartige Deprivation kaum Verstärkereigenschaft erreichen würden, bestimmen das Verhalten dann in stärkerer Weise. Dabei sind inter-individuelle und inter-Gruppen-Unterschiede sowie der Sättigungsgrad verschiedener Verstärker und dessen Wirkung auf andere Verstärker zu berücksichtigen. Das Wissen um verfügbare und effektive Verstärker erlaubt Rückschlüsse auf individuelles und kollektives abweichendes Verhalten. Rationalisierungen (vgl. SYKES und MATZA, 2.4.5.) lassen sich als operantes Verhalten zur Vermeidung von aus Abweichung resultierenden Bestrafungen begreifen.

Gegenüberstellung von differentieller Assoziations- und differentieller Verstärkungs-Theorie

Hypothesen von SUTHERLAND	Hypothesen von BURGESS/AKERS	Erläuterung
Hypothese V Die spezifische Richtung von Motiven und Trieben wird gelernt, indem Gesetze positiv oder negativ definiert werden.	**Hypothese V** Die spezifischen Klassen des Verhaltens und die Häufigkeit ihres Vorkommens sind eine Funktion der wirksamen und verfügbaren Verstärker und der Regeln oder Normen wie diese Verstärker angewendet werden.	Richtiges Verhalten wird sowohl durch verbale Aussagen anderer Gruppenmitglieder als auch durch deren Sanktionierung des eigenen Verhaltens gelernt. Beide stellen sich als diskriminierende Stimuli dar. Die Aussendung von Verstärkern durch andere ist Voraussetzung für konformes, gesetzestreues Verhalten. Die Kenntnis der Normen und Regeln, nach welchen diese Verstärker angewendet werden, erlauben Aussagen über das vorherrschende Verhalten von Einzelakteuren oder Gruppen. *Beispiel:* Slumbewohner werden für gesetzestreues Verhalten nicht genügend verstärkt.
Hypothese VI Eine Person wird delinquent infolge eines Überwiegens von Definitionen, die die Verletzung eines Gesetzes begünstigen, über jene, die sie nicht begünstigen.	**Hypothese VI** Kriminelles Verhalten ist eine Funktion von Normen, die für kriminelles Verhalten diskriminativ sind und deren Erlernen Platz greift, wenn solches Verhalten in höherem Maße verstärkt wird als nichtkriminelles Verhalten.	Bleibt eine Verstärkung konformen, gesetzestreuen Verhaltens aus, so tritt eine Schwächung und ein Zustand der Deprivation ein, wobei die Wahrscheinlichkeit zunimmt, daß andere, als abweichend bezeichnete Verhaltensweisen, die verstärkt werden, auftreten. Rationalisierungen (Neutralisationstechniken) die Gesetzesverletzungen begünstigen, wirken als negative Verstärker, indem sie vor unangenehmen Konsequenzen der Übertretungen bewahren. Kriminelles Verhalten wird dann auftreten, wenn eine Person dafür am meisten verstärkt wurde und die negativen Konsequenzen keine "Straf-Funktion" erfüllen.

Gegenüberstellung von differentieller Assoziations- und differentieller Verstärkungs-Theorie

Hypothesen von SUTHERLAND	Hypothesen von BURGESS/AKERS	Erläuterung
Hypothese VII Differentielle Assoziationen variieren nach Häufigkeit, Dauer, Priorität und Intensität.	**Hypothese VII** Die Stärke des kriminellen Verhaltens ist eine direkte Funktion des Betrages, der Häufigkeit und der Wahrscheinlichkeit seiner Verstärkung.	Dabei ist zu beachten, daß es nicht um differentielle Kontakte mit anderen (kriminellen) Personen, sondern mit (kriminellen) Verhaltensmustern geht. Die entscheidenden Faktoren sind Betrag, Häufigkeit und Wahrscheinlichkeit der positiven und negativen Verstärker; Priorität, Häufigkeit, Dauer und Intensität des Kontakts mit kriminellen Personen sind, obgleich wesentlich für kriminelles Verhalten, gleichsam nur abgeleitete Faktoren. "Intensität" kann operationalisiert werden nach der Anzahl der positiven oder negativen Verstärker (die andere Individuen oder Gruppen kontrollieren) und nach dem Verstärkungswert dieser Individuen bzw. Gruppen.
Hypothese VIII vgl. Hypothese I **Hypothese IX** Obwohl kriminelles Verhalten Ausdruck krimineller Bedürfnisse und Werte ist, wird es durch solche generellen Bedürfnisse und Werte nicht erklärt, da nicht-kriminelles Verhalten Ausdruck derselben Bedürfnisse und Werte ist.	**Hypothese VIII** vgl. Hypothese I **Hypothese IX** entfällt.	Vom behavioristischen Standpunkt aus gesehen sind "Bedürfnisse" entbehrlich, da sie nicht beobachtbare, hypothetische Größen ohne Erklärungswert darstellen. Werte sind dagegen Verstärker, die aber nicht notwendigerweise bestimmen, welches Verhalten, kriminell oder konform, sie unterstützen. Zwar kann es sein, daß bestimmte Verstärkerwirkungen nur kriminelles Verhalten hervorbringen (denn das schließlich resultierende Ver-

Gegenüberstellung von differentieller Assoziations- und differentieller Verstärkungs-Theorie

Hypothesen von SUTHERLAND	Hypothesen von BURGESS/AKERS	Erläuterung
		halten hängt von den Verstärkern ab, die für eine Person effektiv sind, so etwa von der Zustimmung anderer Krimineller), doch kommt es auf die Verstärkung und nicht auf spezifische Eigenheiten der Verstärker an. Da auf die Bedeutung der Verstärkungsraten bereits hingewiesen wurde, kann die Umformulierung der letzten SUTHERLANDschen Hypothese entfallen.

2.4.3. Die Theorie der differentiellen Gelegenheiten: CLOWARD und OHLIN

Die Theorie der *differentiellen Gelegenheiten* baut auf der Anomietheorie MERTON's der Theorie der kulturellen Überlieferung, der Theorie der differentiellen Assoziation (SUTHERLAND) und der Subkulturtheorie auf. Ihre Zuordnung fällt daher schwer, weswegen einige Aspekte dieser Theorie schon im Abschnitt 2.2.3. und bei den Subkulturtheorien behandelt wurden. Wie bei COHEN werden *unterschichtspezifische Anpassungsprobleme* als entscheidende Entstehungsbedingungen delinquenter Subkulturen Jugendlicher gesehen. Solche subkulturellen Milieus liegen vor, wenn kriminelle Aktivitäten zu den wesentlichen Rollenerwartungen der Gruppenmitglieder gehören (CLOWARD/OHLIN 1960, S. 7).

Im Gegensatz zu COHEN und in Übereinstimmung mit MERTON erscheint den Autoren *Kriminalität als rationale Lösung des Anpassungsproblems* in einer durch Widersprüche gekennzeichneten Gesellschaft, weswegen die verschiedenen Subkulturen unter utilitaristischen Gesichtspunkten gesehen werden. In Fortführung des Anomiekonzepts weisen die Autoren darauf hin, daß Motivation und Druck zwar notwendige aber keineswegs hinreichende Bedingungen für delinquentes Verhalten darstellen, denn der einzelne muß darüber hinaus auch *Zugang zu illegitimen Mitteln* haben, soll er sich abweichend verhalten können; der einzelne kann als Positionsträger einer *"illegitimen Gelegenheitsstruktur"* in Bezug auf die Mittelwahl betrachtet werden (CLOWARD 1968, S. 332). Demnach gibt es für jeden eine doppelte und milieugebundene Chancenstruktur: zum einen für legales, zum anderen für illegales Verhalten.

Da legitime Mittel nicht für alle Gesellschaftsmitglieder im gleichen Ausmaß verfügbar sind (z. B. schlechtere Bildungschancen für Angehörige der Unterschicht) ist von einer unterschiedlichen Struktur von Zugangschancen auszugehen. So können etwa ethnische oder religiöse Minderheiten, Arbeiter oder Frauen in den Auswahlmöglichkeiten von Mitteln zur Erreichung hochbewerteter Ziele mehr oder weniger behindert sein. Wie oben (Anomietheorie) gezeigt wurde, kann dies zur Wahl illegitimer Mittel führen, doch bestehen hier analoge Verhältnisse, denn auch illegitime Mittel sind nur begrenzt und abhängig von der sozialen Position verfügbar (Beispiel: Wirtschaftsverbrechen), womit sich die *doppelte Chancenstruktur* ergibt. Man kann diese doppelte Chancenstruktur komplizierter in eine vierfache transformieren, wenn man zwischen normativer Zulässigkeit (Legitimität) und Legalität der Mittel differenziert. Dies wurde schon bei der Definitition des abweichenden Verhaltens teilweise diskutiert. Es gibt nämlich legale (= gesetzlich zugelassene) und normativ zugelassene Mittel (z. B. Alltagsarbeit); es gibt legale, aber normativ nicht gebilligte Mittel (z. B. wilde Ehe); man kann normativ zugelassene aber nonlegale Mittel antreffen (z. B. in bestimmten Situationen den Vogel zeigen) und es gibt Mittel, die weder legal noch legitim sind (z. B. Diebstahl).

Es lassen sich also Personen angeben, die sowohl zu legalen aus auch zu illegitimen Mitteln Zugang haben (z. B. Geschäftsleute, die aufgrund ihrer Kenntnisse, besonderer Umstände usw. zur Steuerhinterziehung in der Lage sind), weiterhin Personen, welchen (etwa aufgrund einer starken Internalisierung konventioneller Normen und Werte, die es ihnen unmöglich machen, Unterschlagungen zu begehen, obgleich sie objektiv Möglichkeiten dazu hätten) nur legale Mittel zur Verfügung stehen. Die dritte Kategorie umfaßt Personen, die keinen Zugang zu legalen, wohl aber zu illegitimen Mitteln haben (z. B. Personen ohne Arbeitschancen, aber mit gutem "kriminellen Training"), und schließlich bleiben noch Individuen, die sowohl im System der legalen als auch der illegitimen Mittel gescheitert sind (z. B. Drop-outs, Desperados, Rauschgiftsüchtige etc.).

Um illegitime Mittel erfolgreich anwenden zu können, bedarf es einer *Lernstruktur* und einer *Struktur von Zugangschancen*.

Lernstruktur bedeutet, daß eine geeignete Umwelt für die Aneignung von Werten und Fertigkeiten zur Verfügung steht, die mit der Ausübung einer besonderen Rolle (z. B. der des Diebes) verbunden sind. Struktur von Zugangschancen meint, daß der einzelne auch die Möglichkeit haben muß, diese Rolle zu spielen; d.h. es müssen Bedingungen existieren, die zur Teilnahme an kriminellen Aktivitäten ermutigen (CLOWARD 1968, S. 323). Beispielsweise befindet sich ein "berufsmäßiger" Hehler, der keine Beziehungen zu erfolgreichen Dieben und Einbrechern unterhält, in einer ungünstigen Situation.

Damit stellen sich zwei Fragen:
– Gibt es sozial-strukturell bedingte Unterschiede im Zugang zu illegitimen Lernprozessen?
– Gibt es Einflußfaktoren, die die Ausübung von illegitimen Rollen begrenzen (CLOWARD 1968, S. 323)?

Der Zugang zu kriminellen Rollen hängt von stabilen, sozialen Kontakten ab, um die notwendigen Werte und Fertigkeiten zu lernen (also einer kriminellen Subkultur).

Weitere wichtige Faktoren sind ethnische Zugehörigkeit, Alter, Verwandtschaftsbeziehungen, Geschlechtszugehörigkeit und soziale Schicht. (So haben Neger Schwierigkeiten, Spitzenpositionen im organisierten Verbrechertum zu besetzen, Mittelschichtangehörige kriminelle Karrieren wie Unterschichtangehörige einzuschlagen [z. B. weil sie den entsprechenden Code nicht beherrschen], und Unterschichtangehörige erreichen kaum entsprechende Positionen in Wirtschaft und Verwaltung, um "White-Collar"-Verbrechen zu begehen.) Aus dem Nebeneinander von legitimer und illegitimer Chancenstruktur ergeben sich unterschiedliche Bedingungen für die sozialen Schichten: Für Mitglieder der Unterschicht z. B. scheint der Druck zur Abweichung größer zu sein, da die Diskrepanz zwischen Zielen und legalen Mitteln größer ist (MERTON 1957, S. 132). Da der Zugang zu illegitimen Mitteln für einzelne Gesellschaftsgruppen variiert und er den Einfluß des Drucks zu kriminellen Verhalten verstärken oder kompensieren kann, sind mit Hilfe des Konzepts der doppelten Gelegenheitsstruktur sehr differenzierte Aussagen möglich.

CLOWARD und OHLIN gehen von der universellen Gültigkeit des Mittelschicht-Werte- und Normensystems aus. Der Wettbewerbscharakter der US-Gesellschaft führt zu dysfunktionalen Prozessen, die über die Entwicklung abweichender Normen und Verhaltensmuster Delinquenz bewirken. Da das Gefälle zwischen den Ansprüchen und Möglichkeiten in der Unterschicht größer als in der Mittelschicht ist, kommt es hier zu stärkeren Gefühlen der Positionsunzufriedenheit: Für das Erreichen von bestimmten Erfolgszielen in der Gesamtgesellschaft ist der Zugang zu legitimen Mitteln (wie z.B. eine gute Ausbildung) notwendig. Da aber in der Unterschicht eine berufliche Ausbildung unterbewertet ist, allgemein: die Möglichkeiten des Zugangs zu legalen Mitteln begrenzt sind, kommt es zu Anpassungsproblemen: "The disparity between what lower-class youth are led to want and what is actually available to them is the source of major problem of adjustment" (CLOWARD/OHLIN 1960, S. 86). Dieses Anpassungsproblem ist umso größer, je höher die Intensität der Verfolgung der Ziele (das Aspirationsniveau) und je geringer der Grad der legitimen Realisierungsmöglichkeiten ist.

Werden die Ziele nicht erreicht, so kann die Ursache dafür entweder beim Handelnden selbst gesucht werden, oder in Ungerechtigkeiten des sozialen Systems. Der letztere Fall des Fremdverschuldens bietet die Möglichkeit einer Distanzierung vom geltenden Wert- und Normensystem, bis hin zur totalen Entfremdung. (CLOWARD/OHLIN 1960, S. 110). Auch hierfür sind zwei Variable zu unterscheiden: "a) der Grad, in dem eine Person das herrschende soziale System für ihr Scheitern verantwortlich macht; b) der Grad der Entfremdung von den Normen, die die Realisierung durch legitime Möglichkeiten beinhalten (HIMMEL-KESSEL-RING 1972, S. 26). Damit es aber zu einem kollektiven Problemlösungsprozeß (Subkulturbildung) kommt, müssen *Kommunikationsmöglichkeiten* zwischen Personen in vergleichbarer Lage bestehen – nur so können sie ihre Entfremdung gegenseitig feststellen.

Weiterhin muß bei den Betroffenen die Bereitschaft die Lösung ihrer Anpassungsprobleme in einer delinquenten Subkultur zu suchen, bestehen (CLOWARD/OHLIN 1960, S. 142).

CLOWARD und OHLIN stellen drei Arten von Ausprägungen subkultureller Verhaltensmuster fest, die ihre Entstehung unterschiedlichen Ursachen und Prozessen verdanken. Alle drei der nachfolgend beschriebenen Typen weisen zur Gesamtgesellschaft widersprüchliche Normen auf. Kriminelle Aktivitäten sind konstituierende Bestandteile der konkreten Banden. Mit Hilfe der Theorie der differentiellen Assoziation versuchen sie eine Erklärung, wobei sie von der generellen Hypothese ausgehen, daß abweichendes Verhalten vom Zugang zu illegitimen Mitteln abhängig ist, deren spezifische Art aus der jeweiligen Sozialstruktur resultiert (CLOWARD/OHLIN 1960, S. 152).

a) Die *kriminelle Subkultur:* ihr Bedeutungsinhalt liegt vornehmlich (im Gegensatz zur Auffassung von COHEN) im nützlichkeitsbezogenen Diebstahl. Der Prozeß der Entstehung krimineller Subkulturen kann mit OPP in Hypothesenform dargestellt werden:

"Wenn in einem sozialen Bereich die Bedingungen für die Entstehung delinquenter Subkulturen vorliegen,

wenn die Jugendlichen mit kriminellen Erwachsenen integriert sind,

wenn sich die kriminellen Erwachsenen und die nichtkriminellen Erwachsenen gegenseitig stützen und

wenn die kriminellen Erwachsenen über das Verhalten der Jugendlichen soziale Kontrolle ausüben,
dann entstehen häufig kriminelle Gangs, deren Normen und Werte
denen der kriminellen Erwachsenen ähnlich sind" (OPP 1974, S. 121).

b) *Konfliktsubkulturen:* Im Unterschied zur entsprechenden Kategorie
bei COHEN weisen sie stärker utilitaristische Züge auf. Gewalt wird als
rationale Lösung in einer durch Widersprüchlichkeiten gekennzeichneten Gesellschaft gesehen und dient als Mittel zur Erlangung von Status.
Die durch Gewalttätigkeiten charakterisierte Konfliktsubkultur zeigt
die stärkste Tendenz zur Ausbreitung.
Als Entstehungsbedingungen werden genannt:

- Gebiete, in welchen Desorganisation herrscht. Kennzeichen dafür
  sind permanente Zu- und Abwanderung der Bewohner, und unzureichende und wenig stabile soziale Beziehungen. Meist fehlen sowohl konventionelle als auch kriminelle Chancen (CLOWARD/OH-
  LIN 1960, S. 177).
- Ein soziales Milieu, in dem die Jugendlichen in keiner engen Verbindung mit kriminellen Erwachsenen stehen.
- Ein Milieu, in dem keine Integration zwischen konformen und
  nicht-konformen Wertsystemen besteht und sich folglich kriminelle
  und nicht-kriminelle Personen nicht unterstützen.
- Ein soziales Milieu, in dem kaum soziale Kontrolle der Jugendlichen
  durch kriminelle Erwachsene besteht (CLOWARD/OHLIN 1960,
  S. 171–178).

Je geringer und labiler also die Beziehungen zwischen älteren Kriminellen und Jugendlichen sind, desto eher wird, bei Vorliegen der übrigen Bedingungen für die Entstehung delinquenter Subkulturen, eine
Konflikt-Bande entstehen (HIMMEL-KESSELRING 1972, S. 32).

c) *Die Subkultur des Rückzugs* ist durch Drogengebrauch gekennzeichnet. Wesentlich dafür ist die Erfolglosigkeit der Betroffenen sowohl
hinsichtlich der legitimen als auch der illegitimen Mittel. Es sind zwei
Fälle zu unterscheiden:

- "Prozesse einfachen Versagens": Im Anomieansatz von MERTON
  bedeutete "sozialer Rückzug", daß der Anpassungskonflikt durch
  die Aufgabe sowohl der Ziele als auch der legitimen Mittel gelöst
  wird. Hierzu gehören all die Fälle in welchen Personen (z. B. infolge
  stark internalisierter Normen und Werte, die den Gebrauch illegitimer Mittel verbieten oder aus Angst vor Sanktionen) vor dem Gebrauch illegitimer Mittel zurückschrecken, was besonders bei Mittelschichtangehörigen zu erwarten ist. Diese wenden sich dann dem
  Drogenkonsum zu.

– "Prozesse doppelten Versagens": nach dem Scheitern mit legitimen Mitteln werden Versuche mit illegitimen Mitteln unternommen, die jedoch wegen ungünstiger physischer, psychischer oder sozialer Bedingungen ebenfalls erfolglos bleiben. Diese Situation dürfte eher in der Unterschicht gegeben sein. Ein Beispiel für solche Prozesse doppelten Versagens (CLOWARD 1968, S. 336) stellt etwa ein Landstreicher dar, der eine erfolglose kriminelle Laufbahn hinter sich hat.

In beiden Fällen führt die wiederholte Erfahrung des Scheiterns zu Frustrationen. Die Neigung, sich Rückzugsbanden anzuschließen, ist dabei um so größer, je geringer die Möglichkeiten sind, Zugang zu Rauschgift zu bekommen (CLOWARD/OHLIN 1960, S. 178).

Abstrahiert man von diesen drei Typen von Subkulturen und faßt die Theorie der differentiellen Gelegenheiten generell, so kann sie durch folgende Hypothesen (SPRINGER 1973, S. 15f.) repräsentiert werden:

"(1) Wenn Jugendliche der Unterklasse die *konventionellen Ziele internalisiert* haben und *keinen Zugang zu legitimierten Mitteln sehen,*

(2) wenn sie von der Bindung und dem Glauben an die Legitimität bestimmter (für sie relevanter) Teile der existierenden Mittelorganisation losgelöst sind,

(3) wenn sie sich mit anderen, die in ihrer Nähe wohnen, auf der Suche nach einer *Lösung ihrer Anpassungsprobleme* verbinden,

(4) wenn sie mit angemessenen Techniken zur Handhabung der Probleme von Schuld und Angst ausgestattet sind, die sich manchmal nach begangenen devianten Handlungen wieder einstellen,

(5) wenn sie für die Möglichkeit gemeinsamer Problemlösungen kein Hindernis sehen,

(6) *wenn sie Zugang zu illegitimen Mitteln haben,*

(0) dann entstehen delinquente Subkulturen."

2.4.4. Die Theorie der differentiellen Identifikation: GLASER

GLASER versteht seinen Beitrag als Erweiterung des SUTHERLANDschen Assoziationsprinzips. Seine Theorie besagt, daß Personen kriminelle Handlungen um so eher ausführen werden, je mehr sie sich mit *Personen identifizieren,* aus deren Sicht kriminelles Verhalten positiv bewertet wird (WISWEDE 1973, S. 36). Da das Identifikationsprinzip Assoziationen mit einschließt, sieht GLASER seinen Ansatz als *integrative Theorie kriminellen Verhaltens,* die die Unzulänglichkeiten und Mißverständnisse bei SUTHERLAND vermeidet. Neben Berührungspunkten mit dem *Bezugsgruppenkonzept* ergeben sich solche mit der Theorie der Neutralisierungstechniken (vgl. 2.4.5.), da die Auswahl von Modellen für die Identifikation mit kriminellen Mustern entsprechende Rationalisierungen erfordern kann.

In seinem 1956 erschienenen Aufsatz kritisiert GLASER das Vorherrschen *monistischer* Theorien bzw. die eklektizistische Arbeitsweise bei der Erklärung abweichenden Verhaltens (GLASER 1956, S. 437). Bei den sog. pluralistischen Theorien wird der entscheidenden Frage nach Gewichtung und Zusammenwirken der einzelnen Komponenten nur unzureichend nachgegangen. Daraus ergibt sich die Notwendigkeit einer neuen integrierenden Theorie, in welcher die bisherigen monistischen Ansätze Spezialfälle repräsentieren. SUTHERLAND's Prinzip der differentiellen Assoziation stellt einen derartigen Versuch dar:

Als hauptsächliche Einwände gegen SUTHERLAND werden genannt:
– Das Erlernen kriminellen Verhaltens ist komplexer, als es SUTHERLAND darstellt. Die "associations" werden zu eng verstanden und synonym mit "contacts" aufgefaßt, womit der integrierende Charakter der Theorie verlorengeht.
– Es lassen sich nur bestimmte Arten der Delinquenz, z. B. in Banden begangene Eigentumsdelikte, erklären (GLASER 1956, S. 439).
– SUTHERLAND's Theorie stellt nur eine Abart der Enkulturationsthese dar. Der Anspruch, eine Person im Spannungsfeld verschiedener kriminalitätsfördernder und kriminalitätsverhindernder Einflüsse zu zeigen, wird nicht eingelöst. Dies dürfte jedoch in erster Linie auf forschungstechnische Ursachen zurückzuführen sein, da Kriminelle (im Gefängnis) leichter zu untersuchen sind, als Nichtkriminelle oder ehemalige Kriminelle (GLASER 1958, S. 370).

Nach Auffassung mancher Kritiker bedarf die Assoziationstheorie daher einer grundlegenden Revision oder einer Verengung des Anwendungsbereiches. Nach GLASER ist jedoch bei einer Umformulierung in die Terminologie der differentiellen Identifikation keine derartige Konsequenz notwendig.

Unter Identifikation wird die (freiwillige) Wahl eines anderen verstanden, von dessen Perspektive her das eigene Verhalten beobachtet wird

(GLASER 1956; S. 440). (Freiwilligkeit unterstellt hier nicht völlige Beliebigkeit. Determinismus liegt insofern vor, als die Lerngeschichte des Individuums mit zu berücksichtigen ist; Indeterminismus ist insofern gegeben, als der Entscheidungsaspekt betont wird.) Im Verlauf des Lebens findet (verstärkt durch Strukturmerkmale der modernen Gesellschaft) eine Identifikation mit einer Vielzahl von kriminellen und nichtkriminellen Bezugsgruppen und Bezugspersonen statt. Der Einfluß krimineller Bezugsgruppen kann dabei z. B. durch Mitgliedschaft erfolgen oder durch den Einfluß von Massenmedien. Als Bezugsgruppe und Bezugspersonen werden dabei Gruppen (bzw. Personen) bezeichnet, aus deren Sichtweise ein Individuum sich selbst und andere beurteilt. (Bezugsgruppe und Mitgliedsgruppe können dabei identisch sein). Eine Person orientiert sich dann an einer (bzw. identifiziert sich mit einer) Bezugsgruppe, der sie nicht angehört, wenn

– die Gruppe einen höheren Status als die Mitgliedsgruppe besitzt.
  Beispiel: soziale Aufsteiger (GLASER 1958, S. 371)
– die Person in der eigenen Gruppe fremd oder isoliert ist.
  Beispiel: Randseiter (GLASER 1958, S. 371)
– ein Wechsel von Mitglieds- und Bezugsgruppen den Traditionen der Gesellschaft nicht grundlegend widerspricht (im Gegensatz etwa zu den begrenzten Mobilitätsmöglichkeiten im Mittelalter) (GLASER 1958, S. 371).

Das Prinzip der differentiellen Identifikation wird in Anlehnung an das Assoziationsprinzip wie folgt formuliert:

"Eine Person verhält sich in dem Ausmaß kriminell, wie sie sich mit tatsächlich lebenden oder vorgestellten Personen identifiziert, aus deren Sichtweise kriminelles Verhalten annehmbar erscheint" (GLASER 1956, S. 440).

Damit wird die Aufmerksamkeit sowohl auf die Interaktionen gerichtet, die, abhängig von früheren Identifikationen und aktuellen Bedingungen, die Wahl des jeweiligen Modells determinieren (etwa kulturelles Milieu, Lerngeschichte), als auch auf Interaktionen mit sich selbst (zum Zwecke der Rationalisierung der Entscheidung für kriminelle Vorbilder), indem das Wissen um die Begehung krimineller Handlungen in Übereinstimmung mit konventionellen Verhaltensweisen oder einem positiven Selbstbild gebracht wird (vgl. SYKES/MATZA; 2.4.5.). Wie SUTHERLAND betont auch GLASER die Bedeutung krimineller Gruppen für das Erlernen delinquenter Verhaltensweisen. Mit der Ausweitung auf Identifikationsprozesse, der Einbeziehung des Bezugsgruppenkonzepts und der Selbst-Interaktion zwecks Rationalisierung der Wahl delinquenter Bezugsgruppen läßt sich GLASER's Ansatz jedoch auf einen größeren Bereich krimineller Aktivitäten anwenden, z.B. auch auf Triebtäter oder bestimmte Arten des "White-Collar-Crime", etwa wenn erklärt werden soll, warum sich bisher konventionell verhaltende Personen Unterschlagungen begangen haben (GLASER 1958, S. 372). Abweichungen von den Normen von (konventionellen und delinquenten) Mitgliedsgruppen lassen sich anstelle einer mehr oder weniger unzureichenden Bemühung des Assoziationsprinzips einfacher als Wechsel der Identifizierung mit Bezugsgruppen oder "generalisierten Anderen" (MEAD) erklären. Daraus ergeben sich auch Folgerungen für die Resozialisierungspraxis, indem verstärkt Möglichkeiten zur Identifizierung mit nichtkriminellen Bezugsgruppen (bzw. Bezugspersonen) geschaffen werden (GLASER 1956; S. 441).

Andererseits ist aber GLASER's Konzept eingeschränkter als die Theorie der differentiellen Assoziation, denn bei letzterer werden die Kontakte mit *Verhaltensmustern* als entscheidend angesehen, während bei ersterer die Identifikation mit *Personen* von Bedeutung sind. Verhaltensmuster ist aber gegenüber Personen die umfassendere Kategorie (wenn man von den ebenfalls umfassenderen Assoziationen gegenüber Identifikationen einmal absieht). Insoweit erfährt die Theorie der differentiellen Assoziation eine Spezifizierung, eine Präzisierung der Wenn-Komponente ihrer Aussagen durch die Theorie der differentiellen Identifikation und reduziert damit den Informationsgehalt (PRIM/TILMANN 1973, S. 70 ff.).

Die Überlegenheit und Stärke der Theorie der differentiellen Identifikation zeigt sich nach GLASER auf dreifache Weise:

a) Sie stellt aufgrund ihrer "integrativen" Funktion bei der Darstellung der Wechselbeziehungen verschiedener Phänomene mit Kriminalität, ihrer Eigenschaft, kriminelles Verhalten mehr zu anderem (konformen) Verhalten als zu begrifflich entfernteren Erscheinungen in Beziehung zu setzen und ihrer Kapazität hinsichtlich der Subsumierung einer Vielzahl krimineller Verhaltensweisen den geeignetsten und ökonomischsten theoretischen Rahmen dar.

b) Sie ermöglicht eine Bewertung von Resozialisierungseffekten, so z.B. indem sie auf die nachteiligen Auswirkungen der (durch Vollzugsmaßnahmen geschaffenen) Insassen-Kultur hinweist, die eine Identifizierung mit nicht-kriminellen Personen verhindert.

c) Es läßt sich eine Konvergenz von Forschern verschiedener theoretischer Orientierung in Richtung der Theorie der differentiellen Identifikation feststellen (GLASER 1956, S. 442).

Eine abschließende Kurzfassung der Theorie könnte folgendes Aussehen haben:

● Wenn es (z.B. in Subkulturen) Personen gibt, die abweichende Verhaltensweisen billigen oder gar normativ fordern und

- wenn eine Identifikation mit solchen Personen (seien sie real oder nur vorgestellt) stattfindet,
- dann verhalten die sich Identifizierenden kriminell.

2.4.5. Die Neutralisierungsthese von SYKES und MATZA

Manchen Leser wird zunächst verwundern, daß dieser Ansatz im Kapitel zum differentiellen Lernen abgehandelt wird, wo doch andere Autoren mit einigem Recht eine Zuordnung zur Subkulturtheorie vornehmen. Die Begründung für unsere Vorgehensweise ist einfach: Zwar ist richtig, daß die Neutralisationsthese aus der Kritik am Subkultur-Konzept entwickelt wurde, denn SYKES und MATZA gehen davon aus, daß der jugendliche Delinquent durchaus die gesamtgesellschaftlichen Normen gelernt und internalisiert hat, doch meinen sie, daß es zur Begehung von Delinquenz bestimmter Techniken bedarf, *die die gesamtgesellschaftlichen Normen wirksam ausschalten oder neutralisieren* können. *Diese Neutralisationstechniken werden nach ihrer Auffassung erlernt.* Hier ergibt sich die Verbindung zur Theorie der differentiellen Assoziation. Hier wie dort erfolgt das Lernen von Verhaltensweisen (hier Neutralisationstechniken dort abweichender Verhaltensweisen) differentiell, d.h. möglicherweise subkulturell spezifisch, womit wieder die Verbindung zur Subkulturtheorie hergestellt wäre. Die Legitimation der Zuordnung der Neutralisationsthese zu den lerntheoretischen Aussätzen leiten wir aber aus dem hohen Stellenwert, den das Lernen der Neutralisationstechniken in dem Ansatz von SYKES und MATZA hat, ab.

Bei der Theorie der Neutralisierungstechniken von SYKES und MATZA handelt es sich also weniger um einen eigenen subkulturellen Ansatz als vielmehr um die Anwendung *kognitiver Gleichgewichtstheorien* auf die Situation jugendlicher Rechtsbrecher (WISWEDE 1973, S. 66). Die Autoren gehen von der Beobachtung aus, daß, entgegen der aus der COHENschen Subkulturtheorie zu erwartenden Folgen, überführte Straftäter statt "Entrüstung" oder eines Gefühls von "Märtyrertum" häufig ein Gefühl von Schuld und Scham erleben, gesetzestreuen Personen Respekt zollen, die von der herrschenden sozialen Ordnung erhobene Konformitätsforderung anerkennen, d.h. daß keine durchgängig positive Bewertung von Delinquenz besteht (SYKES/MATZA 1968, S. 362). Damit weisen sie die Auffassung zurück, wonach jugendliche Delinquenz als eine Verhaltensform angesehen wird, "die auf den Werten und Normen einer abweichenden Subkultur in genau derselben Weise wie gesetzestreues Verhalten auf den Werten und Normen der breiten Gesellschaft beruht ... Die Tatsache, daß die Welt des Delinquenten in die größere Welt derjenigen, die sich konform verhalten, eingebettet ist, kann nicht übersehen werden, noch kann der Delinquent mit einem Erwachsenen, der völlig in einer alternativen Lebensweise sozialisiert wurde, gleichgesetzt werden. Stattdessen scheint der jugendliche Delinquent wenigstens teilweise die herrschende soziale Ordnung anzuerkennen, indem er häufig Schuldgefühle oder Scham äußert, wenn er ihre Vorschriften verletzt, Übereinstimmung mit bestimmten sich konform verhaltenden Personen zeigt und zwischen angemessenen und unangemessenen Zielen für sein abweichendes Verhalten unterscheidet" (SYKES/MATZA 1968, S. 364).

SYKES und MATZA versuchen, diese paradoxe Situation – die Mißachtung der offiziellen Normen bei ihrer gleichzeitigen Anerkennung seitens der Delinquenten zu erklären. Da soziale Normen in der Regel nicht die Form kategorischer Imperative annehmen, sondern als "qualifizierte Richtlinien für das Handeln, begrenzt in ihrer Anwendbarkeit im Hinblick auf Zeit, Ort, Personen und soziale Umstände" erscheinen (SYKES/ MATZA 1968, S. 364), das normative System also flexibel ist, stehen eine *Reihe von Rechtfertigungsgründen* für bestimmte Taten zur Verfügung; Rechtfertigungen, die vom Rechtssystem anerkannt sind (wie Minderjährigkeit, Notwehr usw.) und Rechtfertigungen, die nur vom Delinquenten als gültig angesehen werden.

Den letztgenannten Rechtfertigungsgründen gilt das weitere Interesse. Zwar sind diese, wie die beobachteten Schuldgefühle an jugendlichen Delinquenten zeigen, nicht wirksam genug, um die Einflüsse der Gesellschaft ganz aufzuheben, doch bedeuten sie eine Einschränkung der sozialen Kontrolle.

Die Rechtfertigungen oder Rationalisierungen, von SYKES und MATZA als "Techniken der Neutralisierung" bezeichnet, ermöglichen es, das herrschende normative System anzuerkennen und doch die Normverletzung annehmbar zu machen. Sie verringern die erfahrene kognitive Dissonanz (FESTINGER 1957) und schützen den Täter vor Selbstvorwürfen und den Vorhaltungen anderer. Diese Techniken werden innerhalb eines Interaktionsprozesses gelernt und sind Vorbedingungen für abweichendes Verhalten. Die einzelnen Techniken der Neutralisierung sollen kurz charakterisiert werden (SYKES/MATZA 1968, S. 360–371):

- *Ablehnung von Verantwortung:* Der Delinquent sieht sich als Spielball unbeeinflußbarer äußerer Kräfte (z. B. schlechte Freunde). Bemerkenswert ist dabei, daß es sich um kulturelle Konstruktionen, nicht allein um idiosynkratische Meinungen handelt.
- *Verneinung des Unrechts:* Eine Handlung wird zwar als illegitim (d. h. regelverletzend), nicht aber als unmoralisch angesehen, indem sich der Täter darauf beruft, daß kein großer Schaden angerichtet (z. B. Mißachtung von Verkehrsregeln) oder niemand konkret geschädigt wurde (z. B. Versicherungsschwindel).

- *Ablehnung des Opfers:* Das Opfer wird als der eigentliche Übeltäter hingestellt, an dem der Delinquent (unter Gebrauch illegitimer Mittel) Gerechtigkeit vollstreckt oder Rache übt. Das Opfer wird abgewertet, etwa indem ihm ethnische Minderwertigkeit oder kriminelles Verhalten zugeschrieben werden (z.B. Rache an einem ehemaligen Bandenmitglied, das bei der Polizei "auspackt").

- *Verdammung der Verdammenden:* Strafjustiz, Polizei und Öffentlichkeit werden in ihrer Rechtschaffenheit angezweifelt und als Heuchler oder am Eigennutz orientierte Interessenvertreter oder Machthaber gesehen. Durch die Verlagerung der Aufmerksamkeit vom eigenen abweichenden Verhalten auf die Akte und Motive des Kontroll- und Sanktionsapparates läßt sich die Berechtigung negativer Sanktionen anzweifeln.

- *Berufung auf höhere Instanzen:* Indem der Delinquent behauptet, nicht aus Eigeninteresse sondern im Interesse anderer zu handeln, kann er die Gültigkeit bestimmter Normen in bestimmten Situationen bezweifeln, ohne sie damit generell ablehnen zu müssen, indem er anderen Normen, z.B. bezüglich der Verpflichtung Freunden gegenüber, Vorrang einräumt. Ein Beispiel hierfür ist der Konflikt zwischen partikularistischen und universalistischen Forderungen.

Diese Neutralisationstechniken können als Rationalisierungen (nachträgliche, zum Teil unbewußte Rechtfertigungen) im Sinne der Psychoanalyse verstanden werden. Sie stellen in der Tat eine wichtige Ergänzung des subkulturellen Ansatzes dar, weil realiter nicht alle abweichenden Verhaltensweisen subkulturell legitimiert und personell so verstanden werden, sondern Gewissensbisse und persönliche Schuldgefühle wegen der übergeordneten gesamtgesellschaftlichen Normen auftreten können und dann einer Kompensation bedürfen.

Die Neutralisierungsthese kann eine gewisse Erklärungskraft und eine gewisse Gültigkeit für sich in Anspruch nehmen. Sie hat aber auch einige Schwächen, auf die SYKES und MATZA selbst hinweisen: so kann sie nicht angeben, welche Neutralisierungstechniken konkret in welchen Situationen aktualisiert werden, wie diese mit sozialstrukturellen oder individualpsychologischen Bedingungen zusammenhängen usw. Sie lassen auch offen, in welchem Ausmaß die gesamtgesellschaftlichen Normen internalisiert sind und in welcher Stärke die Neutralisierungstechniken wirken müssen, um abweichendes Verhalten zuzulassen. OPP schlägt daher eine Präzisierung und Verallgemeinerung durch die Einbeziehung des Grades der Verinnerlichung der entsprechenden Normen und des Grades der Akzeptierungen von Rationalisierungen vor. Das Verhältnis der beiden Dimensionen zueinander läßt sich schematisch darstellen.

Abb. 23: Verhältnis von Verinnerlichungsgrad von Normen und Akzeptierungsgrad von Rationalisierungen (OPP 1974, S. 105)

Grad der Akzeptierung
von Rationalisierungen

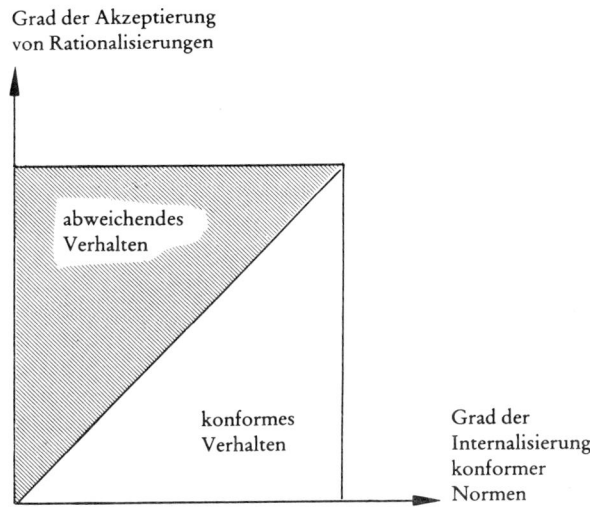

Ein hoher Grad der Internalisierung von Normen bedarf demnach eines
hohen Grades der Akzeptierung von Neutralisationstechniken, während
nur oberflächlich geteilte Normen einen geringen Akzeptierungsgrad von
Rationalisierungen erfordern. Weiterhin sollte nach OPP die Neutralisierungsthese so formuliert werden, daß sie nicht nur für Jugendliche und
nicht nur für die Abweichung von "konformen" Normen sondern für
Abweichung generell gilt (OPP 1974, S. 105 ff.), damit also auch z. B. die
Distanzierung eines erwachsenen Bandenmitglieds von einer kriminellen
Gruppe erklärt werden kann.

Für MOSER stellt sich u. a. auch die Frage, inwieweit es sich bei den
genannten Techniken mehr um innerpsychische Vorgänge oder um subkulturell vorgeformte Muster zur Schwächung der Gültigkeit von Normen handelt (MOSER 1970, S. 36). Auch das Verhältnis zur Subkulturtheorie wäre weiter zu präzisieren: Während die Neutralisationsthese in gewisser Weise einen Widerspruch zur Subkulturtheorie darstellt, da nach
ersterer die meisten Abweichungen nicht von subkulturellen Normen
ausgehen, sondern durch die "Erodierung" konformer Normen infolge
des Wirkens von Neutralisationstechniken verursacht sind, sehen COHEN
und SHORT (1958) eine Ergänzung der Subkulturtheorie durch die Neu-

tralisationsthese, da die entsprechenden Techniken auch subkulturell vermittelt werden (Wiswede 1973, S. 163).

2.4.6. Die Essenz der Theorien des differentiellen Lernens

Alle in diesem Abschnitt vorgestellten Theorien waren Lerntheorien, weil sie davon ausgingen, daß abweichende Verhaltensweisen, wie konforme auch – in sozialen Interaktionen erlernt werden. Je nach Ausprägung der Theorie wurden unterschiedliche Modelle des Lernens unterstellt, die von sozialisationstheoretischen Überlegungen bis zu verhaltenstheoretischen Orientierungen gingen. Gemeinsam war ihnen aber wieder, daß jede von ihnen Bedingungen dafür angab, daß differentielles Lernen erfolgte. Alle Theorien gehen auch davon aus, daß das Lernen durch Interaktionen erfolgt. (Auch die Verhaltenstheorie kann interaktionstheoretisch gefaßt werden, da Belohnungen und Bestrafungen zumeist in Interaktionen erfolgen.) Dabei werden nicht nur die eigentlichen Verhaltensweisen kennengelernt und erlernt sondern auch die Einstellungen, Motive und Rationalisierungen, die dieses erst ermöglichen bzw. hervorbringen.

Die soziologisch-sozialstrukturelle Komponente der Erklärung zeigt sich darin, daß das Erlernen der Verhaltensweisen, Einstellungen etc. Interaktionen mit einer Umwelt voraussetzt, die selbst die als abweichend definierten Elemente und zwar in der Ausprägung enthält, daß sie gegenüber den konformen überwiegen, oder als gegenüber den konformen qualitativ überwiegend perzipiert und bewertet werden, weil dieses die Wahrscheinlichkeit der Übernahme durch Lernen erhöht.

Insgesamt gesehen sind es also interaktive Kontakte mit Verhaltensweisen und Einstellungen, die abweichend sind, die nach Lernprozessen abweichende Verhaltensweisen hervorbringen.

2.5. Theorien des Labeling Approach

Mit den Ansätzen, die sich auf die Grundlagen des *labeling approach* beziehen, ist eine relativ neue Richtung der Soziologie abweichenden Verhaltens eingeschlagen worden, die sich immer breiteren Raum in der wissenschaftlichen Diskussion reserviert. Obgleich zum Teil sehr unterschiedliche, modifizierende und nuancierende Betrachtungen unter die Perspektive des labeling approach subsumiert werden, wie sich schon aus den unterschiedlichen Namen für die Einzelansätze ergibt (wie z. B. Kontrollparadigma, interaktionistische Orientierung, Reaktionsansatz, Definitionsansatz oder Etikettierungstheorie), weisen diese in ihren Gemeinsamkeiten gegenüber den oben referierten Theorien der Anomie, der Subkultur und der differentiellen Assoziation Unterschiede auf.

Eine erste Gemeinsamkeit ist methodologisch feststellbar. Die Theorien des labeling approach sind nicht ätiologisch orientiert. Sie suchen nicht nach Ursachen, die vor dem Auftreten des abweichenden Verhaltens liegen, sondern die *Abweichung wird als Zuschreibungsprozeß des Attributes der Devianz zu bestimmten Verhaltensweisen im Rahmen von Interaktionen verstanden.* Damit unterscheiden sie sich auch inhaltlich von den bisher genannten Theorien: Während dort das abweichende Verhalten als fixe Größe, als feststellbar und normbezogen definiert galt und nicht hinterfragt wurde, gehen die labeling-Theoretiker – je nach Ansatz mehr oder weniger – explizit auf den Normsetzungscharakter der Zuschreibung ein und relativieren mithin die Geltung von Normen.

Theoretisch bedeutsam ist auch der Unterschied zu den ätiologischen Theorien insoweit, als im labeling approach eine tendenzielle Erweiterung des Objektbereichs auf die Reaktionen auf abweichendes Verhalten hin erfolgt. Hier ergeben sich interessante Beziehungen zu SUTHERLAND, der zwar eine ganz andere Theorie entwickelt hat, aber den Gegenstand der Kriminologie schon 1939 so definierte, wie ihn der labeling approach heute begreift: "Die Kriminologie ist die Wissenschaft, die Delinquenz und Verbrechen als soziales Phänomen betrachtet. Sie beschäftigt sich mit dem Prozeß des Erlassens von Gesetzen, mit der Übertretung von Gesetzen und mit den Reaktionen auf die Gesetzesübertretungen. Diese Prozesse sind drei Aspekte einer ziemlich eng verbundenen Interaktionskette" (SUTHERLAND 1939, S. 9).

Implizit ist darin die Perspektive des labeling approach angelegt, wenngleich die *Normsetzung* noch eher normaffirmativ verstanden wird. Aber die Einbeziehung der sozialen Reaktionen auf abweichendes Verhalten (wie dieses auch immer definiert wird, zugeschrieben wird oder entsteht) in die soziologisch-kriminologische Analyse wird gefordert. Von daher kann SUTHERLAND als Inspirator oder Katalysator für die Entstehung der Reaktionstheorien betrachtet werden.

Obgleich die ersten Gedanken des labeling approach schon 1938 formuliert wurden (vgl. 2.5.1.), war sein Einfluß auf die wissenschaftliche und praktische Diskussion äußerst gering. Erst in den 50-er Jahren unseres Jahrhunderts gewann er an Bedeutung und konnte gegen Ende der 60er Jahre in der Bundesrepublik Fuß fassen. Er erlebte dann eine relativ weite Verbreitung (in die unterschiedlichsten theoretischen Richtungen hinein). Seine Rezeption führte zu zum Teil erheblichen Modifizierungen, die sich in der stärkeren Betonung von einzelnen Theorieelementen bis hin zu Integrationsversuchen mit anderen Theorien auswirken. Trotz mancher Schwierigkeiten, Gemeinsames und Trennendes herauszuarbeiten, sollten sich alle Autoren, die sich dem labeling approach zurechnen, auf die folgenden Thesen verständigen können, auch wenn mancher gegen die eine oder andere Formulierung Bedenken geltend machen könnte:

"1. Der labeling approach beschäftigt sich mit der sozialdeterminierten Normsetzung; jene, die durch die hierarchische Organisierung der Sozialstruktur Macht haben, können jene Normen durchsetzen, die in ihrem Interesse liegen. Erste Voraussetzung für die Klassifikation als abweichendes Verhalten ist also die Normsetzung selbst.

2. Die Normsetzung allein konstituiert allerdings noch nicht abweichendes Verhalten. Erst durch die Anwendung von Normen – durch wen auch immer – wird Verhalten zu konformem oder zu abweichendem Verhalten.

3. Aus 1 und 2 resultiert, daß die Klassifikation als abweichendes Verhalten durch gesellschaftliche Definitions- und Zuschreibungsprozesse zustande kommt.

4. Diese Definitions- und Zuschreibungsprozesse werden selektiv vorgenommen insoweit, als die Normsetzung wie auch die Normanwendung makrosoziologisch durch das sozialstrukturelle Machtgefälle determiniert werden. Daraus ergibt sich, daß offizielle und gesellschaftlich institutionalisierte Instanzen in besonderer Weise die Möglichkeit der Definition haben.

5. In der selektiven Normanwendung, insbesondere durch die offiziellen Instanzen, werden Zuschreibungsprozesse initiiert, die gesellschaftlich allgemein wirken und den Verhaltensspielraum der gelabelten Individuen entscheidend reduzieren. Hierbei werden insbesondere, die als konform definierten Verhaltensmöglichkeiten eingeengt.

6. In Ermangelung ausreichend konformer Verhaltensmöglichkeiten wird der Ausweg in den als abweichend definierten Verhaltensweisen gesucht, das "Labeln" führt also zu sekundär abweichendem Verhalten.

7. Wegen der Zuschreibung des Abweichens und wegen der Praktizierung solcher als abweichend klassifizierter Verhaltensweisen und deren interner Konformität (abweichende Verhaltensweisen und abweichende Person bzw. Persönlichkeit) bilden sich abweichende Selbstdefinitionen heraus, die zu einer Identität der Person führen, die die Übernahme der zugeschriebenen abweichenden Rolle als persönlichkeitskonform perzipiert" (LAMNEK 1977, S. 89f.).

Abb. 24 Labeling Approach

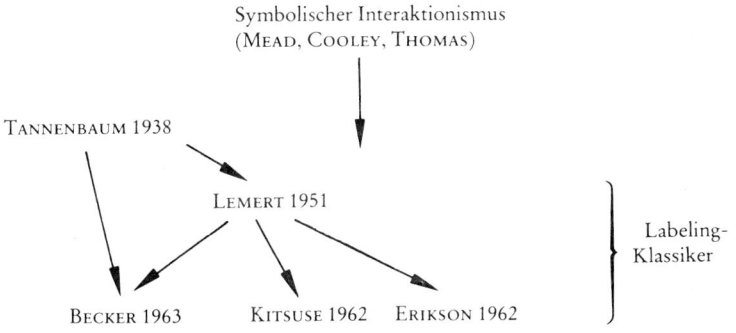

Symbolischer Interaktionismus
(MEAD, COOLEY, THOMAS)

TANNENBAUM 1938

LEMERT 1951

BECKER 1963   KITSUSE 1962   ERIKSON 1962

Labeling-
Klassiker

Auf der Basis dieses vorläufigen Theorieverständnisses sollen nun die einzelnen Differenzen bei den wichtigen Vertretern des labeling approach herausgearbeitet werden, wobei eine gewisse Chronologie angestrebt wird.

2.5.1. Die Begründung des Labeling Approach durch TANNENBAUM

TANNENBAUM gilt als der "Urvater" des *Etikettierungs-* oder *Reaktionsansatzes;* sein Einfluß auf die weitere Forschung blieb allerdings relativ gering (weshalb er hier auch nur kurz behandelt werden soll).

Als entscheidende Ursache für das Auftreten abweichenden Verhaltens sah er die *sozialen Reaktionen der Umwelt* auf dieses an: "The young delinquent becomes bad, because he is defined as bad" (TANNENBAUM 1953, S. 17). "'Böses Tun' (als solches irgendwie definiert) ist nicht im einzelnen angelegt, wo es durch physiologische oder psychologische Faktoren erklärt werden kann, sondern es wird vielmehr durch die Umweltreaktionen provoziert" (RÜTHER 1976, S. 27).

"Der Prozeß der Entwicklung des Kriminellen ist daher ein Prozeß des Markierens, Definierens, Identifizierens, Absonderns, Beschreibens, Hervorhebens und des Wachrufens eines entsprechenden Bewußtseins in ihm und in der Gesellschaft; er wird zu einer Art des Stimulierens, Suggerierens, des Hervorhebens und des Hervorrufens gerade der Charakterzüge, deren man den Kriminellen beschuldigt. Das Individuum übernimmt die ihm zugeschriebene Rolle. Dabei scheint es unwichtig zu sein, ob die Bewertung von Interaktionspartnern vorgenommen wird, die ihn bestrafen oder solchen, die ihn resozialisieren möchten" (TANNENBAUM 1938, S. 20; zit. nach AHRENS 1975, S. 9).

Erst die Reaktionen der sozialen Umwelt machen also dem Abweicher seinen besonderen (abweichenden) Status bewußt und provozieren damit gerade diejenigen Verhaltensweisen, deren man ihn beschuldigt, denn die Beurteilung seitens der Interaktionspartner wird akzeptiert und verändert das Selbst-Konzept der betreffenden Person, die nun entsprechende Erwartungen der Gesellschaft perzipiert und ihnen gemäß (also abweichend) handelt. Andere (konforme) Verhaltensweisen stehen mit diesem Selbst-Konzept und den Erwartungen im Widerspruch (AHRENS 1975, S. 9–10).

Das zentrale Element des labeling approach, das Zuschreiben der Abweichung durch soziale Reaktion auf Handeln ist also bei TANNENBAUM schon angelegt.

2.5.2. Primäre und sekundäre Devianz bei LEMERT

LEMERT hat als erster den Definitionsansatz TANNENBAUM's wieder aufgegriffen und müßte daher als der Wiederentdecker und und -begründer der labeling-Schule gelten. Dieses Verdienst wird allerdings BECKER zugeschrieben (vgl. 2.5.3.).

Auf LEMERT geht die Unterscheidung von *primärer und sekundärer Devianz* zurück, wobei die sekundäre Devianz im Rahmen der labeling Perspektive von größerer Bedeutung ist. Sekundäre Abweichung beruht, im Gegensatz zu primärer, die durchaus auf solche Ursachen zurückgeführt werden kann, die in den bisher bearbeiteten Theorien des ätiologischen Paradigmas genannt wurden (LEMERT 1975, S. 433), auf einer in der Folge eines bestimmten Verhaltens vorgenommene Rollenzuschreibung seitens der sozialen Umwelt als Abweicher. Beispiel: Wird eine ältere, gepflegt wirkende Dame beim Schwarzfahren erwischt, so werden Mitreisende und Kontrolleure ihr Verhalten mit "Vergeßlichkeit", "Zerstreutheit" etc. erklären, sie aber noch kaum als in irgendeiner Weise abweichend betrachten und behandeln. Einen nachlässig gekleideten, unrasierten und nach Alkohol riechenden Mann wird man dagegen eher als "asozial" etikettieren und entsprechend behandeln. Treten derartige Erfahrungen gehäuft auf, so wird mit der Zeit diese Rollenzuschreibung akzeptiert und das Verhalten danach ausgerichtet.

Soziopathisches Verhalten ist in bestimmten Situationskontexten wirksam mißbilligtes soziales Verhalten. "Ein Devianter ist jemand, dessen Rolle, Status, Funktion und Selbstdefinition wesentlich durch das Ausmaß seiner Devianz bestimmt werden, durch den Grad deren sozialer Sichtbarkeit, durch seine besondere Exponiertheit gegenüber der sozialen Reaktion und durch Art und Stärke der sozialen Reaktion" (LEMERT 1951, S. 23; zitiert nach AHRENS 1975, S. 10).

Biologische Besonderheiten sind dabei nur in wenigen Fällen an sich bedeutsam, doch ist das Ausmaß, in welchem derartige Auffälligkeiten die sozialen Partizipationschancen einschränken (oder erweitern) kulturell variabel (Beispiel: Epilepsie gilt in manchen Gesellschaften als Behinderung, in anderen eröffnet sie den Zugang zur sozial hoch bewerteten Position des Schamanen). Der soziokulturelle Kontext bestimmt also, inwieweit bestimmte (biologische oder Verhaltens-)Variationen auftreten (d. h. inwieweit sie wahrgenommen werden und darauf reagiert wird). Entscheidend für Devianz ist also die jeweilige soziale Reaktion (LEMERT 1951, S. 24).

Da die Kenntnis einer Norm nicht unter allen Umständen eine Prognose hinsichtlich des Auftretens und der Stärke der sozialen Reaktion erlaubt, plädiert LEMERT dafür, Normen an der Stärke der sozialen Reaktion auszurichten, wobei seine Aufmerksamkeit vor allem den mit der formalen Reaktion auf abweichendes Verhalten betrauten gesellschaftlichen Kontrollagenturen gilt. Die Organisation dieser Agenturen kann dabei ein Bedingungsfaktor des Mißverständnisses von sozialer Reaktion und Abweichung und damit einer unangemessenen Behandlung des Abweichers sein:

"Als wesentliche Variablen der gesellschaftlichen Reaktion sollte man die rein technischen Belange formeller Verfahrensabläufe in Rechnung stellen, sowie auch Mangel an Mittel und Personal der Kontrollagenturen, Eigenheiten der einzelnen Machthaber in den Agenturen, Wesen und Aufgabenbereich der von den gesellschaftlichen Kontrollagenturen ausgeübten Macht und die bürokratische Abkapselung solcher Agenturen, die sie von der öffentlichen Meinung abschließt" (LEMERT 1951, S. 56, zit. nach AHRENS 1975, S. 11). Das Wirken der *Kontrollagenturen* führt dazu, daß sie (LEMERT spricht hier auch von einer "Kontroll-Kultur") Devianz nicht nur vermindern, sondern sie erst schaffen (LEMERT 1951, S. 68). "Ist das Individuum einmal als *deviant stigmatisiert* oder *etikettiert,* dann wird es durch die Reaktion der anderen, konformen Mitglieder der Gemeinschaft gezwungen, sich mit diesem Etikett auseinanderzusetzen. Eine wichtige Rolle spielt deren *Stereotyp von Devianz,* ihre Vorstellung, von dem, was Abweichung ist und wie man sich einem Abweicher gegenüber zu benehmen habe (LEMERT 1951, S. 64). Das kann zu einem "Unterschieben" von Daten und Eigenschaften führen, die mit der Art des Normbruchs in keinerlei logischem Zusammenhang stehen und sich in keiner Weise aus seinem objektiv beobachteten Verhalten ableiten lassen. (LEMERT 1951, S. 64). Diese soziale Reaktion beeinflußt so die soziale Position des Individuums und sein Verhalten in aktuellen Interaktionssituationen (LEMERT 1951, S. 64)" (Zitat: AHRENS 1975, S. 11).

Während primäre Devianz verschiedenartige, aber nicht als erheblich und nachforschenswert angesehene Ursachen haben kann (und so hinwegrationalisierbar ist, das heißt Rolle, Status und Selbstdefinition des Betreffenden sind keiner Reorganisation unterworfen) ist sekundär abweichendes Verhalten durch gesellschaftliche Reaktionen verursacht. Diese Reaktionen, d. h. Etikettierungsvorgänge, die auf primäre Devianz folgen, resultieren in einem eingeengten Handlungsspielraum, einer Einschränkung des "Symbol- und Aktionsfeldes" (LEMERT 1967, S. 40), was erhebliche Auswirkungen auf Sozialisationsvorgänge, soziale Rollen und Selbstkonzept der betreffenden Person hat, die sich nun selbst als Abweicher begreift: "The secondary deviant, as opposed to this actions, is a person, whose life and identity are organized around the fact of deviance" (LEMERT 1967, S. 41). Der Betreffende ist also gezwungen, sich mit dem Etikett "Abweicher" und den diesbezüglichen Erwartungen der sozialen Umwelt auseinanderzusetzen. Damit erhöht sich die Wahrscheinlichkeit einer Zerstörung der Integration bestehender Rollen und eine Reorganisation auf der Basis neuer Rollen. Die (ursprünglich "nicht-deviante") Selbstdefinition wird (im Rahmen der Bemühungen um Konsistenz) der Fremddefinition (z. B. der Kontrollagenturen) angeglichen: "Neben materiellen Pressionen ... ist es vor allem die(se) Diskrepanz zwischen Selbstdefinition und sanktionsmächtiger Fremddefinition, deren Auflösung schließlich in der Reorganisation des Selbst auf der Grundlage einer *devianten Rolle* und unter Umständen im sozialen Kontext einer devianten Subkultur gesucht wird. Sekundäre Devianz – als Organisation der Identität um ein 'deviantes Verhaltensmuster'" (KECKEISEN 1974, S. 39). Damit sind, neben Prozessen auf der sozialen Ebene auch solche auf der psychischen angesprochen, doch bleibt unklar, ob der entscheidende Anteil bei der Entstehung sekundärer Devianz mehr in den sozialen Reaktionen der Interaktionspartner oder der Veränderung der subjektiven Identitätsauffassung der Betroffenen liegt (AHRENS 1975, S. 12).

Die Stabilisierung abweichenden Verhaltens läßt sich als *Aufschaukelungsprozeß* darstellen: Auf primäre Devianz erfolgen Strafen, weitere Abweichungen, stärkere Strafen und Zurückweisung, schließlich weitere Abweichung, u. U. begleitet von feindseligen Gefühlen, die sich auf die Bestrafenden konzentrieren bis erste formale Sanktionen erfolgen, worauf als negative Reaktion eine Verstärkung des abweichenden Verhaltens eintritt und letztendlich die abweichende Rolle akzeptiert wird (LEMERT 1951, S. 77). Entscheidende Ursache für stabilisiertes abweichendes Verhalten (= sekundäre Devianz) sind also die Umweltreaktionen und -definitionen, vornehmlich der offiziellen Kontrollagenturen. *Soziale Kontrolle erscheint dann eher als Ursache denn als Wirkung abweichenden Verhaltens* (LEMERT 1964, S. 83), obgleich, wie aus dem Prozeßcharakter der Entstehung von Devianz deutlich wurde, offizielle Strafen allein noch nicht notwendig zu stabilisiertem, abweichenden Verhalten führen (LAMNEK 1977, S. 80).

Abb. 25: Schematische Darstellung der sekundären Devianz (Rüther 1975, S. 29).

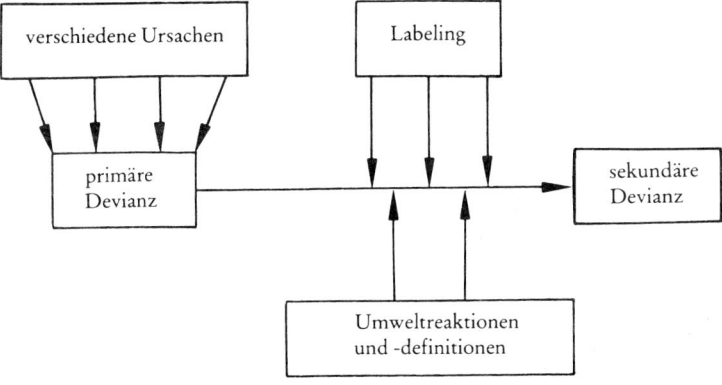

Lemert faßt seine Überlegungen, aus denen der *Prozeßcharakter* der Entstehung abweichenden Verhaltens auf der Basis primärer Abweichung mit dem Endpunkt sekundärer Devianz ersichtlich wird, wie folgt zusammen:

"1. primary deviation,
2. social penalties,
3. further primary deviation,
4. stronger penalties and rejection,
5. further deviation, perhaps with hostilities and resentment beginning to focus upon those doing the penalizing,
6. crisis reached in the tolerance quotient, expressed in formal action by the community stigmatizing of the deviant,
7. strengthening of the deviant conduct as a negative reaction to the stigmatizing and penalties,
8. ultimate acceptance of deviant social status and efforts at adjustment on the basis of the associated role" (Lemert 1951, S. 77).
(Man vergleiche hierzu auch die knappe und umfassende Darstellung in Lemert 1975, S. 433–476).

In grafischer Formalisierung gelangt Rüther zu einer schematischen Darstellung, die das Phänomen der sekundären Abweichung illustriert und zugleich aber deutlich macht, daß Umweltreaktionen allein (siehe Schema) z.B. als informelle und formelle Definitionen und Sanktionen nicht notwendigerweise zu sekundärer Devianz führen. Hier ergibt sich ein nicht unerheblicher Unterschied zu manchem Anhänger der labeling-Theorie.

2.5.3 Die Grundlegung des Labeling Approach durch BECKER

Abweichendes Verhalten besteht nach BECKER zunächst im Verstoß gegen von der Gesellschaft geschaffene Regeln, wobei in der Regelsetzung der *Machtaspekt und soziale Ungleichheiten* betont werden. Abweichendes Verhalten ist aber "keine Qualität, die im Verhalten selbst liegt, sondern (die) in der Interaktion zwischen einem Menschen, der eine Handlung begeht, und Menschen, die darauf reagieren" (BECKER 1973, S. 13) geschaffen wird. Wie LEMERT weist auch BECKER auf die Bedeutung der *Selektivität* und den *Prozeßcharakter von Abweichung* hin: mittels Etikettierung werden Mechanismen der *self-fulfilling prophecy* wirksam; der als abweichend Bezeichnete wird sich abweichend verhalten. Das Hauptgewicht des Erkenntnisinteresses liegt klar bei der sekundären Devianz, obgleich BECKER auch die primäre Devianz in seine Überlegungen einbezieht. BECKER gilt als "gemäßigter" Vertreter des labeling approach, weil auch die Art des zugrunde liegenden Verhaltens (primäre Devianz) bzw. die psychische Struktur von Personen und entsprechende soziale Ursachen als Bestimmungsfaktoren für Etikettierungsprozesse nicht ganz vernachlässigt werden (RÜTHER 1975, S. 32).

BECKER selbst charakterisiert seine Position des labeling approach: "Abweichendes Verhalten wird von der Gesellschaft geschaffen. Ich meine das nicht in der Weise, wie es gewöhnlich verstanden wird, daß nämlich die Gründe abweichenden Verhaltens in der sozialen Situation des in seinem Verhalten abweichenden Menschen oder in den 'Sozialfaktoren' liegen, die seine Handlung auslösen. Ich meine vielmehr, daß gesellschaftliche Gruppen abweichendes Verhalten dadurch schaffen, daß sie Regeln aufstellen, deren Verletzung abweichendes Verhalten konstituiert und daß sie diese Regeln auf bestimmte Menschen anwenden, die sie zu Außenseitern stempeln" (BECKER 1973, S. 161). Anhand dieser Grundlegung sollen einige differenzierende Erläuterungen gegeben werden:

Ein Verhalten kann nur insofern als abweichend bezeichnet werden, als es eine Norm verletzt; statistische Definitionen (Abweichung als zu weit vom Durchschnitt entfernt) sind trivial, da Abweichungen in vieler Hinsicht möglich sind, ohne als Regelverstoß wahrgenommen zu werden. Auch eine Betrachtungsweise im medizinischen Sinne (Abweichung als dysfunktional oder "krank" im Gegensatz zu "funktional" oder "gesund") ist unzweckmäßig, denn die funktionalistische Auffassung von abweichendem Verhalten ignoriert den politischen Aspekt (BECKER 1973, S. 7). Selbst eine Auffassung, die Abweichung nur als Verstoß gegen vereinbarte Gruppenregeln ansieht, ist unzureichend, wenn ein Konsens über diese Regeln vorausgesetzt wird, anstatt zu berücksichtigen, daß in einer Gesellschaft eine Vielzahl von Gruppen mit z. T. widersprüchlichen Regeln existiert, woraus sich Mehrdeutigkeiten und Konflikte ergeben. "Der Blickwinkel von Menschen, die ein solches (abweichendes, S. L.) Verhalten annehmen, ist wahrscheinlich ganz verschieden von dem jener Menschen, die das Verhalten verurteilen" (BECKER 1973, S. 14).

Ob und inwieweit eine Handlung als abweichend betrachtet wird, hängt von der Reaktion der Interaktionspartner ab; es ist das "Produkt eines Prozesses, der die Reaktion anderer Menschen auf Verhalten miteinschließt" (BECKER 1973, S. 12). Daher scheint es sinnvoll, zwischen *abweichendem* und *regelverletzendem* Verhalten zu unterscheiden, denn regelverletzendes Verhalten verstößt gegen gesetzte Regeln, braucht aber nicht als abweichend von anderen empfunden zu werden. Damit stellt sich die Frage nach den Regeln: Wer stellt sie auf? Welche Regelsysteme können sich inwieweit durchsetzen, da ja verschiedene Regelkataloge existieren?

Die Festlegung der Regeln, die *Normsetzung,* hängt dabei ab von politischer und wirtschaftlicher Macht. Da es aber auf Normverstöße keine einheitliche gesellschaftliche Reaktion gibt, ist neben dem *Bewertungsschema* (= Norm) auch der *Bewertungsvorgang* als Zuschreibungsprozeß zu berücksichtigen: "Nur weil jemand gegen eine Regel verstoßen hat, heißt das noch nicht, daß andere so reagieren werden, als sei dies geschehen" (BECKER 1973, S. 10). "Konstitutiv für die Qualität Abweichung ist die *Normwendung* durch die Gesellschaft. Unterbleibt die Normanwendung, so ist die Qualität der Abweichung aus der Sicht des labeling approach nicht existent (LAMNEK 1977, S. 73). Nur ein Teil der Regelverletzer wird durch Normanwendung als Abweicher definiert, d. h. es findet eine Selektion statt, wobei Täter, Opfer, Zeitpunkt oder Folgen von Bedeutung sind. Hierzu zitiert BECKER (1973, S. 8) ein eindrucksvolles Beispiel bei MALINOWSKI (1926, S. 77–80) "... ob eine gegebene Handlung abweichend ist oder nicht, hängt z. T. von der Natur der Handlung ab (d. h. ob es eine Regel verletzt oder nicht), z. T. davon, was andere Menschen daraus machen" (BECKER 1973, S. 12). Erst durch die *Normanwendung* werden somit aus bloßen Normverletzern Abweicher. Bei einem gegebenen Regelkatalog (also unter Vernachlässigung der Existenz verschiedener, möglicherweise konkurrierender Normsets) läßt sich unter Zugrundelegung der Normsetzungs- und der Normanwendungsdimension eine Matrix erstellen, deren Felder vier Möglichkeiten der Etikettierung enthalten:

– ein Verhalten verstößt nicht gegen die Regel und wird auch nicht als abweichend empfunden
– ein Verhalten verstößt gegen die Regel und wird als abweichend empfunden (Beispiel: Diebstahl)
– ein Verhalten verstößt gegen die Regel, wird aber nicht als abweichend empfunden (Beispiel: voreheliche Sexualität)
– ein Verhalten verstößt nicht gegen die Regel, wird aber als abweichend empfunden (Beispiel: fälschliche Beschuldigung) (BECKER 1973, S. 17).

Zwar sind Normsetzung und Normanwendung unabhängig gefaßt, doch glaubt der Etikettierungsansatz, von einem einheitlichem Determinationsprinzip ausgehen zu dürfen. "Da nicht jedes an der Normsetzung gemessene abweichende Verhalten als solches definiert und etikettiert wird und aus den verschiedenen Gründen heraus auch nicht werden kann ... müssen die Selektionsmechanismen gesucht werden (LAMNEK 1977, S. 74). Diese bestehen in (wirtschaftl. u. polit.) Macht: "Unterschiede in der Fähigkeit, Regeln aufzustellen und sie auf andere Leute anzuwenden, sind ihrem Wesen nach Machtunterschiede (entweder legale oder außerlegale). Die Gruppen, deren soziale Stellung ihnen Waffen und Macht gibt, sind am besten imstande, ihre Regeln durchzusetzen. Alters-, Geschlechts-, ethnische und Klassenunterschiede sind sämtlich bezogen auf Machtunterschiede, die ihrerseits verantwortlich sind für Gradunterschiede in der Fähigkeit verschiedenartiger Gruppen, für andere Menschen Regeln aufzustellen" (BECKER 1973, S. 16).

Eine Selektion findet aber auch auf der Ebene der Normanwendung statt, und u. U. auch unabhängig von der Normsetzung, wenn durch die Normanwendung und den damit stattfindenden Definitionsprozeß Normen konstituiert werden (LAMNEK 1977, S. 74).

Zur Entwicklung abweichender Verhaltensmuster müssen stets auch gewisse Vorbedingungen oder Faktoren gegeben sein (Beispiel: ein Marihuana-Raucher muß in der Lage sein, sich Marihuana zu beschaffen und bereit sein, damit zu experimentieren). Da sich derartige Prozesse als Abfolge von Schritten darstellen lassen, wobei ein Schritt jeweils die notwendige Voraussetzung für den nächsten ist, schlägt BECKER den Begriff der Laufbahn (=Karriere) vor. Damit eine Person eine nonkonforme Handlung ausführt, müssen bestimmte Voraussetzungen gegeben sein; abweichende Impulse allein reichen nicht zur Erklärung aus, da diesen auch Konformisten ausgesetzt sind. Weiterhin bedeutsam ist ein gewisses Ausmaß an Entfremdung zur konventionellen Gesellschaft (geringe Bindung, kein guter Ruf zu verlieren, etc.) (BECKER 1973, S. 19ff.). Diese Ausführungen zeigen, daß ungeachtet der starken Betonung von Etikettierungsvorgängen für das Entstehen von Devianz auch das Wirken anderer Faktoren anerkannt wird (vgl. dazu "radikale" Positionen, z. B. SACK).

Die Sanktionsmaßnahmen informeller und formeller Art, die auf ein als abweichend definiertes Verhalten erfolgen, führen infolge von Stigmatisierungsprozessen zu einer Reduzierung konformer Handlungsmöglichkeiten. Im weiteren Verlauf kann aus dem abweichenden Verhalten eine Lebensform werden, *die Identität wird um das abweichende Verhaltensmuster organisiert*, und es kommt zur Ausbildung abweichender Motive und Interessen. (BECKER 1973, S. 27). Der Eintritt in eine organisierte

Bande stellt einen letzten Schritt in dieser Richtung dar, womit dann zusätzliche Rationalisierungen für das abweichende Verhalten verfügbar werden, die zu einer weiteren Stabilisierung der Devianz führen (BECKER 1973, S. 34–35). Zur Initiierung eines derartigen Prozesses kann die Begehung einer einzigen kriminellen Handlung genügen: "Einen Menschen zu behandeln, als sei er generell und nicht nur spezifisch abweichend, erzeugt eine sich selbst erfüllende Prophezeihung. Eine solche Behandlung setzt verschiedene Mechanismen in Bewegung, die zusammenwirken, um den Menschen nach dem Bilde zu formen, das die Leute von ihm haben" (BECKER 1973, S. 30). Das abweichende Verhaltensmuster entwickelt sich dabei in einer regelmäßigen Abfolge, wie BECKER anhand der Beispiele des Marihuana-Rauchers und des Tanzmusikers zeigt.

Der labeling approach in der BECKER'schen Prägung wäre mißverstanden, würde man den Mechanismus der self-fulfilling prophecy, der der Etikettierungstheorie im *Karrieremodell* implizit zugrunde liegt, so verstehen wollen, daß "Räuber andere Leute einfach deswegen überfallen, weil irgend jemand sie als Räuber bezeichnet hat" (BECKER 1973, S. 161). Vielmehr ist es die Einschränkung der konformen Verhaltensweisen (evtl. sogar Denkmöglichkeiten) die dem Betroffenen keine andere Wahl läßt, als sich abweichend zu verhalten, sich damit abzufinden und letztendlich eine entsprechende abweichende Identität zu entwickeln, die mit der Devianz im Einklang steht. Diese Prozesse laufen selektiv ab: einmal können Normen selbst sehr selektiv gesetzt werden, indem die Normsetzer bestimmte Adressaten auswählen. Die Normanwendung kann (bei "egalitärer" Normsetzung) selektiv als Verstärkung sozialer Ungleichheiten erfolgen und damit neue selektive Normen schaffen. Reaktionen auf Verhaltensweisen geraten in den Blickpunkt des Interesses, weil diese selektiv ablaufen können. Sie sind es, "die Art und Weise, die Verteilung, die soziale Bedeutung und die Implikationen des Verhaltens determinieren, und zwar unabhängig davon, welche Faktoren für das erstmalige Auftreten solcher Abweichungen bei den betreffenden Personen ursächlich sind,... daß die Muster von Abweichung und Kontrolle, die in einem Sozialsystem beobachtbar sind, signifikant durch die reziproken Reaktionen von 'abweichenden' Handlungen und gesellschaftlichen Reaktionen bestimmt werden" (ALBRECHT 1973, S. 787). Hieraus ließen sich nun in unterschiedlicher Betonung von Einzelaspekten unterschiedliche Richtungen des labeling approach ableiten, was jedoch unterbleiben soll (vgl. hierzu RÜTHER 1975, S. 41 ff.).

Man kann die BECKER'schen Gedanken zum Karrieremodell des Abweichlers wie folgt zusammenfassen (LAMNEK 1977, S. 77–78):
1. Keine Verhaltensweise an sich enthält die Qualität abweichend.

2. Abweichendes Verhalten wird durch die Normsetzer definiert.

3. Definitionen abweichenden Verhaltens werden nur verhaltenswirksam, wenn die Normen selbst angewandt werden. Normen werden in Interaktionen realisiert.

4. Die Normanwendung erfolgt selektiv, d.h. gleiche Verhaltensweisen werden situations- und personenspezifisch unterschiedlich definiert.

5. Die Selektionskriterien können unter den Faktor Macht subsumiert werden.

6. "Die Etikettierung als abweichend setzt Mechanismen der self-fulfilling prophecy in Bewegung, die weitere Verhaltensweisen erwarten lassen, die als abweichend definiert sind bzw. als abweichend definiert werden. Über eine entscheidende Reduktion der konformen Handlungsmöglichkeiten durch nonkonforme Verhaltenserwartungen werden abweichende Karrieren initiiert."

2.5.4. Makro- und mikrosoziologische Prozeß-Aspekte: ERIKSON und KITSUSE

Die Väter des labeling haben manche Dimensionen ihrer Theorie im Dunkeln belassen, andere besonders beleuchtet. Ihre Vorgehensweisen waren eher illustrativ-plausibilisierend als empirisch-konkret forschend. Daraus resultiert, daß die labeling-Ansätze sehr unterschiedlich perzipiert und interpretiert werden können. Am Beispiel der gesellschaftlichen Reaktionen auf bestimmte (abweichende) Verhaltensweisen kann dies verdeutlicht werden. Solche Reaktionen können als positive oder negative Sanktionen erfolgen, wobei die Sanktionswirkung vom Adressaten her zu definieren wäre. Sanktionsmacht haben in jeder Gesellschaft einerseits unmittelbare Interaktionspartner (in durchaus unterschiedlicher Stärke) aber auch offizielle gesellschaftliche Sanktionsinstanzen, die gerade im Bereich des kriminellen Verhaltens bezüglich des Sanktionspotentials privilegiert sind. Wir müssen daher zwischen *offiziellen und informellen Sanktionen* als Reaktionen auf Verhalten unterscheiden. Dies ist bei den bisher behandelten Autoren nicht geschehen. Sie bringen – um ihre Thesen zu belegen – einmal Reaktionen formeller, ein ander Mal solche informeller Art.

Nach ERIKSON ist es sinnvoll und wichtig, zwischen beiden Möglichkeiten zu differenzieren. Dies nicht allein deswegen, weil die *Sanktionsmacht* und die *Sanktionsmaßnahmen* sehr unterschiedlich sein können, sondern insbesondere weil man mit dieser Differenzierung den *Prozeßcharakter des Definierens* von Abweichungen noch deutlicher machen kann. Er geht davon aus, daß zunächst im informellen, mikrosozialen Bereich die Etikettierungsprozesse einsetzen (Situation des Verdachts beispielsweise), um dann auf den makrosozialen, offiziellen Reaktionsbereich überzuspringen (ERIKSON 1962, S. 307–314).

Die offiziellen Sanktionsinstanzen können dann die Typisierungen und Etikettierungen von den informellen Definitionsorganen übernehmen und verfestigen, was sehr wahrscheinlich ist; sie können aber auch prinzipiell davon abweichen. Im Regelfall gehen jedenfalls den offiziellen labeling-Prozessen die informellen voraus. Mit dieser Einsicht lassen sich auch differenziertere Erkenntnisse zu den Selektionsprozessen des Definierens aufzeigen: im informellen Bereich tritt eine erste Selektions- und Filterwirkung ein, im formellen Bereich eine weitergehende Verfestigung. *Kriminalitätsraten (als dem Makrosozialen zugehörig) sind Produkt der formellen Sanktionsinstanzen, "Abweicher" werden im mikrosozialen Bereich etikettiert.* Ohne auf die informelle Reaktion im mikrosoziologischen Bereich und die formelle im makrosoziologischen einzugehen, zeigt auch KITSUSE (1962) den sich verfestigenden Prozeßcharakter der Etikettierung auf. Er begreift Abweichung als einen Prozeß, in dem einzelne Personen (= mikro) oder die Gemeinschaft (= makro) Verhaltensmuster und Personen als Abweicher definieren und sie aufgrund dieser Definition dann auch entsprechend behandeln (z. B. Einschränkung der konformen Verhaltensmöglichkeiten).

2.5.5. Der "radikale" Ansatz: SACK

SACK interessiert sich vornehmlich für den Zuschreibungsprozeß der Eigenschaft abweichend und versteht ihn als "Verknüpfung eines physikalischen (uninterpretierten) Geschehens (Tat, Handlung) mit mentalen Zuständen, psychischen Prozessen und intentionalen Vorgängen" (SACK 1972, S. 18). Diese Verknüpfung bildet die "soziale Karriere eines zunächst physikalischen Geschehens...die Transformation von Verhalten in soziales Handeln" (SACK 1972, S. 19) und umfaßt alle jene Handlungen, die zwischen der Tat und dem Richterspruch liegen. Alles was vor der Tat geschah, erhält nur einen untergeordneten Stellenwert zugesprochen; dies charakterisiert SACK's Position als radikale gegenüber anderen labeling Theoretikern: Er sucht nicht nach irgendwelchen Ursachen, sondern meint, daß abweichende Verhaltensweisen allein durch gesellschaftliche Reaktionen als Definitionsprozessen von "Abweichung" determiniert werden. Die Vernachlässigung, ja Ablehnung aller anderen Ursachenforschung hebt ihn insbesondere von den Klassikern des labeling ab, die zwar auch das Schwergewicht auf sekundäre Devianz gelegt hatten (also solche abweichenden Handlungen, die durch Etikettierung provoziert waren) die jedoch primäre Devianz niemals ausgeschlossen und durchaus andere Ursachenkonstellationen als Erklärungen zugelassen haben. Ihnen erschien die Frage nach den Ursachen legitim zu sein (vgl. SCHUR 1969, S. 310).

Mit TANNENBAUM, LEMERT, BECKER, ERIKSON und KITSUSE sind die sog. Klassiker des labeling approach vorgestellt worden. Ihre theoretischen Überlegungen sind von einer Fülle von Autoren aufgenommen, modifiziert, nuanciert, radikalisiert oder mit verschiedenen Prioritäten versehen worden. Anders als bei den vor dem labeling approach geschilderten, ätiologisch-theoretischen Ansätzen erscheint eine personale Zuordnung zu den unterschiedlichen Etikettierungstheorien schwieriger: erstens sind diese noch relativ jung, so daß es nicht gerechtfertigt erscheint, sie in einer Autoren zuordenbaren Eigenstandigkeit herauszugreifen. Zweitens treten die einzelnen Formen kaum in analytischer Reinheit auf, sodaß eine personale Zuordnung arbiträr erscheinen müßte. Drittens haben diese Ansätze nicht den Status erreicht, der eine Fortsetzung der Klassikerreihe ermöglichen würde. Und zuletzt wären durch die weite Verbreitung des labeling-Ansatzes die Autoren aus den verschiedensten Nationen zu berücksichtigen, was beim Umfang der Literatur nicht möglich erscheint.

Gleichwohl soll auf eine Position, die insbesondere auch im deutschen Sprachraum Gewicht erhalten hat, herausgegriffen und ad personam behandelt werden: der sog. radikale Ansatz. Dieser eignet sich besonders, um die Prinzipien und Grundlagen des Etikettierens herauszuarbeiten, weil er in Überspitzung, Radikalisierung und in der Überzeichnung hervortreten läßt, was bei anderen Autoren implizit, unterschwellig, unausgesprochen bleibt. Als prononcierter Vertreter dieser Richtung in der Bundesrepublik gilt Fritz SACK. Seine Position läßt sich aus der Diskussion, die er mit seinen Kritikern geführt hat, und die in schriftlicher Form vorliegt, herausarbeiten, auch wenn in dieser Diskussion selbst Überzeichnungen und Perzeptionsverschiebungen zu registrieren sind, die deren Wert tendenziell mindern. In Modifizierung der SUTHERLAND'schen Definition der Kriminologie legt SACK fest, was die Etikettierungstheorie zu ihrem Gegenstand machen solle: den "Prozeß der Normverletzung, (die) Feststellung darüber, daß eine Norm verletzt worden ist, und (die) Reaktion auf eine solcherweise legitim getroffene Feststellung" (SACK 1972, S. 17 f.).

Neben der *Ablehnung von "Ursachenforschung", die schon einleitend angesprochen wurde,* unterscheidet sich SACK's Auffassung von anderen auch dadurch, daß er sich dagegen wendet, "daß Normen eindeutig sind, daß ihre Applizierung auf Sachverhalte bruchlos möglich ist und daß sie kaum Spielraum für Variationsmöglichkeiten enthalten" (SACK 1972, S. 17). Damit grenzt er sich besonders gegen die ätiologischen Ansätze ab, die in der Behandlung abweichenden Verhaltens den Normen selbst gegenüber indifferent waren, sie aus den inhaltlichen Überlegungen ausgeklammert und damit affirmiert haben. Dieser Sachverhalt wird zwar von den anderen labeling-Theoretikern ganz ähnlich gesehen, doch ist SACK's Auffassung pointierter. Durch diese kritischen Einstellungen erhält der *Machtaspekt* bei SACK eine entscheidende Bedeutung: Er weist deutlich darauf hin, daß soziale Reaktionen als Zuschreibungen nicht nur im Rahmen formeller sozialer Kontrolle wirksam werden. Er stellt insbesondere auf die *Alltagsinteraktion* ab, in der Definitionszuweisungen an der Tagesordnung sind: "Es dürfte klargeworden sein, daß Zuschreibungsvorgänge kein Privileg und kein spezifisches Charakteristikum von Gerichten, Polizisten und sonstigen Personen und Institutionen der sozialen Kontrolle sind, sondern daß die Zuschreibung von intentionalen Eigenschaften und Vorgängen ein generelles Merkmal der interaktiven und kommunikativen Prozesse zwischen Menschen darstellt" (SACK 1972, S. 24).

Auch in diesen informellen Definitionszuweisungen sind Aspekte von Macht enthalten, die sich allerdings individuell und interaktiv konstituieren mögen, während den offiziellen Sanktionsinstanzen Definitionsmacht gesellschaftlich legitimiert zugestanden wird, deren Einfluß (unter dem Machtaspekt) als gravierender angesehen werden muß. Eine stringente theoretische Verknüpfung von Macht und abweichendem Verhalten ist jedoch auch bei SACK nicht geleistet, was aber für den gegenwärtigen Stand der Literatur allgemein gilt (LLAZOS 1972, S. 103).

SACK unterscheidet sich von anderen labeling-Anhängern auch dadurch, daß er fordert, der labeling approach müsse in eine übergeordnete, gesamtgesellschaftliche Theorie eingebettet werden. Er glaubt damit erreichen zu können, daß der Vorwurf der Theorielosigkeit, der dem labeling-Ansatz gelegentlich gemacht wurde (z. B. SCHUR 1969, S. 209), tendenziell aufgehoben werden könnte. Von der Ablösung der alten Kriminalitätstheorien biologischer und anderer Provenienz, durch soziologische, aber methodologisch eben ähnliche Ansätze, verspricht er sich nichts (SACK 1973 b, S. 252).

Sein Anspruch könnte nach seiner Auffassung in einem *systemtheoretischen Modell historisch-materialistischen Inhalts* realisiert werden. Zwar haben auch andere labeling-Autoren ihre Theorien als ziemlich "links" eingestuft (BECKER 1966) doch berufen sie sich nicht auf einen explizit marxistischen Ansatz. Daß diese Überlegungen SACK's heute noch eher Wunsch als Wirklichkeit sind, konzediert er selbst, wenn er schreibt, "daß es derzeit keine schlüssige Kriminalitätstheorie marxistischer Provenienz gibt, die über prämissenhafte Grundlegungen hinaus gelangt ist und die die Zusammenhänge zwischen den vielfältigen Erscheinungsformen des komplexen Phänomens Kriminalität auf der einen Seite und den ökonomischen Grundstrukturen auf der anderen Seite theoretisch angemessen zu rekonstruieren in der Lage ist" (SACK 1973, S. 253). Gleichwohl geht er davon aus, daß eine marxistische Gesellschaftstheorie die Phänomene der Kriminalität in den Griff bekommen sollte. "Die Verteilungsmechanismen der negativen Eigenschaft 'Kriminalität' sind ebenso ein Produkt gesellschaftlicher Auseinandersetzungen, wie diejenigen, die die Verteilung der positiven Güter in einer Gesellschaft regeln" (SACK 1968, S. 470). In der Annahme, die *Klassenstruktur* determiniere auch die Verteilung der Kriminalitätszuweisung, spiegeln sich die Hypothesen über soziale Ungleichheiten in kapitalistischen Gesellschaften, womit wieder der Macht- und Herrschaftsaspekt ins Blickfeld gerät.

Die SACK'sche Position des labeling approach kann man mit RÜTHER (hier in leicht modifizierter Form) grafisch wie folgt fassen (RÜTHER 1975, S. 49).

"Der Klassencharakter der kapitalistischen Sozialstruktur bedingt einerseits die Normsetzung, andererseits die Normanwendung. Die Normsetzung selbst wird also von SACK nicht als Orientierungsmuster für das Verhalten angesehen! Auch die Sozialstruktur selbst determiniert keineswegs das Verhalten. Vielmehr unterstellt SACK ein davon unabhängiges Verhaltenspotential. Die sozialstrukturell spezifische Normanwendung durch informelle Gruppen in der Alltagsinteraktion einerseits und durch formale Instanzen andererseits auf faktisches Verhalten konstituiert die Definition des abweichenden Verhaltens und damit die Verteilung von

Abb. 26: Grafik zur Variablenkonstellation in der theoretischen Auffassung SACKs

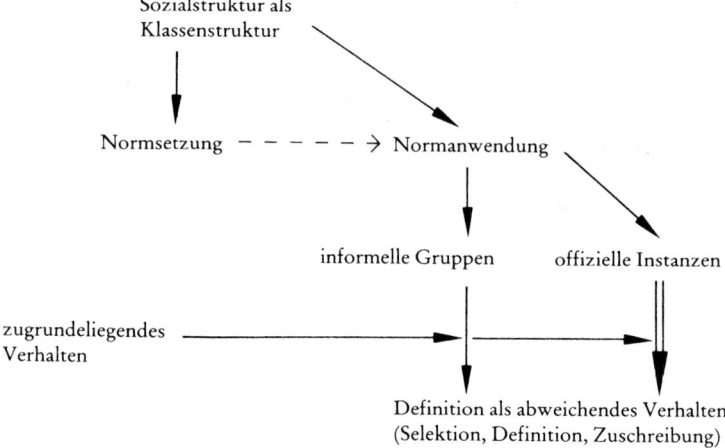

Kriminalität in der Gesellschaft. Dabei wird den offiziellen Instanzen ein größeres Gewicht im Zuschreibungsprozeß beigemessen" (LAMNEK 1977, S. 87 f.).

2.5.6. Gemeinsamkeiten und Variationen im Labeling Approach

Der labeling approach hat – trotz seines jungen Alters – eine solche Vielzahl von Nuancierungen, Veränderungen und theoretische Einbettungen erfahren, daß es schwer fällt, den Überblick zu behalten. Abschließend sollen daher inhaltliche und theoretische Differenzierungen einzelner Richtungen kurz aufgezeigt werden, um dann die wesentlichen Gemeinsamkeiten zusammenfassend zu beschreiben.

Um die inhaltliche Differenzierungen herauszuarbeiten, kann man auf die von RÜTHER (1975, S. 41 ff.) entwickelte Typologie stützen, die die wesentlichsten Kriterien enthält.

Eine erste Unterscheidung ergibt sich aus der Anwendung der labeling Theorie auf die *Normsetzung bzw. Normanwendung*. Beide Aspekte sind bei BECKER explizit angesprochen. Die Mehrzahl der Autoren sieht das Schwergewicht beim "Labeln" durch Normanwendung. Die gesellschaftliche Definition der Abweichung wird aber durch beide Elemente konstituiert.

Der labeling Ansatz kann sich aber auch auf *makro- und mikrosoziologische* Sachverhalte beziehen. Bei ERIKSON war dem makrosoziologischen Element die offizielle soziale Kontrolle, also die formelle Etikettierung zugeordnet, während dem mikrosoziologischen die informellen Definitionsprozesse entsprachen. Man kann diese makro- bzw. mikrosoziologische Perspektive auch als gesellschaftliche Definitionen bzw. als individuelle Etikettierungen begreifen. Im ersten Falle würde man aggregierte Daten (wie Kriminalitätsziffern etc.) heranziehen, im zweiten Falle würde man individuelle Daten mit dem labeling Ansatz erklären wollen.

BECKER hat zwischen solchen Handlungen differenziert, die normabweichend waren und/oder solchen, die als abweichend definiert und perzipiert wurden. Damit hat er bereits auf den Aspekt der *Selektion in der Definition und Zuschreibung* des Etiketts abweichend aufmerksam gemacht. Bezieht man sich auf dieses Selektionsphänomen der differentiellen Reaktion auf bestimmte Verhaltensweisen, so spricht RÜTHER von "Selektions"-labeling und meint damit, daß in die offiziell registrierten Kriminalitätsraten nur ein Teil der realen Kriminalität eingeht, weil die Umweltreaktionen auf abweichende Verhaltensweisen selektiv erfolgen.

Im Falle des *"Definitions"-labeling* wird der Aspekt besonders betont, der darauf abstellt, daß in Interaktionen auf der Basis von *Situationsdefinitionen* Normen gesetzt und angewandt werden. Mit anderen Worten: in einem interaktiven Prozeß können – fast beliebig – *Verhaltensweisen* als abweichend definiert werden.

Von *"Zuschreibungs"-labeling* spricht RÜTHER dann, wenn einer Person – z.B. auf der Basis primärer Devianz oder bestimmter Merkmale – die Rolle des Abweichlers zugeschrieben wird. Grundlage der Zuschreibung ist die *Person*; sie wird als abweichend etikettiert, woraus sich auch entsprechende Beurteilungen ihrer Verhaltensweisen ergeben. Grundlage des Definitions-labeling ist jedoch die zugrunde liegende Verhaltensweise, nicht die Person (siehe oben!).

Obgleich viele labeling-Autoren den ätiologischen Anspruch ihrer Theorie verneinen, kann der labeling approach so verstanden werden. Wenn bestimmte Umweltreaktionen als Etikettierungsprozesse erst abweichende Verhaltensweisen hervorrufen, dann können diese als Ursache für die Devianz gesehen werden. In einem solchen Fall würde RÜTHER von *"Verursachungs"-labeling* sprechen.

LEMERT hatte in besonderer Weise betont, daß in der Folge von primärer Devianz durch labeling-Prozesse abweichendes Verhalten geschehen und selbstinduzierend dann immer wieder (möglicherweise auch verstärkt) auftreten kann. Stellt man also auf das Kriterium der abweichenden Karriere ab, wo Umweltreaktionen (z.B. durch Reduzierung der konformen Handlungsmöglichkeiten) als Verstärker für abweichendes Verhalten wirken, so kann man dies mit RÜTHER als *"Forcierungs"-labeling* bezeichnen.

Damit sind einige wichtige inhaltliche und mögliche Prioritäten des labeling approach genannt. Man kann diesen theoretischen Ansatz aber auch daraufhin untersuchen, in wie weit er sich übergeordneten, allgemeineren Theorien oder Metatheorien verpflichtet fühlt, bzw. welche anderen Theorien mit zur Erklärung des labeling approach selbst oder des abweichenden Verhaltens herangezogen werden. Obwohl hier klare und eindeutige Trennungen nur schwer vorzunehmen sind, sei eine theoretisch praktikable Differenzierung nach DEICHSEL (1977 S. 101 ff.) aufgezeigt. Er unterscheidet das *interaktionistische Karriere-Modell,* den *phänomenologisch-sprachanalytischen,* den *ethnomethodologischen* (wobei die beiden letzten unter die Phänomenologie subsumierbar sind), den *kommunikationstheoretischen* und den *marxistisch-interaktionistischen* Ansatz.

Wenn man von labeling oder Etikettierung spricht, so deutet dies eine asymmetrische, einseitige Vornahme von Zuschreibungen an. Tatsächlich ist das eigentlich nicht gemeint, wenn BECKER schreibt: "Ich werde meiner Abneigung gegen die konventionelle Bedeutung der Theorie folgen, indem ich sie von jetzt an Interaktionstheorie abweichenden Verhaltens nenne" (BECKER 1973, S. 163). Die interaktionistisch orientierten labeling Theoretiker gehen von dem Prozeßcharakter der Etikettierung und von einem eher symmetrischen Modell aus, in dem statt von Zuschreibung auch von Aushandeln der Zuschreibungen die Rede ist. Beide Elemente manifestieren sich in dem Karrieremodell (vgl. z.B. QUENSEL 1970) an dessen Ende die abweichende Identität steht. Durch Interaktionsprozesse wird diese "bilateral" produziert; Aktion und Reaktion, Individuum und soziale Umwelt konstituieren jene Phänomene, die als labeling beschrieben wurden und die innerhalb von Interaktionssituationen ablaufen.

Der *phänomenologische(-sprachanalytische)* Ansatz wird in der Bundesrepublik vor allem von KECKEISEN vertreten. Basis der Überlegungen ist, daß der Forscher den zu untersuchenden Subjekten nicht seine Konstruktionen und Interpretationen aufoktroyiert sondern diejenigen des zu untersuchenden Subjekts zur Basis einer Analyse macht. Das bedeutet, daß der mit Handeln verbundene subjektive Sinn erschlossen werden muß. Dieser ist verstehbar, wenn man sich auf Alltagsverständnis und -definitionen beziehen kann. "... die Einbeziehung der Intersubjektivität der Handelnden, die sich diskursiv über die Geltung von Normen und Regeln verständigen, ermöglicht einen konstitutionsanalytischen Zugang zum Phänomen der Devianz" (DEICHSEL 1977, S. 108). Damit wird der normativ-gesellschaftlich vorgegebene Rahmen der Beurteilung von Verhaltensweisen als abweichend kritisiert, weil das subjektive Element der Konstruktion von Wirklichkeit unterschlagen, mindestens aber zu gering bewertet wird.

Abweichende Karrieren sind daher im phänomenologischen Modell "nach CICOUREL retrospektiv-prospektiv konstruierte Entwicklungssequenzen, die einer Person – hier einem Delinquenten – durch Vertreter der Kontrollinstanzen tentativ zugeordnet werden" (KECKEISEN 1974, S. 67). Damit wird tendenziell jedenfalls ausgesagt, daß das Verhalten als solches nicht die Qualität der Abweichung beinhaltet, sondern daß dieses durch alltägliche Kontrollprozesse definiert wird. Dieser phänomenologische Ansatz soll methodisch durch die Ethnomethodologie eingelöst werden, die selbst aus den Wurzeln der Phänomenologie und der symbolischen Interaktion hervorgeht (vgl. hierzu auch LAMNEK 1977, S. 91 ff.).

HAAG (1972) weist darauf hin, daß "eine ganze Reihe von Problemen, die in der Kriminologie unter dem Stichwort labeling-approach andiskutiert werden, ... in einer Gruppe *kommunikationstheoretisch* orientierter Sozialpsychologen (BEAVIN, HALEY, JACKSON, LAING, WATZLAWICK, WEAKLAND u.a.) schon längere Zeit in der Diskussion (sind)" (HAAG

1972, S. 55). Abweichende Verhaltensweisen werden auf der Basis des kommunikationstheoretischen Modells als Störungen der interpersonalen Kommunikation begriffen. Gestörte und sog. paradoxe Kommunikationen werden als Ursachen für abweichende Verhaltensweisen betrachtet, wobei die Typologie der Störungen sehr differenziert bezüglich der Erklärung gesehen werden muß. Das spezifisch kommunikationstheoretische in dieser Version des labeling approach kommt darin zum Ausdruck, daß sowohl bei der Normsetzung, wie auch bei den Reaktionen auf Verhalten die interaktiven Beziehungen kommunikationstheoretisch verstanden werden können und Störungen der Kommunikationen auf beiden Ebenen zu Devianzen führen können.

Im Hinblick auf die schon bei SACK behandelte *marxistische* Version bleibt zu rekapitulieren, daß versucht wird, die Zuschreibungsprozesse aus dem historisch-materialistischen Ansatz heraus zu erklären, indem auf die grundlegend verschiedenen Machtpotentiale der Klassen verwiesen wird, die auch die Verteilung der Etikettierungen sozial ungleich in Interaktionsprozessen vornehmen. Dem labeling approach wird hier eine allgemeine Gesellschaftstheorie vorgeschaltet, die metatheoretisch das leisten soll, was der labeling approach selbst nicht leistet oder leisten will: ätiologisch zu sein.

Will man den allgemeinen Inhalt des labeling approach – ohne Berücksichtigung seiner einzelnen Schattierungen – angeben, so könnte man in Kurzform folgende Bedingungen herausstreichen: Es sind die auf bestimmte Verhaltensweisen erfolgenden Reaktionen der sozialen Umwelt, die einerseits Normen setzen und andererseits Normen applizieren. Beides erfolgt gruppen-, situations- und personenspezifisch, woraus sich der Selektionseffekt ergibt, daß gleiche Verhaltensweisen abweichend oder konform definiert werden können. Solche Definitionen werden informell oder offiziell vorgenommen, wobei letzteren im Hinblick auf deren Auswirkungen größeres Gewicht beizumessen ist. Erfolgen diese Definitionen nicht mehr verhaltensspezifisch, sondern personen- oder rollenspezifisch, so werden durch die Etikettierung einer Person als abweichend ihre konformen Handlungsmöglichkeiten so sehr eingegrenzt, daß ihr nur mehr der Zugriff zu illegitimen Mitteln bleibt, sie also in eine abweichende Karriere gedrängt wird. Im Verlaufe dieser Karriere entwickelt sich eine neue, abweichende Identität, der die abweichenden Handlungen als ihrer Identität und ihren Möglichkeiten konforme erscheinen müssen, so daß sich die abweichenden Verhaltensweisen verfestigen. Der Zirkel schließt sich.

3. Die Beurteilung der Theorien

Nachdem die einzelnen soziologisch-theoretischen Ansätze abweichenden Verhaltens beschrieben wurden, können nun auf unterschiedlichen Dimensionen die einzelnen Theorien miteinander verglichen und beurteilt werden. Solche evaluativen Beurteilungen sind aber nur sehr schwer vorzunehmen, weil das von Wissenschaftstheorie und Methodologie zur Verfügung gestellte Instrumentarium hierzu äußerst unterentwickelt ist. Genauer müßte man davon ausgehen, daß zwar Vergleichsmaßstäbe theoretisch erarbeitet worden sind (wie z.B. *Informationsgehalt, Reichweite, Bewährung* etc.), daß jedoch deren praktische Anwendung im Theorienvergleich – wenn überhaupt – nur mit größten Schwierigkeiten wegen mangelnder Vergleichbarkeit, Inkonsistenzen im Maßstab und unzureichender Quantifizierbarkeit der Bewertung selbst, möglich ist. Daraus ergeben sich für die Beurteilung der hier zur Diskussion stehenden Theorien folgende Konsequenzen:

Erstens wird der Theorievergleich hinsichtlich der zugrunde gelegten Dimensionen nur pauschal und qualitativ vorgenommen. Jede andere Vorgehensweise würde eine Exaktheit suggerieren, die methodologisch nicht gesichert ist. Dies ist für eine Einführung völlig hinreichend, denn der Leser soll einen ersten Einstieg vermittelt bekommen, der eine weitere, intensivere Beschäftigung mit der Materie ermöglichen und fördern soll.

Zweitens werden wir nicht die referierten Einzeltheorien, die jeweils übergreifenden Konzepten zugeordnet wurden, miteinander vergleichen. Dies würde den Rahmen einer allgemeinen Einführung sprengen und würde in der Differenzierung eher artifizielle als praktisch handhabbare Urteile hervorbringen. Der Vergleich wird also nur zwischen Anomie-, Subkulturtheorie, der Theorie des differentiellen Lernens und dem labeling approach durchgeführt.

Drittens werden die Dimensionen des Theorievergleichs auf einige wenige, aber zentrale Aspekte reduziert, weil eine darüber hinausgehende Vielfalt eher verwirrt als zur Klarheit der Theorienbeurteilung beiträgt. Wir beschränken uns auf folgende Dimensionen: Wir wollen einmal das methodologisch begründete Theorieverständnis der verschiedenen Ansätze zueinander in Beziehung setzen, um von daher Erkenntnisabsicht und Inhalt der Theorien besser verstehen zu können. Auf dieser Basis werden dann die Inhalte der Theorien daraufhin analysiert, inwieweit sie die als abhängige Variablen begriffene Phänomene der Abweichung erklären können oder wollen. Auch die *praktische Leistungsfähigkeit* der Theorien soll geprüft werden, denn Theorien legitimieren sich nicht nur durch ihre theoretische, sondern vor allem auch durch praktische Relevanz, die sich in Prognose und technologischer Anweisungspotenz niederschlägt. Diese abstrakten Beurteilungen werden abschließend hinsichtlich der empirischen Bewährung der Theorien ergänzt. Ein globales Resümé über die vier Dimensionen hinweg soll diese Einführung in Theorien abweichenden Verhaltens aus soziologischer Sicht abschließen.

3.1. Das Methodologieverständnis der Theorien

Jeder soziologischen Theorie geht implizit oder explizit eine metatheoretische Vorstellung darüber voraus, wie diese Theorie auszusehen hat, welchen Gegenstand sie bearbeiten soll, wie sie zu prüfen ist usw. Selbst die Entscheidung des Wissenschaftlers für die Analyse eines bestimmten Objektbereiches ist nicht frei von solchen wissenschaftstheoretischen, erkenntnistheoretischen und methodologischen Vorüberlegungen. Verschiedene Theorien können daher daraufhin untersucht werden, welches die metatheoretischen Positionen sind, die ihnen zugrundeliegen.

Kann man einzelne Theorien einer bestimmten Methodologie zuordnen, so ist damit möglich, Erkenntnisse darüber zu gewinnen, was diese Theorien eigentlich zu leisten beanspruchen und können und wie sie diese Leistung erbringen wollen. Die methodologische Basis von Theorien soll daher in den folgenden beiden Abschnitten analysiert werden. Dabei erfolgt eine weitere Pauschalierung und Vergröberung insoweit, als die Anomietheorie, die Subkulturtheorie und die Theorie der differentiellen Assoziation zusammengefaßt und dem labeling approach gegenüber gestellt werden. Dieses Vorgehen soll sich durch die weiteren Ausführungen legitimieren, wo sich zeigen wird, daß die drei erstgenannten Theorien methodologisch verwandt sind und untereinander mehr Gemeinsamkeiten als mit dem labeling approach haben. Wir subsumieren diese drei Ansätze unter das ätiologische Paradigma oder den factor approach im Gegensatz zum labeling approach als sog. Kontrollparadigma.

3.1.1. Das ätiologische Paradigma

Das ätiologische Paradigma zeichnet sich grundsätzlich dadurch aus, daß es danach fragt, welche Ursachen welche Wirkungen zeitigen. In Anwendung auf die Theorien abweichenden Verhaltens heißt das, daß die Bedingungen gesucht bzw. angegeben werden, die das Auftreten des abweichenden Verhaltens verursachen und damit auch erklären. (Hier könnte man meinen, gäbe es keine Unterschiede zwischen allen vier globalsoziologischen Ansätzen. Beim labeling approach wird jedoch gezeigt werden, daß dieser eine andere Auffassung vertritt). Dieser Vorstellung liegt ein bestimmtes *metatheoretisches Modell* zugrunde, das herausgearbeitet werden soll:

Drei Theorien (Anomie, Subkultur, Assoziation) gehen davon aus, daß es in allen Gesellschaften abweichendes Verhalten gibt. Es ist somit weder räumlich noch zeitlich begrenzt. Damit erhalten alle Versuche, dieses ursächlich zu erklären, ebenfalls den Charakter des *Universalitätsanspruches*. Folglich beanspruchen die Theorien:

a) Bedingungen (Faktoren, unabhängige Variablen) angeben zu können, die abweichendes Verhalten erklären.

b) daß diese Erklärungen weder räumlich noch zeitlich eingeschränkt sind, also immer und überall gelten.

Dieser Anspruch impliziert, daß abweichende Verhaltensweisen – wie auch die sie verursachenden Bedingungen – immer und überall eindeutig feststellbar und nachweisbar sind. Will man abweichendes Verhalten erklären, so benötigt man den Nachweis, daß sich dieses von dem konformen unterscheidet. (Nur so ist ja eine Zuordnung spezifischer Variablenkonstellationen als deren Ursachen möglich). Dies bedeutet, daß in den ätiologischen Ansätzen davon ausgegangen werden muß, "daß normkonformes und normwidriges Verhalten (bzw. Akteure) *distinkte Klassen von Verhalten* (bzw. Akteuren) bilden, die gerade durch die ihnen eigentümliche Form der Abweichung durch dem Verhalten inhärente Merkmale schlüssig unterschieden und bestimmt sind" (KECKEISEN 1974, S. 25).

Ätiologische Ansätze fragen in der Tat nicht danach, wie die Normen entstehen, die abweichendes Verhalten als solches erscheinen lassen. Sie differenzieren zwischen Genesis und Geltung, indem sie die Genesis vernachlässigen und damit normaffirmativ wirken. Damit wird die spezifische Konstitution der abhängigen Variablen "abweichendes Verhalten" aus dem Erklärungszusammenhang ausgeklammert.

Im *Erklärungs- und Begründungszusammenhang* verbleiben die *kriminovalenten* Faktoren (natürlich auch die *kriminoresistenten),* die das Auftreten abweichenden Verhaltens fördern (oder inhibieren). Zwar sind weder Anomietheorie noch Subkulturtheorie expressis verbis so formuliert, daß der hypothetisch erklärende Charakter in seiner raum-zeitlichen Unbegrenztheit unmittelbar aufscheinen würde, doch trotz eines häufig konkreten, empirischen Bezugs z.B. auf bestimmte Subkulturen sind die theoretischen Aussagen so interpretierbar. Die Theorie der differentiellen Assoziation wählt sogar die explizite Hypothesenform, um ihren Erklärungsweg anzugeben. Den drei Theorien liegt somit implizit eine Auffassung von Theorie zugrunde, die formal als Netzwerk aufeinander bezogener Hypothesen charakterisiert werden kann. Solche Theorien sind *ahistorisch*, weil *nomologisch* verstanden und weil der je historisch unterschiedliche Normgehalt und die historisch wie strukturell prinzipiell unterschiedliche Möglichkeit der Normdefinition und der Zuschreibung von abweichendem Verhalten unberücksichtigt bleiben.

Dieser Methodologie auf der Ebene der theoretischen Erklärung entspricht die Absicht, in der Theoriebegründung empirisch vorzugehen. Dies bedeutet zweierlei: einmal beanspruchen die Theorien für sich, gültige und wahre Aussagen über die Realität zu machen, was eine *Konfrontation mit der Realität als Überprüfungsinstanz* zur Folge hat. Insoweit ist notwendige Konsequenz dieser Position, empirische Überprüfungen der Theorien zuzulassen, ja zu fordern. Diese empirischen Tests setzen zum anderen eine bestimmte Vorgehensweise voraus, die mit der methodologischen Grundkonzeption kompatibel ist. Ätiologische Theorien abweichenden Verhaltens beziehen sich in ihrer empirischen Prüfung auf die traditionellen Methoden der *empirischen Sozialforschung,* deren Basismethode das aus den Naturwissenschaften übernommene und in den Sozialwissenschaften modifizierte Experiment ist: "So rekonstruiert, erscheint das gesellschaftlich unerwünschte Verhalten als Effekt und die als ursächlich angenommenen Bedingungen (Einzelfaktoren oder Faktorkombinationen) werden zu den experimentellen Variablen, deren Einwirkung die deviante Population im Unterschied zur nicht-devianten Vergleichsgruppe – ceteris paribus – unterliegt" (KECKEISEN 1974, S. 27).

Kennzeichnend für die Methodologie der ätiologischen Theorien ist weiterhin, daß ihre Vorgehensweise (nicht ihre Erklärung) *statisch* ist. Während die Theorien durchaus aufzeigen, daß es eine Entwicklung zum abweichenden Verhalten hin gibt, diese prozessual-dynamisch abläuft, ist der Nachweis dieses Prozesses statisch, indem versucht wird, Bedingungen aus der Vergangenheit für das Auftreten abweichenden Verhaltens in der Gegenwart zu finden. Es wird aber nicht eigentlich der Prozeß des Delinquentwerdens nachvollzogen. Die Erklärung abweichenden Verhaltens ist also vergangenheitsorientiert-statisch-statistisch. (Dies gilt auch für die Subkulturtheorie, bei der man vermeintlich eine Gegenwartsorientierung feststellen zu können glaubt. Zwar gehört der Delinquent zum Zeitpunkt seines abweichenden Handelns einer Subkultur an, doch liegen die Bedingungen für die Anpassung an die Subkultur in der Vergangenheit.)

Das Konzept der ätiologischen Theorien ist mehr oder weniger *situationsunabhängig* gefaßt, wenn man die *ahistorisch-nomologische Vorgehensweise* bedenkt. Es wird nicht erkannt, daß gleiche Verhaltensweisen konform und abweichend zugleich sein können. (Ausnahme: Subkulturtheorien) Abweichende Verhaltensweisen werden als per se feststellbar betrachtet, was den Erkenntnisspielraum doch einschränkt, wie der labeling approach überzeugend zeigen kann.

Im Gegensatz zum labeling approach kann man bei den ätiologischen Ansätzen auch eine gewisse funktionalistische Betrachtungsweise des abweichenden Verhaltens erkennen. Abgesehen davon, daß manche Theorien explizit darauf hinweisen, daß Abweichungen gesellschaftlich notwendig zur Normerhaltung und Normdurchsetzung, also funktional für gesellschaftliche Einheiten sind, tritt die funktionalistische Orientierung noch unter einem anderen Aspekt auf, dem der Anpassung: ätiologische Erklärungen von Delinquenz sind in der Anomietheorie durch individuelle Anpassungsprozesse an konfligierende Anforderungen gefaßt, womit eine individuelle Funktionalität unterstellt wird. In der Subkultur ist es eben auch funktional für den einzelnen (möglicherweise aber auch für die Subkultur und die Gesamtkultur), sich den subkulturellen Normen gemäß zu verhalten. Und in der Theorie der differentiellen Assoziation werden Dysfunktionalitäten individueller Art vermieden, wenn ein abweichendes Verhalten als mit den dominanten Einstellungen etc. konform angesehen wird (Dissonanzreduktion als funktionale Anpassung). Da aber abweichende Verhaltensweisen nicht nur funktionale Wirkungen, sondern sowohl individuell (für die Opfer z.B.) wie auch gesellschaftlich (zu hohe Kriminalitätsraten) dysfunktional sein können, beinhalten sie immer beides. "Es muß hervorgehoben werden, daß die begriffliche Fixierung von Konformität und abweichendem Verhalten einen relativen Aspekt enthält. Beide sind Begriffe, die sich auf Integration und Desintegration sozialer Systeme und Subsysteme beziehen" (PARSONS 1968a, S. 10).

Auch wenn solche Zuordnungen von Theorien zu wissenschaftstheoretischen bzw. methodologischen Paradigmata einen Idealtypus suggerieren, der realiter nicht gegeben ist, können die ätiologisch orientierten Theorien der Anomie, Subkultur und differentiellen Assoziation – wie in diesem Abschnitt geschehen – tendenziell als der *analytischen Wissenschaftstheorie* zugehörig charakterisiert werden (vgl. hierzu auch LAMNEK 1977, S. 92ff.).

3.1.2. Das Kontrollparadigma des Labeling Approach

Das Kontrollparadigma unterscheidet sich ins Auge springend von den ätiologischen Ansätzen zunächst durch das Verständnis von abweichendem Verhalten. Abweichung wird nicht als eine dem Verhalten a priori zukommende Eigenschaft perzipiert, sondern sie wird als durch soziale Verhältnisse in interaktiven Beziehungen sich realisierende *Situationsdefinition* aufgefaßt. Somit wird der affirmative Charakter, der ontologische Status, der der Norm und mithin dem abweichenden Verhalten bei den ätiologischen Theorien zukam, abgelehnt. Die statische Normfixierung wird abgelöst von einem dynamischen, prozeßartigen Verständnis der Entstehung abweichenden Verhaltens durch die innerhalb von Interaktionen sich konstituierenden Bedeutungen, die bestimmten Verhaltensweisen zugeschrieben werden. Diese Grundauffassung führt in der Folge dazu, daß die Prozesse der Definition von Abweichung beobachtet und beschrieben werden sollen, daß es weniger darum geht, den Ablauf als solchen zu erklären, nach Ursachen dafür zu suchen, sondern ihn in seiner Beschreibung zu verstehen. Der labeling approach verneint eine Erklärungsfunktion nicht grundsätzlich, doch erhält die Erklärung einen untergeordneten Stellenwert (Hier gibt es zum Teil erhebliche graduelle Abstufungen zwischen den einzelnen Vertretern des labeling approach). Im allgemeinen wird jedoch dem "theoretisch reflektierten *Nach*vollzug derjenigen Methoden und Prozeduren, mittels derer die gesellschaftlich interagierenden Individuen ihre Welt interpretierend sich aneignen, sich selbst in dieser Welt als intentionale Subjekte gegenüber anderen situieren und so zu organisierenden Entscheidungen und Handlungen kommen, die das produzieren, was der objektivistisch eingestellte Soziologe von "außen" kommend, mit dem Konzept der 'sozialen Struktur' zu erfassen versucht" (Keckeisen 1974, S. 53) der Vorzug vor der konventionellen Empirie gegeben.

Diese Reserviertheit des labeling approach gegenüber der methodologischen Basis der ätiologischen Ansätze manifestiert sich auch und gerade in der Festlegung unterschiedlicher Erkenntnisziele: "An die Stelle der bislang vorrangigen Fragen nach dem *warum* (im ätiologischen Paradigma, S.L.) tritt die Frage nach dem *wie* bzw. *wozu* eines Verhaltens; man sucht nach den Strukturen im Jetzt und Hier, weniger nach den Ursachen. Vom Theoretischen her gesehen bedeutet dies eine stärkere Gewichtung kommunikations- und informationstheoretischer Ansätze gegenüber psychodynamischen bzw. energetischen Konzepten. Methodisch gesehen heißt dies ein stärkeres Beachten von Relationen in Systemen gegenüber dem Isolieren einzelner Variablen" (Haag 1972, S. 56).

Diese inhaltliche Differenzierung mündet in die Entscheidung, die traditionellen Methoden der empirischen Sozialforschung (die wegen ihrer spezifischen Vorgehensweise die Normen stützen) durch die sog. Ethnomethodologie zu ersetzen, insbesondere auch, weil durch die herkömmliche Vorgehensweise die Erhebung von Informationen durch das Raster und die Brille des Forschers stattfindet, wodurch dem Objektbereich eine bestimmte Sichtweise aufoktroyiert wird. "Vielmehr geht es darum, jene zu untersuchenden Phänomene der Alltagswelt in den Bedeutungen zu erfahren, wie sie den interagierenden Personen selbst erscheinen und verhaltensrelevant sind" (LAMNEK 1977, S. 110). "Das Wissen eines Kriminellen ist anders als das eines Kriminologen. Daraus folgt, daß offenbar spezifische Konglomerate von 'Wirklichkeit' und 'Wissen' zu spezifischen gesellschaftlichen Gebilden gehören und daß diese Zugehörigkeit bei der soziologischen Analyse dieser Gebilde entsprechend berücksichtigt werden muß" (BERGER/LUCKMANN 1969, S. 3).

Mit dem ätiologischen und dem Kontrollparadigma stehen sich eine *objektivistische* und eine *subjektivistische* Betrachtungsweise des Objektbereichs gegenüber. Allerdings nicht unversöhnlich, denn auch ätiologisch orientierte und methodologisch bewußte Forscher beziehen heute den subjektiven Aspekt des Verstehens und Interpretierens mit ein, wie Vertreter des Kontrollparadigmas sich nicht grundsätzlich gegen eine empirische Überprüfung ihrer Aussagen wehren, um auch eine "objektivierte" Basis ihrer Aussagen vorweisen zu können (vgl. hierzu 3.4.4.). Das scheinbar subjektivistische Element im labeling approach wäre auch methodologisch falsch verstanden, wollte man ihm unterstellen, es entbehre jeglicher Intersubjektivität. Die "subjektivistische Annahme wird insofern wieder relativ objektiviert, als Verständigung und Interaktion nach objektiv vorgegebenen Sinnzusammenhängen verläuft" (DEICHSEL 1977, S. 27). "Die gesellschaftliche Definition von Devianz (als Teil gesellschaftlicher Praxis) ist darum, nach den Prämissen dieses Ansatzes aus der Dialektik von objektiver 'Kultur' und subjektiven Aneignungs- und Entäußerungsleistungen (welche wiederum Kultur tradieren und fortbilden) zu explizieren" (KECKEISEN 1974, S. 29). (In der Analyse der objektiv vorgegebenen Sinnzusammenhänge allein, könnte zwar auch ein in gewisser Weise ahistorisches Element ähnlich den ätiologischen Ansätzen gesehen werden, doch handelt es sich dabei um eine andere Analyseebene.) Der labeling approach ist wegen seiner situationsspezifischen Orientierung und Beurteilung der Abweichung historisch, weil er die je Platz greifenden Definitionen auf die situativen Bedingungen bezieht, innerhalb derer das abweichende Verhalten als Aktion und Reaktion definiert wird.

Die inhaltliche Fassung des labeling approach ist bei manchen (radikalen) Autoren so angelegt, daß nicht nur die konventionellen empirischen Methoden sondern auch die Ursachenfrage generell abgelehnt wird (zum Teil aus ideologischen oder ideologiekritischen Gründen). Diese sehr apodiktische Position wird in ihrer Widersprüchlichkeit durch HAFERKAMP beschrieben: "Für den Mangel der deutschen Variante des Definitionsansatzes ist wahrscheinlich SACKs Rezeption von MATZAs Kritik am Kausalitätsprinzip verantwortlich zu machen. So wie nach MATZA die Devianz nicht mehr auf ihre Bedingungen abgeklopft werden braucht, so ist es auch nicht nötig, die Devianzdefinitionen auf ihre Bedingungen zu untersuchen. Daß hier zwei Kinder mit einem Bade ausgeschüttet werden, ist klar" (HAFERKAMP 1972, S. 67). Beschreibung der Definitionsprozesse ist eben nicht ausreichend. Will man das kritisch-emanzipatorische Engagement auch praktisch umsetzen, dann muß man wissen, wie gegen solche Definitionsprozesse wirksam vorgegangen werden kann, was voraussetzt, erkannt zu haben, welche Bedingungen welche Definitionen verursachen. Also scheint die Frage nach dem warum so müßig und unsinnig nicht zu sein. Gleichwohl kann man hier tendenzielle Unterschiede zwischen labeling approach und den ätiologischen Theorien konstatieren.

In einer Formulierung KECKEISENs kann man den Anspruch des labeling approach knapp charakterisieren (wobei sich KECKEISEN aber auf die Phänomenologie bezieht): "Der Phänomenologe will die Pseudoobjektivität sozialer Sachverhalte und deren ontologischen Schein brechen, indem er sich von den 'Selbstverständlichkeiten' der Alltagswelt, von den fraglos hingenommenen Voraussetzungen, die die 'natürliche Einstellung' zu dieser Welt bestimmen, reflexiv distanziert." (KECKEISEN 1974, S. 55). "... Diese Formulierung ist mit der im labeling approach vollzogenen Absetzung von der positiv-affirmativen Betrachtung der Normen vereinbar; dies gilt natürlich insbesondere für den Aspekt der sozialen Kontrolle als Definitionsprozeß, in dem im Handlungszusammenhang Interpretationsregeln verwandt werden... die durch die Normen selbst nicht abgedeckt sind und keineswegs aus ihnen abgeleitet werden können" (LAMNEK 1977, S. 100). Diese Grundlegung durchzieht den gesamten theoretischen Ansatz des labeling approach, der somit als der wissenschaftstheoretischen Position der *Phänomenologie* verpflichtet begriffen werden kann. (Hier gibt es teilweise aber erhebliche Differenzierungen.) Methodisch kann der labeling approach der *Ethnomethodologie* zugeordnet werden, obgleich auch hier keine allgemeine Billigung aller labeling-Theoretiker erzielt werden kann. Insbesondere bleibt bei diesen Zuordnungen zu bedenken, daß Anspruch und Wirklichkeit des labeling approach doch noch recht weit auseinanderfallen (und daß solche Zuordnungen selbst Etikettierungsprozesse darstellen).

3.2. Inhaltliche Würdigung der verschiedenen Ansätze

Es ist für die Soziologie heute selbstverständlich – gleich welcher wissenschaftstheoretischer Provenienz – daß der Anspruch, den man an wissenschaftliche Theorien stellt, über eine reine Beschreibung sozialer Sachverhalte hinausgeht. Beschreibung mag eine notwendige Vorstufe der wissenschaftlichen Erkenntnisgewinnung sein, doch eigentlich sollen Theorien auch die zu analysierenden Tatsachen erklären. "Empirische Theorien sind nicht wissenschaftlicher Selbstzweck, sondern zielen ... auf die Erklärung der Realität als exakte Begründung der Existenz bestimmter einzelner Ereignisse und ganzer Ereigniskomplexe." (PRIM/TILMANN 1973, S. 100). Dieses Statement beinhaltet nicht, daß der Modus der Erklärung von allen Soziologen gleichermaßen verstanden wird oder daß mit dem Begriff Theorie immer gleiche Vorstellungsinhalte verbunden werden. Der Theoriebegriff reicht von reinen Taxonomien bis hin zu ausgefeilten *axiomatisch-deduktiven Systemen.* Gleichwohl kann man jede Theorie daraufhin befragen, was sie erklären will und kann. Dieses Erfordernis sollte insbesondere dann eingelöst werden, wenn mehrere theoretische Ansätze – partiell konkurrierend – gegenübergesetellt werden, die vorgeben, das Gleiche oder Ähnliches erklären zu wollen. Rein logisch gesehen können unterschiedliche Erklärungen derselben Sachverhalte nicht zugleich richtig sein. Die Richtigkeit einzelner Theorien kann sich empirisch erweisen (vgl. 3.4.), ihr mögliches Konkurrenzverhältnis zueinander kann theoretisch überprüft werden. (Selbstverständlich wäre auch eine logische Überprüfung der internen Konsistenz und Stringenz möglich, was aber hier unterbleiben soll; vgl. dazu z.B. OPP 1968, 1974, sowie OPP 1976, S. 343 ff.) Eine solche theoretisch-abstrakte Prüfung der Aussagekraft der einzelnen Theorien soll in den folgenden Abschnitten vorgenommen werden, um dem Leser die Beurteilung der Theorien zu erleichtern und Anregungen für profundere Beurteilungs- und Bewertungsanalysen zu geben.

3.2.1. Die Anomietheorien

Die Anomietheorie behauptete (auch in den unterschiedlichen Ausprägungen, die hier vorgestellt wurden) abweichendes Verhalten (insbesondere als Spezialfall hiervon: Kriminalität) erklären zu können. Abweichendes Verhalten war also die abhängige und zu erklärende Variable. Da die Anomietheorie die Differenzierung nach primärer und sekundärer Devianz nicht kannte, kann sich ihr Ansatz nur auf beide Formen der

Abweichung bezogen haben. Der Objektbereich ist damit vom Anspruch her umfassend und ohne Einschränkungen definiert.

Eine Erklärung besteht nun darin, daß einer oder mehreren abhängigen Variablen eine oder mehrere unabhängige Variablen vorausgehen, die theoretisch zueinander in Beziehung gebracht und empirisch-statistisch als nicht voneinander unabhängig nachgewiesen werden. (Von den noch strengeren Bedingungen, die für kausale Zuordnungen und Erklärungen zutreffen müssen, sei hier abgesehen.) Solche Variablen werden in der Anomietheorie in den sozialstrukturellen und kulturellen Bedingungen einer Gesellschaft vermutet. Das Auseinanderfallen von Zielvorstellungen einerseits und den Realisierungsmöglichkeiten andererseits wurde als Ursache für abweichendes Verhalten gesehen, indem darauf verwiesen wurde, daß eine individuelle Anpassung an diese unterschiedliche Anforderungsstruktur erfolgen müsse, wobei es verschiedene Formen der Anpassung als abweichendes Verhalten gab. In der Präzisierung der Theorie wurde die Dissoziation zwischen kultureller und sozialer Struktur in die Variablen Intensität der Ziele, Intensität der legitimen und der illegitimen Normen und Grad der legitimen und illegitimen Mittel gefaßt.

So problemlos einsichtig und plausibel diese Theorie zu sein scheint, so problembehaftet wird sie bei näherer inhaltlicher Analyse: Zunächst einmal ist zu erkennen, daß in der Erklärung abweichende Verhaltensweisen genannt sind, jedoch eigentlich immer (mehr oder weniger) Delinquenz, also kriminelles Verhalten gemeint und gedacht ist. Die Plausibilität der Theorie bezieht sich also vornehmlich auf Abweichungen von Strafrechtsnormen. (So auch in dieser Einführung.) Gleichwohl bietet die Anomietheorie, insbesondere in der Oppschen Fassung die Erklärungschance für alle Formen von Abweichungen; auch für solche Verhaltensmuster, die abweichend und nicht delinquent sind. Tatsächlich wird die Anomietheorie jedoch meist auf delinquentes Verhalten angewandt. Ihre Ausweitung (in empirischen Untersuchungen beispielsweise) auf den breiteren Objektbereich hin ist noch zu selten versucht worden. Diese sachliche Eingrenzung erfährt eine inhaltliche durch die Tatsache, daß in der Anomietheorie das abweichende Verhalten immer auf konkret existierende Normen bezogen wird, ohne diese Normen jedoch zu hinterfragen. Damit werden implizit wesentliche Gesichtspunkte aus der Analyse ausgeschlossen. Zum Beispiel, daß Normen längst keine Geltung mehr haben, die Verhaltensweisen ihnen massiv widersprechen, sie gesellschaftlich auch als nicht abweichend empfunden und sanktioniert werden; in der Anomietheorie könnten solche Verhaltensweisen nach wie vor abweichend und an der sozialen Realität vorbeigehend definiert sein. Auch der gegenteilige Fall ist vorstellbar, wo ohne die konkrete Existenz von Normen bestimmte Verhaltensweisen gesellschaftlich als abweichend definiert und etikettiert werden (worauf ja gerade der labeling approach aufmerksam macht), was in der Anomietheorie aber aus dem Erklärungszusammenhang ausgeschlossen wäre, weil ein solches Verhalten nicht gegen vorhandene Normen verstößt.

Daneben führt die strenge Normorientierung – wie schon ausgeführt – zu einer Verfestigung der Normen; der mögliche Herrschafts- und Machtcharakter wird aus der Analyse ebenso ausgeschlossen wie das Phänomen der interaktiven Kreation von Normen und Verhaltenserwartungen in konkreten Situationen durch die Interaktionspartner. Das interaktiv-prozessuale Element ist daher aus der Anomietheorie fast aussichtslos und a priori hinausdefiniert, was die Erklärungsmöglichkeiten erheblich einschränkt.

Einige weitere, wichtige Probleme die sich auf die unabhängigen, erklärenden Variablen beziehen, seien exemplarisch herausgearbeitet. Wie man aus empirischen Erhebungen unschwer herauslesen kann (was auch theoretisch vermutbar ist), trifft die Erklärung der Anomietheorie nicht in jedem Falle zu, auch wenn die Bedingungen der unabhängigen Variablen gegeben sind. Es gibt nämlich viel mehr Personen, die den konfligierenden Anforderungen von kultureller und sozialer Struktur unterliegen, als es Kriminelle gibt. Auch die anderen Anpassungsformen dürften quantitativ nicht hinreichen, diese Differenz zu erklären, ebenso wie der Hinweis auf eine hohe Dunkelziffer (es gäbe eben eine Vielzahl unentdeckter Straftaten) uns nicht zureichend erscheint. Das Argument der Dunkelziffer unterstellt, daß tatsächlich alle, die den konfligierenden Erwartungen ausgesetzt sind, delinquent werden. Diese Ansicht ist nicht haltbar, weil die Dunkelziffer und die entdeckten Straftaten zusammen wohl kaum die Zahl der Personen ergibt, die von der Dissoziation von kultureller und sozialer Struktur betroffen sind.

Andererseits setzt eine solche Argumentation ein vollständig deterministisches Verhältnis zwischen unabhängigen und abhängigen Variablen voraus, was für die Sozialwissenschaften illusorisch und realitätsfern ist. Vielmehr sollte davon ausgegangen werden, daß Erklärungen grundsätzlich nur *probabilistisch* ablaufen. Das abweichende Verhalten tritt eben immer nur mit einer bestimmten Wahrscheinlichkeit bei Erfüllung der Bedingungen der unabhängigen Variablen auf.

Wie kann man sich aber nun den Probabilismus erklären. Es könnte so sein, daß das Modell, das die Anomietheorie unterstellt, unvollständig ist, daß es weitere Variablen außerhalb des Modells gibt, die in die Erklärung einbezogen werden müßten, um wenigstens tendenziell eine vollständige Determination zu erzielen. Diese Möglichkeit scheint für die Anomietheorie schon deswegen zuzutreffen, weil sie implizit die sozialstrukturellen Bedingungen individuell transformiert, wenn von Anpassung daran die Rede ist. Möglicherweise ist die Persönlichkeit in die Analyse mitaufzunehmen, die als intervenierende Variable dazwischentritt und die jeweilige Form der Anpassung erklärt. (Wir erinnern uns auch daran, daß als eine Anpassungsform Konformität zur Verfügung stand.) Unter diesen Voraussetzungen könnte die Anomietheorie als unvollständig bezeichnet werden, womit auch die Erklärung selbst unvollständig (nicht aber notwendigerweise unzureichend) wird.

Erklärungen können in perfektionistischem Verständnis auch danach streben, sog. letzte Erklärungen zu liefern, das heißt solche Bedingungen aufzuzeigen, die selbst nicht weiter erklärbar scheinen. Solche letzte Erklärungen liefert die Anomietheorie sicher nicht, denn sie berücksichtigt die Frage nach der Genese der unterschiedlichen Anforderungen an die Gesellschaftsmitglieder in der Theorie nicht. Wenn man nämlich die individuellen Anpassungen der Erklärung zugrundelegt, dann werden die sozialstrukturellen Bedingungen ausgeklammert. OPP selbst konzediert, daß in seiner Fassung der Anomietheorie gerade diese sozialstrukturellen Bedingungen nicht zur Debatte stehen: Aus diesem Schema geht besonders deutlich hervor, daß die *Anomietheorie nicht erklärt, unter welchen Bedingungen die unabhängigen Variablen welche Werte haben*" (OPP 1974, S. 13). Dieses Problem gilt aber für praktisch alle Theorien, weil sie sich immer auf einen bestimmten Objektbereich modellhaft begrenzen müssen, um einem infiniten Regreß in der Erklärung zu entgehen. Gerade von einer soziologischen Theorie abweichenden Verhaltens sollte man jedoch erwarten können, daß sie nach Gründen für sozialstrukturelle Konstellationen sucht, die gesellschaftlich erhebliche Konsequenzen haben. War dies bei DURKHEIM tendenziell der Fall, so haben die zugegebenermaßen präzisere Neuformulierung durch MERTON und die noch weitergehende Explikation durch OPP doch einen stärker individuellen Zug erhalten, der die soziologischen Bedingungen zu vernachlässigen scheint.

In den Reformulierungen der Anomietheorie wird auch deutlich, daß wichtige Aspekte, die gerade in der Theorie des symbolischen Interaktionismus herausgearbeitet worden sind, möglicherweise unterstellt, aber nicht explizit gemacht worden sind. Nach dem berühmten Thomastheorem (vgl. hierzu das Glossar) ist für das reale Verhalten nicht entscheidend, welches die objektiven Bedingungen sind, die es beeinflussen, sondern wie diese von dem Handelnden wahrgenommen werden. Die Vernachlässigung dieser Überlegung kann auch zu einem niedrigeren Erklärungswert beitragen. (Man nehme zum Beispiel an, die Zugangschancen zu legitimen Mitteln wären hoch, sie werden aber von dem Betroffenen als niedrig perzipiert, dann tritt abweichendes Verhalten auf, was aber auf der Basis der Anomietheorie nicht zu vermuten war, weil man dort von den "objektiven" Verhältnissen ausging.)

Nicht zuletzt geht die Anomietheorie in all ihren Fassungen von Begriffen aus, die nicht immer eindeutig sind (vgl. z.B. RITSERT 1969), sich manchmal zu überlappen scheinen, mindestens aber empirisch operational mehrdeutig sein können. Dieser Mangel pflanzt sich dann in den empirischen Überprüfungen fort und bringt Unschärfen, von denen man nicht weiß, ob man sie auf falsche Operationalisierungen oder unzureichende Erhebungen zurückführen, oder ob gar die Theorie selbst als falsch und unzureichend betrachtet werden soll. Zwar konnten die Reformulierungen (z.B. OPP 1974) diesen mangelhaften Zustand bessern, doch optimal ist er nach wie vor nicht. Abschließend sei noch darauf aufmerksam gemacht, daß bei sehr kritischer Betrachtung die Anomietheorie bei MERTON nicht als erklärende Theorie sondern als Klassifikationsschema, als *Taxonomie* verstanden werden kann. Schließt man sich dieser Auffassung an, so stellt sein Schema nur Definitionen für bestimmte Begriffe in Form einer Matrix dar. Der Innovator ist dann eben jemand, auf den Ablehnung der Mittel und Befürwortung der Ziele zutrifft. Die letztgenannten Bedingungen wären somit Definitionskriterien, nicht jedoch Ursachen abweichenden Verhaltens. Jeglicher Erklärungswert müßte abgesprochen werden, weil es sich um eine Tautologie handeln würde. Dieser Einwand ist nur insoweit zu entkräften, als man auf die Reformulierungen der Theorie verweist, die sich klar und eindeutig vom Begrifflichen lösen und Erklärungen anstreben. Bei der MERTON'schen Fassung selbst sind aber beide Verständnismöglichkeiten nicht auszuschließen.

Die exemplarisch herausgegriffenen Unzulänglichkeiten und Unschärfen der Anomietheorie könnten nun den Eindruck erwecken, als wäre die Anomietheorie völlig unbrauchbar. Ein solcher Eindruck wird einmal dadurch relativiert, daß man eine Beurteilung eigentlich relational vornehmen müßte. Man sollte danach fragen, ob andere Theorien in der Soziologie weniger Probleme aufwerfen und mehr Erklärung liefern. Wie wir an den anderen Theorien abweichenden Verhaltens noch feststellen werden, kann sich die Anomietheorie trotz der hier aufgezeigten Schwierigkeiten sehen lassen. Ihr Erklärungspotential liegt darin, daß sie auf der Basis sozialstruktureller und gesellschaftlich differenzierter Bedingungen, das abweichende Verhalten als individuelle Anpassungsbestrebungen an gesellschaftliche Erfordernisse begreift. Damit ist die soziologische Perspektive deutlich: Devianz ist nicht ein individuelles Phänomen, das der einzelne selbst und allein zu verantworten hätte; vielmehr ist Devianz eine Reaktion auf gesellschaftliche Verhältnisse. Als wesentlicher Mangel der

Anomietheorie bleibt aber bestehen, daß sie sehr streng normorientiert ist und damit den wichtigen Aspekt interaktiv-situativ vorgenommener Definition von Abweichung vernachlässigt. "Abweichendes Verhalten wird ... bestimmt durch zwei Hauptkomponenten: Verhalten und Definition des Verhaltens" (RÜTHER 1975, S. 57). Dieses Problem wird bei den anderen ätiologischen Ansätzen abweichenden Verhaltens wiederkehren.

3.2.2. Die Subkulturtheorien

Die Theorien der Subkultur gehen davon aus, daß es innerhalb von größeren Gemeinschaften kleinere gibt, die sich (mehr oder weniger gut) von der übergeordneten Einheit abheben lassen. Insbesondere entwickeln solche Subsysteme Werte und Normen, die sich von der Gesamtgesellschaft unterscheiden können, aber sie haben auch solche, die mit ihr übereinstimmen. Subkulturen sind also dadurch charakterisiert, daß sie gleiche und unterschiedliche Normen (gemessen an der Gesamtkultur) vermitteln. Gibt es nun solche Normen als Verhaltensanforderungen, die sich von Subkultur zu Gesamtkultur widersprechen, so entsteht abweichendes Verhalten; weil die Gesamtkultur dominant und mächtiger ist, werden gleiche Verhaltensweisen, die subkulturell als konform und erwartet gelten, von der Gesamtkultur als abweichend beurteilt und sanktioniert. Solche Subkulturen werden in den Theorien meist auf Gruppen bezogen, in denen kriminelle Verhaltensweisen in besonderer Weise verlangt werden, so z. B. auf jugendliche Banden. Dieser Ansatz soll nun einer inhaltlichen Beurteilung unterzogen werden:

Sieht man einmal von den einzelnen Typen jugendlicher Banden als Typen von kriminellen Subkulturen ab, die selbst eine differenzierte Beurteilung erfahren müßten, und beschränkt sich auf das oben global rekapitulierte Subkulturkonzept, so fällt im Hinblick auf die abhängige Variable des abweichenden Verhaltens auf, daß diese gegenüber der Anomietheorie eine gewisse Erweiterung erfährt. Abweichendes Verhalten wird zwar immer noch an gesamtgesellschaftlich-kulturellen Normen gemessen, doch bekommt das Attribut der Abweichung eine inhaltliche Einschränkung durch den Hinweis darauf, daß die Subkultur solche Verhaltensweisen fordert, sie innerhalb dieser als konform gelten. Wenn gleichwohl solche Verhaltensweisen in der Theorie als abweichend beurteilt werden, so kann dies zwei Gründe haben: einmal können die Subkulturtheoretiker, da nicht einer entsprechenden Subkultur selbst zugehörig, die gesamtgesellschaftliche Bewertung internalisiert und angewandt haben. Man kann aber auch davon ausgehen, daß damit implizit auf gesellschaftliche Divergenzen in den Normsystemen hingewiesen wird und daß diese Differenzen keineswegs gleichgewichtig ausgetragen werden, sondern daß ein Machtgefälle derart besteht, daß die gesamtgesellschaftlichen Definitionen durchgesetzt werden. Zwar bleibt tendenziell ein affirmativer Verdacht bestehen, doch wird partiell auf die Definitionsdifferenzen hingewiesen und damit diese Perspektive geöffnet.

Die unabhängigen Variablen sind in der Subkulturtheorie wieder in der gesellschaftlichen Sozialstruktur zu finden. Eine tendenzielle Mittelschichtnormorientierung und die Unmöglichkeit konformer Normrealisierung führen zum Entstehen einer Subkultur, die modifizierte oder konträre Normen aufweist. Der Nachweis wird zumeist an jugendlichen Banden geführt. Damit ergibt sich eine erste Einschränkung der Reichweite. Die Subkulturtheorie könnte zwar allgemein gefaßt werden, bezieht sich bei den Theoretikern jedoch fast ausschließlich auf die Bandendelinquenz männlicher Jugendlicher der Unterschicht. Es bleibt daher die Frage, ob der Erklärungswert auch für andere Subkulturen in den USA (z. B. Immigranten) oder allgemein für Subkulturen in unterschiedlichen sozio-historischen Zusammenhängen zutrifft (vgl. WOLFGANG/FERRACUTI 1967). Im übrigen macht die jugendliche Bandendelinquenz nur einen Teil der Gesamtkriminalität aus; die Reduzierung darauf weist den Subkulturansatz im Hinblick auf die abhängige Variable als doch recht eng aus.

Gleich der Anomietheorie kann man der Subkulturtheorie vorhalten, sie würde eigentlich nur beschreiben, welchem subkulturellen Milieu die Delinquenten entstammen. Es handele sich dabei nur um eine definitorische Zuordnung. Wie in der Anomietheorie kann man danach fragen, welches die konkreten Bedingungen dafür sind, daß Subkulturen entstehen können. Die sozialstrukturelle Differenzierung und auch die persönlichkeitsspezifischen Variablen dürften zur Erklärung nicht hinreichen. Subkulturen als partiell modifizierten Normensystemen unterliegend schaffen nicht abweichendes Verhalten. Sie mögen ein Katalysator sein, ein Milieu, das Bedingungen aufweist, die einen leichteren Zugang zu illegitimen Mitteln zur Verfügung stellen. Normendifferenzierung liegt wohl fast allen abweichenden Verhaltensweisen zugrunde (vgl. die Neutralisationstechniken und Rechtfertigungsversuche); ob aber alle Delinquenten im Sinne der Theorie Subkulturen angehören, muß bezweifelt werden.

Obgleich die Subkulturtheorie auch psychologische Variablen (mindestens implizit) enthält, die vermutlich sehr stark intervenierend wirken, werden diese nicht herangezogen, um aufzuzeigen, weshalb nicht alle der Subkultur zugehörigen Jugendlichen delinquent werden, obwohl sie doch den gleichen Bedingungen unterliegen, die abweichendes Verhalten provozieren sollen. Hier weist auch die Subkulturtheorie erhebliche Lücken auf.

Bezüglich der Allgemeingültigkeit der Subkulturtheorie sind auch Vorbehalte anzumelden. Die Theorie wurde an amerikanischen Verhältnissen gewonnen, die in den zwanziger und dreißiger Jahren dieses Jahrhunderts für den dortigen Raum typisch gewesen sein mögen, wenn auch einzelne charakteristische Züge noch in den fünfziger und sechziger Jahren auftraten. Vermutlich sind in anderen Kulturen qualitativ und quantitativ völlig andere Verhältnisse anzutreffen, so daß der Erklärungswert der Subkulturtheorie doch als eingeschränkt zu sehen ist.

Zeichnet sich eine Subkultur oder auch eine Kontrakultur durch andere Normen aus, so verweist dies auf die unterschiedlichen Normsetzungs- und Normdurchsetzungsmöglichkeiten in einer Gesellschaft und mithin auf die verschiedenen Definitionen des abweichenden Verhaltens. Man kann aber nicht allein von den verschiedenen Normen her die Verhaltensweisen erklären, weil im Verhalten immer schon eine Normorientierung enthalten ist. Man muß also danach fragen, welches die Bedingungen sind, die dazu führen, daß unterschiedliche Normen und darauf abgestellt unterschiedliche Verhaltensweisen ermöglicht werden. Solche Erklärungen werden in der Subkulturtheorie aber nur implizit gegeben. Sie herauszuarbeiten wäre eine wichtige Aufgabe zum Zwecke der Erweiterung der Erklärungsmöglichkeiten. Dies läßt sich an der Praxis verdeutlichen: will man auf der Basis der Subkulturtheorie dafür Sorge tragen, daß abweichende Verhaltensweisen reduziert werden, so müßte man verhindern, daß unterschiedliche Normen entstehen können. Da Normen etwas Ideelles sind, wird man seine Schwierigkeiten haben. Wenn es aber gelänge, die Bedingungen, die zur Entstehung "abweichender" Normen beitragen, zu verändern, dann wäre dem Problem eher beizukommen. Hierzu leistet die Subkulturtheorie aber praktisch keinen Beitrag (vgl. 3.3.2.).

Etwas vernachlässigt, obwohl in die Überlegungen einbezogen, wird in der Subkulturtheorie auch die Frage der Sanktionsmöglichkeit und -wahrscheinlichkeit. Es werden keine Aussagen darüber gemacht, in welcher Ausprägung die Sanktionswahrscheinlichkeiten für ein subkulturelles Abweichen von den Normen (was gesamtgesellschaftlich konform wäre) gegenüber der einer subkulturellen Konformität, (die gesamtgesellschaftlich abweichend wäre) vorliegen. Diese müßten selbst in Beziehung gesetzt werden zu den Realisierungsmöglichkeiten der mit den Verhaltensweisen verbundenen Ziele (Statusstreben). Der (etwas sehr simplifizierende) Mechanismus: Es werden subkulturelle Werte und Normen entwickelt, deshalb gibt es auch abweichende Verhaltensweisen, bedarf sicherlich einer sozialstrukturellen Präzisierung der Bedingungen, die zum Schaffen solcher subkultureller Normen führen und in der Folge deviantes Verhalten ermöglichen.

Insgesamt gesehen ist die Subkulturtheorie ein Konzept, das in seinem Erklärungsversuch einerseits globaltheoretisch angelegt ist, indem auf sozialstrukturelle Bedingungen verwiesen wird, das aber andererseits mikrosoziologisch-sozialpsychologisch genannt werden kann, weil auch in ihm abweichende Verhaltensweisen als Anpassungen an divergente Verhaltenserwartungen, die selbst gesellschaftlich determiniert sind, verstanden werden. Der Erklärungswert liegt in dem Hinweis, daß gleiche Verhaltensweisen als konform und abweichend zugleich gelten können, worin sich auch unterschiedliche gesellschaftliche Machtverhältnisse niederschlagen. Diese gesellschaftliche Differenzierung herausgearbeitet zu haben, ist das wesentliche Verdienst dieses Ansatzes. Seine Erklärungskraft ist insoweit begrenzt, als er sich nur auf einen Ausschnitt abweichenden Verhaltens (sogar nur auf einen Teil der Delinquenz) bezieht und weil er keine stichhaltige und detaillierte Begründung für die Genese von Subkulturen gibt. Der Hinweis auf den Klassencharakter der Gesellschaften oder ihrer sozialstruktureller Ungleichheiten liefert keine handhabbare Erklärung. Positiv zu vermerken bleibt für die Subkulturtheorie, daß sie das interaktive und sozialisierende Element in der argumentativen Absicherung ihres Ansatzes aufnimmt und damit über die Anomietheorie hinausgeht. (Eine ausführliche Kritik der soziologischen Interpretation der Subkultur – in Form der Bandendelinquenz – gibt BORDUA [1975, S. 335–402]).

3.2.3. Die Theorien des differentiellen Lernens

Die unter diesem Sammelbegriff beschriebenen Theorien zeichnen sich dadurch aus, daß sie das Vorhandensein von Devianz bereits unterstellen: Abweichendes Verhalten wird durch Kontakte mit entsprechenden Verhaltensmustern erlernt. Für das Praktizieren devianter Verhaltensweisen ist noch entscheidend, daß sie via ebenfalls erlernter Einstellungen favorisiert werden. Alle Theorien stellen in besonderer Weise auf Sozialisation und deren Bedingungen ab, wenn sie den Lernprozeß apostrophieren.

Was die abhängige Variable betrifft, so sind die Theorien des differentiellen Lernens mit den Anomietheorien vergleichbar. Es wird von einer vorgegebenen Definition der Abweichung ausgegangen, die sich auf kodifizierte Normen des Strafrechts bezieht. Zwar sind gerade die Überlegungen SUTHERLAND's weitergehend generalisierbar (also nicht nur auf Strafrechtsnormen beschränkt) doch sind z. B. die Prozesse der Normentstehung und -anwendung nicht in seine Theorie selbst aufgenommen, obwohl er programmatisch den Gegenstand der Kriminologie genau so umschreibt. Tendenziell wollen diese Theorien alle abweichenden Verhaltensweisen erklären, beziehen sich aber häufig nur auf Kriminalität.

In den Theorien fällt zunächst auf, daß die Frage, warum man kriminell wird, eher durch die Frage nach dem Wie ersetzt wird. Es werden Bedingungen als unabhängige Variable aufgezeigt, die unhinterfragt bleiben, die als konstant angenommen eine Situation schaffen, die ein Erlernen von Kriminalität in einem interaktiven Prozeß ermöglichen. Dabei zeigt sich gegenüber den anderen ätiologischen Theorien der Vorteil, daß dort auch aus anderen Gründen Abweichungen auftreten konnten, als die Theorien angaben. Die differentiellen Lerntheorien nun glauben in der Tat mit dem Lernen *notwendige* Bedingungen dafür anzugeben, daß Delinquenz auftritt. "Niemand (kann) das System kriminellen Verhaltens betreten, ohne Kontakte mit kriminellen 'patterns' gehabt zu haben" (COHEN u. a. 1956, S. 30). Diese These kann in der Form akzeptiert werden, weil nur eine geringe Zahl (wenn überhaupt) von Abweichungen durch Kreativität des Abweichlers und ohne Kontakte mit Abweichungen entstanden sein wird. Daher kann dieses Erklärungskonzept einen weitgehend universalen und deterministisch-notwendigen Anspruch erheben.

Ob die in der Theorie der differentiellen Assoziation genannten Bedingungen für das Auftreten von Delinquenz *hinreichend* sind, wird von den verschiedenen Autoren unterschiedlich beurteilt. SUTHERLAND selbst hat eine Selbstkritik formuliert (1944, 1956 b) in der er diese Frage prüfte. Er kommt zum Ergebnis, daß seine Theorie nicht hinreichend sei, weil trotz des Vorliegens der von ihm angegeben unabhängigen Variablen abweichendes Verhalten nicht auftreten muß, wenn die Möglichkeit, Verbrechen zu begehen, gar nicht gegeben ist (also z. B. die Zugangschancen zu illegitimen Mitteln gleich Null sind). Er weist auch darauf hin, daß die individuelle Bedürfnisstruktur des einzelnen noch eine wichtige Rolle in diesem Zusammenhang spielen kann. Es sind also noch weitere Bedingungen zu berücksichtigen, was letztendlich bedeutet, daß das kriminelle Verhalten nicht allein durch kriminelle Kontakte verursacht wird, wenngleich immer Lernprozesse dabei ablaufen.

In den unterschiedlichen Ausprägungen der Theorien des differentiellen Lernens sind die Reiz- und Reaktionsmechanismen unterschiedlich gut herausgearbeitet. Bei SUTHERLAND etwa wird der soziale Prozeß der Übertragung sehr stark berücksichtigt, während der individuelle Prozeß der Rezeption doch unterschätzt wird. (Exemplarisch kann dies wieder an dem Fall aufgezeigt werden, wo von zwei Personen, auf die die gleichen äußeren Bedingungen zutreffen, beide also mit kriminellen Verhaltensmustern in Berührung kommen, nur eine straffällig wird.)

Ein weiteres Problem, das insbesondere bei der empirischen Prüfung der Theorie noch ins Gewicht fällt, ist darin zu sehen, daß insbesondere die wichtige Variable "Überwiegen von Definitionen" nur schwer operationalisierbar ist. Das Operationalisierungsargument gilt jedoch für alle komplexeren Theorien, die mit theoretischen Begriffen arbeiten.

Absicht SUTHERLAND's ist es, mit seiner Theorie einerseits die Verteilung der Kriminalitätsraten zu erklären und andererseits den Prozeß zu erfassen, durch den eine Person kriminell wird. Dieser aggregativ-soziologische und der prozessual-individualistische Aspekt, beide durch soziologische Tatsachen zu erklären, belegen einen hohen Anspruch. Kriminalitätsraten dadurch zu erklären, daß alle Gesellschaften sowohl Keime für als auch gegen Kriminalität in sich tragen, ist mit differentiellen Lerntheorien allein nicht zu fassen. Wenn man nämlich davon ausgeht, daß es sozialstrukturell verteilte subkulturelle Verhaltensmuster gibt, die gesamtgesellschaftlich als abweichend gesehen werden, dann wird Kriminalität durch Kriminalität erklärt. Man müßte aber vielmehr genau jene sozialstrukturellen und anderen Faktoren angeben, die das Erlernen von Kriminalität determinieren. Hier bleibt die Theorie einiges schuldig: Genügt es zum Beispiel, daß die kriminellen Verhaltensmuster überwiegen, um diese zu erlernen und zu praktizieren? Ist es nicht eher entscheidend, wie die das Überwiegen des einen oder anderen Verhaltensmusters von dem Betroffenen wahrgenommen wird? Genügt die Wahrnehmung oder müssen für die Realisierung im Verhalten nicht auch andere Variablen herangezogen werden? Also gerade der individuelle Prozeß bleibt – bei aller Plausibilität – relativ ungeklärt.

Somit kann festgehalten werden, daß die Theorien des differentiellen Lernens mit Hilfe der Lernprozesse das Auftreten von Devianz erklären wollen. Erklärt wird aber nicht, wie die unterschiedlichen Reaktionsweisen auf gegebene Konstellationen von konformen und abweichenden Verhaltensmustern zustande kommen. Daß abweichendes Verhalten dann auftritt, wenn diese Verhaltensmuster überwiegen und von dem einzelnen favorisiert werden, zeigt ja nur ein individuell-konsistentes Verhalten. (Andere Verhaltensweisen würden zu intraindividuellen Dissonanzen führen). Welches aber die Bedingungen sind, die zum Favorisieren der Devianz führen, bleibt unklar. Hier böte zwar die allgemeine Verhaltenstheorie Erklärungsmöglichkeiten in dem Mechanismus der Verstärkung durch Belohnung oder Vermeidung von Frustration, doch wird sie in dieser Form nicht explizit in die Theoriformulierung aufgenommen (Ausnahme BURGESS/AKERS 1966).

Zusammenfassend kann der Aussagewert der Theorie des differentiellen Lernens wie folgt charakterisiert werden: Wesentliche Erkenntnis ist, daß abweichendes Verhalten wie kriminelles Verhalten erlernt wird. Abweichendes Verhalten ist ein soziales Handlungsmuster, also durch gesellschaftliche Bedingungen determiniert. Dieses Element wird mit der Subkulturtheorie und der Anomietheorie geteilt. Gleichfalls gesellschaftlich determiniert sind die Bedingungen des Lernens, die sich an der differentiellen Verteilung von konfomen und devianten Handlungsmustern festmachen lassen. Das Lernen erfolgt über Komunikations- und Interaktionsbeziehungen mit einer abweichenden Umwelt (dies ist nicht nur personenspezifisch gemeint.) Das Besondere an der Erklärung liegt in der Betonung des Lernens – was in den anderen Theorien vielleicht implizit unterstellt ist –, welches sozial determiniert ist. Da Kriminalität mit dem Vorhandensein von Kriminalität erklärt wird, ist der Ansatz partiell tautologisch.

Es soll hier nun kein quantitativer Vergleich der Leistungsfähigkeit der drei globalen, ätiologischen Ansätze in aller Differenzierung vorgenommen werden. Man kann jedoch davon ausgehen, daß alle drei Theorien inhaltliche Mängel aufweisen, die sich sehr ähnlich sind. Die Stärken aller Theorien liegen in einer mittelbaren sozialstrukturellen Fundierung – die ihnen bei Nuancierungen und Prioritätensetzungen gemeinsam ist – und einer inhaltlichen Differenzierung auf dieser Basis. (Man kann natürlich auch den nur mittelbaren und indirekten Bezug als Schwäche der Theorien sehen, den eigentlich erheben nur marxistische Erklärungen den Anspruch, aus sozialstrukturellen Bedingungen abweichendes Verhalten unmittelbar erklären zu können. Sozialstrukturelle Variablen sind jedoch auch den Lerntheorien "vorgeschaltet" oder implizit in ihnen enthalten.) Keine der Theorien war völlig isoliert darzustellen und zu verstehen; es gab immer mehr oder weniger starke Beziehungen unter- und Bezugnahmen aufeinander. Die inhaltlichen Unterschiede deuten – bei sonst ähnlicher Struktur der Theorien – darauf hin, daß in einer möglichen und umfassenderen Erklärung abweichenden Verhaltens, Elemente aus allen Theorien kombiniert auftreten werden. Gemeinsam sind die Theorien möglicherweise noch stärker. (Dabei soll nicht verkannt werden, daß eine völlige, theoretische Integration zwar möglich aber auch schwierig erscheint). Die Theorien des Lernens werden dabei jedenfalls nicht vernachlässigt werden können.

3.2.4. Der Labeling Approach

Der Labeling approach eröffnet im Hinblick auf die abhängige Variable des abweichenden Verhaltens breitere Erkenntnismöglichkeiten, weil zwischen primärer und sekundärer Devianz unterschieden wird. (Dies erweitert nicht den Objektbereich selbst, wenn man von sonst gleichem Verständnis des Begriffs der Abweichung ausgeht.) Die gemäßigten Positionen des labeling approach versuchen nun sekundäre Abweichung als durch Zuschreibungsprozesse des Prädikats Abweichung "ursächlich" zu erklären, wobei je nach Ansicht noch Stigmatisierungsprozesse, Reduzierungen der konformen Handlungsmöglichkeiten und Entwicklung einer abweichenden Identität dazwischengeschaltet werden. Die Ablehner von Ursachenforschung begründen ihre Auffassung damit, "daß abweichendes Verhalten nicht durch Deskription, sondern alleine durch Askription zustande komme, daß also ausschließlich Zuschreibungsprozesse relevant seien (WISWEDE 1973, S. 86). Diese Dichotomisierung der Positionen gestaltet eine pauschale Beurteilung des labeling approach schwierig. Sie wird noch weiter dadurch kompliziert, daß manche Autoren nur sekundäre Delinquenz erklären wollen, während in anderer Hinsicht radikale Positionen den gleichen Wirkungsmechanismus auch bei primärer Devianz sehen.

Gemeinsam ist beiden Auffassungen, daß – und hierin unterscheiden sie sich von den ätiologischen Ansätzen erheblich – die sozialen Reaktionen auf die Verhaltensweisen zur Erklärung von Abweichungen herangezogen werden. Sie sind wesentliches Definitionskriterium der Devianz. Abweichendes Verhalten ist ein solches, das andere so definieren. Die affirmative Normorientierung wird aufgegeben; es wird sozusagen eine ex-post-Definition der Devianz eingeführt: erst die gesellschaftlichen (informellen oder formellen) Reaktionen auf Verhalten lassen erkennen, ob es sich um abweichendes oder konformes handelt. Damit ist aber eine erhebliche Schwierigkeit verbunden: wenn die sozialen Reaktionen – als Sanktionen beispielsweise – zur Feststellung und Definition von Devianz herangezogen werden, so muß man diese als Definitionskriterium verstehen. Unterstellen wir eine Realdefinition, so mag damit auch etwas Richtiges über die Realität ausgesagt sein (Nehmen wir eine Normaldefinition an, so handelt es sich um eine geradezu beliegige Festsetzung der Begriffsinhalte, was für die weitere Diskussion irrelevant ist). Wenn ich aber einen bestimmten Sachverhalt durch ein anderes Phänomen definiere, dann liegt ersterer immer nur bei Auftreten des Phänomens vor. Somit sind beide streng assoziiert und ergeben eine maximale Korrelation. Gleichwohl wird damit nicht das Geringste erklärt, weil sie logisch notwendig, qua

Definition immer gemeinsam auftreten müssen. (Man kann nicht Tisch definieren als horizontale Platte mit vier Beinen und dann die Platte mit den Beinen als Ursache für Tisch bezeichnen.) Begreift man also den labeling approach von seiner Aussage her als Definition, so erklärt er nichts. Geht man aber davon aus, daß auch andere Definitionen zugelassen sind, bzw. unterstellt man jedwede andere Definition, so erhält dieser Ansatz Erklärungskraft, indem er gesellschaftliche Reaktionen für danach folgende Verhaltensweisen verantwortlich macht.

Hier bleibt aber auch zu klären, ob nicht solche Reaktionen als Zuschreibungen und Etikettierungen ungleich und unregelmäßig vorgenommen werden, ob es nicht Mechanismen gibt, die diese selbst und mithin die Abweichung verursachen. Jene Autoren, die nicht prinzipiell Ursachenforschung ablehnen, geben auch Bedingungen hierfür an. (Dies tut im übrigen auch SACK, der ja insbesondere Macht- und Herrschaftsverhältnisse dahinter vermutet.) Trotzdem zeigt sich hierin eine erhebliche Schwerpunktverlagerung gegenüber den ätiologischen Ansätzen: "Obwohl schon seit einiger Zeit anerkannt wurde, daß Abweichung und Kontrolle in Wechselbeziehung stehen und daß es unmöglich ist, das eine ohne das andere zu verstehen, hat jetzt eine Verlagerung in der Forschung zum Bereich der *Kontrolle* in der Wechselbeziehung hin stattgefunden" (SCHUR 1974, S. 33). Das Erkenntnisinteresse erfährt eine deutliche Verschiebung; die Perspektive des labeling approach macht wahr, was SUTHERLAND längst programmatisch gefordert hatte, nämlich die Reaktionsweisen in die Analyse abweichenden Verhaltens einzubeziehen (SUTHERLAND/CRESSEY 1956, S. 3). Damit erfahren die bisherigen soziologischen Überlegungen eine erhebliche Erweiterung, weil nicht nur neue Themen zum Gegenstand sondern auch neue Erklärungen angeboten werden.

Würde man die Erweiterung aber nur so verstehen, daß im Anschluß an Verhalten Definitionen und Bewertungen stattfinden, so wäre das eine verkürzte, unzulängliche Sichtweise. Gerade indem im labeling approach betont wird, daß in den konkreten Interaktionen und Kommunikationen Normsetzungen und Normanwendungen seitens der Interaktionspartner angewandt werden, greift er einen in den ätiologischen Ansätzen vernachlässigt Aspekt auf. Er vermittelt eine neue Perspektive, indem die Normsetzung nicht dem konkreten Verhalten abstrakt und davon gelöst vorgelagert wird, sondern sie sich in Interaktionen mit und nach dem Verhalten aktualisiert.

Der labeling approach ist im Gegensatz zu den ätiologisch orientierten Theorien insoweit historisch zu bezeichnen, als er bei der Analyse abweichenden Verhaltens die je konkrete Situation zur Grundlage seiner Erkenntnisse macht, weil sich abweichende Verhaltensweisen erst in der

Situation und aus ihr heraus konstituieren. Er hat aber gleich den ätiologischen Ansätzen eine ahistorische Perspektive, weil er davon ausgeht, daß seine Aussagen in der Theorie als Prinzip zu verstehen sind. Die vermutete Universalität dieses Prinzips zeigt sich in der interaktiven Beziehung zwischen Etikettierern und Etikettierten, die über alle Situationen hinweg als konstituierendes und erklärendes Element abläuft.

Dieses erklärende Verursacherprinzip ist als dynamisches von den doch statistischen Erklärungen in den ätiologischen Ansätzen abzuheben. Neben dem formal-methodologischen Unterschied beinhaltet dies den Hinweis auf die prinzipielle Wechselseitigkeit (die auch zur Einseitigkeit negativ gerinnen kann, wenn man sich allein auf Zuschreibungsprozesse beschränkt) von Zuschreibung und Reaktion auf diese etikettierende Definition, die einer subjektiv verstandenen Soziologie auch eher entspricht, wenngleich die Methodologie diesen Anspruch noch nicht voll einholen kann.

Das schon apostrophierte, definitorische Element im labeling approach wird von manchen Kritikern auch so interpretiert, daß dieser Ansatz eher beschreibe als erkläre. Tatsache ist, daß in der Literatur zum labeling approach (gerade wenn man z. B. BECKER heranzieht) die Prozesse des labelns beschrieben, Erklärungen darüber, weshalb die Zuschreibungen und in welcher Weise sie erfolgen jedoch nur sporadisch geliefert werden. Erst jüngeren Autoren ist es vorbehalten gewesen, gewisse Präzisierungen und Modifizierungen so vorzunehmen, daß der Erklärungscharakter stärker in den Vordergrund tritt. Das erklärende Moment besteht zumeist darin, daß zusätzliche Variablen herangezogen werden, um die Zuschreibungen begründen zu können (z. B. Machtverhältnisse, sozialstrukturelle Differenzierungen etc.). Diese zusätzlichen Variablenkomplexe weisen eine nicht unerhebliche Verwandtschaft zu den ätiologischen Ansätzen auf. Das bedeutet: will der labeling approach in besonderer Weise erklärungskräftig werden, so genügt sein Hinweis auf die Prozesse der Etikettierung allein nicht. Diese helfen, das abweichende Verhalten im Interaktionszusammenhang zu verstehen, sind für umfassende Erklärungen jedoch unzureichend. Andererseits konnte gezeigt werden, daß die in den ätiologischen Theorien formulierten Hypothesen in der Realität nicht immer zutrafen. Wir hielten es in Unterstellung der prinzipiellen Richtigkeit der Theorien für sinnvoll, weitere intervenierende Variable in den Erklärungszusammenhang einzubeziehen, um auch die "Störungen" der theoretisch-hypothetisch vermuteten Beziehungen zwischen abhängigen und unabhängigen Variablen in den Griff zu bekommen. Der labeling approach kann nun genau eine solche wichtige Ergänzung der ätiologischen Ansätze abgeben, weil er ein Variablenset anbietet, das zu einer Präzision der ätiologischen Ansätze beiträgt: Würde man dort das abweichende Verhalten dem labeling approach gemäß definieren, könnten die Theorien evtl. besser werden. Oder würde man die situativen Bedingungen, auf die der labeling approach stärker abstellt, berücksichtigen, könnte der Erklärungswert möglicherweise gesteigert werden. Einige Autoren weisen darauf hin, daß sich ätiologische und labeling Ansätze gegenseitig ergänzen und gemeinsam einen gewichtigeren Beitrag zur wissenschaftlichen Bewältigung des abweichenden Verhaltens leisten können (LAMNEK 1977, RÜTHER 1975). Zwar sind die Integrationsmöglichkeiten der verschiedenen Theorien durch manche metatheoretischen Differenzen begrenzt. Doch können die Erkenntnisse der einzelnen Ansätze auch ohne eine kompakte, zusammengefaßte, integrierte Theorie genutzt werden. Allein die Berücksichtigung der gegenseitigen Komplementaritätsfunktionen erweitert die Erkenntnismöglichkeiten, weil der Blick auf zusätzliche Phänomene gerichtet wird.

Akzeptiert man den methodologischen Anspruch des labeling approach – gegen den man sicher ebenso viele Einwände haben kann wie gegen den der ätiologischen Theorien – was eine andere Form der Erklärung zur Folge hat, so muß den zentralen Konzepten des Etikettierungsansatzes – auch in dessen zu stark begrifflich-beschreibender Form – ein gewisses Erklärungspotential zugeschrieben werden. Die wichtigen Begriffe, wie Normsetzung, Normanwendung, Definitionszuschreibung, Selektion, Verhaltensspielraum und Identität eröffnen gegenüber den konventionell-traditionalen Theorieversuchen neue Perspektiven und lenken das Augenmerk auf soziologisch bedeutsame Phänomene. Die integrale und zugleich globale Behandlung des abweichenden Verhaltens durch Rekurrierung auf den konkreten und situativ determinierten Interaktionszusammenhang, in dem dieses konstituiert wird, ist als Gewinn für die Soziologie zu sehen. Dies gilt auch dann, wenn man die Auffassung teilt, daß der labeling approach in seiner Einseitigkeit genauso unzureichend oder zureichend ist, wie die ätiologischen Ansätze mit ihrer qualitativ anderen inhaltlichen und methodologischen Einseitigkeit.

3.3. Die Transformation der Theorien in Praxis

Wissenschaftlichen Theorien um der Theorie oder der Wissenschaft willen sind bestenfalls theoretische Spekulationen. Über alle wissenschaftstheoretischen Positionen hinweg wird der Standpunkt vertreten, daß neben der Erklärungsfunktion von Theorien auch deren *praktische Relevanz* zu ihrer Beurteilung herangezogen werden sollte. Die Umsetzung der wissenschaftlichen Erkenntnisse in gesellschaftliche Praxis ist in der *Methodologie des kritischen Rationalismus durch die Strukturidentität von Erklärung, Prognose und technologischer Anweisung* immanent angelegt (vgl. PRIM/TILMANN 1973, S. 100ff.). Andere Positionen leiten die gesellschaftliche Praxis aus erkenntnisleitenden Interessen ab (HABERMAS 1963). Verzichtet man auf eine wissenschaftsimmanente Beurteilung des Praxisproblems, so wird der gesellschaftliche Anspruch an die Wissenschaften besonders deutlich: Man erwartet einen gesellschaftspraktischen, mittelbaren oder unmittelbaren output, eine Verwertbarkeit der wissenschaftlichen Erkenntnisse, denn schließlich kann es sich keine Gesellschaft leisten, Forschungen zu finanzieren, die für die Praxis ergebnislos verlaufen; dies gilt für kommerzielle Industrieforschung aber auch für staatlich geförderte Wissenschaftsförderung. Deshalb sollen die Theorien abweichenden Verhaltens auch im Hinblick auf ihre praktische Brauchbarkeit und Einsetzbarkeit beurteilt werden.

Eine solche Beurteilung hat zusätzlich zu erfolgen, weil aus der theoretisch-abstrakten Beurteilung der Erklärungsmöglichkeiten der Theorien nicht automatisch und logisch deren praktische Verfügbarkeit folgt. "Wenn eine Theorie die genannten Kriterien erfüllt (z. B. Erklärungskraft, S. L.), dann ist dies nur eine notwendige, keineswegs jedoch hinreichende Bedingung für ihre praktische Brauchbarkeit. Wir können dies auch so formulieren: *ohne eine gute Theorie ist keine gute Praxis möglich. Aber für eine gute Praxis braucht man mehr als nur eine gute Theorie* (OPP 1972b, vgl. auch OPP 1970, 1976). Will man eine Beurteilung der praktischen Brauchbarkeit von Theorien durchführen, so muß man festlegen, worin praktische Brauchbarkeit zu bestehen habe. Der Hinweis auf Prognosemöglichkeiten und technologische Einsetzbarkeit ist noch zu allgemein, als daß er hierfür zureichend wäre, denn wenn eine Theorie Erklärungskraft besitzt, so liefert sie aufgrund der Strukturidentität auch Prognosemöglichkeiten. Daher soll für die Theorien des abweichenden Verhaltens expliziert werden, unter welchen Voraussetzungen Theorien praktisch brauchbar sind.

Bei diesen Überlegungen gehen wir davon aus, daß abweichendes Verhalten gesellschaftlich negativ bewertet ist (obwohl es durchaus positive Funktionen wahrnimmt; vgl. 1.3.5.) und es deswegen an seinem Auftreten zu hindern oder in seiner Häufigkeit zu reduzieren ist. (Im labeling approach würde man diesen Sachverhalt etwas anders formulieren, was aber letztlich auf das Gleiche hinausläuft: ob man ein als abweichend definiertes Verhalten zu verhindern trachtet oder die Definition der Abweichung ausschließen möchte, ist in der Theoriebeurteilung formal identisch. Inhaltlich ergeben sich jedoch Unterschiede, weil einmal das Verhalten als solches ausgeschlossen zum anderen es aber zugelassen wird.) Dies ist in die Frage zu kleiden: Was ist gemäß einer Theorie zu tun, damit abweichendes Verhalten nicht auftritt. Auf dem Gebiet abweichenden Verhaltens bezeichnet man dieses technologische Streben als *Prävention* oder *Prophylaxe.*

Prävention oder Prophylaxe kann zur Voraussetzung haben, daß man weiß, welcher Personenkreis oder welche Individuen eventuell delinquent werden. (Die Formulierung "kann zur Voraussetzung haben" ist methodologisch bedeutsam. Hängt nämlich abweichendes Verhalten mehr von situativen Umständen ab, so können die Situationen – ohne Berücksichtigung von Personenvariablen so manipuliert werden, daß abweichendes Verhalten unwahrscheinlich wird. Sind jedoch auch Persönlichkeitsvariablen in erheblichem Ausmaß beteiligt, so müssen diese Merkmale und die sie tragenden Personen vorher bekannt sein, um entsprechend inhibierend wirken zu können.) Diesen Personenkreis noch vor Begehung einer Straftat zu kennen, heißt, eine Prognose darüber abgeben zu können, wer mit welcher Wahrscheinlichkeit delinquent wird. Auf dieser Basis können dann möglicherweise die relevanten Variablen manipuliert, abgeschirmt oder ausgeschaltet werden. Die Frage der Prognose kann formuliert werden: Wer wird (mit welcher Wahrscheinlichkeit) sich abweichend verhalten?

Diesen beiden Fragen sei in Anwendung der jeweiligen Theorien nachgegangen. (Für eine detailliertere theoretische Begründung und Analyse der praktischen Probleme von Theorien [angewandt auf Anomie und labeling] vgl. man LAMNEK 1977, S. 211–301.) Wir prüfen dabei insbesondere, inwieweit die einzelnen Theorien einen praktischen Informationsgehalt aufweisen, d.h. ob sie konkrete Bedingungen für die praktische Umsetzung der Theorien angeben und wie weit die in den Theorien genannten Bedingungen in der Praxis manipulierbar und modifizierbar erscheinen.

3.3.1. Die Anomietheorien

Die Hypothese, daß bei einem Überwiegen abweichender Normen und illegitimer Mittel abweichendes Verhalten auftritt (als Kurzfassung der Anomietheorie) war als erklärungskräftig bezeichnet worden. Wenn die in der Wennkomponente genannten Bedingungen nicht gleichzeitig in einer Person realisiert sind, wird abweichendes Verhalten nicht auftreten.

Dies ergibt sich aus dem logischen Umkehrschluß der Hypothese. Will man also abweichendes Verhalten verhindern, so müssen die Bedingungen der Wennkomponente in der Praxis eliminiert werden. Wie das zu geschehen habe, wird jedoch in der Anomietheorie nicht angegeben. Da also konkrete Maßnahmen nicht in der Theorie enthalten sind, ist der praktische Informationsgehalt der Anomietheorie als gering zu veranschlagen. Man kann allerdings indirekt, z.B. durch Hinzuziehung anderer Theorien einige wichtige Maßnahmen nennen, die dazu geeignet wären, illegitime Normen und Mittel gegenüber den legitimen an Gewicht verlieren zu lassen.

Der praktische Informationsgehalt von Theorien ist notwendige Voraussetzung für die Transformation in Praxis, für die Manipulierbarkeit von unabhängigen Variablen. Wenn also der Informationsgehalt der Anomietheorie auf der praktischen Ebene als gering zu veranschlagen ist, so ist eigentlich auch keine Manipulierbarkeit der Bedingungen gegeben. Unterstellt man aber, daß der praktische Informationsgehalt indirekt ableitbar ist, so ist die Beurteilung der Manipulierbarkeit wieder offen. Postuliert man, daß illegitime Ziele, Normen und Mittel erlernt werden, so ist nicht einzusehen, weshalb man nicht über Lernprozesse (Sozialisation oder Resozialisation) auch konforme sich aneignen können sollte. Demnach wären auch die Einstellungen zu diesen manipulierbar und revidierbar. Die Veränderung solcher Variablen hätte also bei den unmittelbar gefährdeten Personen anzusetzen.

Die Anomietheorie geht aber in ihrer soziologischen Fassung nicht von Individuen, sondern von gesellschaftlichen Zusammenhängen aus. Die Dissoziation zwischen kultureller und sozialer Struktur, von der Individuen betroffen sind, ist die Ursache ihrer Delinquenz als Anpassung an die damit verbundenen Probleme. Die Vermeidung oder Reduzierung dieser intragesellschaftlichen Widersprüche wäre in Umkehrung der Hypothese notwendige Voraussetzung für Konformität, Wie ist eine solche zu beurteilen? Zunächst kann differenziert werden zwischen solchen Maßnahmen, die gesamtgesellschaftlich wirken und solchen, die individuell ausgerichtet sind (juristisch handelt es sich um General- bzw. Spezialprävention). Eine gesamtgesellschaftliche Veränderung als Abschaffung der Dissonanz zwischen kulturellen und sozialen Anforderungen und Möglichkeiten erscheint absolut illusorisch. Alle solchen Vorschläge haben sich bislang als Utopien erwiesen; es gibt keine Gesellschaft, in der die legitimen und illegitimen Mittel beispielsweise egalitär verteilt werden. Das Vermeiden sozialer Ungleichheit wäre aber Voraussetzung für die Abschaffung konfligierender gesellschaftlicher Anforderungen an das einzelne Gesellschaftsmitglied. Deswegen sind globalgesellschaftliche Maßnahmen zwar radikale (an die Wurzel gehende) aber nicht realisierbare Maßnahmen (vgl. dazu auch LAMNEK 1977 a). Weitere, aber ebenso wenig praktikable Lösungen könnten darin gesehen werden, die "offene" Gesellschaft oder die demokratische Ideologie zu beseitigen. Auch an eine schichtspezifische Senkung des materiellen Aspruchsniveaus wäre zu denken. Der Wettbewerb könnte auf ideelle (und unbegrenzt verfügbare) Werte und Ziele (wie etwa Askese, geistige und seelische Vervollkommnung etc.) gelenkt und verlagert werden. Alle diese Maßnahmen könnten tendenziell geeignet sein, abweichendes Verhalten zu reduzieren, doch verbieten sie sich aus Gründen der Praktikabilität, der Ethik u.s.w.

Versteht man aber die Anomietheorie so, daß man spezialpräventiv wirken möchte, so sollte es durchaus möglich sein, "jene sozialstrukturell vorgegebenen gesellschaftlichen Bedingungen nicht als solche, jedoch für einzelne Betroffene so zu verändern, daß diese Diskrepanz abgebaut wird. Präventive Maßnahmen, soweit sie aus der Anomietheorie deduzierbar sind, müßten sich demnach darauf richten, die soziale Situation der potentiell delinquent werdenden so zu verändern, daß die verursachenden Bedingungen wegfallen" (LAMNEK 1977, S. 245 f.). Eine solche Vorgehensweise erscheint realistisch, weil die zu treffenden Maßnahmen sich nur auf den betroffenen Personenkreis beziehen. Wenn also bei einem Gefährdeten ein Milieuwechsel vorgenommen wird (weil ihm in der alten Umgebung zu viele illegitime Mittel zur Verfügung stehen), bei dem sich die Zugangschancen zu illegitimen Mitteln verringern, die zu den legitimen (z.B. durch einen Arbeitsplatz) erhöhen, so reduziert sich die Wahrscheinlichkeit für das Auftreten weiterer abweichender Verhaltensweisen. (Kumulativ gesehen könnte diese Maßnahme natürlich auch zu einer gesamtgesellschaftlichen Veränderung führen, doch ist eine solche unwahrscheinlich, weil nicht alle potentiell Betroffenen erfaßt werden und die prinzipielle Kluft dadurch nicht aufgehoben würde.) Aber solche Spezialpräventionen hätten sicherlich mehr Erfolg als der Versuch, gesellschaftliche Umwälzungen herbeizuführen.

Wir können also festhalten, daß eine Präventionsleistung der Anomietheorie nur indirekt und unter Zuhilfenahme anderer Theoriestücke sinnvoll möglich ist. Dabei erweist sich die personenbezogene Prävention als leichter durchführbar als der gesamtgesellschaftlich orientierte Versuch. Im Hinblick auf die Therapie der Delinquenten ergeben sich ebenfalls nur indirekte Möglichkeiten, die sich auf Sozialisations- oder Lerntheorien zu stützen hätten.

Was die Prognosemöglichkeiten der Anomietheorie betrifft, so zeigt die Praxis (wie übrigens bei den anderen soziologischen Theorien auch), daß sie offensichtlich nicht besonders geeignet ist (vgl. z.B. BRELAND 1975,

S. 54), weil sie bei dem herangezogenen prognostischen Verfahren keine Verwendung finden kann. Die Schwierigkeiten der Prognose bei der Anomietheorie liegen ganz besonders darin, daß sie keine Bedingungen angeben kann, wann und unter welchen Voraussetzungen bei sonst gleichen Ausprägungen der gesellschaftlichen Strukturen der eine sich abweichend, ein anderer sich aber konform verhält (bzw. Motivationen und Lernprozesse, also primär psychologische Variable vernachlässigt und den Menschen als "black-box" mißversteht (BRELAND 1975, S. 54). Ohne solche Randbedingungen jedoch ist die Prognose auf der Basis der Anomietheorie vermutlich nicht viel besser wie eine Schätzung unter Heranziehung von Kriminalitätsbelastungsziffern oder gar eine willkürliche Schätzung. Erst wenn es gelänge, durch die Angabe spezifizierender Bedingungen die Korrelationen zwischen unabhängigen und abhängigen Variablen und mithin auch die Wahrscheinlichkeiten zu erhöhen, könnte die Anomietheorie zur Prognostizierung von Delinquenz herangezogen werden. Diese Aussage ist noch dahingehend zu relativieren, daß in eine gesellschaftliche und eine individuelle Prognose differenziert werden muß. Gesamtgesellschaftliche Kriminalitätsprognosen sind zwar mit Hilfe der Anomietheorie eher möglich als individuelle, doch setzen beide eine brauchbare Operationalisierung und Messung der unabhängigen Variablen voraus, was beim gegenwärtigen Stand der Erkenntnisse als nur unzureichend möglich beurteilt werden muß. Die empirische Erhebung der Norm- und Mittelstruktur für einzelne Gesellschaftsmitglieder wie auch gesamtgesellschaftlich vorgenommen, ergäbe eine bessere Beurteilung der prognostischen Potenz der Anomietheorie.

3.3.2. Die Subkulturtheorien

Will man die Subkulturtheorie praktisch umsetzen, so kann man ähnlich der Anomietheorie verschiedene Lösungsmöglichkeiten ins Auge fassen. Gleich der Anomietheorie gibt sie unmittelbar inhaltlich nicht an, welche konkreten Bedingungen zu verändern wären, um Kriminalität zu verhüten. Versteht man sie aber so, daß man sozialstrukturelle Bedingungen für das Auftreten von Subkulturen verantwortlich machen kann (vgl. die zusammenfassenden Hypothesen dazu), so kann wieder im Umkehrschluß (= Verhinderung von Subkulturen), also in der Abschaffung der sie bedingenden sozialstrukturellen Elemente, ein Schritt in Richtung der Vermeidung von Kriminalität getan werden. Obgleich keine konkreten Maßnahmen der praktischen Umsetzung in der Subkulturtheorie enthalten sind, soll geprüft werden, welche Maßnahmen aus ihr ableitbar erscheinen.

Zunächst bietet sich wieder die radikale Lösung an, indem die Klassenstruktur, die in Hypothese 1 angesprochen ist, gesamtgesellschaftlich aufgehoben wird. Die Realisierungschancen hierfür sind als äußerst gering zu veranschlagen. (Insbesondere im Hinblick auf abweichende Verhaltensweisen, weil bei einer sozio-ökonomisch egalitären Gesellschaft mit ziemlicher Sicherheit andere soziale und sonstige Ungleichheiten zu erwarten sind, die den selben negativen Effekt hervorrufen.) Versteht man aber die Aussagen der Subkulturtheorie wieder als individuelle Anpassungsprozesse an konfligierende Anforderungen seitens der Gesamt- und der Subkultur, die individuell internalisiert sind, so könnte wie in der Anomietheorie versucht werden, den einzelnen Betroffenen durch Herauslösung aus der Subkultur und Integration in eine stärker gesamtkulturell orientierte Gruppe, von Abweichungen fernzuhalten. Hierzu würde es wieder anderer Theorien bedürfen, denn wie diese Herauslösung zu geschehen habe, darüber macht die Subkulturtheorie keine Aussagen. Unter welchen Voraussetzungen sie erfolgreich sein könnte, ist in der Theorie enthalten; wie diese Voraussetzungen zu schaffen sind, bleibt im Dunkel.

Innerhalb der Spezialprävention gäbe es auch eine Radikallösung. Wenn es schon nicht prinzipiell möglich ist, Subkulturen in komplexen Gesellschaften zu vermeiden, so kann doch angestrebt werden, die subkulturellen und abweichend definierten Normen durch andere zu ersetzen, die die Identität der Subkulturen partiell erhalten. Erscheint eine solche Möglichkeit theoretisch denkbar, z. B. durch Massenmedien, Agitation etc., so wird sie doch praktisch und ökonomisch nicht durchführbar sein. Deshalb sollten solche Normveränderungsprozesse am ehesten individuell eingesetzt werden, wo sie gezielter und erfolgreicher ablaufen können. Der Effekt ist dann in der Konsequenz derselbe wie oben: durch die Annahme neuer Normen verändert sich die Affinität zur Subkultur bis hin zur Aufgabe der Mitgliedschaft.

Das grundsätzliche Problem der Prävention von Delinquenz unter Zuhilfenahme der Subkulturtheorie besteht darin, daß Subkulturen im Hinblick auf gesamtgesellschaftliche Normen als abweichend definiert sind. Also sind deren Mitglieder als Abweicher zu betrachten. Abweichung und Subkultur sind somit identische Phänomene durch definitorische Setzung. Vermeidung von Subkultur heißt auch Vermeidung von Kriminalität, aber nicht etwa weil erstere die Ursache für letztere wäre, sondern weil die Begriffe so gefaßt und aufeinander bezogen sind. Demnach ist die Genese der Subkultur für die Ätiologie der Delinquenz entscheidend. Die Entstehung von Subkulturen wird durch differentielle Normensysteme erklärt, was aber auch nur die Definition von Subkultur darstellt, so daß als Erklärungspotential und als Präventionschance in der Tat nur die sozialstrukturelle Grundlage der Theorie und die daraus resultierenden individuellen und zugleich gruppenspezifischen Anpassungsprozesse bleiben. Die Präventionsmöglichkeiten sind daher als relativ eingeschränkt zu bezeichnen.

Die Prognose von Delinquenz (sowohl gesamtgesellschaftlich wie auch individuell personenspezifisch) mit der Subkulturtheorie gestaltet sich einfach, weil tautologisch. Qua Definition müßte jedes Mitglied einer Subkultur mit abweichenden Normen sich abweichend verhalten. Subkulturmitglieder müßten also mit der Wahrscheinlichkeit 1 delinquent werden. Tatsächlich gibt es aber subkulturell personenspezifisch unterschiedliche Delinquenzraten und auch als Gruppenmitglieder perzipierte Personen (aus der Sicht des einzelnen, aus der Sicht der Subkultur oder aus der Sicht von nicht der Subkultur Zugehörigen), die nicht deviant sind. Der definitorisch unterstellte Determinismus wird also realiter nicht anzutreffen sein. Somit reduziert sich die Vorhersagewahrscheinlichkeit. Eine quantitative Aussage über deren Höhe kann und soll hier nicht vorgenommen werden.

Postulieren wir, man könnte mit einer hohen Prognosewahrscheinlichkeit für Delinquenz rechnen, wenn jemand einer Subkultur angehört, so bleibt die Schwierigkeit, festzustellen, wer einer Subkultur zuzurechnen ist. Bekanntermaßen sind Subkulturangehörige nicht unmittelbar, direkt und einfach zu beobachten. Vor die Prognose müßte daher die Erhebung der Subkulturmitglieder treten. Eine solche empirische Vorgehensweise ist aber unrealistisch, weil einerseits die Operationalisierung des Begriffes und seine empirische Erfassung schwierig und andererseits die Zugangschancen sehr limitiert sind. (Es ist ja gerade auch Kennzeichen solcher Subkulturen und ihrer Verhaltensweisen, daß sie ein in-group-Verhalten pflegen, das sich der Einblicknahme durch Außenstehende entzieht. Die theoretisch scheinbar einfache Prognose wird durch praktische (und tendenziell auch methodologische) Restriktionen erschwert, wenn nicht gar unmöglich gemacht. Da Prognose und Prävention für die Subkulturtheorie relativ ungünstig zu beurteilen sind, ist ihr praktischer Wert nur begrenzt gegeben.

3.3.3. Die Theorien des differentiellen Lernens

Ausgangspunkt dieser Theorien war, daß sowohl abweichendes wie auch konformes Verhalten durch Interaktion und Kommunikation gelernt wird. (In den einzelnen Theorien selbst wird das Lernen dann unterschiedlich gefaßt.) Für das Erlernen der abweichenden Verhaltensweisen werden die Favorisierung der abweichenden Verhaltensmuster oder die Wertschätzung von Personen, die sich abweichend verhalten oder die aus abweichenden Verhalten bezogenen Belohnungen verantwortlich gemacht. Welche präventiven Möglichkeiten ergeben sich aus diesen Ansätzen? Zunächst einmal könnte im Falle streng lerntheoretischer Auffassungen davon ausgegangen werden, daß die Erhöhung der Sanktionswahrscheinlichkeit eine Erhöhung der tatsächlichen Bestrafungen mit sich brächte und somit eine Reduzierung der Delinquenz zur Folge hätte. Dieser Mechanismus ist aber zu einfach, wie die Erfahrung lehrt: Entscheidend ist nicht die Sanktionswahrscheinlichkeit, sondern die Perzeption der Sanktionswahrscheinlichkeit durch den Delinquenten. So lange dieser glaubt, unentdeckt zu bleiben, bringt eine Erhöhung der Strafen oder der Sanktionswahrscheinlichkeit nichts. (Selbstverständlich kann ein indirekter Effekt davon ausgehen, indem mehr Sanktionen auch die Perzeption der Betroffenen verändern können.) Die Möglichkeit der Verstärkung, nämlich konforme Verhaltensweisen zu belohnen, ist nur bedingt brauchbar, weil ja die Mehrzahl aller Gesellschaftsmitglieder sich konform verhält. Die Wertschätzung einer Belohnung ergibt sich jedoch erst daraus, daß ein Gut (die Belohnung) knapp ist. (Im übrigen kann man auch aus der Theorie nicht ableiten, welches solche Belohnungen sein könnten. Versteht man Belohnungen jedoch auch als Abwesenheit von Strafe, dann wäre in dem oben beschriebenen beschränkten Ausmaß auch die Erhöhung der Sanktionswahrscheinlichkeit eine tendenziell belohnende Maßnahme für konformes Verhalten.) Praktikabel erscheint der Einsatz der Lerntheorie in dieser Form auf alle Fälle nur im individuellen, mikrosoziologischen Bereich. Gesamtgesellschaftlich bestehen hier kaum Realisierungschancen.

Bezieht man die Theorien des differentiellen Lernens einmal auf die Theorie der differentiellen Assoziation, so müßte in präventiver Absicht danach getrachtet werden, daß abweichende Verhaltensmuster quantitativ in allen sozialen Gruppen nicht überwiegen können und daß eine entsprechende individuelle Favorisierung solcher Werte, Einstellungen, Motive etc. ausgeschlossen wird. Kann man sich ersteres theoretisch noch vorstellen, so wird die praktische Einhaltung der zweitgenannten Bedingung nicht möglich sein. Wenn die soziostrukturellen Hypothesen von Anomietheorie und Subkulturtheorie, die in der Theorie der differentiellen Assoziation immanent aufscheinen, akzeptiert werden, so gilt das Argument, daß sozialstrukturelle Ballungen abweichender Muster nicht grundsätzlich zu verhindern sind. In Modifizierung der Hypothesen kann auch begründet davon ausgegangen werden, daß eine solche Quantifizierung (=Überwiegen) gar nicht erforderlich erscheint. Prinzipiell ist denkbar (vgl. Theorie der differentiellen Identifikation), daß eine nur einmal (und sei es im Fernsehen) als Muster vorgegebene abweichende Verhaltensweise gesehen und erlebt wurde, und eine personale Identifikation mit dem Akteur (z. B. dem Schauspieler) erfolgte, so kann dies für das Auftreten der Devianz genügen. Es dürfte ausgeschlossen sein, eine heile Welt (und sei es auch nur in der Fiktion von Film, Fernsehen, Literatur etc.) ohne Delinquenz zu schaffen. Demnach bleiben Lernmöglichkeiten immer enthalten, weshalb die präventiven Maßnahmen beim einzelnen ansetzen müssen. Ihn daran zu hindern, abweichende Verhaltensweisen, Einstellungen etc. zu lernen, verweist wieder auf die der Theorie zugrunde liegenden soziologischen Implikationen gesellschaftlicher Differenzierung. Auch hier kann auf die vorhergehenden Theorien verwiesen werden: der individuelle Ansatzpunkt scheint erfolgversprechender als der gesamtgesellschaftliche. Allerdings bleibt eine Gesamtbeurteilung der Präventionsmöglichkeiten der Theorien des differentiellen Lernens negativ: die verhaltenstheoretische Fassung bietet zwar dezidierte Ansatzmöglichkeiten, doch erscheinen diese praktisch nicht realisierbar. Die anderen Ansätze geben – außer dem Hinweis auf das Lernen von konformen und abweichenden Verhaltensweisen – keine konkreten Maßnahmen an die Hand, präventiv zu wirken. Im Hinblick auf die sozialstrukturelle Veränderungschance sind jedoch Praktikabilitäts- und Realisierungsgrenzen gesetzt.

Die Prognosechancen sind für diese Theorien noch ungünstiger zu bewerten. Zunächst ist empirisch wohl nur schwer feststellbar, ob abweichende Verhaltensmuster und Einstellungen favorisiert werden. Solange beide gesamtgesellschaftlich negativ sanktioniert werden, ist nicht zu erwarten, daß eine unmittelbare (auch irgendwie indirekte), korrekte Information darüber gewonnen wird. Objektive Verhältnisse können zwar leichter erhoben werden, doch stellen sie einen schlechten Indikator für die Perzeption und Beurteilung der Betroffenen dar. Es ist also nicht festzustellen, wann jemand deviante Verhaltensmuster erlernt hat, außer durch sein abweichendes Verhalten selbst. Dann ist aber die Prognose obsolet geworden. Gerade durch die starke Personalisierung und Individualisierung der Theorien des differentiellen Lernens wird die Prognose erheblich erschwert. Wie die Definition von Belohnung und Bestrafung in der behavioristischen Verhaltenstheorie ex post (nämlich durch Verstärkung oder Abbau bestimmter Verhaltensweisen) vorgenommen ist, zeigt sich erst nachträglich im Verhalten selbst, ob Delinquenz erlernt wurde. Somit sind diese Theorien im Hinblick auf deren prognostische Möglichkeiten negativ zu beurteilen und im Hinblick auf die Prävention nicht besser als die beiden vorangegangenen ätiologischen Ansätze.

3.3.4. Der Labeling Approach

Wir hatten schon eingangs darauf verwiesen, daß manche Vertreter des labeling approach sich dagegen wehren würden, daß ihr Ansatz als Präventionsmöglichkeit für abweichendes Verhalten herangezogen wird. Sie gehen ja letztendlich davon aus, daß die selektive und willkürliche Zuschreibung des Etikettes erst abweichendes Verhalten bzw. die Definition des Abweichens schafft. Die Handlung an sich ist niemals abweichend. "Der klassische Labeling-Ansatz hat den Präventionsstandpunkt der älteren Kriminalsoziologie überwunden und sich der kaum lösbaren Aufgabe verschrieben, Devianz in ihrem vollen Umfange zu verstehen ... Versucht wird im grundsätzlichen, die Soziologie aus dem in der Gesellschaft stattfindenden institutionell abgestützten Definitionsprozeß herauszulösen und die durch Gesetz und Normanwendungsinstanzen betriebene Dramatisierung von Devianz zurückzunehmen" (STALLBERG 1976, S. 166). Nun kann man aber sehr leicht unter Bezugnahme auf spezifische Delikte beispielsweise auch manchen radikalen labeling-Anhänger davon überzeugen, daß es sinnvoll sein kann, solche Überlegungen anzustellen, insbesondere dann, wenn man den labeling approach ätiologisch begreift und die Etikettierungen via Reduzierung des konformen Handlungsspielraums zur Ursache für abweichendes Verhalten macht. Deshalb wollen wir die Präventivleistung des labeling approach doch zu beurteilen versuchen.

Unterstellt man die Richtigkeit dieser verkürzten Fassung des Etikettierungsansatzes, so müßte man – in der Absicht, Abweichungen zu vermeiden – auf jegliche Verhaltensbewertung und -definition verzichten. Wie dies erreicht werden soll und erreicht werden kann, wird innerhalb der Theorie nicht angegeben. Also sind praktische Maßnahmen in der Theorie nicht enthalten. Der praktische Informationsgehalt besteht nur darin, daß in Umkehrung der Hypothese sich globale Präventionsmöglichkeiten ergeben. Diese werden nun diskutiert.

Etikettierungen finden sowohl auf informeller wie auch auf formaler Ebene durch die staatlichen Sanktionsinstanzen statt. Betrachten wir zunächst die informellen Definitionen: Wenn man eine bestimmte Handlung als abweichende etikettiert und diese Etikettierung in der Folge zur Ursache für weitere, abweichend definierte Verhaltensweisen wird, so muß die Frage beantwortet werden, ob und gegebenenfalls wie solche Etikettierungen im praktischen Alltagshandeln unterbunden werden können. Dieses wäre ja eine Voraussetzung um mindestens die sekundäre Devianz zu vermeiden. Unter Heranziehung der Sozialisationstheorien könnte man beispielsweise davon ausgehen, daß die Erziehung so vorgenommen wird, daß auf solche stigmatisierenden Definitionsprozesse verzichtet wird. Theoretisch denkbar, erscheint ein solches Verhalten praktisch nicht realisierbar, da bestimmte Typisierungsprozesse im Alltagsleben geradezu notwendig sind, um ein gewissens Maß an Verhaltenssicherheit zu haben. (Man vergleiche hierzu das Konzept des "generalisierten Anderen"; MEAD 1968.) Gerade auf diese alltäglichen Typisierungen macht ja auch die Theorie der symbolischen Interaktion aufmerksam, der sich der labeling approach verpflichtet fühlt. Von daher muß ein solches Ansinnen als illusorisch zurückgewiesen werden.

Fragen wir, ob in den staatlichen Sanktionsorganen Etikettierungsprozesse unterbleiben können. Jede staatlicherseits zu praktizierende Sanktionsmaßnahme setzt eine Etikettierung voraus und schafft mit der Sanktion eine neue Etikettierung. Die erste Zuschreibung könnte nur vermieden werden, wenn man auf die Feststellung der Abweichung verzichtet; dies würde letztendlich aber bedeuten, daß alle Verhaltensmöglichkeiten gleichgewichtig und gleichwertig, nämlich nicht zu bewerten sind. Kein soziales Gebilde wird es sich jedoch leisten können, auf eine bewertende Verhaltensdifferenzierung im Sinne der Erhaltung des Gebildes zu verzichten. Die zweite Etikettierung in Form konkreter Sanktionierung kann eventuell dann aufgegeben werden, wenn von dem Strafcharakter der Sanktionierung abgesehen und zu einem Maßnahmerecht übergegangen wird. Ist dann die Wahrscheinlichkeit für eine Stigmatisierung geringer, so bleibt die Tatsache doch bestehen, daß der "Delinquente" anders behandelt wird als andere. Aus dieser Andersartigkeit (die schon allein statistisch zu erklären wäre) ergeben sich aber mit Notwendigkeit Etikettierungen, die im Sinne des labeling approach wirken können. Neben diesem quantitativen Effekt muß auch der qualitative gesehen werden: So könnte eine Milderung des Etikettierungseffektes durch Spezifizierung des Etiketts angestrebt werden. Statt von "Abweichenden", "Delinquenten" etc. könnte auch von "psychisch krank", "unterprivilegiert", "defizitärer Sozialisation" etc. die Rede sein. Damit würde zunächst sicher errreicht werden, daß die evaluativen Denotationen und Konnotationen von "Verbrecher", "Krimineller" usw. abgebaut werden. Trotzdem werden mit den "neutraleren" Begriffen auch Attribute zugeschrieben, die über kurz oder lang möglicherweise doch die evaluativ stigmatisierende Funktion annehmen werden.

Ein genereller Verzicht auf Typisierungen erscheint also nicht praktikabel. Solange sie angewandt werden, wird es nach der Theorie des labeling abweichendes Verhalten geben. Diese pessimistische Perspektive weist den labeling approach als präventiv nur begrenzt brauchbar aus. Ein theoretisch weitreichender Ansatz kann also nicht praktisch umgesetzt werden.

Die prognostischen Möglichkeiten des labeling approach sind kritisch zu sehen: In seine Überlegungen geht ja das Element der *self-fulfilling prophecy* ein: indem jemand gelabelt wird – auch wenn das Etikett falsch sein sollte – wird das Etikett zukünftig richtig; die Definition führt zu ihrer Realisation. Die Plausibilität dieser Hypothese belegt schlagend, daß demnach die Vertreter des labeling approach jede Individualprognose – soweit sie negativ für den Probanden ausfällt – ablehnen müssen. Man dürfte nur positive Vorhersagen geben, die sich aber der *self-destroying prophecy* (möglicherweise weil die Prognose bei allen gleich positiv ist) in ihr Gegenteil verkehren kann. (Ausschließlich positive Prognosen werden nicht geglaubt und reduzieren damit die Wahrscheinlichkeit für eine self-fulfilling prophecy.)

Gesamtgesellschaftliche Vorhersagen ließen sich jedoch auch im labeling approach durchführen. Sie setzen aber wie eine individuelle voraus, daß das Ausmaß des Etikettierens und die ihm zugrunde liegenden Bedingungen (personal, situativ, sozialstrukturell) bekannt sind. Dies erfordert wieder empirische Analysen, die bei dem gegenwärtigen Bewährungsgrad und den Operationalisierungsproblemen dieses Ansatzes nur schwer so durchgeführt werden können, daß am Ende brauchbare Prognosen verfügbar sind. (Hierbei werden Prognosen nicht einmal quantitativ verstanden; vermutlich werden auch sehr grobe, eher qualitative Vorhersagen nicht möglich sein.) Der labeling approach entzieht sich zum Teil wegen erkenntnistheoretischer und inhaltlicher Voraussetzungen einer Beurteilung von Prävention und Prognose. Abstrahiert man davon, so bleibt bestehen, daß die präventive und prognostische Leistungsfähigkeit dieser Theorie als gering zu veranschlagen ist. Sie ist mit ziemlicher Sicherheit geringer als bei den ätiologischen Ansätzen, wenngleich hier keine quantitative Würdigung vorgenommen werden soll und kann. Während aber dort die praktischen Einsatzmöglichkeiten durch die Schwierigkeit der (insbesondere gesamtgesellschaftlichen) Realisierung begründet war, scheint diese Schwäche im labeling approach strukturell-theoretisch angelegt zu sein.

3.4. Die empirische Bewährung der Theorien

Wissenschaftliches Arbeiten besteht nicht nur im Formulieren von Theorien, von abstrakten, theoretischen oder gar spekulativen Überlegungen, sondern gerade auch die Überprüfung der Richtigkeit der Theorien an der sozialen Realität als entscheidendes Kriterium für die evaluative Beurteilung von Theorien gehört dazu. Jede Theorie, die von sich behauptet, sie würde etwas über die soziale Realität aussagen, muß sich an dieser messen lassen. Aus der Konfrontation der Theorie mit der Wirklichkeit ergibt sich deren Richtigkeit oder Falschheit. Diese Aussage zu teilen, muß man nicht unbedingt Anhänger der Methodologie POPPER's sein (vgl. z. B. POPPER 1966); praktisch alle wissenschaftstheoretischen Positionen können sich darauf einigen, daß empirische Überprüfungen der Theorie notwendig sind. Unterschiede werden sich nur darin ergeben, inwieweit die Empirie tatsächlich als Beurteilungskriterium für die Theorie herhalten kann.

Grundlegend für die Konfrontation Theorie–Realität ist die Überlegung, daß Theorien nur so lange Richtigkeit für sich in Anspruch nehmen können, als sie durch die Realität noch nicht widerlegt worden sind. Dieser scheinbar triviale Sachverhalt ist methodologisch durchaus nicht eindeutig zu klären. Will man nämlich konkrete Theorien abweichenden Verhaltens im Hinblick darauf beurteilen, ob sie sich bestätigen konnten oder ob sie widerlegt wurden, so sind davor einige elementare Vorbedingungen zu klären:

Das einfache Falsifikationsprinzip, das der empirischen Überprüfung von Theorien zugrunde liegt, ist theoretisch eindeutiger als empirisch einlösbar. Es geht nämlich davon aus, daß ein einziger empirisch auftretender Fall, der nicht mit der Theorie vereinbar ist, die Theorie widerlegt. Andererseits könnten, wegen der prinzipiellen Unendlichkeit des Universums prinzipiell immer Fälle auftreten, die die Theorie falsifizieren, auch wenn bislang alle empirischen Überprüfungen die Theorie bestätigen sollten. Implizit wird beim Falsifikationsprinzip dabei unterstellt, daß alle zu testenden Theorien oder Hypothesen als deterministische und räumlich-zeitlich unabhängige gefaßt sind. Denn nur unter dieser Voraussetzung trifft das Falsifikationsprinzip in dieser einfachen Form zu.

Die Unterstellung deterministischer Beziehungen ist für die Sozialwissenschaften allerdings gewagt. Bislang ist es jedenfalls nicht gelungen, solche Gesetzmäßigkeiten in den Theorien aufzuzeigen, die als deterministische und überall und immer geltende betrachtet werden könnten. Wenn aber soziale Geschehnisse nur stochastisch oder probabilistisch ablaufen, dann trifft das Falsifikationsprinzip, wonach auch nur ein der Theorie widersprechender Fall ausreicht, die Theorie zurückzuweisen, nicht mehr zu. Wenn nun sozialwissenschaftliche Theorien nicht deterministisch formuliert werden können, sondern nur als probabilistische wirken, dann können je nach zugrundeliegender quantifizierter Wahrscheinlichkeit auch eine bestimmte Anzahl der Theorie oder Hypothese widersprechender Fälle auftreten, ohne daß die Theorie oder Hypothese als falsifiziert zu gelten hätte.

Beziehen sich die obigen Überlegungen auf konträre Fälle innerhalb einer Untersuchung auf eine Hypothese, so muß dieser Sachverhalt auf verschiedene Untersuchungen zu einer Hypothese ausgeweitet werden. Es wird Untersuchungen geben, die die Hypothese bestätigen und solche, die sie widerlegen können. Eine deterministische Betrachtungsweise würde wieder jede einzelne Widerlegung als ausreichend für die Zurückweisung der Hypothese ansehen, während eine probabilistische Orientierung widersprechende Untersuchungen zuläßt (innerhalb bestimmter Wahrscheinlichkeitsgrenzen) ohne die Hypothese zu verwerfen.

In der empirischen Beurteilung von Theorien sind daher zunächst zwei Ebenen auseinanderzuhalten; wenn man davon ausgeht, daß in Theorien formulierte Beziehungen zwischen Variablen nicht deterministisch ablaufen: wieviele, der Hypothese widersprechende Fälle indizieren, daß kein Determinismus vorliegt. Im einfachsten Falle könnte man sagen, daß ein Überwiegen konträrer Fälle zur Falsifizierung der Hypothese führt. Die zweite Ebene der Beurteilung bezieht sich darauf, wieviele Untersuchungen insgesamt eine Theorie bestätigen oder widerlegen können. Auch hier könnte man in grober Vereinfachung sagen: solange die Mehrzahl der Untersuchungen die Theorie stützen können, ist diese als nicht widerlegt zu betrachten.

Neben dieser Komplizierung des einfachen und nicht realitätsgerechten Falsifikationsprinzips bleibt weiterhin zu bedenken, daß empirische Theoriekonfrontationen auf sehr unterschiedliche Weisen vorgenommen werden können. Man kann einmal prüfen, inwieweit einzelne Hypothesen einer Theorie bestätigt oder falsifiziert werden. Man kann aber auch die Frage danach stellen, ob das Netzwerk aller hypothetischen Aussagen, also die gesamte Theorie in ihrem Modellcharakter "verifiziert" oder "falsifiziert" wird. Auch diese Fragestellung ist für die Beurteilung der Theorien abweichenden Verhaltens von Relevanz.

Das Falsifikationsprinzip erfährt auch noch eine dritte Modifizierung, die sehr bedeutsam ist. Ging man früher davon aus, daß empirische Ergebnisse die Theorie falsifizieren konnten, so interpretiert man heute solche Falsifikationen evtl. zuungunsten der Empirie (um so schlimmer für die Daten, wenn sie mit der Theorie nicht übereinstimmen). Diese Kehrtwendung hängt damit zusammen, daß eine Fülle von Fehlermöglichkeiten bei der Gegenüberstellung von Theorie und Realität auftreten können. Basissatzproblem, Erhebungs- oder Stichprobenverzerrungen weisen darauf hin. Insbesondere muß aber bedacht werden, daß mit jeder Theorie, die überprüft werden soll, eigentlich auch eine eigene Beobachtungstheorie ihrer Überprüfung zugrunde liegt und implizit angewandt wird (so z.B. die Vermutung, daß die soziale Realität bezüglich eines bestimmten Objektbereichs mit der Methode der Befragung erhoben werden kann, was nicht immer eindeutig entscheidbar ist). Solche Beobachtungstheorien können selbst falsch sein, so daß eine mögliche Falsifizierung der Theorie auf der Basis empirischer Erhebungen auch zu Lasten einer falschen Beobachtungstheorie gehen kann und nicht Ausfluß einer falschen inhaltlichen Theorie sein muß. (Dies gilt natürlich für Verifikationen genauso.)

Wenn diese Überlegung zutrifft, dann bleibt eigentlich kein Kriterium für die Beurteilung der empirischen Bewährung für Theorien übrig. Bedenkt man weiterhin, daß in die Beobachtungstheorien die Problematik der Operationalisierung eingeht (d.h. inwieweit und ob es gelingt, das in den Theorien begrifflich Gefaßte und Gemeinte in konkrete empirische Forschungsoperationen zu transformieren, so daß Gültigkeit und Zuverlässigkeit als gegeben angenommen werden können), so wird die Beurteilung von Theorien noch problematischer. Gerade die Operationalisierungsprobleme sind es in der Regel, die bei relativ abstrakten und auf hohem Niveau stehenden Theorien deren empirische Überprüfbarkeit hemmen oder grundsätzlich ausschließen.

Für die Beurteilung der Theorien abweichenden Verhaltens hat dies verschiedene Konsequenzen: Einmal muß darauf verzichtet werden, die Theorien als deterministische aufzufassen, weil sonst keine einzige als empirisch bewährt und richtig anzusehen wäre. Für alle Theorien können Untersuchungen zitiert werden, die den Nachweis liefern, daß sie nicht mit der gemessenen sozialen Realität übereinstimmen. Faßt man die Theorien und Hypothesen inhaltlich jedoch als probabilistisch auf, so bleibt zu prüfen, ob die einzelnen Hypothesen in den jeweiligen Untersuchungen und wie oft sie bestätigt oder zurückgewiesen wurden, d.h. wieviele der Hypothese widersprechende Fälle aufgetreten sind. Diese Frage ist in einer solchen Einführung in Theorien abweichenden Verhaltens schon deswegen nicht endgültig zu beantworten, weil sie deren Rahmen sprengen würde; hierfür müßte man eine eigene Untersuchung anstellen.

Bei der empirischen Beurteilung der Theorien abweichenden Verhaltens kann es daher immer nur darum gehen, zu zeigen, wieviele Untersuchungen insgesamt die Theorie stützen und wieviele sie zurückweisen können. Dabei bleibt weiter zu berücksichtigen, daß die Entscheidung darüber, ob eine empirische Untersuchung eine Theorie bestätigen kann, wiederum eher arbiträr in einer Gesamtschau und intuitiv fällt, weil für begründetere Entscheidungen die wissenschaftstheoretisch gegebenen Methodologien nicht ausreichen.

Weiter bleibt zu beachten, daß praktisch alle empirischen Untersuchungen sich mehr oder weniger darauf beschränkt haben, Einzelhypothesen aus dem theoretischen Netzwerk aller Hypothesen auf ihre Richtigkeit zu überprüfen, aber nie die Hypothesen als Totalität, als geschlossenen Einheit, als Modell einer Validierung zugeführt haben. Dies verstärkt noch einmal die Problematik einer Aussage darüber, ob die Theorien als bestätigt oder als empirisch widerlegt anzusehen sind. Es bleiben immer erhebliche Elemente der Willkür in einer solchen Beurteilung bestehen. Dies muß der Leser wissen, wenn die Theorien nun im einzelnen der Frage unterworfen werden, ob sie empirischen Überprüfungen standgehalten haben.

Bedenkt man weiterhin, daß die Operationalisierungen bestimmter theoretischer oder begrifflicher Konzepte in der Literatur oft nicht mitgeteilt, sondern nur die Ergebnisse referiert werden, so werden diese Resultate selbst relativiert, weil deren Gültigkeit und Zuverlässigkeit nicht mehr beurteilbar sind. Da gerade im Bereich höherer Theorien, zu dem die vorgestellten Theorien abweichenden Verhaltens gehören sollten, die Operationalisierungen praktisch niemals das theoretisch Gemeinte kongruent abdecken, bleiben erhebliche Zweifel an der Brauchbarkeit.

Nach diesen methodologischen Relativierungen sei auf ein letztes Problem aufmerksam gemacht: Die Beurteilung der empirischen Bewährung von Theorien kann immer nur auf der Basis von anderen durchgeführten empirischen Untersuchungen bestehen. Es müssen also deren Vorstellungen von Theorie mit denen des Beurteilers übereinstimmen. Daß es hier Unterschiede im Verständnis gibt, dürfte klar sein. Da aber auch der Maßstab des Beurteilers an die verschiedenen empirischen Untersuchungen zu gleichen Theorien gleich sein muß, können auch zwischen empirischer Erhebung und angelegtem Maßstab theoretische Differenzen auftreten, die die Beurteilung der empirischen Brauchbarkeit problematisch erscheinen lassen. Mit diesem Problem war SPRINGER (1973) konfrontiert, als er versuchte, über Sekundäranalysen verschiedene empirische Untersuchungen auf ihren Realitätsgehalt (empirische Richtigkeit) hin zu überprüfen. Er mußte zunächst selbst die Theorien in eine gewisse Hypothesenform bringen, um dann zu sehen, wie diese Hypothesen in den zu beurteilenden Untersuchungen realisiert wurden. Seine Analyse beschäftigt sich mit dem Bewährungsgrad von soziologischen Theorien und wird zur Grundlage unserer weiteren Ausführungen in diesem Kapitel gemacht werden. SPRINGER hat nicht alle empirischen Untersuchungen zu den einzelnen Theorien heranziehen können; er beschränkte sich auf alle diesbezüglichen Aufsätze, die in der Zeitschrift American Sociological Review (ASR) der Jahrgänge 1948–1969 (die aber eine gute Stichprobe aus dem

Universum aller empirischen Arbeiten zu abweichenden Verhalten abgeben können), erschienen sind.

Bedenkt man noch einmal die methodologischen Probleme eines solchen Versuchs, die empirische Bewährung von Theorien abweichenden Verhaltens festzustellen, so kann das Gesamtergebnis bei SPRINGER nicht verwundern: "Die Bestätigungssituation allgemein ist, gemessen an den vielfältig ausgeprägten und z.T. umfangreichen Thesen, nicht sehr eindrucksvoll. Das führt zu dem Schluß, daß die Theorien abweichenden Verhaltens doch wesentlich einer systematischen, empirischen Erforschung bedürfen, um zu einem fundierten Urteil über den empirischen Gehalt ihrer Aussagen kommen zu können" (SPRINGER 1973, S. 138).

3.4.1. Die Anomietheorien

Die Anomietheorie kann theoretisch unterschiedlich gefaßt werden. Die verschiedenen Typen der Anpassung deuten eine sehr differenzierte Möglichkeit der Entstehung und Erklärung abweichenden Verhaltens an. Der Typ des Innovators war als jener charakterisiert worden, mit dem Kriminalität am häufigsten assoziiert zu sein scheint. Tatsächlich finden sich einige Untersuchungen hierzu, jedoch keine, die sich auf die Rückzugsthese stützen würde (SPRINGER 1973, S. 51). Die vorliegenden Untersuchungen können also bestenfalls zur Beurteilung der Innovationsthese, nicht jedoch zur Beurteilung der gesamten Anomietheorie herangezogen werden. (So wäre ja denkbar, daß die Rückzugsthese widerlegt und damit das gesamte Gedankengebäude der Anomietheorie in Frage stellen würde.) Des weiteren macht SPRINGER darauf aufmerksam, daß nicht alle relevanten Variablen der Theorie in allen Untersuchungen herangezogen wurden. Vornehmlich bezieht man sich auf die geringen Zugangsmöglichkeiten zu legitimen Mitteln und auf den niedrigen sozialen Status als Ursachen für Delinquenz. Selbst diese doch sehr massiv mit abweichendem Verhalten in Verbindung zu bringenden Variablen zeigen kein einheitliches Bild bezüglich der empirischen Bestätigung. Die Beschränkung auf diese Variablen "... schränkt die Aussagefähigkeit ihrer empirischen Ergebnisse nicht unwesentlich ein und führt zu dem Urteil, daß die Innovationsthese insgesamt nur unzureichend und innerhalb dessen nur als beschränkt bestätigt gewertet werden kann, wie die Falsifikationen zeigen" (SPRINGER 1973, S. 52). Berücksichtigt man nicht, daß die wichtigen Variablen "Intensität der Ziele" und "Intensität der Normen" nicht geprüft wurden, so stehen 13 tendenziellen Bestätigungen 6 Widerlegungen der Hypothese gegenüber. "Will man diese Resultate bei allen denkbaren Vorbehalten quantitativ fassen, so stehen bei 23 empirisch überprüften

Hypothesen 17 bestätigte bzw. eingeschränkt oder ansatzweise bestätigte Aussagen, das sind ca. 74%, den restlichen 26% (absolut 6) als Falsifikationen gegenüber. Bezieht man in die Überlegungen mit ein, daß nach der Aufstellung bei SPRINGER 40 Hypothesen empirisch geprüft hätten werden müssen, und bemißt man die bestätigten Aussagen an dieser Zahl, so ist der Wahrheitsgehalt bei nur ca. 43% Bestätigungen als doch relativ gering anzusehen (LAMNEK 1977, S. 195). Einer Falsifikation stehen durchschnittlich etwa 2,8 Verifikationen gegenüber, was als mäßig positives Bild der Bestätigung der Anomietheorie gelten muß.

Dieses Ergebnis muß – trotz aller methodologischen Einschränkung – einigermaßen verwundern, wo doch in der Theoriediskussion die Anomietheorie einen nicht geringen Stellenwert einnimmt, wo aber offensichtlich solche Resultate völlig unberücksichtigt bleiben und praktisch keine Wirkung erzielen. In Modifizierung des einfachen Falsifikationsprinzips sollte die Anomietheorie keinesfalls wegen des ungünstigen Resultats zurückgewiesen werden. Doch sollte man sich von empirischer Seite überlegen, ob es nicht anderer Verfahren bedurft hätte und bedarf, um die Hypothesen der Theorie zu testen. Ob nicht evtl. theoretisch-inhaltliche Modifizierungen vorzunehmen wären, um den Bewährungsgrad der Theorien zu steigern. Von Einzelversuchen abgesehen, die auf Präzisierungen und Explikationen der Theorien und Hypothesen aus sind (vgl. OPP 1974), um zu konsistenten, stringenten und empirisch überprüfbaren Theorien zu kommen, hat sich die Theoriediskussion an solchen wichtigen Erkenntnissen vorbeientwickelt.

Der doch bestechend plausible Charakter der Anomietheorie wird durch die empirischen Untersuchungen relativiert. Ihre empirische Bewährung ist als gering zu veranschlagen.

3.4.2. Die Subkulturtheorien

Gerade bei der Subkulturtheorie zeigt sich, daß die empirische Umsetzung der theoretisch gemeinten Sachverhalte auf Schwierigkeiten stößt. "Die in bezug auf die These COHEN's heranzuziehenden Studien sind insgesamt empirisch nicht so gehaltvoll wie die zu den bisher diskutierten Thesen. Den herangezogenen Untersuchungen mangelt es in stärkerem Maße an einer präzisen Bezugnahme auf die Variablen der These zur Gruppenkultur" (SPRINGER 1973, S. 95). Die mangelnde Operationalisierbarkeit spielt hier nach Meinung SPRINGER's die zentrale Rolle. Auch gewisse andere theoretische Unschärfen erschweren die empirische Überprüfung dieses Konzeptes. "Ein Überblick über die empirische Bestätigung oder Falsifizierung der These COHEN's zeigt einen erheblichen Mangel an Studien und empirischen Ergebnissen, die einerseits die einzelnen Variablen der These in ihrer jeweiligen Ausprägung aufgreifen und sich andererseits den an eine empirische Untersuchung zu richtenden Kriterien stellen und ihnen genügen, insbesondere was die Gültigkeit der operationalen Definitionen anbetrifft" (SPRINGER 1973, S. 103).

Die schematische Zusammenstellung (SPRINGER 1973, S. 104 f.) belegt, daß die vorhandenen Untersuchungen bei weitem nicht alle Hypothesen der Subkulturtheorie geprüft haben. Die wenigen, die zur Basis empirischer Erhebungen wurden, zeigen ein heterogenes und unzureichendes Bild: Wenn überhaupt, so konnten die Hypothesen nur ansatzweise oder eingeschränkt bestätigt oder falsifiziert werden, was wieder auf die methodologischen Probleme verweist. Neun solchen eingeschränkten Bestätigungen stehen fünf eingeschränkte Falsifizierungen gegenüber und nur ein einziges Mal konnte eine Hypothese bestätigt werden (Klassengesellschaft und Subkultur). Würde man die Zahl der Hypothesenbestätigungen auf die Zahl aller möglichen Hypothesen in allen Untersuchungen beziehen, so wäre der Bestätigungsgrad nur rund 20%.

Bezieht man die bei SPRINGER gesondert behandelte Unterschichtkulturtheorie nach MILLER mit ein, so wird das Bild noch verschlechtert: "Die empirische Bestätigung der These MILLER's durch explizite oder implizite Forschungsergebnisse in den geprüften ASR-Bänden ist, wie die Auswertung zeigt, insgesamt unzureichend" (SPRINGER 1973, S. 113).

Auch der Bewährungsgrad der Subkulturtheorie als übergreifendem Konzept muß daher als äußerst gering veranschlagt werden. Die theoretische Bedeutsamkeit erfährt eine massive empirische Einschränkung. Es wäre lohnenswert, den empirischen Gehalt durch weitere und umfassendere Untersuchungen auf eine breitere empirische Beurteilungsbasis zu stellen.

3.4.3. Die Theorien des differentiellen Lernens

Die bei SUTHERLAND schon formulierten neun Hypothesen seiner Theorie erfahren in der Überprüfung des Bewährungsgrades bei SPRINGER eine Modifikation, die z. T. inhaltlich begründet ist: Eine Korrelation zwischen kriminellen und nonkriminellen Verhaltensmustern und dem Zugang zu beiden Mustern einerseits mit dem Auftreten abweichenden Verhaltens andererseits sei wenig erklärungskräftig. Erst das Überwiegen der kriminellen Verhaltensmuster provoziert abweichendes Verhalten. Die beiden erstgenannten unabhängigen Variablen wären zwar Vorbedingungen für das Auftreten der dritten; aber erst diese verursache Delinquenz. Daher stützt sich SPRINGER (1973, S. 56) vornehmlich auf die Hypothese, wonach das Überwiegen krimineller Verhaltensmuster Delinquenz auslöst.

In der empirischen Beurteilung zeigt sich ein ähnliches Bild wie bei den vorher behandelten Theorien. Die Mehrzahl der herangezogenen Untersuchungen prüfen nicht alle Hypothesen der Theorie der differentiellen Assoziation, sondern beschränken sich auf Teilhypothesen. Auch die Operationalisierungsprobleme stellen sich in demselben Ausprägungsgrad (wenn nicht stärker) wie bei der Subkulturtheorie. In 8 tabellarisch zusammengestellten Untersuchungen, die zur Beurteilung der empirischen Bewährung herangezogen wurden (SPRINGER 1973, S. 69), werden insgesamt nur 16 auf die Theorie der differentiellen Assoziation bezogene Hypothesen getestet. Nur drei Hypothesen können bestätigt werden, 10 werden eingeschränkt oder ansatzweise bestätigt. Falsifikationen hingegen liegen in der Tabelle keine vor. Dies ist sicher ein besseres Bild als bei den anderen Theorien. Zu bedenken bleibt jedoch, daß ein solches Ergebnis durchaus auch wegen der mangelnden Operationalisierung zustande gekommen sein kann. Unterstellt man, daß die Hypothese, die sich auf das Überwiegen krimineller Verhaltensmuster als Verursacher von abweichendem Verhalten bezieht, im SUTHERLANDschen Modell eine zentrale Rolle einnimmt, "... dann muß zur Bestätigungssituation abschließend festgestellt werden, daß sie für die dieser Theorie zuzuordnenden Studien aus den genannten ASR-Bänden insgesamt negativ ausfällt" (SPRINGER 1973, S. 68). Dies führt SPRINGER vornehmlich auf die Operationalisierungsschwierigkeiten zurück. In seiner tabellarischen Zusammenstellung (S. 69) zeigt sich aber auch, daß diese zentrale Hypothese in 8 Untersuchungen nur einmal getestet wurde. Die meisten Hypothesenprüfungen bezogen sich auf den Zugang zu kriminellen Verhaltensmustern als unabhängiger Variablen.

Auch die wichtige Erweiterung der Assoziations- bzw. Subkulturtheorie (je nach erfolgter Zuordnung) durch CLOWARD und OHLIN kann das ungünstigste Bestätigungsbild nicht aufhellen. "Zusammenfassend ist die Bestätigung der Thesen CLOWARD's und OHLIN's, zieht man jeweils alle Variablen in Betracht, mehr negativ zu werten" (SPRINGER 1973, S. 87). Auch dabei sind aber die Operationalisierungsprobleme als gewichtig in Rechnung zu stellen.

Eine summarische Gesamtwürdigung kann nicht umhin, die empirische Bewährung der Assoziationstheorie als nur bedingt gegeben zu charakterisieren.

3.4.4. Der Labeling Approach

Für die Überprüfung des labeling approach meldet SPRINGER Fehlanzeige: "... keine der Untersuchungen in den geprüften ASR-Jahrgängen (stellt) Forschungsergebnisse bereit, die sich bestätigend oder falsifizierend den Thesen Beckers zuordnen lassen" (SPRINGER 1973, S. 130). Die Tatsache, daß der labeling approach relativ jung ist, mag erheblich dazu beigetragen haben, daß es kaum empirische Untersuchungen zu ihm gibt. Möglicherweise kann man aber auch die methodologisch-methodischen Vorbehalte der Theoretiker des labeling approach gegenüber der traditionalen empirischen Sozialforschung dafür verantwortlich machen, daß praktisch nur wenige empirische Erhebungen vorliegen (vgl. z. B. MÜLLER 1974, WELLFORD 1975 oder BECKER 1973).

In der nach SACK modifizierten Form des labeling approach finden sich Arbeiten in der American Sociological Review, die SPRINGER zur Beurteilung des Bestätigungsgrades der Theorie heranziehen kann. Dabei ergibt sich folgende Gesamtsituation: Fünf (teilweise bedingten) Bestätigungen stehen vier bedingte Falsifizierungen gegenüber. Eine quantitative Gegenüberstellung zeigt, daß auf eine Bestätigung etwa eine Falsifizierung fällt. Bezieht man die Bestätigungen auf die Zahl der möglichen Hypothesenprüfungen, so entsteht ein noch ungünstigeres Bild. Resümierend bemerkt SPRINGER zudem: "Keine der überprüften Untersuchungen greift den u. a. zentralen Aspekt der Definitionstheoretiker auf, daß abweichendes Verhalten ein Problem des Zuschreibens dieser Eigenschaft durch Instanzen sozialer Kontrolle gegenüber dieser sich über alle Schichten gleichverteilenden Verhaltensweisen ist. Damit zeigt sich, daß vielfach offenbar der Konstruktionscharakter von sozialer Wirklichkeit nicht erfaßt wird, wie er von SACK, BECKER und anderen so eingehend analysiert worden ist" (SPRINGER 1973, S. 136).

Gerade aus diesem Grunde haben wir in einer anderen Arbeit (LAMNEK 1977, S. 199 ff.) weitere Untersuchungen, die explizit auf den Zuschreibungsprozeß Bezug nehmen, in die Analyse des Bewährungsgrades einbezogen. Insgesamt bestätigt sich die bei SPRINGER schon aufgetretene Heterogenität und partielle Widersprüchlichkeit der empirischen Resultate. Neben wiederum vorhandenen Operationalisierungsschwierigkeiten spielen hierfür auch die einzelnen Differenzierungen des labeling approach eine gewichtige Rolle, wie auch die methodologischen Vorbehalte der labeling-Theoretiker als Mitursache nicht auszuschließen sind.

Zieht man ein Fazit zum Bewährungsgrad des labeling approach, so unterscheidet sich dieses nur nuancenhaft von dem anderer soziologischer Theorien. Die empirische Basis der Überprüfungen ist schwach und die vorgenommenen Hypothesentests zeichnen ein Gesamtbild, das sich im schwach positiven bis negativen Bereich (je nach Interpretation und Schwerpunktsetzung) der empirischen Bewährung von Theorien bewegt.

3.5. Gesamtwürdigung der Theorien

Die in dieser Einführung beschriebenen und kurz beurteilten Theorien konnten alle für sich in Anspruch nehmen, soziologisch zu sein. Sie stellten Ansätze dar, die sich von früheren Erklärungsversuchen durch ihre theoretische Orientierung abheben, in der sie eine innere Konsistenz und Stringenz entwickeln, wie sie ausschließlich korrelationsstatistisch vorgehenden Forschern fremd waren. Insoweit stellen sie einen Fortschritt gegenüber älteren Theorien dar. (Dies gilt vermutlich auch für manche psychologische Theorie.)

Diese Theorien zeichnen sich auch dadurch aus, daß sie sich von tradierten, individuell ausgerichtet arbeitenden Theorien lösten und das soziologisch-soziale Element der Erklärung und Begründung in den Vordergrund stellten. Dabei ist der Fortschritt nicht darin zu sehen, daß diese Theorien praktisch ausschließlich soziologisch argumentieren, sondern darin, daß mit ihnen der Blick *auch* auf soziale Bezüge und Bedingungen gelenkt wurde.

Die hier referierten Theorien charakterisiert auch, daß sie insbesondere durch Weiterentwicklungen und Differenzierungen auch methodologisch verbessert werden konnten (man vergleiche hierzu insbesondere die Hypothesen- und Begriffsexplikationen, die eine klarere Linie in die Theorien brachten; z. B. SPRINGER 1973, OPP 1974).

Beurteilt man die Theorien jedoch inhaltlich unter Heranziehung der Konzepte von Erklärungspotential, praktischer Brauchbarkeit und insbesondere empirischer Bewährung, so muß ihnen – zum Leidwesen eines jeden Soziologen – ein relativ schlechtes Zeugnis ausgestellt werden. (Ob im Hinblick auf diese Dimensionen der Beurteilung nichtsoziologische Theorien bessere Ergebnisse erzielen würden, kann nicht entschieden werden, weil eine entsprechende Analyse nicht durchgeführt wurde; unsere Vermutung ist jedoch, daß diese nicht besser abschneiden würden [vgl. dazu auch HEINZ 1975]). Die Erklärungskraft aller Theorien ließ zu wünschen übrig, weil allzuviele Unwägbarkeiten und Imponderabilien nicht in die Überlegungen einbezogen wurden. Es konnte aber an mehreren Stellen gezeigt werden, daß die einzelnen Theorien tendenziell andere Sachverhalte ins Blickfeld rücken und beschreiben und/oder erklären wollen. Möglicherweise kann eine gegenseitige Bezugnahme der Theorien aufeinander das Erklärungspotential verstärken. Hier bleibt aber für alle Theorien ein weiter Weg, dessen Ende noch lange nicht sichtbar ist. Alle Integrationshinweise und -versuche (RÜTHER 1975, S. 74 ff.; WISWEDE 1973, S. 85–90, S. 172 ff.; LAMNEK 1977, S. 320 ff.) sind nach unserem Dafürhalten noch nicht gelungen.

Das hohe Abstraktionsniveau der soziologischen Theorien und insbesondere ihre Erklärungsabsicht unter Zuhilfenahme globaler Konzepte bei den unabhängigen Variablen erschwerte deren praktische Umsetzung. Gerade die Soziologie aber, deren gesellschaftlicher Status und Prestige eine Aufbesserung vertragen würden, was mit Sicherheit durch ihre praktische Verwertbarkeit mit erzielt werden könnte, kann im Bereich abweichenden Verhaltens trotz (oder wegen) ihrer Theorien weniger leisten, als multifaktorielle Ansätze mit theorie- und zusammenhanglosen induktiv gewonnenen Variablen. So betrüblich dies ist, sollte es uns dazu anspornen, nach Wegen zu suchen, die soziologischen Theorien praktisch fruchtbar zu machen.

Vielleicht sollte hier der Hinweis nützen, daß Globaltheorien hierzu weniger geeignet erscheinen als spezifischere Theorien (vgl. dazu auch HEINZ 1975, S. 22 ff.). Letztere hätten zwar einen geringeren Allgemeinheitsgrad, aber den Vorteil, präziser und brauchbarer zu sein. (Damit ist nicht ausgeschlossen, solche Detailtheorien aus übergeordneten Globaltheorien abzuleiten.) Solche Theorien könnte man sich deliktspezifisch, gruppenspezifisch etc. vorstellen.

Ein weiteres Arbeitsfeld für Methodologen und für Soziologen deutet sich in der Überprüfung der empirischen Bewährung der Theorien abweichenden Verhaltens an. Die Heterogenität und Widersprüchlichkeit der empirischen Resultate zu den einzelnen Theorien, aber auch die Widersprüchlichkeiten in der Bestätigung unterschiedlicher Hypothesen aus verschiedenen Theorien (also einmal intratheoretisch, zum anderen intertheoretisch) kann so nicht hingenommen werden. Hier müssen Ursachen gesucht werden, die Empirie und Theorie im Sinne größerer Konvergenz vorantreiben. Die Beliebigkeit der Ergebnisse muß zugunsten klarer, eindeutiger und stringenter Methodologie und soziologischer Theorie abgelöst werden.

Das doch heterogene und nicht gerade ausgesprochen positive Bild soziologischer Theorien abweichenden Verhaltens, das in deren Beurteilung gezeichnet wurde, muß in seinem Stellenwert gesehen und bewertet werden. Es kam zustande, weil es auf die abstrakten und idealtypischen Kategorien der Methologie bezogen war. Eine vergleichende Beurteilung mit anderen, nicht-soziologischen Theorien hätte vermutlich zum Ergebnis gehabt, daß sich die soziologischen Erklärungsversuche durchaus sehen lassen können.

Glossar

Die Zusammenstellung der im Glossar kurz erläuterten Begriffe erhebt keinen Anspruch auf Vollständigkeit. Bei der angegebenen Literatur handelt es sich in der Regel um leicht erhältliche Titel von Einführungen oder Standardwerken. Im übrigen wird auf das Sachregister bzw. den Text und die Literaturliste verwiesen.

aberrantes Verhalten
→ abweichendes Verhalten, bei welchem nicht die Gültigkeit der verletzten Regel bestritten wird, im Gegensatz zum → nonkonformen Verhalten.
Beispiel: Einbrecher, der sich bemüht, seine Tat heimlich auszuführen.

abweichendes Verhalten
Abweichendes Verhalten stellt eine Teilklasse des Verhaltens dar und deckt sich nur zum Teil mit kriminellem oder → delinquentem Verhalten, das als Verstoß gegen kodifizierte → Normen definiert ist. Es gibt also konforme Verhaltensweisen (z. B. einer regelmäßigen Arbeit nachgehen), abweichende, aber nicht delinquente Verhaltensweisen (z. B. Verstöße gegen die Etikette), delinquente, aber nicht als abweichend empfundene Verhaltensweisen (z. B. Schwarzmarktgeschäfte in Notzeiten) und Handlungen, die sowohl abweichend als auch delinquent sind (z. B. Raub), d. h. daß eine Bestimmung abweichenden Verhaltens als Verhalten das kodifizierte Normen verletzt (SUTHERLAND/CRESSEY 1955), infolge der Beschränkung auf eine bestimmte Teilkasse von Normen zu eng erscheint. Andere Autoren definieren abweichendes Verhalten als Verletzung gesellschaftlich institutionalisierter Erwartungen, wobei jedoch die Problematik darin besteht, daß es bezüglich bestimmter Personengruppen (Rückfall-

täter, Asoziale) gesellschaftliche Erwartungen abweichenden Verhaltens geben kann, ein abweichendes Verhalten dieser Personengruppe also in der Verletzung dieser Erwartungen, d. h. in ihrem gesamtgesellschaftlich gesehenen konformen Verhalten bestünde (WISWEDE 1973, S. 19) d. h. theoretisch jedes Verhalten mehr oder weniger als abweichend bezeichnet werden könnte, wenn der Bezug zu konkreten Normen verloren geht.
Der Reaktionsansatz definiert dagegen als abweichend jenes Verhalten, das von anderen Personen bzw. hauptsächlich den offiziellen Sanktionsinstanzen negativ sanktioniert wird, doch sind negativ sanktionierte Verhaltensweisen (wegen des Dunkelfeldes) nur eine Teilklasse der Verhaltensweisen, die Erwartungen von Normen verletzten. Norm- bzw. erwartungsorientierte und sanktionsorientierte Definitionen abweichenden Verhaltens scheinen somit je für sich allein genommen unbefriedigend zu sein.

ätiologische Theorien
Theorien abweichenden Verhaltens, die nach dessen kausalen Ursachen fragen (im Gegensatz etwa zu funktionalistischen oder interaktionistischen [→ labeling approach] Ansätzen).

Aggression, aggressives Verhalten
→ Frustrations-Aggressions-Hypothese

→ Vandalismus
Feindseliges Verhalten gegenüber anderen bzw. der Wunsch, sie zu verletzten. Eine Aggression kann sich direkt oder indirekt äußern; letzteres z.B. wenn starke innere oder äußere Kontrollen eine direkte Abfuhr verbieten oder eine Ablenkung auf andere Objekte (z.B. auch gegen die betreffende Person selbst) bewirken. Über die Entstehung von Aggressionen gibt es verschiedene Theorien, z.B. wird sie als Folge einer erlittenen Frustration aufgefaßt, als Resultat eines Lernprozesses oder Erscheinung eines Aggressionstriebes (Destrudo).
Literatur: BERKOWITZ 1962.

"alte" Kriminologie
→ ätiologische Ansätze, im Gegensatz zu den nicht-ätiologisch orientierten Reaktionsansätzen (→ labeling approach).
Literatur: OPP 1972a

Anomia
Individuell-psychologischer Zustand (als Folge von → Anomie) der charakterisiert ist durch unzureichende soziale Integration (Gefühle der Entfremdung, der Macht- und Hilflosigkeit, Einsamkeit etc.). Zur Messung von Anomia wurden spezielle Skalen entwickelt.
Literatur: SROLE 1956, MERTON 1964

Anomie
→ Anomietheorie
→ Diskrepanztheorien
Von DURKHEIM eingeführter Begriff zur Bezeichnung der infolge wachsender Arbeitsteilung und Differenzierung, durch Regel- und Normlosigkeit charakterisierten gesellschaftlichen Situation sowie der Diskrepanz zwischen einem überhöhten Anspruchsniveau und den letztlich begrenzten Gütern (z.B. infolge ökonomischer Krisen) MERTON versteht Anomie vorwiegend im letztgenannten Sinne als Diskrepanz

zwischen kulturell vorgegebenen Zielen und den (legitimen) institutionalisierten Mitteln.
Literatur: DURKHEIM 1961, 1966, 1977; MERTON 1951, 1957, 1968, 1969; BOHLE 1975; LAMNEK 1977

Anomietheorie
→ Diskrepanztheorien
→ Anomie
→ Anomia
Auf DURKHEIM bzw. MERTON zurückgehender makrosoziologischer Ansatz zur Erklärung abweichenden Verhaltens, das als Anpassungsprozeß an widersprüchliche gesellschaftliche Anforderungen (also an eine anomische Situation) gesehen wird. Prinzipiell kann Anomie auf verschiedene Weise entstehen, doch wird sie bei MERTON als Auseinanderklaffen von kulturellen Zielen und institutionalisierten (legitimen) Mitteln definiert (→ Diskrepanztheorie).

Anpassungstypen (nach MERTON)
→ Konformität
→ Innovation
→ Ritualismus
→ sozialer Rückzug
→ Rebellion

anthropogenetische Kriminologie
Gesamtheit von täterorientierten Ansätzen zur Erklärung von Kriminalität unter Heranziehung wissenschaftlich-empirischer Methoden (in Abhebung zur → klassischen Schule). Abweichendes Verhalten wird als von biologisch-anthropogenetischen Variablen verursacht angesehen; Umweltfaktoren kommt dabei höchstens periphere Bedeutung zu.
Literatur: MANNHEIM 1974, SCHNEIDER 1974, COHEN 1968, LAMNEK 1977

Area Approach
→ Ökologischer Ansatz

Assoziationsprinzip

→ differentielle Assoziation

"Eine Person wird delinquent infolge des Überwiegens der die Verletzung begünstigenden Einstellungen über jene, die die Gesetzesverletzung negativ beurteilen" (SUTHERLAND 1968, S. 396).

Atavismus
Wiederauftreten von Eigenschaften einer evolutionstheoretisch früheren (primitiveren) Entwicklungsstufe.

Bandendelinquenz
→ Subkultur
→ Near-Group
→ Vandalismus
→ soziale Unfähigkeit

Besonders für die US-amerikanische Kriminalität charakteristisches Phänomen abweichenden Verhaltens (was jedoch auch mit an den unterschiedlichen methodischen Vorgehensweisen von europäischer und amerikanischer Kriminologie liegen kann, also evtl. ein Meßartefakt darstellt; KAISER u.a. 1974), das in der wiederholten gruppenweisen Begehung von Straftaten besteht. Die Häufigkeit der Bandendeliquenz ist dabei deliktspezifisch; so werden z.B. mehr Eigentumsdelikte und vandalistische Akte in Banden begangen als etwa Sexualdelikte oder Kapitalverbrechen. Bei den Mitgliedern delinquenter Banden handelt es sich in der Regel um männliche Jugendliche der Unterschicht; ansonsten weisen die verschiedenen Untersuchungen zur → Subkultur delinquenter Banden kein sehr einheitliches Bild auf, was ihre Größe, Organisationsstruktur, soziale Kontrolle, Autoritätsverhältnisse, Beziehungen nach außen usw. betrifft; es findet sich ein breites Spektrum von gut integrierten Gruppen bis zu den relativ locker organisierten → Near-Groups; insgesamt erscheint aber die Anwendung des soziologischen Begriffes der → Gruppe problematisch.

Die Attraktivität delinquenter Gangs für die Unterschicht-Jugendlichen liegt u.a. in der Befriedigung von Statusbedürfnissen (die im herrschenden Mittelklasse-System weitgehend unerfüllbar bleiben) sowie in der Ermöglichung sozialer Beziehungen und Gemeinschaftsbedürfnissen auch mit den (resultierend aus der Unterschicht-Sozialisation) geringer entwickelten sozialen Fähigkeiten (→ soziale Unfähigkeit) wie z.B. der schlechteren Kontrolle von Aggressionen.

Literatur: COHEN 1957, 1961; MILLER 1968; SHORT/STRODTBECK 1965; YABLONSKI 1962; CLOWARD/OHLIN 1960; SPRINGER 1973

Behaviorismus
→ Verhaltenstheorie

Auf J.B. WATSON (1908, 1913) zurückgehende Richtung in der Psychologie, die von einer streng erfahrungswissenschaftlichen Orientierung ausgehend fordert, daß nur über das äußerlich sichtbare Verhalten (overt behavior; im Gegensatz zum "covert behavior" wie Denken, Fühlen) Aussagen gemacht werden können. Dies impliziert die Ablehnung aller Annahmen und Begriffe (also z.B. auch intervenierender Variablen wie Einstellungen), die nicht der direkten Beobachtung zugänglich sind. Grundlegendes theoretisches Schema ist ein Reiz-Reaktions-Modell (Stimulus-Response-Modell; S-R-Modell), d.h., Verhalten wird als durch gesetzmäßige Beziehungen zwischen beobachtbaren Auslösern und beobachtbaren Reaktionen beschreibbar aufgefaßt.

Die rigorose Auffassung wurde im Neo-Behaviorismus mit der Einbeziehung nur indirekt beobachtbarer Variabler und theoretischer Konstrukte (wie Erwartungen oder Einstellungen) inzwischen "liberalisiert". Soziologisch wirkte sich der Behaviorismus vor allem in den lern- und verhaltenstheoretischen Ansätzen aus (vgl. z. B. OPP 1972).

Literatur: WATSON 1913, CORELL 1971

Belastungsziffer

Anzahl der Straftaten (bzw. Straftäter) auf 100 000 Einwohner. Belastungsziffern lassen sich differenziert darstellen, z. B. deliktspezifisch, geschlechtsspezifisch etc.

Beurteilungskriterien von Theorien

→ Wahrheitsgehalt

→ Informationsgehalt (Erklärungskraft, empirischer Gehalt) → Präzision

Bezugsgruppe

Eine (abweichend von der üblichen Definition der → Gruppe) nicht notwendigerweise integrierte soziale Einheit. Als Bezugsgruppe gelten Kollektive, mit welchen sich eine Person identifiziert oder vergleicht (positive Bezugsgruppe), bzw. von der sie sich abzuheben wünscht (negative Bezugsgruppe; z. B. gilt in einigen Subkulturansätzen die Mittelklasse-Erwachsenenkultur als negative Bezugsgruppe für die jugendlichen Banden). Bezugsgruppen erfüllen zwei Funktionen; eine normative, indem sie Verhaltensorientierung gewähren, eine komparative, indem sie als Vergleichsmaßstab dienen.

Die Orientierung an einer Bezugsgruppe erfordert nicht, daß man ihr angehört. Eine Person kann sich auch an mehreren Bezugsgruppen orientieren, wobei (situationsspezifisch) die einzelnen Gruppen in einem hierarchischen Verhältnis zueinander stehen können.

biologische Schule

→ anthropogenetische Kriminologie

Chicagoer Schule

→ symbolischer Interaktionismus

Soziologische Theorieschule, deren Vertreter (J. DEWEY, G. H. MEAD, W. I. THOMAS, R. E. PARK, C. H. COO-

LEY u. a.) mit Ausnahme des letztgenannten an der Universität von Chicago in den 20er und 30er Jahren dieses Jahrhunderts tätig waren und aus der Kritik an der Instinktlehre und in Abhebung dazu an der Entwicklung einer interaktionistischen Sozialpsychologie beteiligt waren. Ein Hauptschwerpunkt ihrer Arbeit war die Darstellung und Erklärung der Entwicklung und des Aufbaus der Persönlichkeit als Prozeß. Aus ihren Arbeiten kamen entscheidende Impulse für die → Subkulturtheorien und die Theorien des → differentiellen Lernens.

Literatur: THOMAS 1965

Dann-Komponente

→ Wenn-Komponente → Informationsgehalt

Die Dann-Komponente einer Aussage informiert über die Konsequenzen aus den Bedingungen der Wenn-Komponente. Je präziser sie ist, desto höher ist bei gleichbleibender Wenn-Komponente, der Informationsgehalt der Gesamtaussage, da die Summe der potentiellen Falsifikatoren zunimmt.

Beispiel: Die Aussage: "Wenn große soziale Ungleichheit dann Eigentumskriminalität" informiert mehr über die Realität als die Aussage: Wenn große soziale Ungleichheit, dann Kriminalität".

Literatur: OPP 1970, 1976; PRIM/TILMANN 1973

Definition der Situation

→ Thomas-Theorem

→ Deprivation

Um das Handeln von Personen verstehen zu können, kommt es nicht nur auf objektiv gegebene Bedingungen an (z. B. Höhe des Einkommens), sondern auf die Bedeutung, die diese objektiven Bedingungen für sie haben, also darauf, wie sie definiert sind.

Beispiel: Eine Person mit einer Herkunftsfamilie aus einer höheren sozialen Schicht wird ein Einkommen von 2000 DM anders beurteilen als ein Angehöriger der Unterschicht.

Die Situationsdefinition ist dabei keine individuelle Angelegenheit, sondern Bestandteil der Kultur der Gruppe (z. B. Anerziehung eines hohen Konsumniveaus in der Mittel- und Oberschicht).

Literatur: THOMAS 1965

Definitions-Ansatz
→ Labeling approach

Delinquenz (= Devianz)
Verhalten, das mit geltenden Normen nicht übereinstimmt (z. B. mit den Strafgesetzen), Teilklasse → abweichenden Verhalten.

Deprivation
→ Anomietheorie
→ Diskrepanztheorien

Benachteiligung, Ausmaß, in dem sich eine Person, verglichen mit anderen (→ Bezugsgruppe) benachteiligt fühlt. Hierbei kommt es also nicht auf die objektive Situation sondern auf die Vorstellungen davon an, was für Personen in vergleichbaren Positionen angemessen ist. Der Grad der Depriation ist abhängig von der Höhe des Anspruchsniveaus und den Möglichkeiten, es zu erreichen.

deterministische Beziehungen
→ probalisitische (stochastische) Beziehungen

Deterministische Beziehungen liegen dann vor, wenn zwischen den → Variablen ein unbedingter, kausaler Zusammenhang besteht, also: "Wenn A, dann immer B"

Deterministische Beziehungen dürften in den Sozialwissenschaften kaum bestehen.

deviantes Verhalten, Devianz
→ abweichendes Verhalten

differentielle Assoziation (Theorie der …)
→ differentielles Lernen
→ Assoziationsprinzip

Von SUTHERLAND (1939) erstmals formulierte Theorie, die das Erlernen kriminellen Verhaltens aus Kontakten mit differentiellen (d. h. abweichenden und nicht-abweichenden) Verhaltensmustern erklärt. Ein Übergewicht der Kontakte (nach Häufigkeit, Priorität, Intensität und Dauer) mit abweichenden Verhaltensmustern führt zu delinquentem Verhalten.

Literatur: SUTHERLAND 1955, 1968

differentielle Gelegenheiten (Theorie der …)
→ differentielles Lernen
→ Anomietheorie
→ Diskrepanztheorien
→ Subkulturtheorie

Theoretischer Ansatz zur Erklärung abweichenden Verhaltens, der sowohl Aspekte der Anomie- als auch der Subkulturtheorie und der Theorien differentiellen Lernens enthält. Für die Erlernung und Praktizierung kriminellen Verhaltens sind demnach außer dem durch die Diskrepanz von Mitteln und Zielen gegebenen Anpassungsdruck (→ Diskrepanztheorien) sowohl eine geeignete (subkulturelle) Lernumwelt als auch der Zugang zu illegitimen Mitteln notwendig, denn letztere sind nicht gleichmäßig über die gesamte Sozialstruktur verteilt – es gibt also sowohl eine legitime als auch eine illegitime Mittel- oder Gelegenheitsstruktur.

Literatur: CLOWARD 1968

differentielle Identifikation
→ Bezugsgruppe

Revision und Erweiterung der Theorie der → differentiellen Assoziationen; die davon ausgeht, daß Personen kriminelle Verhaltensweisen um so eher ausführen werden, je mehr sie sich mit Personen identifizieren (→ Identifikation), aus deren Sicht kriminelles Verhalten positiv bewertet wird.

differentielles Lernen (Theorien des ...)

Oberbegriff für sozialpsychologisch orientierte Theorien abweichenden Verhaltens, die das Erlernen krimineller Verhaltensmuster durch – verglichen mit der Erlernung konformer Verhaltensweisen unterschiedliche (= differentielle) – Interaktions- und Kommunikationsbeziehungen beschreiben und erklären.

Dazu gehören:
– die Theorie der differentiellen Assoziationen (SUTHERLAND/CRESSEY),
– die Theorie der differentiellen Verstärkung (BURGESS/AKERS),
– Die Theorie der differentiellen Identifikation (GLASER),
– Die Theorie der differentiellen Gelegenheitsstrukturen (CLOWARD/OHLIN).

differentielle Verstärkung (Theorie der ...)

Revision der Theorie der differentiellen Assoziationen durch Heranziehung lern- bzw. verhaltenstheoretischer Hypothesen: kriminelles Verhalten wird dadurch erlernt, daß es mehr als konformes Verhalten verstärkt wurde. Der Vorteil der differentiellen Verstärkungstheorie liegt vor allem in der besseren Operationalisierbarkeit.

Literatur: BURGESS/AKERS 1966

Disfunktion

→ Dysfunktion

Diskrepanztheorien

→ Anomie

→ Anomietheorien

→ Deprivation

Andere Bezeichnung für die Anomietheorien MERTONscher Prägung, da diese Anomie als Diskrepanz von kulturellen Zielen und (legitimen) institu-

tionalisierten Mitteln zur Zielerreichung definieren.

Dunkelziffer

Differenz zwischen den tatsächlich begangenen und den den Strafverfolgungsbehörden bekanntgewordenen Straftaten (KAISER u.a., 1974, S. 64). Dabei lassen sich verschiedene Arten von Dunkelziffern unterscheiden, so z.B. Delikt-Dunkelziffern und Täter-Dunkelziffern (OPP 1974, S. 52ff.); weiterhin sind Dunkelziffern deliktspezifisch verschieden. Methoden zur Reduzierung der Dunkelziffern bestehen in der → Täter- oder → Opferbefragung (→ Viktimologie), doch ist deren Gültigkeit umstritten (vgl. OPP 1974, S. 58ff.).

Dysfunktion

→ strukturell-funktionale Theorie

→ Eufunktion

Beitrag eines Elements eines → sozialen Systems, der dessen Erhaltung bzw. Entwicklung gefährdet bzw. beeinträchtigt. Das Verbrechen in einer Gesellschaft darf dabei aber nicht automatisch mit Dysfunktionalität gleichgesetzt werden (vgl. z.B. DURKHEIM 1961).

Eigengruppe (= Mitgliedsgruppe, In-Group)

Gruppe, zu der eine Person gehört. Die Eigengruppe muß aber nicht notwendigerweise → Bezugsgruppe sein.

Einstellung

Relativ stabile erlernte Disposition einer Person, auf ein Objekt seiner Umgebung (Gegenstand, Person, Kollektiv, Idee etc.) in bestimmter Weise zu reagieren. Dabei werden drei Komponenten unterschieden:
– affektiv-emotionale Komponente (gefühlsmäßige Reaktion),
– kognitive Komponente (Wahrnehmungen über das Objekt, Vorstellungen und Wissen davon),

289

– Handlungskomponente (Verhaltenstendenz gegenüber diesem Objekt). Nach den kognitiven Gleichgewichts-Theorien besteht eine Tendenz, etwaige Inkonsistenzen zwischen den Komponenten zu reduzieren. Ein Beispiel hierfür stellen die → Neutralisierungstechniken dar.

Elektrakomplex
Nach der Psychoanalyse Pendant zum → Ödipuskomplex. Der Elektrakomplex (benannt nach Agamemmnons Tochter Elektra) tritt bei Mädchen zwischen dem 4. und 6. Lebensjahr auf und ist gekennzeichnet durch eine überstarke Bindung an den Vater und Ablehnung der Mutter.

empirischer Gehalt
→ Informationsgehalt

Enkulturation
Sowohl bewußte als auch unbewußte Prozesse, in deren Verlauf eine Person die kulturellen Überlieferungen einer Gesellschaft (bzw. einer Sub-Gesellschaft) verinnerlicht und zu deren Mitglied wird.

Erklärungskraft
→ Informationsgehalt

Ethnomethodologie
→ Symbolischer Interaktionismus
→ labeling approach
Die Ethnomethodologie zielt auf eine Analyse des "subjektiven" Aspekts der sozialen Wirklichkeit, wie sie von den Mitgliedern einer Gesellschaft erfahren und erlebt wird, ab. Es geht ihr um die Erfassung der alltagsweltlichen Methoden, "... mit denen die Gesellschaftsmitglieder die tagtäglichen Routineangelegenheiten ihrer Handlungs- und Interaktionspraxis, einschließlich der Praxis wissenschaftlichen Handelns, zu bewältigen suchen und diese Bewältigung einander wechselseitig als normal anzusinnen und zu vermitteln trachten ... um die universalen Weisen, in denen

die Gesellschaftsmitglieder auf die soziostrukturell institutionalisierten Wissensbestände (den jeweiligen Bestand an "Alltagswissen" bzw. "common sense") zurückgreifen, diese situationsspezifisch anwenden und dabei in Ad-hoc-Strategien reinterpretieren." (FUCHS u.a., 1975, S. 185). Daraus ergibt sich die Bedeutung dieser relativ neuen Forschungsrichtung innerhalb des labeling approach, besonders für die informellen Reaktionsprozesse gegenüber abweichenden Verhalten.
Literatur: GARFINKEL 1967, AHRENS 1975, RÜTHER 1975

Ethnozentrismus
Befangenheit in der eigenen Kultur, die ein Verständnis anderer kultureller Muster erschwert bzw. diese stets an denjenigen der eigenen Kultur als Abweichung mißt.

Etikettierungs-Ansatz
→ labeling approach

Eufunktion
→ strukturell-funktionale Theorie
→ Dysfunktion
Beitrag eines Elements eines → sozialen Systems zu dessen Erhaltung bzw. Entwicklung. Dabei können vielen sozialen Phänomenen wie z.B. auch dem Verbrechen, sowohl eufunktionale als auch dysfunktionale Wirkungen zugeschrieben werden.
(DURKHEIM 1961, EISENBERG 1972). Eufunktionen abweichenden Verhaltens können u.a. bestehen in
– der Stützung der Norm,
– der Stärkung des Gruppenzusammenhalts gegen den Abweicher,
– dem Hinweis auf die Notwendigkeit eines Normwandels,
– der Förderung des sozialen Wandels

face validity
relativ unsicheres Verfahren zur Begründung der → Gültigkeit einer → Operationalisierung (bzw. einer Mes-

sung), indem diese nur nach Plausibilitätsüberlegungen angenommen wird. Beispiel: Automarke als Indikator für Schichtzugehörigkeit.

Falsifikationsprinzip

Prinzip der Forschungslogik im → kritischen Rationalismus, wonach Aussagen so formuliert sein müssen, daß sie durch die Erfahrung widerlegt werden können. Je weniger leicht eine Theorie falsifizierbar ist, je geringer also der Umfang der Klasse potentieller Falsifikatoren ist, (je tautologischer die Theorie ist) desto weniger brauchbar ist sie, da ihr → Informationsgehalt gegen 0 geht.

Fast-Gruppe

→ Near Group

Forensische Psychologie

(= gerichtliche Psychologie) Teilgebiet der angewandten Psychologie, das sich mit der Glaubwürdigkeit von Zeugenaussagen, der Schuldfähigkeit und dem Strafvollzug im Zusammenwirken mit den juristischen Instanzen beschäftigt. Von der Kriminalpsychologie unterscheidet sie sich insofern, als sie sich auf die Funktion wissenschaftlich-psychologischer Erkenntnisse im Rahmen der Rechtspflege bezieht, und nicht einen inhaltlichen Bereich psychologischen Erkenntnisinteresses beschreibt (KAISER u. a., 1974, S. 94).

formelle Sanktion

→ informelle Sanktion
→ Sanktion
Sanktionen, bei welchen die Art des zu sanktionierenden Verhaltens, die Sanktionshöhe, die Sanktionsagenten, ggf. erschwerende oder mildernde Umstände und Einzelheiten des Vollzugs festgelegt sind – im Gegensatz zur → informellen Sanktion.

Fremdgruppe (Außengruppe, Out-Group)

Gruppe, von der man sich (im Gegensatz zur → Eigengruppe) distanziert und die als negative → Bezugsgruppe dient.

Frustration

Behinderung, ein vorgestelltes Ziel zu erreichen.

Frustrations-Aggressions-Hypothese

Die von DOLLARD/MILLER (1939; 1961) aufgestellte Hypothese besagt, daß jede → Frustration → Aggression hervorbringt, und jeder Aggression immer Frustration vorausgeht. In Anbetracht verschiedenartiger Möglichkeiten der Verarbeitung von Frustrationen (Verdrängung, Sublimierung) ist die Hypothese in dieser strengen Determiniertheit nicht aufrechtzuerhalten, doch weist sie gegenüber triebtheoretischen Erklärungsversuchen den Vorzug der Berücksichtigung sozialer Faktoren auf, womit sich ihre Brauchbarkeit für die Soziologie des abweichenden Verhaltens ergibt.

Funktion

→ Eufunktion
→ Dysfunktion
→ strukturell-funktionale Theorie
Beitrag, den ein Teil in einem integrierten Ganzen (System) zu dessen Erhaltung und struktureller Kontinuität bzw. zu dessen Wachstum beiträgt.

Funktionalismus

→ strukturell-funktionale Theorie

Gang

→ Bandendelinquenz
→ Near-Group
Zusammenschluß mehrerer, meist Jugendlicher aus der Unterschicht zu gemeinsamen Aktionen. Wobei zwischen delinquenten, gewalttätigen und sozialen Gangs unterschieden werden kann.
Literatur: THRASHER 1936; WHYTE 1943; 1955; COHEN 1957, 1961; MILLER 1968; SHORT/STRODTBECK 1965; YABLONSKI 1962; CLOWARD/OHLIN 1960; SPRINGER 1973

Gebietsansatz
→ ökologischer Ansatz
Gegenkultur
→ Kontrakultur
Geltungsgrad (von Normen)
→ Wirkungsgrad
→ Sanktionsbereitschaft
Ausmaß, in dem die Normsetzer von der Sinnhaftigkeit und Notwendigkeit einer von ihnen aufgestellten Verhaltensforderung überzeugt sind.

Generalprävention
→ Spezialprävention
Maßnahmen, die sich auf alle potentiellen Täter beziehen und sie davon abhalten sollen, eine strafbare Handlung zu begehen (z. B. Abschreckungswirkung von Strafen).

Gleichgewichts-Theorien
→ kognitive Gleichgewichts-Theorien
Gruppe
Soziales Gebilde, bestehend aus zwei oder mehr Personen, wobei in den meisten Definitionen weiterhin davon ausgegangen wird, daß
– es sich um regelmäßige und zeitliche überdauernde Beziehungen handelt (im Gegensatz etwa zum → Mob),
– Zusammengehörigkeitsbewußtsein der Mitglieder (Wir-Gefühl) (im Gegensatz zur Sozialkategorie, z. B. der Straffälligen),
– Vorhandensein eines gemeinsamen Zieles, gemeinsamer → Normen, differenzierter Rollen.
Häufig tritt als weiteres Definitionsmerkmal hinzu, daß direkte Interaktionsbeziehungen (face-to-face-Kontakte) zwischen den Mitgliedern möglich sein müssen (Kleingruppe).
Literatur: HOMANS 1960

Gültigkeit
Gültigkeit meint die Frage, inwieweit ein Meßverfahren das mißt, was es eigentlich – vom Forscher beabsichtigt – messen soll (LAMNEK 1975, S. 11).

Da die zu untersuchenden Variablen wie z. B. kriminelles Verhalten, Häufigkeit und Intensität von Kontakten mit kriminellen Verhaltensmustern, Zugehörigkeit zu Subkulturen, sekundäre Devianz etc. nicht direkt beobachtbar sind, müssen sie in Forschungsoperationen → Operationalisierung übersetzt werden, z. B. "kriminelles Verhalten" als "Verstoß gegen Bestimmungen des StGB," "Zugehörigkeit zu einer kriminellen Subkultur" als "Akzeptierung (bestimmter) subkultureller Werte und Normen" etc. Diese Übersetzung kann nun mehr oder weniger "stimmen", d. h. der theoretisch gemeinte und der tatsächlich erfaßte Sachverhalt können mehr oder weniger voneinander abweichen – im Idealfall würde Deckungsgleichheit bestehen.
Gültigkeit setzt → Zuverlässigkeit voraus.
Literatur: PRIM/TILMANN 1973, OPP 1970, 1976, LAMNEK 1975

Habitualisierung
Prozeß, in dem ein bestimmtes Verhalten zur Gewohnheit wird, was eine Entlastung von dauerenden Entscheidungen bedeutet. Habitualisierungsprozeße können der Entstehung von (besonders informellen) → Normen vorausgehen.
Literatur: BERGER/LUCKMANN 1973, S. 56–58

Halt-Theorie
→ Kontrolltheorie
Danach ist das Auftreten abweichenden Verhaltens vom Versagen innerer- bzw. äußerer Kontrollen abhängig. Äußere Kontrollen (bzw. äußerer Halt) sind z. B. Rollenstruktur, Gelegenheiten, Status zu erreichen, soziale Bindungen etc. Elemente des inneren Halts sind u. a. hohe Frustrationstoleranz, "Innenlenkung", starke → Internalisierung gesellschaftlicher Werte und Normen,

starkes Ich und Über-Ich. Personen mit starkem inneren und äußeren Halt sind sehr wenig delinquenzgefährdet, im Gegensatz zu solchen etwa, die nur äußeren Halt (z. B. Berufsposition) aber kaum inneren Halt oder solchen, die weder äußeren noch inneren Halt besitzen; letztere sind den Zug- und Druckfaktoren mehr oder weniger schutzlos ausgesetzt. Zugfaktoren, d. h. -Kräfte, die vom abweichenden Verhalten ausgehen, also zu diesem hinziehen, sind z. b. enge Beziehungen zu Kriminellen, Vertrautheit mit delinquenten Subkulturen, Propaganda etc., Druckfaktoren üben dagegen, aus der nichtdelinquenten Umgebung kommend, einen Druck zu kriminellen Verhalten aus, z. B. Armut, Arbeitslosigkeit etc.

Literatur: RECKLESS 1961, 1962, 1964, WISWEDE 1973, S. 99–101

Hypothese

→ kritischer Rationalismus

"Empirisch gehaltvolle Aussage, die einer Klasse von Einheiten bestimmte Eigenschaften zuschreibt oder gewisse Ereigniszusammenhänge oder -folgen behauptet, d. h. das Vorliegen einer Regelmäßigkeit im untersuchten Bereich konstatiert. Sie gilt stets nur vorläufig und muß so beschaffen sein (→ Falsifikationsprinzip), daß ihre Überprüfbarkeit durch Beobachtung und Experiment gewährleistet ist" (FUCHS u. a., 1975, S. 281).

Identifikation

Verinnerlichung realer oder vorgestellter Eigenschaften eines Objekts, zumeist eines menschlichen Liebesobjekts. (FUCHS u. a. 1975, S. 286). Lerntheoretisch wird dieser Vorgang als Lernen am Modell bezeichnet.

Indikator

→ Gültigkeit

Direkt beobachtbare Phänomene (Repräsentanten), die es gestatten begründet auf nicht unmittelbar wahrnehmbare Sachverhalte zu schließen.

Beispiele: Berufsposition als Indikator für Schicht; Anzahl der Verstöße gegen das StGB als Indikator für kriminelle Belastung; Häufigkeit der Kontakte zu Kriminellen als Indikator für Zugehörigkeit zu einer kriminellen Subkultur.

Wie besonders das letztgenannte Beispiel deutlich macht, bemißt sich die Güte eines Indikators nach dessen → Gültigkeit, (Validität), d. h. inwieweit er das mißt, was er messen soll. Problematisch hierbei ist aber, daß die Gültigkeit von theoretischen Vorannahmen bestimmt wird, deren Richtigkeit nicht ohne weiteres erwiesen ist und die selektiv und unvollständig sein können.

Literatur: PRIM/TILMANN 1973, S. 55; OPP 1970, 1976

Informationsgehalt

→ Hypothese

→ Beurteilungskriterien von Theorien

→ Falsifikationsprinzip

Eine Theorie hat Informationsgehalt, wenn sie – im Gegensatz etwa zur Tautologie (z. B. a + b = b + a) – über die Realität informiert. Der Informationsgehalt ist dabei um so höher, je mehr über die Realität ausgesagt wird, d. h., je präziser die → Dann-Komponente oder je größer die Klasse der potentiellen Falsifikatoren ist. Eine Theorie, die z. B. aussagt, daß eine Person unter bestimmten Bedingungen zum Taschendieb wird, hat einen größeren Informationsgehalt als eine solche, die lediglich vorhersagt, daß er zum Verbrecher wird (die zweite Theorie ist weniger leicht falsifizierbar – die Klasse potentieller Falsifikatoren ist kleiner.) Andererseits ist der Informationsgehalt größer wenn die Bedingungen in der → Wenn-Komponente weniger spezifiziert sind.

Literatur: OPP 1970, S. 166–213, OPP 1976, S. 255–276, PRIM/TILMANN 1973, S. 70–78

informelle Sanktionen

→ Reaktionsansatz

→ Sanktionen, die nicht von speziell mit der Bestrafung abweichenden Verhaltens beauftragten Agenten (Polizei, Gericht) ausgehen bzw. deren Verabreichung nicht ausdrücklich (wie z. B. in Schul- oder Betriebsordnungen) geregelt ist.

Beispiel: Isolieren des Abweichers

Literatur: ERIKSON 1962, DAHRENDORF 1964, SPITTLER 1967

In-Group

→ Eigengruppe

Innovation

→ Anomietheorie

→ Diskrepanztheorie

Nach der Typologie MERTON's wichtigste Art abweichenden Verhaltens, die dadurch gekennzeichnet ist, daß versucht wird, die (sozio-strukturell bedingte) Diskrepanz zwischen kulturellen Zielen und legitimen Mitteln zur Erreichung dieser Ziele durch Anwendung illegitimer Mittel zu beseitigen. Die bisherigen Mittel (Normen) werden durch (aus der Sicht des Täters) neue ersetzt.

Insassen-Kultur

→ Subkultur

Bezeichnung für die Subkultur der Gefangenen. Dabei ist strittig, inwieweit subkulturelle Werte in das Gefängnis von außen (aus der Subkultur der Kriminellen) hineingetragen wurden oder innerhalb der Gefängnisgesellschaft mehr oder weniger autochthon entstanden sind.

Literatur: CLEMMER 1958

Institution

Relativ verfestigte normative Schemata die angeben was in einer bestimmten Gesellschaft auf welche Art zu tun ist.

Sie sind zentriert um grundlegende Bedürfnisse und üben eine Entlastungsfunktion für das Individuum aus. (Beispiel: Rechtswesen, Ehe, Familie).

Literatur: BERGER/LUCKMANN 1969

Interaktion

Wechselseitiges, aufeinanderbezogenes Verhalten von Personen und Gruppen unter Verwendung gemeinsamer Symbole, wobei eine Ausrichtung an den Erwartungen der Handlungspartner aneinander erfolgt.

Interaktionismus

→ symbolischer Interaktionismus

Internalisierung

Prozeß, in dessen Verlauf eine Person Einstellungen, Werte, Motive, Normen und Erwartungen anderer Personen (Eltern, Lehrer, Freunde etc.) bzw. über diese vermittelt, gesellschaftliche Verhaltensmuster übernimmt, die dann Bestandteil der eigenen Persönlichkeit werden.

klassische Schule (der Kriminologie)

Aus der Aufklärung sich entwickelnde theoretische Überlegungen zu Fragen der Kriminalität und des Justizwesens. Die Menschen werden als für ihre Taten eigenverantwortliche Individuen gesehen, die aber von spezifischen Umständen in ihrer Entscheidungsfreiheit eingeschränkt sind. Im Mittelpunkt der Überlegungen steht daher weniger der Täter (siehe physische oder psychische Konstitution, sein Lebensschicksal etc.) sondern die Tat, die angemessen und in ihrem Bezug zur Sozialschädlichkeit zu bestrafen ist, und nicht länger der Willkür des Gerichtswesens überlassen bleiben soll.

Literatur: VOLD 1958, SCHNEIDER 1974, KAISER 1976

Kognitive Gleichgewichts-Theorien

→ Neutralisierungstechniken

Kognitive Gleichgewichts- oder Konsistenz-Theorien gehen davon aus, daß

logisch bzw. psycho-logisch unvereinbare Wahrnehmungen Spannungen verursachen, die durch ein Streben nach Konsistenz zu reduzieren sind. Konsistenz (sowohl zwischen den einzelnen Komponenten einer → Einstellung gegenüber einem Objekt oder verschiedenen kognitiven Elementen) läßt sich auf verschiedene Weise erzielen, z.B. durch Hinzufügung neuer kognitiver Elemente, die helfen sollen, ein ausgewogeneres Verhältnis zwischen den einzelnen Wahrnehmungen herzustellen.
Literatur: FESTINGER 1957, SYKES/MATZA 1968

Kollektivbewußtsein

"Die Gesamtheit der gemeinsamen religiösen Überzeugungen und Gefühle im Durchschnitt der Mitglieder einer gleichen Gesellschaft bildet ein bestimmtes System, das sein eigenes Leben hat; man könnte es das gemeinsame oder Kollektivbewußtsein nennen" (DURKHEIM 1977, S. 121).

Das Kollektivbewußtsein tritt dem einzelnen Menschen mit einer zwingenden, normativen Kraft gegenüber, es drängt sich ihm in den Prozessen der → Enkulturation und → Sozialisation auf und läßt ihn so erst zum sozialen Wesen werden.

Komplex

"Gruppe zusammenhängender bzw. durch einen Affekt zusammengehaltener, mit Gefühlen meist peinlicher Art verbundenen Vorstellungen, die oft unbewußt bleiben" (DORSCH 1970, S. 223).

Konformität

Im weitesten Sinne bedeutet Konformität die Verringerung von Verschiedenheit durch soziale Einflüsse, sie ist ein Ergebnis erfolgreicher sozialer Beeinflussung, doch wäre es einseitig, sie nur unter dem Aspekt des Gruppendruckes zu sehen, da sie sowohl der Orientierungshilfe und Orientierungserleichterung dient, als auch ein Mittel zu Erreichung individueller oder kollektiver Ziele darstellt (z.B. Anerkennung oder Erreichung von Gruppenzielen).

Eine Gegenüberstellung von Konformität und Non-Konformität scheint nicht ausreichend; so sollte zum einen danach unterschieden werden, ob konformes Verhalten rein äußerlich bleibt und auf Zwang oder Bestechung beruht, oder ob echte Konformität vorliegt, d.h. ob die Gruppennormen verinnerlicht wurden (→ Internalisierung), zum anderen ob nonkonformes Verhalten aus Unabhängigkeit von der Norm resultiert, oder Ausdruck von Antikonformität darstellt, d.h. die Gruppe als negative Bezugsgruppe gilt, der Normbruch also um seiner selbst willen begangen wird (vgl. z.B. COHEN 1961, 1968).
Literatur: PEUCKERT 1975

Kontaminationstheorie

Theorie in der sozialistischen Kriminologie wonach das Fortbestehen der Kriminalität als Folge von schädlichen Einflüssen aus dem kapitalistischen Ausland betrachtet wird (EISENBERG 1972, S. 32).
Literatur: FRIEBEL, W. u.a. 1970

Kontrollgruppe

Um festzustellen, ob eine unabhängige Variable (z.B. chromosomale Aberration) als Kausalfaktor auf eine abhängige Variable (z.B. erhöhte Aggressionsneigung) wirkt werden zwei Gruppen (z.B. mittels Zufallsauswahl) gebildet, die sich mit Ausnahme der unabhängigen Variablen in jeder anderen relevanten Beziehung gleichen sollen. In der Experimentalgruppe befinden sich also z.B. Individuen mit abnormer Kombination der Geschlechtschromosomen, in der Kontrollgruppe solche mit normaler Kombination. Läßt sich in der Experimentalgruppe eine signifikant größere Aggressionsbereitschaft nachweisen, so kann dies (mit Hilfe des Kontrollgruppenexperiments) allein auf die unabhängige Variable zurückgeführt werden.

(psychodynamische) Kontrolltheorien
→ Halt-Theorie
Theorien in der psychoanalytischen Tradition die den Lebenslauf eines Individuums oder seine augenblickliche Situation für die Ursache der Unterschiedlichkeit der Trieb und Kontrollvariablen halten" (COHEN 1968a, S. 9). Als Ursachen kriminellen Verhaltens werden Ich- bzw. Über-Ich-Schwächen (aufgrund defizitärer Sozialisation) oder übermäßige Hemmungen angesehen.

Kontrakultur
Subkulturen in welchen das Konfliktelement zur Gesamtkultur zentral ist, in der die Gruppennormen eine (negative) Reaktion auf die Normen der Gesamtgesellschaft darstellen und in welchen bestimmte Persönlichkeitsvariablen bzw. deren Ausprägung unmittelbar bestimmend sind für die Wahl des "Themas" dieser Kultur (YINGER 1960).

Korrelation
→ Korrelationskoeffizient
→ Scheinkorrelation
gemeinsames Auftreten oder gemeinsames (gleich- oder gegensinniges) Variieren von zwei oder mehr Merkmalen bzw. → Variablen, wie z.B. Körpergröße und Gewicht oder Schichtzugehörigkeit und Häufigkeit der Kontakte mit kriminellen Verhaltensmustern. Die Korrelation von Merkmalen läßt keine Aussagen über kausale Zusammenhänge zu. Dies ist Aufgabe der Theorie und/oder weitergehender Analysen und Interpretationen.

Korrelationskoeffizient
→ Korrelation
Maßzahl für die Stärke eines Zusammenhanges von zwei oder mehr → Variablen. Je nach Qualität der vorliegenden Daten (ob nominal-, ordinal- oder intervallskaliert) erfolgt die Wahl des Koeffizienten, dessen Wertebereich in der Regel sich von −1 über 0 bis +1 erstreckt.

Kriminalprognose
→ Prognosetafeln
Vorhersage kriminellen (bzw. nichtkriminellen) Verhaltens mittels auf empirischer Basis (→ Mehrfaktorenansatz → Prognosetafeln) ausgewählter Vorhersagevariablen, woraus Wahrscheinlichkeiten für den Rückfall errechnet werden.
Literatur: KAISER u.a. 1974, S. 181–189, KAISER 1976, S. 121–131, WOLFF 1971

Kriminalsoziologie
→ Kriminologie
Teilbereich der Soziologie zur Erklärung kriminellen Verhaltens als Teilklasse des → abweichenden Verhaltens, wobei kriminalitätsverursachende und kriminalitätsdefinierende soziale Ursachen im Vordergrund der Betrachtung stehen.
Literatur: SACK/KÖNIG 1968

Kriminalstatistik
→ Dunkelziffer
→ Selektivität der Strafverfolgung
Amtliche Veröffentlichungen, die die Ergebnisse staatlicher Strafverfolgungstätigkeit enthalten. (KAISER u.a. 1974, S. 189). Die Kriminalstatistik spiegelt aber nur bedingt die tatsächliche Häufigkeit und Verteilung des Verbrechens wider, da eine Reihe von Faktoren (Aufklärungsquote, Verfolgungsselektivität, Verhalten der Kontroll- und Sanktionsinstanzen, Manipulationen etc.) in sie eingehen können.

Literatur: KERNER 1973, KAISER u. a.
1974

Kriminologie
→ Kriminalsoziologie
Empirische Wissenschaft von den Ursachen, Erscheinungsformen und Wirkungen des Verbrechens in der Gesellschaft, sowie dessen Bekämpfung (Prozesse der sozialen Kontrolle). Dazu bedient man sich der Beiträge verschiedener Einzelwissenschaften wie Biologie, Humangenetik, Psychologie, Sozialpsychologie, Soziologie, Jurisprudenz, Wirtschaftswissenschaften u. a., was Probleme der Integration der verschiedenen Disziplinen (unterschiedliche Begriffe, Methoden, Theorien) aufwirft.
Literatur: KAISER u. a. 1974; KAISER
1976; SCHNEIDER 1974; GÖPPINGER
1973

kritischer Rationalismus
→ Falsifizierbarkeit
Wissenschaftstheoretische Position, die von einer grundsätzlichen Skepsis gegenüber als absolut behaupteten Wahrheiten (wie z. B. religiösen Heilslehren oder politischen Doktrinen) ausgeht, und Aussagen über die Realität nur dann als sinnvoll anerkennt, wenn sie so formuliert sind, daß sie prinzipiell durch die Erfahrung widerlegt werden können (→ Falsifizierbarkeit), was auch die Forderung nach intersubjektiver Überprüfbarkeit und Wertfreiheit einschließt.
Literatur: PRIM/TILMANN 1973, OPP
1970, 1976, TOPITSCH 1966

Kulturkonflikt-Theorie
→ Subkultur
Theorie zur Erklärung → abweichenden Verhaltens aus dem Aufeinanderprallen bzw. den Inkongruenzen verschiedener Kulturen (Beispiel: Immigranten und Eingesessene)
Literatur: SELLIN 1938

Labeling Approach (Reaktionsansatz, Etikettierungsansatz; Definitionsansatz)
→ Symbolischer Interaktionismus
→ radikale Position
Neuerer Ansatz der Soziologie abweichenden Verhaltens, der – im Gegensatz zu den bisher dominierenden → ätiologischen Ansätzen ("alte" Kriminologie) – Kriminalität in erster Linie von den Reaktionen und Sanktionen der Gesellschaft her beschreibt; demzufolge ist Devianz keine im Handeln des betrachteten Täters auffindbare Qualität, sondern eine Konsequenz der Anwendung von Regeln und Sanktionen auf den Täter, (RÜTHER 1975, S. 2) der damit etikettiert (gelabelt) wird. Interessen- und Forschungsschwerpunkte sind das Verhalten von informellen und formellen Kontroll- und Sanktionsinstanzen wie Sozialfürsorge, Polizei und Gericht.
Als substantielle soziologische Theorie des labeling approach gilt der → symbolische Interaktionismus.
Literatur: AHRENS 1975, RÜTHER 1975,
LAMNEK 1977; BECKER 1973, SACK
1969, 1972, 1973 a, 1973 b

Lerntheorie
→ Verhaltenstheorie

Makro-Soziologie
→ Mikro-Soziologie
Teilgebiet der Soziologie, das die Gesellschaft als Gefüge von Sozialgebilden, die auf institutionalisierten Verhaltensmustern beruhen, sowie Phänomene des sozialen Wandels zum Gegenstand ihrer Betrachtungsweise macht (z. B. Verbände, Organisationen, Klassen, Schichten, Normen, usw.), und auf die Zuhilfenahme psychologischer Erklärungsansätze verzichtet, also z. B. die Analyse von Interaktionsbeziehungen, Motivationen einzelner, usw. ausklammert (→ Mikro-Soziologie).

Während z. B. die Anomie-Theorie eindeutig makrosoziologischen Erklärungsansätzen zuzuordnen ist schließen einige subkulturelle Theorien auch mikrosoziologische Überlegungen ein.

Mehrfaktorenansatz

Ansatz zur Erklärung abweichenden Verhaltens, der davon ausgeht, daß Delinquenz durch das Zusammenwirken mehrerer verschiedenartiger Faktoren verursacht wird (z. B. biologische Faktoren, Familiensituation, schulischer und beruflicher Werdegang u. a. m.). Die Schwäche dieser Ansätze liegt vor allem darin, daß man sich mit einer Darstellung der Faktoren begnügt und kaum Versuche zu ihrer Integration unternommen werden.

Literatur: GLUECK/GLUECK 1959, 1963

Methodologie

"Analyse der wissenschaftlichen Methoden, besonders im Hinblick auf die wissenschaftlichen und theoretischen Ziele ihrer Anwendung" (FUCHS u. a. 1975, S. 440).

Literatur: OPP 1970; 1976; PRIM/TILMANN 1973

Middle-Range-Theory

Theorie mittlerer Reichweite, im Gegensatz zu umfassenden Ansätzen wie etwa der → strukturell-funktionalen Theorie.

Beispiel: Subkulturtheorie, Anomietheorie, Theorien differentiellen Lernens

Literatur: MERTON 1951, 1957, 1969

Mikro-Soziologie

→ Makro-Soziologie

Teilgebiet der Soziologie, das sich mit der Analyse kleiner Interaktionseinheiten, deren Mitglieder in direktem, persönlichen Kontakt miteinander stehen, befaßt, und auch Einstellungen, Motive, Gefühle usw., soweit sie von strukturellen Bedingungen in der Gruppe abhängen, miteinbezieht, womit sich

fließende Übergänge zur Sozialpsychologie ergeben.

Literatur: HOMANS 1960

Milieutheorien

Theorien abweichenden Verhaltens, die (im Gegensatz zu → anthropogenetischen Ansätzen) Faktoren der (sozialen und nicht-sozialen) Umwelt als Entstehungsbedingungen für Kriminalität ansehen. Milieutheorien schließen also soziologische Ansätze ein, beschränken sich aber nicht auf diese.

MMPI (= Minnesota Multiphasic Personality Inventory)

Persönlichkeitstest, bestehend aus einem Fragebogen mit 550 Behauptungen, zu welchen sich der Proband (zustimmend, indifferent oder ablehnend) äußern soll. Die Items beziehen sich auf eine Vielzahl von Bereichen wie Beruf, Familie, Erziehung, auf Phobien, Affekte und Zwangszustände, auf maskuline, feminine, sadistische, masochinistische u. a. Tendenzen sowie auf die körperliche Befindlichkeit (Herz, Magen, Nerven).

Mob

→ Near-Group

Größere Menge von Menschen, sozial unstrukturiert und in einem Zustand emotionaler Erregung, die sich in ungeplanten destruktiven Akten manifestiert (Lynchjustiz, Plünderungen). Die Bildung eines Mobs kann von strukturierten Gruppen (z. B. → Gangs) initiiert sein bzw. um diese erfolgen, doch kann diesem "Kern" leicht die Kontrolle entgleiten.

Mobilität

Bewegungen von Personen oder Gruppen zwischen sozialen Positionen innerhalb sozial relevanter Schichtungsdimensionen. Vertikale Mobilität bezeichnet dabei Bewegungen zwischen Positionen, die mit unterschiedlichem Prestige ausgestattet, also als soziale

Aufstiegs- oder Abstiegsprozesse darstellbar sind.

Modalkonformität

Für die Beurteilung eines Verhaltens als abweichend ist das Überschreiten gewisser Toleranzgrenzen entscheidend – ein bestimmter Betrag an Abweichung kann also durchaus erwartet sein (Beispiel: Mode) und allzu starres Festhalten an einer Norm kann als abweichend empfunden werden (Beispiel: Ritualismus, Dienst nach Vorschrift), so daß eher von einem breiten Bereich modaler oder normaler Konformität auszugehen ist, der begrenzt ist einerseits durch eine extreme Non-Konformität, andererseits durch eine extreme Überkonformität (WISWEDE 1973, S. 23–26).

Muß-Normen

Rechtlich kodifizierte Normen mit hoher Verbindlichkeit, deren Übertretung hohe (formelle) Sanktion nach sich zieht (Beispiel: StGB).

Near-Group

→ soziale Unfähigkeit
Nach YABLONSKI (1963; 1973) Mittelgebilde zwischen (organisierten und strukturierten) soziologischen → Gruppen und unstrukturierten Zusammenrottungen (→ Mob). Die Near-Group ist die typische Organisationsform jugendlicher → Gangs und ist u. a. gekennzeichnet durch Unbeständigkeit, diffuse Rollendefinition, ungeklärte Führung, geringe Gruppenkohäsion und vorwiegend emotional motiviertes Verhalten, und kommt damit den begrenzten sozialen Fähigkeiten ihrer Mitglieder entgegen.

"Neue" Kriminologie

→ labeling approach
Nicht-ätiologisch orientierte Theorieansätze in der Kriminalsoziologie.
Literatur: OPP 1972 a

Neurose

Funktionsstörungen, die von Erlebnis-, Verhaltens- und körperlichen Symptomen (z. B. Ekel, Schwindelgefühle) begleitet und nicht auf körperliche Ursachen zurückführbar sind. Sie beruhen nach der Neurosentheorie auf Fehlanpassungen an Erfordernisse der sozialen Umwelt oder auf inneren Konflikten, woraus sich Angst und in deren Gefolge neurotische Symptome herausbilden. Nach der psychoanalytischen Auffassung sind traumatische Kindheitserlebnisse zentral für die Herausbildung neurotischer Störungen.
Nach Ursachen und Symptomen differenziert lassen sich verschiedene Arten von Neurosen, wie z. B. Angstneurosen, Verfolgungsneurosen, Organneurosen u. a. unterscheiden.
Literatur: BALLY 1961

Neutralisierungstechniken

→ kognitive Gleichgewichts-Theorien
Bei der These der Neutralisierungstechniken (SYKES/MATZA 1968) handelt es sich um eine Anwendung der kognitiven Gleichgewichtstheorien auf die Situation jugendlicher Rechtsbrecher, die zumindest teilweise die herrschenden gesellschaftlichen Normen verinnerlicht (→ Internalisierung) haben. Für die Delinquenten ergibt sich damit die Notwendigkeit, diesen Widerspruch hinwegzurationalisieren, zu eliminieren, wozu eine Reihe von (subkulturell vermittelten) Techniken zur Verfügung stehen.

nomologisch

Eine Hypothese wird als nomologisch (d. h. als Gesetzeshypothese) bezeichnet, wenn sie eine raum-zeitlich unbeschränkte Aussage darstellt, d. h. wenn der in ihr behauptete Sachverhalt oder Zusammenhang immer, unabhängig von bestimmten raum-zeitlichen Konstellationen gilt. Bei den meisten Hypothesen in den Sozialwissenschaften handelt es sich jedoch nicht um nomologi-

sche Aussagen sondern nur um Quasi-Gesetze, d. h. um solche mit raum-zeitlicher Einschränkung.
Literatur: OPP 1976, S. 73 ff.

nonkonformes Verhalten
→ abweichendes Verhalten, das im Gegensatz zum → aberranten Verhalten auch die Gültigkeit der verletzten Regel bestreitet. Dabei kann weiter zwischen Unabhängigkeit und Anti-Konformität (→ Konformität) unterschieden werden; bei letzterer dient die entsprechende Gruppe als negative → Bezugsgruppe.
Beispiel für nonkonformes Verhalten: politisch motivierte Kriminalität.

Norm
→ abweichendes Verhalten
→ Konformität
Verhaltenszumutung, Vorstellung von einem Verhalten, das in bestimmten Situationen von bestimmten Positionsinhabern erwartet wird und deren Mißachtung → Sanktionen nach sich zieht.

Ödipuskomplex
→ Elektrakomplex
Nach der psychoanalytischen Theorie ein in der phallischen Phase (4.–6. Lebensjahr) auftauchender → Komplex beim männlichen Kind, der aus einer übermäßigen Bindung an die Mutter und Eifersucht und Haß auf den Vater, der als Rivale empfunden wird, entsteht, sich in Schuldgefühlen und emotionalen Konflikten äußert und im Verlauf der normalen Entwicklung verarbeitet werden muß.
Literatur: BALLY 1961, S. 47

ökologischer Ansatz (Area Approach)
→ Subkultur
Nach dem aus der → Chicagoer Schule hervorgegangenen ökologischen Ansatz determiniert die ökologische Situation eines Wohngebietes (Infrastruktur, Qualität der Wohnungen, Versorgung mit Geschäften etc.) die räumliche Verteilung bzw. die Art kriminellen Verhaltens, indem sie sowohl die Formung der Täterpersönlichkeit beeinflußt als auch unterschiedliche Gelegenheiten zur Begehung von Straftaten schafft.
Literatur: SHAW/MCKAY 1969

Operationalisierung, operationale Definition
Da es sich in den Sozialwissenschaften vorwiegend um indirekt beobachtbare Phänomene handelt (z. B. Aufklärungsquote, Gruppenkohäsion, Sozialstruktur), ist die Angabe von Operationen oder Techniken erforderlich, mit deren Hilfe entscheidbar ist, ob das mit dem entsprechenden Begriff bezeichnete Phänomen vorliegt. Beispielsweise kann das Phänomen "Gruppenkohäsion" durch das Verhältnis von gegenseitigen Wahlen der Gruppenmitglieder zu den einseitigen Wahlen operational definiert werden: Je größer der Quotient, desto größer die Gruppenkohäsion, die Aufklärungsquote als Quotient aus den aufgeklärten Straftaten zu den den Verfolgungsbehörden bekanntgewordenen Straftaten usw.
Sowohl Begriffe mit direkten empirischen Bezug (z. B. Anzahl der Gruppenmitglieder, Anzahl der Verstöße gegen Strafrechtsnormen) als auch solche mit indirekten empirischen Bezug (z. B. Anomie) müssen operational definiert werden, was bei letzteren mit erheblichen Schwierigkeiten verbunden sein kann – sind doch in diesem Fall – theoretisch begründet – direkt wahrnehmbare Ersatzgrößen oder → Indikatoren zu bestimmen, mit deren Hilfe auf das nicht unmittelbar wahrnehmbare Phänomen geschlossen werden kann. Dabei stellt sich die Frage nach der → Gültigkeit der Indikatoren bzw. der entsprechenden operationalen Definition.

Opferbefragung

→ Dunkelziffer
→ Viktimologie
→ Täterbefragung
Methode zur Ermittlung der → Dunkelziffer. Eine bestimmte Population wird danach gefragt, ob und welche Arten abweichenden Verhaltens gegen sie begangen wurde. Die → Gültigkeit der Ergebnisse ist jedoch nicht unumstritten (OPP 1974, S. 58 ff.).

Out-Group
→ Fremdgruppe

Pönologie
Lehre von den Erscheinungs- und Vollstreckungsformen staatlicher Strafaktionen auf empirisch-wissenschaftlicher Grundlage.
Literatur: KAISER u. a., 1974

Polizeisoziologie
Soziologische Teildisziplin, die sich mit der Untersuchung polizeilicher Organisation und Tätigkeit befaßt, wobei sich besonderes Interesse auf die Selektivität der Verfolgung sowie auf ihre "Definitionsmacht" richtet.
Literatur: FEEST/LAUTMANN 1971; FEEST/BLANKENBURG 1972

Prävention
→ Spezialprävention
→ Generalprävention

Präzision (von Theorien bzw. Begriffen)
Beurteilungskriterium für wissenschaftliche Theorien und Hypothesen bzw. die darin verwendeten Begriffe. Präzision bedeutet, daß intersubjektive Klarheit darüber besteht, welche Tatbestände unter den jeweiligen Begriff fallen.
Literatur: OPP 1970, S. 135–157; 1976, S. 226–234

Primäre Devianz
→ sekundäre Devianz
Nach Auffassung von LEMERT Abweichung aufgrund verschiedener Ursachen (z. B. Sozialisationsdefizite, Zuge-

hörigkeit zu einer Subkultur etc.), jedoch nicht aufgrund von gesellschaftlichen Reaktionen.

probabilistische Beziehungen
→ deterministische Beziehungen
Probabilistische oder stochastische Beziehungen zwischen Variablen liegen dann vor, wenn der Zusammenhang zwischen ihnen nicht sicher, sondern nur mehr oder weniger wahrscheinlich ist, also z. B. "Wenn A dann wahrscheinlich (z. B. mit einer Wahrscheinlichkeit von 0,8) B". In den Sozialwissenschaften handelt es sich in der Regel immer um probabilistische Beziehungen.

Prognose
→ Kriminalprognose

Prognosetafeln
→ Kriminalprognose
→ Mehrfaktorenansatz
Der Zweck von Prognosetafeln besteht darin, aufgrund der Häufung bestimmter Merkmale (= krimogener Faktoren) wie Kriminalität eines Elternteils, Geistesschwäche, schulisches Versagen u. a. m. Voraussagen über die Wahrscheinlichkeit des weiteren kriminellen bzw. nicht-kriminellen Verhaltens eines Straftäters zu machen. Die Faktoren werden durch den Vergleich von delinquenten Gruppen gewonnen, die das vorauszusagende Verhalten (z. B. Rückfall oder Schwerkriminalität) aufweisen bzw. nicht aufweisen. Die Treffsicherheit der Voraussage mittels der Prognosetafeln wird jedoch z. T. skeptisch beurteilt, was auch mit dem dieser Methode zugrundeliegenden theorielosen → Mehrfaktorenansatz zusammenhängen dürfte. "Das in den Prognosetafeln zum Ausdruck gelangende Bild der Straffälligkeit trägt sowohl der unterschiedlichen Komplexität und Dynamik des Rechtsbruchs als auch der vielschichtigen Umweltlage in

der Risikozeit nicht genügend Rechnung" (KAISER 1976, S. 128).

Literatur: GLUECK/GLUECK 1956, 1959, 1963; KAISER u.a. 1974, S. 181–189; KAISER 1976, S. 121–131; WOLFF 1971

Prophylaxe

→ Verbrechensprophylaxe

psychologischer Zwang (Theorie vom psychologischen Zwang)

→ Generalprävention

Auf A. v. FEUERBACH zurückgehende Auffassung, wonach der Sinn der Strafe darin liegt, bei potentiellen Tätern so starke Unlustgefühle zu erzeugen, daß sie von der Begehung einer strafbaren Handlung abgehalten werden. Konsequenterweise muß sich damit die Strafhöhe nicht nach der Höhe der Schuld, sondern nach der Stärke des Tatanreizes richten.

Psychose

Relativ schwerwiegende Störungen der geistigen und psychischen Funktionen, durch die der Bezug zur Realität verlorengeht, z.B. Wahnvorstellungen, Zwangshandlungen oder Halluzinationen.

Radikaler Ansatz

→ labeling approach

Von SACK vertretene Spielart des → labeling approach, wonach das Auftreten abweichenden Verhaltens allein durch Definitions- und Etikettierungsprozesse bestimmt wird, woraus konsequenterweise die Ablehnung jeglicher Ursachenforschung gefolgert wird.

Literatur: SACK 1969, OPP 1972a, RÜTHER 1975, LAMNEK 1977

Rationalisierung

→ kognitive Gleichgewichtstheorien

→ Neutralisierungstechniken

Im engeren Sinne versteht man unter Rationalisierung einen Abwehrmechanismus im Sinne der Psychoanalyse: "verbotenen" Gedanken, Gefühlen

oder Verhaltensweisen wird eine "vernünftige" Erklärung zu ihrer Rechtfertigung unterschoben. Im weiteren Sinne kann man unter Rationalisierung die Suche nach Begründungen zur Rechtfertigung inkonsistenter Kognitionen bzw. Verhaltensweisen verstehen. Insofern stellen die → Neutralisierungstechniken (SYKES/MATZA 1968) Rationalisierungen dar.

Reaktions-Ansatz

→ labeling approach

Rebellion

→ Anomietheorie

→ Diskrepanztheorie

Nach der Typologie MERTON's eine Art abweichenden Verhaltens, die dadurch charakterisiert ist, daß bestehende kulturelle Ziele als auch institutionalisierte Normen abgelehnt und durch andere ersetzt werden.

Rechtspositivismus

Rechtsphilosophische Auffassung, wonach alles Recht positiv, d.h. vom Menschen gesetzt und demzufolge veränderbar ist, es also keine absolut gültigen rechtlichen Normen (Naturrecht) gibt.

Reliabilität

→ Zuverlässigkeit

Repräsentativität (von Stichproben)

Eigenschaft von Zufallsstichproben, die die Struktur der Gesamtheit, aus der sie entnommen wurden, widerspiegeln. Schlüsse von einer Stichprobe auf die Gesamtheit erfordern das Vorliegen einer Zufallsauswahl, bei der sich der Stichprobenfehler berechnen läßt und bei der jedes Element die gleiche Chance hat, in die Auswahl zu gelangen.

Ritualismus

Nach der Typologie MERTON's Versuch der Anpassung an eine anomische Situation (Diskrepanz von Zielen und institutionalisierten Mitteln) durch Aufgabe der Ziele und Festhalten an den Mitteln (Normen).

Rolle
Bündel von Erwartungen, die dem Inhaber einer sozialen Position (z.B. Polizist, Familienvater, Vereinsvorsitzender) entgegengebracht werden.
Literatur: FUCHS u.a. 1975, S. 572ff; DAHRENDORF 1964

Rorschach-Test
projektiver Persönlichkeitstest zur Ermittlung des charakterlichen und intellektuellen Struktur. Einer Versuchsperson werden 10 Tafeln mit symmetrischen (teils ein-, teils mehrfarbigen) Klecksen vorgelegt, die sie deuten soll. Dabei wird besonders das Eingehen der Vp auf ganzheitliche oder Teilerfassung, auf Form-, Bewegungs- und Farbelemente sowie die Art der von ihr gesehenen Inhalte u.a.m. beachtet (DORSCH 1970; S. 509).

Rudimenttheorie
Theorie in der sozialistischen Kriminologie, wonach das Fortbestehen der Kriminalität in den sozialistischen Ländern auf die Überbleibsel (= Rudimente) des kapitalistischen Denkens zurückgeführt werden (EISENBERG 1972, S. 32).
Mit der Entwicklung des Sozialismus und der dennoch feststellbaren Zunahme der Kriminalität, verliert diese Theorie jedoch an Erklärungskraft.

Rückzug
→ sozialer Rückzug

Sanktion
Gesellschaftliche Reaktion sowohl auf konformes (positive Sanktionen) als auch auf abweichendes Verhalten (negative Sanktionen). Die Funktion von Sanktionen besteht in der Durchsetzung der Konformität gegenüber Normen, obgleich die Sanktionierung allein noch keine Normbefolgung garantiert (wenn z.B. die durch die Normverletzung erreichbaren Belohnungen gewichtiger erscheinen als die möglichen

Bestrafungen). Je nach der Regelung der Sanktionierung kann zwischen → formellen und → informellen Sanktionen unterschieden werden.
Literatur: SPITTLER 1967

Sanktionsbereitschaft
→ Geltungsgrad
→ Wirkungsgrad
Bereitschaft zur Verfolgung eines Normbruchs.

Scheinkorrelation
→ Korrelation
Korrelation von zwei Variablen, die auf das Wirken einer dritten zurückgeht. Solche Scheinkorrelationen mögen offensichtlich sein und falsche Interpretationen ausschließen (z.B. wird niemand die Anzahl der Feuerwehrautos als ursächlich für die Höhe des Brandschadens ansehen, sondern die Stärke der Zerstörung durch das Feuer), sind aber häufig auch nicht ohne weiteres erkennbar (z.B. war GORING der Auffassung, daß die von ihm festgestellte körperliche Unterlegenheit der Kriminellen genetisch bedingt sei, letztlich also biologische Merkmale Kriminalität verursachen, anstatt soziale Faktoren (Schichtzugehörigkeit) als Verursacher sowohl der körperlichen Unterlegenheit (schlechtere Ernährung, ungünstigere Gesundheitsfürsorge) als auch der stärkeren kriminellen Belastung in Erwägung zu ziehen, die Beziehung zwischen körperlicher Unterlegenheit und Kriminalität also als Scheinkorrelation zu betrachten.

Schicht
"Bevölkerungsgruppe, deren Mitglieder bestimmte gemeinsame Merkmale besitzen und sich dadurch von anderen Bevölkerungsgruppen in einer als hierarchischem Gefüge vorgestellten → Sozialstruktur unterscheiden" (FUCHS u.a. 1975, S. 586).
Als wichtige gemeinsame Merkmale

werden vor allem Berufsposition, Bildungsgrad und Einkommen angesehen; aus ihren jeweiligen Ausprägungen läßt sich für eine Person ein Schichtindex berechnen. Konventionellerweise findet sich eine Einteilung in Ober-, Mittel- und Unterschicht. Bezogen auf Kriminalität und abweichendes Verhalten wurde wiederholt ein überproportionaler Anteil von Unterschichtangehörigen am Personenkreis aller Straftäter festgestellt. Dies hängt von verschiedenen Faktoren ab wie z. B. von der → Selektivität der Strafverfolgung, der Bagatellisierung der → Wirtschaftskriminalität aber auch von der schichtspezifischen Sozialisation (→ Unterschichtsozialisation), der ungünstigeren Versorgung mit Dienstleistungen und kulturellen Angeboten, verstärkten Frustrationserfahrungen (verglichen mit der Mittelschicht) (→ Frustrations-Aggressions-Hypothese), Arbeitslosigkeit bzw. unsichere Berufsposition, eigenen subkulturellen Werten und Normen, die denen der Mittelklasse teilweise widersprechen (→ Unterschichtkulturthese) u. a. m.

Sekundäre Devianz

LEMERT unterscheidet zwischen der aufgrund verschiedener Ursachen zustandegekommenen → primären Devianz und der aufgrund gesellschaftlicher Reaktionen und Rollenzuschreibungen erfolgten sekundären Devianz. Diese Reaktions- und Zuschreibungsprozesse können eine Konsequenz primärer Abweichungen sein, müssen es aber nicht, denn jemandem kann auch irrtümlich das Etikett "abweichend" verliehen werden.

Selektivität der Strafverfolgung

→ Kriminalstatistik
Die faktische Kriminalität spiegelt sich weder in der Kriminalstatistik genau

wider, noch entspricht die Zahl der abgeurteilten Täter der der ermittelten oder überhaupt vorhandenen (vgl. die als Abb. 28 am Ende dieses Bandes gegebene Darstellung).
Literatur: KERNER 1973

Signifikanz, Signifikanztest

Sicherheit (bzw. Wahrscheinlichkeit) mit der empirisch festgestellte Unterschiede zwischen Stichproben (bzw. zwischen Kontroll- und Experimentalgruppen (z. B. Nicht-delinquente und delinquente Jugendliche)) sowie bestimmte Maßzahlen (z. B. Korrelationskoeffizienten) nicht zufällig aufgrund der Stichprobenvariabilität auftreten, sondern als kennzeichnend für die untersuchten Stichproben bzw. Grundgesamtheiten angesehen werden können. Für die Signifikanzprüfung wird dabei von der Nullhypothese ausgegangen, d. h. von der Behauptung, daß zwischen den Stichproben bzw. deren Mittelwerten kein Unterschied besteht, oder daß beobachtete Differenzen zufällig sind.

Social Disability

→ soziale Unfähigkeit

Soll-Normen

Verbindliche Normen bei deren Mißachtung zwar keine offiziellen Sanktionsinstanzen (Polizei, Gerichte) einschreiten, die jedoch anderweitig sanktioniert sind.
Beispiel: Nachlässige äußere Erscheinung bei einem Inhaber gehobener Berufsposition
Literatur: DAHRENDORF 1964

Soziale Kontrolle

→ Kontrolltheorien
→ Sanktion
Prozesse und Mechanismen zur Verhinderung oder Einschränkung → abweichenden Verhaltens in einer Gesellschaft. Dies geschieht durch positive Sanktionierung konformen und negative Sanktionierung nonkonformen Ver-

haltens. Da rein äußerliche Kontrollen aber ineffektiv sind müssen durch Sozialisations- und Enkulturationsprozesse verinnerlichte (→ Internalisierung) Kontrollinstanzen hinzutreten (Gewissensbildung) die z. B. interne positive Gratifikationen (gutes Gewissen) bei konformem Verhalten gewähren oder nonkonformes Verhalten durch Schuldgefühle bestrafen.

soziales System
Mehrzahl von aufeinander bezogen handelnder Personen und Organisationen (z. B. Schule, Gefängnis, Gemeinde, kriminelle Gang usw.). ”Ein soziales System läßt sich als System von → Rollen analysieren, die einerseits arbeitsteilig an den essentiellen Systemproblemen orientiert sind, andererseits durch ihre institutionelle Verankerung die Regelmäßigkeit von Interaktionsmustern erst begründen, also die Struktur des sozialen Systems definieren. Der Begriff des sozialen Systems ist zentral für die → strukturell-funktionale Theorie, deren Ziel die Erklärung der Bedingungen der Möglichkeit der Existenz und der Entwicklung von sozialen Systemen ist“ (FUCHS u. a. 1975, S. 674).
Literatur: PARSONS 1968

soziale Unfähigkeit (social disability)
→ Near-Group
→ Unterschichtsozialisation
Nach der social-disability-These sind Gangs deshalb bevorzugte Organisationsformen von Unterschichtjugendlichen da sie von ihrer (gegenüber anderen Gruppen) einfacheren Struktur und ihren relativ geringen Anforderungen her weniger Rollenspielfähigkeiten erfordern und damit auch den Unterschichtjugendlichen Gefühle sozialer Sicherheit vermitteln, womit aber zugleich eine Integration in die Mittelschichtkultur bzw. ein erfolgreiches

Bestehen des Statuswettbewerbs darin weiter erschwert wird.
Literatur: SHORT/STRODTBECK 1965

sozialer Rückzug
→ Anomietheorie
→ Diskrepanztheorie
Nach der Typologie MERTON's eine Art abweichenden Verhaltens, die durch die Aufgabe sowohl der kulturellen Ziele als auch der institutionalisierten Mittel charakterisiert ist.
Beispiel: Clochard

Soziales Handeln
Handeln, welches seinem von dem oder den Handelnden gemeinten Sinn auf das Verhalten anderer bezogen wird und daran in seinem Ablauf orientiert ist (WEBER 1976, S. 1).

Sozialpsychologie; sozialpsychologische Ansätze
Die Sozialpsychologie umfaßt den Grenzbereich von Soziologie und Psychologie und untersucht das Verhalten individueller Akteure insofern als es von sozialen Faktoren (Interaktionen zwischen Individuen untereinander, zwischen Individuen und Gruppen und zwischen Gruppen untereinander) abhängt. Verhalten wird als Funktion aus Persönlichkeits- und Umweltvariablen gesehen. Diese Orientierung liegt auch den sozialpsychologischen Theorien abweichenden Verhaltens wie der → Halt-Theorie oder den Theorien → differentiellen Lernens zugrunde (im Gegensatz etwa zu mehr → makrosoziologisch ausgerichteten Ansätzen wie der → Anomietheorie).
Literatur: NEWCOMB 1952, 1959

Sozialstruktur
Struktur eines sozialen Systems, z. B. einer Gesellschaft, d. h. die Anordnung von aufeinanderbezogenen → Rollen.
Literatur: KRECKEL 1975

Spezialprävention
Maßnahmen, die sich auf den einzelnen

beziehen und ihn davon abhalten sollen, eine strafbare Handlung zu begehen (z. B. Resozialisationsbemühungen).

Status
Bewertete Position innerhalb einer sozialen Schichtung.

Stichprobe
→ Zufallsstichprobe
→ Repräsentativität
stochastische Beziehung
→ probabilistische Beziehung
Strukturell-funktionale Theorie
→ Funktion
→ Eufunktion
→ Dysfunktion
Eine besonders in den 50er und 60er Jahren vor allem in den USA dominante Hauptrichtung der soziologischen Theorie, deren Grundgedanke darin besteht, daß das Auftreten eines bestimmten Verhaltens oder einer bestimmten Institution in einer Gesellschaft sich aus deren Funktionalität, d. h. aus ihrem Beitrag für diese Gesellschaft, (Strukturerhaltung, Integration, Wachstum) ergibt. Die kritische Auseinandersetzung damit (Vorwurf der Vernachlässigung von Abweichung, Konflikt und sozialen Wandel, Ideologieverdacht, Ahistorizität u. a. m.) führte zu einer wesentlichen Weiterentwicklung.
Literatur: PARSONS 1968, MERTON 1957, 1968; KRECKEL 1975, HOMANS 1972

Subkultur
Kulturelles Teilsystem einer übergreifenden kulturellen Einheit, dessen Werte und Normen denjenigen des Gesamtsystems widersprechen können, wobei jedoch dem Konfliktelement (im Gegensatz zur → Kontrakultur) zumindest manifest keine zentrale Bedeutung zukommt (MILLER 1958, YINGER 1960).

Es lassen sich verschiedene Subkulturen, organisiert um verschiedene soziologische Dimensionen bzw. Bereiche unterscheiden, so z. B. Subkulturen Jugendlicher, kriminelle Subkulturen, Subkulturen sexuell abweichender Verhaltensmuster, ethnische oder religiöse Subkulturen u. a. m. Kriminelle Subkulturen sind dadurch charakterisiert, daß einige ihrer zentralen Werte und Normen wichtigen, allgemein herrschenden, rechtlich kodifizierten und gesellschaftlich sanktionierten widersprechen.
Die Subkulturtheorien erklären abweichendes bzw. kriminelles Verhalten aus der Orientierung an derartigen subkulturellen Normen. Sie Fragen u. a. nach den Entstehungsbedingungen delinquenter Subkulturen und nach den Funktionen, die sie für ihre Mitglieder erfüllen.
Literatur: COHEN 1957, 1961, 1968 a; MILLER 1958, YINGER 1960; SHORT/ STRODTBECK 1965; WOLFGANG/ FERRACUTI 1967

Symbolischer Interaktionismus
→ labeling approach
→ Interaktion
→ Sozialpsychologie
→ Chicagoer Schule
Vor allem auf G. H. MEAD zurückgehende sozialpsychologisch orientierte Theorierichtung innerhalb der Soziologie, ''… die individuelles Verhalten und Bewußtsein aus dem sozialen Prozeß heraus erklärt und diesen selbst durch Muster aufeinander bezogenen Handelns strukturiert sieht, die dem Individuum sprachlich vermittelt sind und es ihm ermöglichen, in sich selbst die Erwiderungen hervorzurufen, die sein Handeln im Partner hervorruft und diese Erwiderungen zur Kontrolle seines eigenen Verhaltens einzusetzen (FUCHS u. a. 1975, S. 310). Nach BLU-

MER (1973, S. 80ff.) liegen dem symbolischen Interaktionismus drei Prämissen zugrunde:

1. Menschen handeln "Dingen" gegenüber auf der Grundlage der Bedeutungen, die diese Dinge für sie besitzen
2. Die Bedeutung dieser Dinge ist aus sozialen Interaktionen ableitbar
3. Die Bedeutungen werden in einem interpretativen Prozeß, den die Person in ihrer Auseinandersetzung mit den ihr begegnenden Dingen benutzt, gehandhabt und abgeändert.

Diese Bedeutungszuschreibung durch Interaktionsprozesse lassen → labeling-Vorgänge als symbolische Interaktion erscheinen; der symbolische Interaktionismus kann als substantielle soziologische Theorie des labeling approach angesehen werden, was sich auch daran zeigt, daß anstelle der Frage nach Kausalfaktoren abweichenden Verhaltens (z. B. in der → Anomietheorie) Fragen nach dem "Wie" und "Wozu" treten – wie solche Fragen auch im symbolischen Interaktionismus (z. B. THOMAS 1965, S. 100) stärker herausgestellt werden (LAMNEK 1977, S. 105–118).
Literatur: MEAD 1968, THOMAS 1965, BLUMER 1973

Täterbefragung
→ Dunkelziffer
→ Opferbefragung
Methode zur Ermittlung der → Dunkelziffer. Eine Population wird danach befragt, welche abweichende Verhaltensweisen sie begangen hat. Die → Gültigkeit der Ergebnisse ist jedoch nicht unumstritten (OPP 1974, S. 58ff.). Sie deuten aber darauf hin, daß abweichendes Verhalten im Alltag weit verbreitet ist.
Literatur: WALLERSTEIN/WYLE 1947

TAT (= Thematic Apperception Test)
Verbreiteter projektiver Test, bestehend aus 20 Bildern, auf welchen dramatische Szenen dargestellt sind, die die Versuchsperson durch das Erzählen einer Geschichte interpretieren soll. Zugrunde liegt die Annahme, daß der Proband seine eigenen Konflikte über die Identifikation mit den dargestellten Personen zum Ausdruck bringt.

Theorie mittlerer Reichweite
→ Middle-Range-Theory

Thomastheorem
Von W. I. THOMAS aufgestellte Aussage, wonach für das Handeln von Menschen deren Definition der Situation und nicht die "objektive" Situation entscheidend ist. Die Definition der Situation, wie wenig realitätsgerecht diese auch sein mag, hat dabei durchaus reale Konsequenzen: "If men define situations as real, they are real in their consequences" (THOMAS, W.I.: The unadjusted Girl, Boston 1931, S. 332).

Toleranzbereich
→ Modalkonformität
Das durch Normen regulierte Verhalten ist selten derart festgelegt, daß nur die Alternativen: "strikte Normbefolgung" oder "Abweichung" bleiben. Stattdessen ist vielfach von einem Kontinuum möglicher Verhaltensweisen gegenüber einer Norm auszugehen, das in einen Toleranz- und einen Ablehnungsbereich zerfällt. Der Toleranzbereich kann dabei von unterschiedlicher "Breite" sein; enger gewöhnlich für solche Aktivitäten, die für den Bestand der Gruppe wesentlich sind, breiter dagegen bei relativ peripheren Angelegenheiten.

Unterschichtkultur-These
→ Subkultur
Von MILLER aufgestellte These, wonach die Subkultur jugendlicher Banden weniger eine Reaktion auf Frustrationen durch das Nicht-Erreichen von Mittelschichtzielen (COHEN) als viel-

mehr ein eigenes kulturelles Muster mit langer Tradition darstellt.

Literatur: MILLER 1968

Utilitarismus, utilitaristisch

→ Vandalismus

Von Jeremy BENTHAM (1748–1832) und John Stuart MILL (1806–1873) begründete philosophische und ethische Lehre, wonach die Rechtfertigung menschlichen Handelns in der Erhöhung des Nutzens der Gesamtheit besteht ("das größte Glück der größten Zahl"). Eine inhaltliche Bestimmung dessen, was als Nutzen zu gelten hat, unterbleibt jedoch. Die Ideen des Utilitarismus fanden u. a. wirtschaftspolitisch ihren Niederschlag in Liberalismus, auf wissenschaftlichem Gebiet in der → Verhaltenstheorie.

Auch Delikte bzw. Subkulturen lassen sich danach differenzieren, inwieweit utilitaristische, d. h. nützlichkeitsbezogene Motive hervortreten. So ist etwa die Basis-Subkultur nach COHEN (1955; 1961) als nicht-utilitaristisch charakterisiert, d. h., die delinquente Handlung wird nicht in Erwartung eines Vorteils begangen – im Unterschied etwa zur kriminellen Subkultur nach CLOWARD/OHLIN (1960).

Validität

→ Gültigkeit

Vandalismus

→ Frustrations-Aggressions-Hypothese

Zwecklose Aggressionshandlungen meist von Jugendlichen in Banden gegen Sachobjekte begangen. Es handelt sich also um nicht-utilitaristische Kriminalität (im Gegensatz etwa zu Raub oder Diebstahl).

Variable

Theoretischer Begriff (z. B. Schicht, Kriminalität, Zugehörigkeit zu einer Subkultur) der davon ausgeht, daß sich in der von ihm bezeichneten Realität

zwei oder mehr Ausprägungen (z. B. unten – Mitte – oben; hoch – niedrig; ja – nein; 1 – 2 – 3 – 4 – 5; etc.) feststellen lassen.

Es wird unterschieden zwischen:
- unabhängigen Variablen – z. B. ist in der Theorie der differentiellen Assoziation der Kontakt mit kriminellen Verhaltensmustern eine unabhängige Variable (Determinante) die auf die
- abhängige Variable (Folge, Effekt) – im Beispiel kriminelles Verhalten – wirkt; weiterhin gibt es
- intervenierende Variable, die die Bedingungen weiter spezifizieren, unter welchen der Zusammenhang zwischen unabhängigen und abhängigen Variablen gilt (z. B. Verfügbarkeit über illegitime Mittel).

Verbotsirrtum

Unkenntnis darüber, daß eine bestimmte Handlung gegen eine kodifizierte Norm verstößt.

Verbrechensprophylaxe

Verbrechensvorsorge, z. B. durch Sanierung von Slums, Einrichtung von Freizeitheimen, Jugendschutzgesetze, Einschränkungen von Gewaltdarstellungen im Fernsehen, Verbesserung der beruflichen Mobilität u. a. m.

Verfolgungsselektivität

→ Selektivität der Strafverfolgung

Verhaltenstheorie (Lerntheorie)

→ Verstärker

Aus dem → Behaviorismus hervorgegangene Richtung in der Psychologie, die auch zur Erklärung soziologischer Sachverhalte herangezogen wird (verhaltenstheoretische Soziologie). Ausgehend vom Modell der klassischen Konditionierung und des instrumentellen Lernens wird versucht, elementares soziales Verhalten (HOMANS) zu beschreiben, zu erklären und zu komplexeren Zusammenhängen vorzustoßen. Verhaltenstheoretische Überlegungen

haben innerhalb der Ansätze abweichenden Verhaltens vor allem die Theorien des → differentiellen Lernens angeregt.
Literatur: HOMANS 1972, OPP 1972b, 1974, CORELL 1971, BURGESS/AKERS 1966

Verhaltenstransparenz

Sichtbarkeit von Verhalten. Personen, die sich abweichend verhalten, werden in der Regel bemüht sein, die Verhaltenstransparenz gering zu halten (z. B. nachts einbrechen, heimlich stehlen usw.). Die geringe Transparenz abweichenden Verhaltens ist wesentlich zur Stabilisierung der entsprechenden Normen.
Literatur: POPITZ 1968

Verstärker

→ Verhaltenstheorie

Ein Reiz wird zum Verstärker eines bestimmten Verhaltens, wenn es in Verbindung mit diesem Reiz wiederholt belohnt wurde, d. h. eine Triebreduktion oder Bedürfnisbefriedigung eintrat. Auch das Erlernen kriminellen Verhaltens läßt sich damit erklären: Erfährt etwa ein Jugendlicher, wie sein Ansehen bei den anderen Mitgliedern seiner Gang nach Begehen einer kriminellen Handlung zunimmt, so erfährt seine kriminelle Aktivität eine Verstärkung und er wird sich öfter abweichend verhalten.
Literatur: CORELL 1971, OPP 1972b, BURGESS/AKERS 1966

Viktimologie

Teilbereich der Kriminologie, der die Beziehungen zwischen Rechtsbrecher und Verbrechensopfer erforscht, (KAISER u. a. 1974, S. 380), also z. B. Fragen nach Persönlichkeits- oder Verhaltensmerkmalen oder Milieubedingungen, die die Wahrscheinlichkeit, Opfer eines Verbrechens zu werden, erhöhen.

Wahrheitsgehalt

Der Wahrheitsgehalt einer Theorie oder Hypothese ist das Ausmaß, in dem sie mit den Fakten übereinstimmen. Eine Theorie, die etwa behaupten würde, kriminelles Verhalten sei durch die Nationalität bestimmt, hätte einen geringen Wahrheitsgehalt, weil ihr zahlreiche Fakten widersprechen. Eine Theorie kann sich immer nur der Wahrheit annähern (es können theoretisch immer abweichende Fälle auftreten) doch wird man nach Möglichkeit solche Theorien auswählen, die sich relativ gut bewährt haben.
Literatur: POPPER 1973; PEUCKERT 1975, S. 6

Wenn-Komponente

→ Dann-Komponente

→ Informationsgehalt

Sozialwissenschaftliche Sätze lassen sich in die Form bringen, daß Bedingungen angegeben und Konsequenzen vorausgesagt werden. (Beispiel: Zugehörigkeit zu einer Subkultur und Zugangschancen zu illegitimen Mitteln als Bedingungen für kriminelles Verhalten), also: Wenn … (Bedingung), dann … (Konsequenz) (Beispiel: Wenn eine Person einer kriminellen Subkultur angehört und Zugangschancen zu illegitimen Mitteln hat, dann wird sie sich kriminell verhalten. Den ersten Teil der Aussage bezeichnet man auch als Wenn-Komponente, den zweiten Teil als Dann-Komponente. Je weniger präzise (→ Beurteilungskriterien für Theorien) die Wenn-Komponente ist, je weniger Bedingungen also ausgeschlossen werden, um so mehr potentielle Falsifikatoren (→ Falsifikationsprinzip) also zugelassen sind, desto höher ist (bei gleichbleibender Dann-Komponente) der Informationsgehalt der Gesamtaussage.
Beispiel: die Aussage: Wenn Zugangschancen zu illegitimen Mitteln, dann

kriminelles Verhalten" hat mehr Informationsgehalt als: "Wenn Zugangschancen ... und Zugehörigkeit zu einer Subkultur, dann kriminelles Verhalten, denn in der ersten Aussage sind alle Personen mit Zugangschancen zu illegitimen Mitteln potentielle Falsifikatoren (die Hypothese beansprucht also, über sie alle etwas auszusagen, d. h. sie gibt viel Information), in der zuletztgenannten dagegen nur diejenigen davon, die zugleich einer kriminellen Subkultur angehören; über die anderen wird dagegen nichts gesagt.

Literatur: OPP 1970, 1976; PRIM/TILMANN 1973

White-Collar-Crime
→ Wirtschaftskriminalität

Wir-Gefühl
→ Kollektivbewußtsein
Zusammengehörigkeitsbewußtsein der Mitglieder einer → Gruppe.

Wirkungsgrad (von Normen)
→ Geltungsgrad
→ Sanktionsbereitschaft
Ausmaß der Befolgung einer Verhaltensforderung.

Wirtschaftskriminalität
Wirtschaftsverbrechen (White-Collar-Crime) umfassen neben verschiedenen Arten des Betrugs (Steuerhinterziehungen, Subventionserschleichungen, Konkursdelikte etc.) auch Verhaltensweisen außerhalb der Tatbestände des Strafrechts (Grundstücksspekulation, Währungsspekulation, illegale Preisabsprachen) bzw. solche, die in der Öffentlichkeit häufig noch als "Kavaliersdelikte" angesehen werden (Verstöße gegen Umweltschutzgesetze usw.). Sie sind weniger sichtbar als "klassische" Eigentums- und Vermögensdelikte und werden meist von Angehörigen der oberen Mittelschicht begangen, die ihre gehobenen Berufspositionen in Wirt-

schaft und Verwaltung dazu mißbrauchen. Da diesem Personenkreis nicht das soziale Stereotyp des Verbrechers zugeschrieben wird, er sich einer strafrechtlichen Verfolgung leichter entziehen kann und infolge der relativen Uninformiertheit der Öffentlichkeit über wirtschaftliche und vermögensrechtliche Tatbestände Verhaltenstransparenz, Normierung und Kontrolle auf den genannten Gebieten gering und die Opfer meist anonym sind, findet sich in der Öffentlichkeit eher eine ambivalente als eine verurteilende Haltung, obgleich der durch White-Collar-Täter angerichtete Schaden ein Vielfaches des durch herkömmliche Eigentumsdelikte angerichteten beträgt. Diese Fehleinstellung der Gesellschaft gegenüber Wirtschaftskriminellen dürfte auch auf die weitgehende Akzeptierung materieller Erfolgsziele zurückgehen, womit derartige Verhaltensweisen lediglich als Verstöße gegen die Spielregeln erscheinen mögen.

Literatur: KAISER u.a. 1974; SCHNEIDER 1974

Zufallsstichprobe
→ Repräsentativität
Auswahl einer Teilmenge aus einer Grundgesamtheit derart, daß jedes ihrer Elemente die gleiche Chance hat, in die Auswahl zu gelangen; nur dadurch läßt sich die Repräsentativität, d. h. Unverzerrtheit garantieren.

Zuverlässigkeit
Bei wiederholter Anwendung eines Verfahrens, Konstanz des Objektbereichs und bei gleichem Forscher soll das gleiche empirische Ergebnis erzielt werden (= intraindividuelle Z.). Trifft dies für verschiedene Forscher zu, so spricht man von interindividueller Z.

Literaturverzeichnis

AHLHEIM, R. u. a., 1971: Gefesselte Jugend. Fürsorgeerziehung im Kapitalismus. Frankfurt a. M.

AHRENS, ST., 1975: Außenseiter und Agent. Der Beitrag des Labeling-Ansatzes für eine Theorie abweichenden Verhaltens. Stuttgart

AICHHORN, A., 1957: Verwahrloste Jugend (4). Bern, Stuttgart (zuerst 1925)

ALBRECHT, G., 1973: Die ''Erklärung'' von Devianz durch die ''Theorie'' des symbolischen Interaktionismus – Neue Perspektiven und alte Fehler, in: ALBRECHT, G., DAHEIM, H.-J., SACK, F. (Hrsg.): Soziologie. Sprache – Bezug zur Praxis – Verhältnis zu anderen Wissenschaften. Opladen

ALEXANDER, F., STAUB, H., 1929: Der Verbrecher und seine Richter. Ein analytischer Einblick in die Welt der Paragraphen. Wien

ARBEITSGRUPPE BIELEFELDER SOZIOLOGEN (Hrsg.), 1973: Alltagswissen, Interaktion und gesellschaftliche Wirklichkeit, Symbolischer Interaktionismus und Ethnomethodologie. Reinbek

ARBEITSKREIS JUNGER KRIMINOLOGEN (Hrsg.), 1973: Randgruppenarbeit. München 1973

BALLY, G., 1961: Einführung in die Psychoanalyse Sigmund Freuds. Reinbek

BAVCON, L., SKABERNÉ, B., VODOPIVEC, K., 1968: Die Kriminalität in der sozialistischen Gesellschaft. Erwiderung auf LEKSCHAS' Kritik, in: Revija za kriminalistiko in kriminologijo 19

BECCARIA, C., 1764: Dei delitti e delle pene (eng.: Essay on Crimes and Punishment, New York 1809)

BECKER, H. S., 1973: Außenseiter. Zur Soziologie abweichenden Verhaltens. Frankfurt (original: Outsiders. Studies in the Sociology of Deviance, New York 1963)

BENEDICT, R., 1955: Urformen der Kultur. Reinbek

BERGER, P., LUCKMANN, TH., 1969: Die gesellschaftliche Konstruktion der Wirklichkeit. Frankfurt a. M.

BERKOWITZ, L., 1962: Aggression. A Social Psychological Analysis. New York, London

BLUMER, H., 1973: Der methodologische Standort des symbolischen Interaktionismus, in: ARBEITSGRUPPE BIELEFELDER SOZIOLOGEN (Hrsg.): Alltagswissen, Interaktion und gesellschaftliche Wirklichkeit, Bd. 1, Reinbek 1973

BOHLE, H., 1975: Soziale Abweichung und Erfolgschancen. Die Anomietheorie in der Diskussion. Neuwied

BOHLKE, R., 1961: Social Mobility, Stratification Inconsistency and Middle Class Delinquency, in: Social Problems 8 (1961), S. 351 ff.

BORDUA, D. J., 1975: Kritik der soziologischen Interpretation von Bandendelinquenz, in: LÜDERSSEN, K., SACK, F. (Hrsg.): Seminar: Abweichendes Verhalten I. Die selektiven Normen der Gesellschaft. Frankfurt a. M. 1975, S. 403–432

BRELAND, M., 1975: Lernen und Verlernen von Kriminalität. Opladen

BROOM, L., SELZNICK, PH., 1965: Sociology. London

BROWN, J.S., 1952: A Comparative Study of Deviation from Sexual Mores, in: American Sociological Review 17 (1952), S. 135–146

BUCHHOLZ, E. u. a., 1971: Sozialistische Kriminologie. Berlin (Ost)

BURGESS, R.L., AKERS, R.L., 1966: A Differential Association-Reinforcement Theory of Criminal Behavior, in: Social Problems Vol. 14 (1966), No. 2, S. 128–147

BURT, C., 1944: The Young Delinquents. London

CARTWRIGHT, D., HARARY, F., 1956: Structural Balance: A Generalization of Heider's Theory, in: Psychological Review 63 (1956), S. 277–293

CHEIN, I., ROSENFELD, E., 1957: Juvenile Narcotics Use, in: Law and Contemporary Problems 22 (1957)

CLEMMER, D., 1958: The Prison Community. New York (zuerst 1940)

CLINARD, M.B., 1957: Sociology of Deviant Behavior. New York

CLOWARD, R.A., OHLIN, L.E., 1960: Delinquency and Opportunity. A Theory of Delinquent Gangs. New York

CLOWARD, R.A., 1968: Illegitime Mittel, Anomie und abweichendes Verhalten, in: SACK, F., KÖNIG, R. (Hrsg.): Kriminalsoziologie. Frankfurt a.M. 1968, S. 314–338 (original: Illegitimate Means, Anomie and Deviant Behavior, in: American Sociological Review 24 (1959), S. 164–176)

COHEN, A.K., LINDESMITH, A., SCHUESSLER, K. (Hrsg.), 1956: The Sutherland Papers. Bloomington

COHEN, A.K., 1957: Kriminelle Subkulturen, in: HEINTZ, P., KÖNIG, R. (Hrsg.): Soziologie der Jugendkriminalität. Köln und Opladen 1957, S. 103–117 (= Sonderheft 2 der Kölner Zeitschrift für Soziologie und Sozialpsychologie)

COHEN, A.K., SHORT, J.F., 1958: Research in Delinquent Subcultures, in: Journal of Social Issues 14 (1958)

COHEN, A.K., 1959: The Study of Social Disorganization and Deviant Behavior, in: MERTON, R.K., BROWN, L., COTTRELL, L. jun. (Hrsg.): Sociology Today. Problems and Prospects. New York 1959

COHEN, A.K., 1961: Kriminelle Jugend. Hamburg (original: Delinquent Boys. New York 1955)

COHEN, A.K., 1968a: Abweichung und Kontrolle. München (original: Deviance and Control. Englewood Cliffs 1966)

COHEN, A.K., 1968b: Mehr-Faktoren-Ansätze, in: SACK, F., KÖNIG, R. (Hrsg.): Kriminalsoziologie. Frankfurt a.M. 1968

COHEN, A.K., 1968c: Zur Erforschung delinquenter Subkulturen, in: SACK, F., KÖNIG, R. (Hrsg.): Kriminalsoziologie. Frankfurt a.M. 1968, S. 372–394

CORRELL, W., 1971: Lernen und Verhalten. Frankfurt a.M.

CORTES, J.B., GATTI, F.M., 1972: Delinquency and Crime. A Biopsychological Approach. Empirical, Theoretical and Practical Aspects of Criminal Behavior. New York, London

CRESSEY, D.R., 1954: The Differential Association Theory and Compulsive Crimes, in: Journal of Criminal Law and Criminology 45 (1954)

CRESSEY, D.R., 1968: Statistische Verteilung und individuelles Verhalten: Eine

Abhandlung zur Kriminologie, in: SACK, F., KÖNIG, R. (Hrsg.): Kriminalsoziologie. Frankfurt a.M. 1968, S. 400–428 (original: Epidemiology and Individual Conduct: A Case in Criminology, in: The Pacific Sociological Review 3 (1960), S. 47–58)

DAHRENDORF, R., 1964: Homo Sociologicus. Köln und Opladen (zuerst 1959)

DEICHSEL, W., 1977: Die Verdoppelung sozialer Diskriminierung. Ein Erklärungsansatz der Entstehung abweichenden Verhaltens Jugendlicher. (unveröffentlichte Diplomarbeit) München

DOLLARD, J., MILLER, N.E., 1961: Frustration and Aggression. New Haven (zuerst 1939)

DORSCH, F., 1970: Psychologisches Wörterbuch (8). Hamburg

DOTTKE, B., 1973: Armut und Wohnung, in: ARBEITSKREIS JUNGER KRIMINOLOGEN (Hrsg.): Randgruppenarbeit. München 1973

DUBIN, R., 1967: Abweichendes Verhalten und Sozialstruktur, in: HARTMANN, H. (Hrsg.): Moderne amerikanische Soziologie. Stuttgart 1967, S. 233–248 (original: Deviant Behavior and Social Structure, in: American Sociological Review 24 (1959), S. 147–164

DUBITSCHER, F., 1942: Asoziale Sippen. Erb- und sozialbiologische Untersuchungen. Leipzig

DURKHEIM, E., 1961: Die Regeln der soziologischen Methode. Neuwied

DURKHEIM, E., 1965: Die Regeln der soziologischen Methode (2). Berlin, Neuwied

DURKHEIM, E., 1963: Sociologie et Philosophie. Paris

DURKHEIM, E., 1964: The Division of Labor in Society. New York (original: De la division du travail social. Paris 1893)

DURKHEIM, E., 1977: Über die Teilung der sozialen Arbeit. Frankfurt a.M.

DURKHEIM, E., 1966: Über die Anomie, in: MILLS, C.W. (Hrsg.): Klassik der Soziologie. Eine polemische Auslese. Frankfurt a.M. 1966, S. 394–436

EISENBERG, U., 1972: Einführung in die Probleme der Kriminologie. München

ENCYCLOPEDIA BRITANNICA, 1965: Vols. 3, 9, 11, 18. Chicago

ENGELS, F., 1909: Die Lage der arbeitenden Klasse in England (3). Stuttgart (zuerst 1845)

ENGLAND, R. jun., 1959/60: A Theory of Middle Class Juvenile Delinquency, in: The Journal of Criminal Law, Criminology and Police Science 50 (1959/60), S. 535 ff.

ERIKSON, K.T., 1961/62: Notes on the Sociology of Deviance, in: Social Problems 9 (1961/62)

EYSENCK, H.J., 1964: Crime and Personality. New York

FEEST, J., BLANKENBURG, E., 1972: Die Definitionsmacht der Polizei. Strategien der Strafverfolgung und soziale Selektion. Düsseldorf

FEEST, J., LAUTMANN, R., 1971: Die Polizei. Köln, Opladen

FERRI, E., 1913: The Positive School of Criminology. Chicago (zuerst 1901)

FESTINGER, L., 1957: A Theory of Cognitive Dissonance. Evanston

v. FEUERBACH, A., 1799/1800: Revision der Grundsätze und Grundbegriffe des positiven peinlichen Rechts. 2 Teile. Erfurt

v. FEUERBACH, A., 1800: Über die Strafe als Sicherungsmittel vor künftigen Beleidigungen des Verbrechers. Chemnitz

313

FINESTONE, H., 1957: Narcotics and Criminality, in: Law and Contemporary Problems 22 (1957)

DE FLEUR, M., QUINNEY, R., 1966: A Reformulation of Sutherland's Differential Association Theory and a Strategy for Empirical Verification, in: Journal of Research in Crime and Delinquency 3 (1966), S. 513 ff.

FORSSMAN, H., HAMBERT, G., 1967: Chromosomes and Antisocial Behavior, in: Excerpta Criminologica 7 (1967), S. 113–117

FRANCK, U., 1972: Versuch der Erklärung abweichenden Verhaltens durch das tiefenpsychologische Modell. Forschungsbericht 18 des Sonderforschungsbereichs 22 "Sozialisations- und Kommunikationsforschung der Universität Erlangen-Nürnberg". Nürnberg

FREUD, A., BURLINGHAM, D., 1943: War and Children. New York

FREUD, S., 1949: Der Verbrecher aus Schuldbewußtsein, in: Gesammelte Werke X (Werke aus den Jahren 1913–1917) London, S. 389–391

FREUD, S., 1949: Der Untergang des Ödipuskomplexes, in: Gesammelte Werke XIII. London, S. 395–402

FRIEBEL, W. u. a. (Hrsg.), 1970: Gewalt und Sexualkriminalität. Erscheinungsformen, Ursachen, Bekämpfung. Berlin (Ost)

FRIEDRICHS, J., 1973a: Methoden empirischer Sozialforschung. Reinbek

FRIEDRICHS, J. (Hrsg.), 1973b: Teilnehmende Beobachtung abweichenden Verhaltens. Stuttgart

FUCHS, W. u. a. (Hrsg.), 1975: Lexikon zur Soziologie. Reinbek (zuerst 1973)

GARFINKEL, H., 1967: Studies in Ethnomethodology. Englewood Cliffs, N. J.

GAROFALO, R., 1914: Criminology (zuerst 1885)

GEIGER, TH., 1964: Vorstudien zu einer Soziologie des Rechts. Neuwied

GLASER, D., 1956: Criminality Theories and Images, in: The American Journal of Sociology (1956), S. 433–444

GLASER, D., 1960/61: Differential Association and Criminological Prediction, in: Social Problems 8 (1960/61)

GLASER, D., 1973: Role Models and Differential Associations, in: RUBINGTON, E., WEINBERG, M. S. (Hrsg.): Deviance. The Interactionist Perspective. Text and Readings in the Sociology of Deviance (2). New York usw. 1973, S. 369–373 (zuerst in: Law ans Contemporary Problems 23, no. 4 (1958), S. 688–693

GLUECK, S., GLUECK, E., 1956: Physique and Delinquency. New York

GLUECK, S., GLUECK, E., 1959: Predicting Delinquency and Crime. Cambridge, Mass.

GLUECK, S., GLUECK, E., 1963: Jugendliche Rechtsbrecher. Stuttgart

GÖLLNITZ, G., 1965: Milieuschäden und körperliche Defekte in ihrem Verhältnis zur Straffälligkeit, in: LEKSCHAS, J. (Hrsg.): Jugendkriminalität und ihre Bekämpfung in der sozialistischen Gesellschaft. Berlin (Ost) 1965, S. 227–234

GÖPPINGER, H., 1970: Kriminologische Gegenwartsfragen. Stuttgart

GÖPPINGER, H., 1973: Kriminologie. München (zuerst 1971)

GORDON, R. A., 1967: Social Disability and Gang Interaction, in: American Journal of Sociology 73 (1967), S. 42–62

GORING, CH., 1913: The English Convict. London

GROSS, H., 1905: Kriminal-Psychologie (2). Leipzig

GRÜNWALD, G., 1975: Bedeutung und Begründung des Satzes "nulla poena sine lege", in: LÜDERSSEN, K., SACK, F. (Hrsg.): Seminar: Abweichendes Verhalten II. Die gesellschaftliche Reaktion auf Kriminalität. Bd. 1 Strafgesetzgebung und Strafrechtsdogmatik. Frankfurt a. M. 1975, S. 232–250

HAAG, F., 1972: Kriminologie und labeling approach, in: Kriminologisches Journal 1/1972, S. 55–56

HABERMAS, J., 1963: Kritische und konservative Aufgaben der Soziologie, in: HABERMAS, J.: Theorie und Praxis. Berlin, Neuwied 1963, S. 215–230

HAFERKAMP, H., 1972a: Kriminalität ist normal. Stuttgart

HAFERKAMP, H., 1972b: Kriminologie und labeling approach, in: Kriminologisches Journal 1/1972, S. 66–73

HARARY, F., 1966: Merton Revisited: A New Classification for Deviant Behavior, in: American Sociological Review 31 (1966), S. 693–697

HARTMANN, H. (Hrsg.), 1967: Moderne amerikanische Soziologie. Stuttgart

HEALY, W., 1922: The Individual Delinquent. Boston

HEINTZ, P., KÖNIG, R. (Hrsg.), 1957: Soziologie der Jugendkriminalität. Köln, Opladen (= Sonderheft 2 der Kölner Zeitschrift für Soziologie und Sozialpsychologie)

HEINZ, W., 1975: Hausarbeit: Kriminalitätstheorien. In: JUNG, H. (Hrsg.): Fälle zum Wahlfach Kriminologie Jugendstrafrecht Strafvollzug. München, S. 16–51

HERZENSON, A. A., 1967: Aus der Geschichte der sowjetischen Strafrechtswissenschaft, in: Sowjetische Justiz (1967), Heft 10

HIMMEL-KESSELRING, J., 1972: Subkulturtheorien und "abweichendes Verhalten". Versuch der Kritik eines soziologischen Konzepts der Erklärung abweichenden Verhaltens am Beispiel der Jugendkriminalität. (Unveröffentlichte Diplomarbeit) München

HIRSCHI, T., SELVIN, H. C., 1966: False Criteria of Causality in Delinquency Research, in: Social Problems 14 (1966), S. 254–268

HIRSCHI, T., SELVIN, H. C., 1967: Delinquency Research. An Appraisal of Analytic Methods. New York

HOMANS, G. C., 1960: Theorie der sozialen Gruppe. Köln und Opladen (original: The Human Group. New York 1950)

HOMANS, G. C., 1972: Grundfragen soziologischer Theorie. Köln

HOOTON, E. A., 1939: Crime and the Man. Cambridge, Mass. (zuerst 1931)

HOWARD, J., 1774: The State of the Prisons in England and Wales, with the Preliminary Observations and an Account of some Foreign Prisons. Washington

JACKSON, J. M., 1960: Structural Charakteristics of Norms, in: National Society for the Study of Education, Jb 59. Chicago. Auch in: BIDDLE, B. J., THOMAS, E. J. (Hrsg.): Role Theory: Concepts and Research. New York 1966, S. 113–126

JAEGER, G., SELZNICK, PH., 1964: A Normative Theory of Culture, in: American Sociological Review 29 (1964), S. 653–669

JEFFERY, C. R., 1965: Criminal Behavior and Learning Theory, in: The Journal of Criminal Law, Criminology and Police Science 56 (1965), S. 294–300

JUNG, H., 1975: Fälle zum Wahlfach Kriminologie Jugendstrafrecht Strafvollzug. München

Kaiser, G., Sack, F., Schellhoss, H. (Hrsg.), 1974: Kleines kriminologisches Wörterbuch. Freiburg

Kaiser, G., 1976: Kriminologie. Eine Einführung in die Grundlagen. 3., überarbeitete und ergänzte Auflage. Heidelberg, Karlsruhe (zuerst 1971)

Kaufmann, H., 1971: Kriminologie I. Entstehungszusammenhänge des Verbrechens. Stuttgart

Keckeisen, W., 1974: Die gesellschaftliche Definition abweichenden Verhaltens. Perspektiven und Grenzen des labeling approach. München

Kerner, H.-J., 1973: Verbrechenswirklichkeit und Strafverfolgung. München

Kerscher, I., 1977: Sozialwissenschaftliche Kriminalitätstheorien. Eine Einführung. Weinheim, Basel

Keupp, H., 1972: Psychische Störungen als abweichendes Verhalten. München

Kitsuse, J. A., Dietrick, D. C., 1959: Delinquent Boys: A Critique, in: American Sociological Review 24 (1959), S. 208–215

Kitsuse, J. A., 1962: Societal Reaction to Deviant Behavior. Problems of Theory and Method, in: Social Problems 10 (1962)

Klapper, J. T., 1960: The Effects of Mass Communication. Glencoe, Ill.

Klapper, J. T., 1968: Die Wirkungen der Darstellung von Verbrechen und Gewalt in Massenmedien, in: Sack, F., König, R. (Hrsg.): Kriminalsoziologie. Frankfurt a. M. 1968, S. 154–186) (original: The Effects of Crime and Violence in the Media, in: Klapper, J. T.: The Effects of Mass Communication, Glencoe, Ill, 1960, Kap. VI, S. 139–165)

König, R., 1968: Theorie und Praxis der Kriminalsoziologie, in: Sack, F., König, R. (Hrsg.): Kriminalsoziologie. Frankfurt a. M. 1968, S. IX–XV

König, R., 1967: Recht, in: Soziologie. Fischer Lexikon 10. Frankfurt a. M., S. 253–261

Kreckel, R., 1975: Soziologisches Denken. Eine kritische Einführung. Opladen

Kretschmer, E., 1961: Körperbau und Charakter. 23./24. Aufl., Berlin, Göttingen, Heidelberg

Kuhn, Th., 1967: Die Struktur wissenschaftlicher Revolutionen. Frankfurt a. M.

Lamnek, S., 1970: Sexualnorm – Sexualrealität. Zur Problematik des abweichenden Verhaltens im Bereich der Sexualität (unveröffentlichte Diplomarbeit). München

Lamnek, S., 1975: Methodenkritisches Verständnis, in: Rathgeber, W. (Hrsg.): Medizinische Psychologie. München, S. 1–33

Lamnek, S., 1977: Kriminalitätstheorien – kritisch. Anomie und Labeling im Vergleich. München

Lamnek, S., 1977a: Kriminalität und soziale Ungleichheit, in: Dokument & Analyse, Heft 3, 4, 5 (1977)

Lange, J., 1929: Verbrechen als Schicksal. Studien an kriminellen Zwillingen. Leipzig

Lasswell, H. D., 1935: World Politics and Personal Insecurity. New York

Lasswell, H. D., 1950: Power and Society. New Haven

Lautmann, R., 1969: Wert und Norm. Begriffsanalysen für die Soziologie. Köln, Opladen

Lekschas, J. (Hrsg.), 1965: Jugendkriminalität und ihre Bekämpfung in der sozialistischen Gesellschaft. Berlin (Ost)

LEMERT, E.M., 1951: Social Pathology. A Systematic Approach to the Theory of Sociopathic Behavior. New York

LEMERT, E.M., 1964: Social Structure, Social Control, and Deviation, in: CLINARD, M.B.: Anomie and Deviant Behavior. A Discussion and Critique. Glencoe, Ill.

LEMERT, E.M., 1967: Human Deviance. Social Problems and Social Control. Englewood Cliffs, N.J.

LEMERT, E.M., 1975: Der Begriff der sekundären Devianz, in: LÜDERSSEN, K., SACK, F. (Hrsg.): Seminar: Abweichendes Verhalten I. Die selektiven Normen der Gesellschaft. Frankfurt a.M. 1975, S. 433–476

LERMAN, P., 1967: Individual Values, Peer Values and Subcultural Delinquency, in: American Sociological Review 32 (1967), S. 209–224

LIEBKNECHT, K., 1960: Gesammelte Reden und Schriften. Bde. 2, 3, 4. Berlin

v. LISZT, F., 1905: Das Verbrechen als sozialpathologische Erscheinung, in: v. LISZT, F.: Strafrechtliche Vorträge und Aufsätze. Berlin, S. 230–250

LLAZOS, A., 1972: The Poverty of the Sociology of Deviance: Nuts, Sluts and Preverts, in: Social Problems 20 (1972), S. 103–120

LOMBROSO, C., 1876: L'uomo delinquente

LOMBROSO, C., 1890/1894: Der Verbrecher in anthropologischer, ärztlicher und juristischer Beziehung. 2 Bde. Hamburg

LÜDERSSEN, K., SACK, F., (Hrsg.), 1975: Seminar: Abweichendes Verhalten I. Die selektiven Normen der Gesellschaft. Frankfurt a.M.

LÜDERSSEN, K., SACK, F. (Hrsg.), 1975: Seminar: Abweichendes Verhalten II. Die gesellschaftliche Reaktion auf Kriminalität. Bd. 1 Strafgesetzgebung und Strafrechtsdogmatik. Frankfurt a.M.

LÜDERSSEN, K., SACK, F. (Hrsg.), 1977: Seminar: Abweichendes Verhalten III. Die gesellschaftliche Reaktion auf Kriminalität. Bd. 2 Strafprozeß und Strafvollzug. Frankfurt a.M.

LUHMANN, N., 1965: Soziologie als Theorie sozialer Systeme, in: Kölner Zeitschrift für Soziologie und Sozialpsychologie 19 (1965), S. 615–644

MALINOWSKI, B., 1926: Crime and Custom in Savage Society. New York

MANNHEIM, H., 1974: Vergleichende Kriminologie. Ein Lehrbuch in zwei Bänden. Stuttgart (original: Comparative Criminology. London 1965)

MARX, K., 1969: Debatte über das Holzdiebstahlgesetz, in: Marx-Engels-Werke Bd. 1. Berlin (Ost), S. 109–147 (zuerst 1842)

MARX, K., 1965: Abschweifung (über produktive Arbeit), in: Marx-Engels-Werke Bd. 26/1. Berlin (Ost), S. 363–364 (zuerst 1862/63)

MATZA, D., 1967: Delinquency and Drift. New York

MEAD, G.H., 1918: The Psychology of Punitive Justice, in: The American Journal of Sociology 23 (1918), S. 585–592

MEAD, G.H., 1968: Geist, Identität und Gesellschaft. Frankfurt a.M. (original: Mind, Self and Society. Chicago 1934)

MERTON, R.K., 1951: Social Theory and Social Structure. (2). Glencoe, Ill.

MERTON, R.K., 1957: Social Theory and Social Structure. New York

MERTON, R.K., 1969: Social Theory and Social Structure (9). Glencoe, Ill.

MERTON, R.K., 1959: Social Conformity, Deviation, and Opportunity-Structures:

A Comment on the Contributions of Dubin and Cloward, in: American Sociological Review 24 (1959), S. 177–189

MERTON, R. K., 1964: Anomie, Anomia, and Social Interaction: Contexts of Deviant Behavior, in: CLINARD, M. B. (Hrsg.) Anomie and Deviant Behavior. A Discussion and Critique. New York, S. 213–242

MERTON, R. K., 1968: Sozialstruktur und Anomie, in: SACK, F., KÖNIG, R. (Hrsg.): Kriminalsoziologie. Frankfurt, S. 283–313

MILLER, W., 1959: Norm-violating Behavior in Middle-Class Culture, in: KVARACEUS, W., MILLER, W. (Hrsg.): Delinquent Behavior: Culture and the Individual. Washington, S. 76 ff.

MILLER, W. B., 1968: Die Kultur der Unterschicht als ein Entstehungsmilieu für Bandendelinquenz, in: SACK, F., KÖNIG, R. (Hrsg.): Kriminalsoziologie. Frankfurt a. M., S. 339–359 (original: Lower Class Culture as a Generating Milieu of Gang Delinquency, in: The Journal of Social Issues 24 (1958), S. 5–19

MOSER, T., 1970: Jugendkriminalität und Gesellschaftsstruktur. Frankfurt a. M.

MOSER, T., 1971: Repressive Kriminalpsychiatrie. Frankfurt a. M.

MÜLLER, R., 1974: The Labeling-Theory in the Version by F. Sack: Systematic Analysis and Criticism, in: International Journal of Criminology and Penology 2/1974, S. 11–23

NEWCOMB, TH. W., 1952: Social Psychology. London

OPP, K.-D., 1968: Kriminalität und Gesellschaftsstruktur. Neuwied, Berlin

OPP, K.-D., 1970: Methodologie der Sozialwissenschaften. Reinbek

OPP, K.-D., 1976: Methodologie der Sozialwissenschaften. Reinbek (revidierte und erweiterte Neuauflage)

OPP, K.-D., PEUCKERT, R., 1971: Ideologie und Fakten in der Rechtsprechung. München

OPP, K.-D., 1972 a: Die "alte" und die "neue" Kriminalsoziologie. Eine kritische Analyse einiger Thesen des labeling approach, in: Kriminologisches Journal 1/1972

OPP, K.-D., 1972 b: Verhaltenstheoretische Soziologie. Reinbek

OPP, K.-D., 1974: Abweichendes Verhalten und Gesellschaftsstruktur. Darmstadt, Neuwied

OPP, K.-D., 1975: Einige Bedingungen für die Befolgung von Gesetzen, in: LÜDERSSEN, K., SACK, F. (Hrsg.): Seminar: Abweichendes Verhalten I. Die selektiven Normen der Gesellschaft. Frankfurt a. M. 1975, S. 211–243

PAHLKE, J., 1964: Soziale Normen und die Theorie rationalen Verhaltens, in: RAISER, L. u. a. (Hrsg.): Das Verhältnis der Wirtschaftswissenschaften zur Rechtswissenschaft, in: Soziologie und Statistik. Berlin

PARSONS, T., 1949, 1963: The Structure of Social Action. Glencoe, Ill. (zuerst 1937)

PARSONS, T., 1949: Essays in Sociological Theory Pure and Applied. Glencoe, Ill.

PARSONS, T., BALES, R. F., 1955: Family, Socialization and Interaction Process. Glencoe, Ill.

PARSONS, T., 1951: The Social System. New York

PARSONS, T., 1968: Systematische Theorie in der Soziologie. Gegenwärtiger Stand und Ausblick (1945), in: PARSONS, T.: Beiträge zur soziologischen Theorie. Hrsg. u. eingeleitet von D. RÜSCHEMEYER (2). Neuwied, Berlin, S. 31–64

PARSONS, T., 1968a: Entstehung und Richtung abweichenden Verhaltens, in: SACK, F., KÖNIG, R. (Hrsg.): Kriminalsoziologie. Frankfurt a.M., S. 9–20 (original in: The Social System, Glencoe, Ill., 1951, S. 249–260)

PETERS, D., PETERS, H., 1972: Theorielosigkeit und politische Botmäßigkeit – Destruktives und Konstruktives zur deutschen Kriminologie, in: Kriminologisches Journal 4/1972

PEUCKERT, R., 1975: Konformität. Erscheinungsformen – Ursachen – Wirkungen. Stuttgart

POLLITZ, P., 1909: Die Psychologie des Verbrechers. Leipzig

POPITZ, H., 1961: Soziale Normen, in: Europäisches Archiv für Soziologie 2/1961

POPITZ, H., 1968: Über die Präventivwirkung des Nichtwissens – Dunkelziffer, Norm und Strafe. Tübingen

POPPER, K.R., 1973: Conjectures and Refutations. The Crowth of Scientific Knowledge. London

PRIM, R., TILMANN, H., 1973: Grundlagen einer kritisch-rationalen Sozialwissenschaft. Heidelberg

QUAY, H., 1965: Juvenile Delinquency. Princeton

QUENSEL, ST., 1970: Wie wird man kriminell? Verlaufsmodell einer fehlgeschlagenen Interaktion zwischen Delinquenten und Sanktionsinstanz, in: Kritische Justiz 3 (1970) S. 375ff.

RASEHORN, T., 1973: Rechtlosigkeit als Klassenschicksal, in: Vorgänge 12/1 (1973), S. 5–25

RECKLESS, W.C., DINITZ, S., MURRAY, E., 1956: Self Concept as an insulator against Delinquency, in: American Sociological Review 21 (1956), S. 744–746

RECKLESS, W.C., 1962: A non-causal Explanation: Containment Theory, in: Excerpta Criminologica (1962)

RECKLESS, W.C., 1964: Die Kriminalität in den USA und ihre Behandlung. Berlin

REIK, TH., 1925: Geständniszwang und Strafbedürfnis. Probleme der Psychoanalyse und der Kriminologie. Leipzig, Wien, Zürich

RITSERT, J., 1969: Die Antinomien des Anomiekonzepts, in: Soziale Welt 20 (1969), S. 145–162

ROMMETVEIT, R., 1955: Social Norms and Roles. Oslo, Minneapolis

ROTH, J., 1971: Armut in der Bundesrepublik. Darmstadt

RUBINGTON, E., WEINBERG, M.S., 1973: Deviance. The Interactionist Perspective. New York

RÜTHER, W., 1975: Abweichendes Verhalten und labeling approach. Köln, Berlin

SACK, F., KÖNIG, R. (Hrsg.), 1968: Kriminalsoziologie. Frankfurt a.M.

SACK, F., 1969: Probleme der Kriminalsoziologie, in: KÖNIG, R. (Hrsg.): Handbuch der empirischen Sozialforschung. Bd. II, Stuttgart 1969, S. 901–1049

SACK, F., 1972: Definition von Kriminalität als politisches Handeln: der labeling approach, in: Kriminologisches Journal 1/1972

SACK, F., 1973a: Fragen und Probleme der Rechtsanwendung aus soziologischer Sicht, in: ALBRECHT, G., DAHEIM, H.-J., SACK, F. (Hrsg.): Soziologie. Sprache und Bezug zur Praxis. Verhältnis zu anderen Wissenschaften. Opladen

SACK, F., 1973b: Zu einem Forschungsprogramm für die Kriminologie, in: Kriminologisches Journal 4/1973, S. 251–254

SARTRE, J. P., 1968: Determination und Freiheit, in: Moral und Gesellschaft (o. V.). Frankfurt a. M.

SCHELSKY, H., 1955: Soziologie der Sexualität. Hamburg

SCHNEIDER, H.-J., 1974: Kriminologie. Standpunkte und Probleme. Berlin, New York

SCHNEIDER, P. K., 1966: Die Begründung der Wissenschaft durch Philosophie und Kybernetik. Stuttgart

SCHNEIDER, P. K., 1968: Grundlegung der Soziologie. Stuttgart

SCHUESSLER, K. F., CRESSEY, D. R., 1950: Personality Characteristics of Criminals, in: The American Journal of Sociology 55 (1950), S. 476–484

SCHUR, E. M., 1974: Abweichendes Verhalten und Soziale Kontrolle. Etikettierung und gesellschaftliche Reaktionen. Frankfurt a. M.

SCOTT, J., VAZ, E. A., 1963: A Perspective on Middle-Class Delinquency, in: Canadian Journal of Economics and Police Science 29 (1963), S. 324 ff.

SELLIN, TH., 1936: On Some Basic Concepts of Criminology. Chicago

SELLIN, TH., 1938: Culture Conflict and Crime. New York

SHAW, C. R., McKAY, H. D., 1969: Juvenile Delinquency and Urban Areas: A Study of Delinquency in Relation to Differential Characteristics of Local Communities in American Cities. Chicago (zuerst 1942)

SHELDON, W. H., 1949: Varieties of Delinquent Youth: An Introduction to Constitutional Psychiatry. New York

SHERIF, M., 1936: The Psychology of Social Norms. New York

SHILS, E. A., 1961: The Macrosociological Problem: Consensus and Dissensus in the Large Society, in: RAY, D. P. (Hrsg.): Trends in Social Sciences. New York 1961

SHORT, J. F., STRODTBECK, F. L., 1965: Group Process and Gang Delinquency. Chicago usw.

SHYPPER, M., 1953: The "Carreer" of Opiate Addiction. (unveröffentlichte Diplomarbeit) Chicago

SKINNER, B. F., 1932: On the Rate of Formation of a Conditioned Reflex, in: J. gen. Psychol., 7 (1932), S. 274–285

SOUKUP, G., 1971: Delinquentes Verhalten, in: GOTTSCHALCH, W. u. a. (Hrsg.): Sozialisationsforschung. Materialien, Probleme, Kritik. Frankfurt a. M. 1971, S. 165–192

SPERGEL, I., 1964: Racketville, Slumtown, Haulburg. An Explanatory Study of Delinquent Subcultures. Chicago, London

SPITTLER, G., 1967: Norm und Sanktion. Olten

SPRINGER, W., 1973: Kriminalitätstheorien und ihr Realitätsgehalt. Stuttgart

SROLE, L., 1956: Social Integration and certain Corollaries, in: American Sociological Review 21 (1956), S. 709–716

STAATSLEXIKON Recht, Wirtschaft, Gesellschaft; hrsg. von der Görres-Gesellschaft. 6., völlig neu bearbeitete und erweiterte Auflage. 3. Bd., Freiburg 1959

STALLBERG, F. W., 1976: Der labeling approach in der Diskussion – Eine Kritik neuerer Literatur, in: Kriminologisches Journal 1/1976, S. 61–70

STUMPFL, F., 1936: Die Ursprünge des Verbrechens. Leipzig

SUMNER, W.G., 1940: Folkways. A Study of the Sociological Importance of Usages, Manners, Customs Mores, and Morals. Boston usw. (zuerst 1906)

SUTHERLAND, E.H., CRESSEY, D.R., 1955: Principles of Criminology (5). Chicago, Philadelphia, New York (zuerst 1939)

SUTHERLAND, E.H., 1949: White Collar Crime, New York

SUTHERLAND, E.H., 1956a: Development of the Theory, in: COHEN, A.K., LINDESMITH, A., SCHUESSLER, K. (Hrsg.): The Sutherland Papers. Bloomington 1956, S. 13–29 (zuerst 1942)

SUTHERLAND, E.H., 1956b: Critique of the Theory, in: COHEN, A.K., LINDESMITH, A., SCHUESSLER, K. (Hrsg.): The Sutherland Papers. Bloomington 1956, S. 30–41 (zuerst 1944)

SUTHERLAND, E.H., 1968: Die Theorie der differentiellen Kontakte, in: SACK, F., KÖNIG, R. (Hrsg.): Kriminalsoziologie. Frankfurt a.M. 1958, S. 395–399 (original: A Sociological Theory of Criminal Behavior, in: COHEN, A.K., LINDESMITH, A., SCHUESSLER, K. (Hrsg.): The Sutherland Papers. Bloomington 1956, S. 76–81)

SYKES, G.M., MATZA, D., 1968: Techniken der Neutralisierung. Eine Theorie der Delinquenz, in: SACK, F., KÖNIG, R. (Hrsg.): Kriminalsoziologie. Frankfurt a.M. 1968 (original: Techniques of Neutralization. A Theory of Delinquency, in: American Sociological Review 22 [1957], S. 664–670)

TANNENBAUM, F., 1953: Crime and Community. London (zuerst 1938)

TARDE, G., 1895: Philosophie pénale (4). Paris (zuerst 1882)

TAYLOR, J., WALTON, P., YOUNG, J., 1973: The New Criminology. For a Social Theory of Deviance. London, Boston

THOMAS, W.I., 1923: The Unadjusted Girl. With Cases and Standpoint for Behavior Analysis. Boston

THOMAS, W.I., 1965: Person und Sozialverhalten. Neuwied

THRASHER, F.M., 1936: The Gang. A Study of 1313 Gangs in Chicago (2). Chicago (zuerst 1927)

TÖNNIES, F., 1887: Gemeinschaft und Gesellschaft. Leipzig

TOPITSCH, E. (Hrsg.), 1966: Logik der Sozialwissenschaften. Köln, Berlin

TRABANDT, H., TRABANDT, H., 1975: Aufklärung über Abweichung. Stuttgart

v. TROTHA, F., 1977: Ethnomethodologie und abweichendes Verhalten. Anmerkungen zum Konzept des "Reaktionsdeppen", in: Kriminologisches Journal 9/2 (1977), S. 98–115

VOLD, G.B., 1958: Theoretical Criminology. New York

WALLERSTEIN, J.S., WYLE, C.J., 1947: Our Law-abiding Law-breakers, in: Probation 25 (1947), S. 107–112, 118 (zit. nach COHEN, A.K.: Abweichung und Kontrolle. München 1968, S. 48–50)

WATSON, J.B., 1913: Psychology as the Behaviorist Views it, in: Psychological Review 20 (1913), S. 158–177

WEBER, M., 1976: Wirtschaft und Gesellschaft. 1. Halbband (5). Tübingen (zuerst 1922)

WELLFORD, CH., 1975: Labeling Theory and Criminology: An Assessment, in: Social Problems 22 (1975), S. 332–341

WERKENTIN, F., HOFFERBERT, M., BAURMANN, M., 1973: Kriminologie als Polizeiwissenschaft, oder: Wie alt ist die neue Kriminologie? in: Kritische Justiz 3/1973

WHYTE, W.F., 1943a: Social Organization in the Slums, in: American Sociological Review 8 (1943), S. 34–39

WHYTE, W.F., 1943b: A Slum Sex Code, in: American Journal of Sociology 69 (1943), S. 24–31

WHYTE, W.F., 1955: Stret Corner Society. The Social Structure of an Italian Slum. Enlarged Edition. Chicago (zuerst 1943)

WILENSKY, H.L., LFBEAUX, CH.N., 1958: Industrial Society and Social Welfare. New York

WILKINS, L.T., 1967: Social Policy, Action and Research. Studies in Social Deviance. London (zuerst 1964)

WISWEDE, G., 1973: Soziologie abweichenden Verhaltens. Stuttgart

WISWEDE, G., 1976: Soziologie konformen Verhaltens. Stuttgart

WÖHLCKE, M., 1977: Soziologisch relevante Fragen und methodische Probleme der Zwillingsforschung, in: Kölner Zeitschrift für Soziologie und Sozialpsychologie 29 (1977), 2, S. 319–334

WOLFF, J., 1971: Die Prognose in der Kriminologie. Göttingen

WOLFGANG, M.E., SAVITZ, L., JOHNSTON, N. (Hrsg.), 1963, 1966: The Sociology of Crime and Delinquency (2), (3). New York

WOLFGANG, M.E., FERRACUTI, F., 1967: The Subculture of Violence. Toward a Integrated Theory in Criminology. London

YABLONSKI, L., 1962: The Violent Gang. New York

YABLONSKI, L., 1973: The Delinquent Gang as a Near Group, in: RUBINGTON, E., WEINBERG, M.S.: Deviance. The Interactionist Perspective. New York 1973, S. 245–255 (zuerst in: WOLFGANG, M.E., SAVITZ, L., JOHNSTON, N. [Hrsg.]: The Sociology of Crime and Delinquency [2]. New York, London 1963)

YINGER, J.M., 1960: Contraculture and Subculture, in: American Sociological Review 25 (1960), S. 625–635

Nachtrag

BOHNSACK, R.: Handlungskompetenz und Jugendkriminalität, Neuwied und Berlin 1973

BONSTEDT, CH.: Organisierte Verfestigung abweichenden Verhaltens, München 1972

BRUSTEN, M., HURRELMANN, K.: Abweichendes Verhalten in der Schule. Eine Untersuchung zu Prozessen der Stigmatisierung. München 1973

GIPSER, D.: Mädchenkriminalität. Soziale Bedingungen abweichenden Verhaltens, München 1975

HAFERKAMP, H.: Kriminelle Karrieren. Handlungstheorie, Teilnehmende Beobachtung und Soziologie krimineller Prozesse, Reinbek bei Hamburg 1975

HERRIGER, N.: Verwahrlosung. Eine Einführung in Theorien sozialer Auffälligkeit, München 1979

KEUPP, H.: Abweichung und Alltagsroutine. Die Labeling-Perspektive in Theorie und Praxis, Hamburg 1976

PONGRATZ, L. u.a.: Kinderdelinquenz. Daten, Hintergründe und Entwicklungen, München 1975

Abb. 28: Selektivität der Strafverfolgung

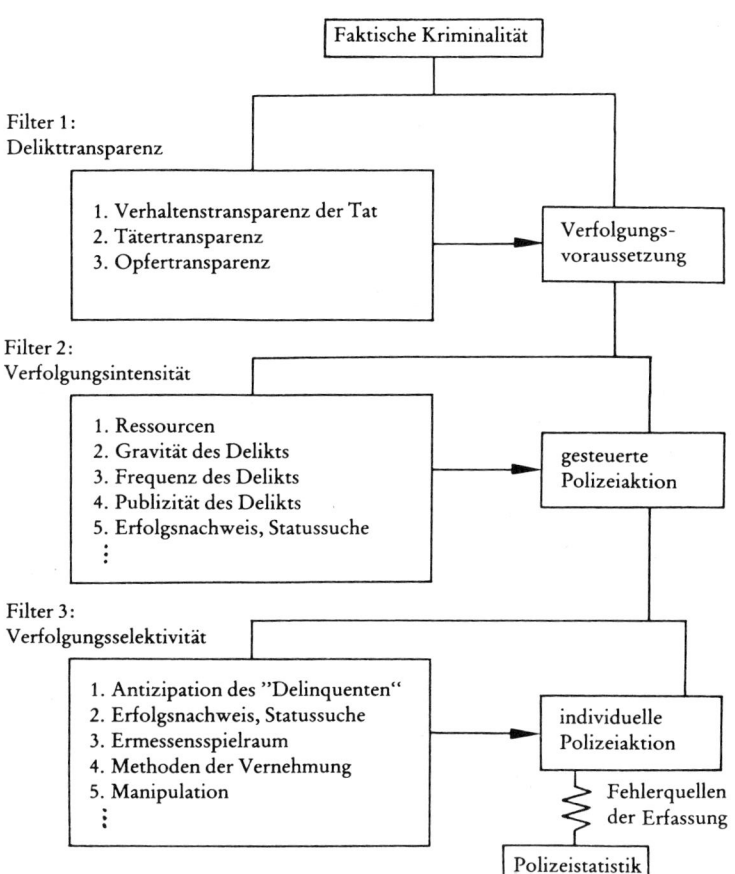

Die bei den Autoren angegebenen Jahreszahlen beziehen sich auf das Erscheinungsjahr der wichtigsten Veröffentlichung. Die mit *) versehenen Autorennamen werden im Text nicht gesondert behandelt.

Jahr	klassische Schule	"soziologische" Theorien
1750	BECCARIA (1764) Einschränkung der Richterwillkür	
1770	HOWARD (1777), BENTHAM (1780), Gefängnisreform	
1790		
1810	v. FEUERBACH (1808), Theorie vom psychologischen Zwang	
1830	ROMILLY (1808), Humanisierung des Strafrechts — PEEL (1822), Gefängnisreform	ENGELS (1845)*, Verbrechen als unbewußter Protest des Proletariats
1850		MARX/ENGELS (1862/63)*, positive Funktionen des Verbrechens in der bürgerlichen Gesellschaft
1870		
1880		TARDE (1822)*, Milieutheorie

Abb. 30: *Zeittafel II*: Positivistische anthropogenetische-, Mehrfaktoren-, psychologische und soziologische Ansätze

Die bei den Autorennamen angegebenen Jahreszahlen beziehen sich auf das Erscheinungsjahr der wichtigsten Veröffentlichung. Die mit *) versehenen Autorennamen werden im Text nicht gesondert behandelt. (Die Übersicht erhebt keinen Anspruch auf Vollständigkeit!)

Jahr	positivistische, anthropogenetische Kriminologie	Mehrfaktoren-ansätze	Psychologische Theorien – andere psychologische Ansätze	Psychologische Theorien – psychoanalytische Ansätze	Soziologische Theorien – Anomietheorie	Soziologische Theorien – Subkulturtheorie	Soziologische Theorien – Differer. Lernen	Soziologische Theorien – Labeling
1880	Ferri (1881)*; Garofalo (1885)*, Begriff der Kriminologie							
1890	Lombroso (1894), Konzept des geborenen Verbrechers				Durkheim (1893), Begriff der Anomie			
1900			Gross (1905)*, physiolog. und experimentelle Psychologie Pollitz (1909)*					
1910	Goring (1913), Kritik an Lombroso Hooton (1913, 1939), Unterlegenheit der Kriminellen hinsichtlich der Körpermaße	v. Liszt (1905)*, Vereinigungstheorie						
1920		Healy (1915, 1922)*		Freud (1915), Verbrecher aus Schuldbewußtsein Reik (1925)*, Geständniszwang Aichhorn (1925), Defektes Über-Ich bei krim. Verwahrlosen		Chicagoer Schule, z. B. Thomas* (1923), Mead (1934)*	Behaviorismus, z. B. Watson (1913)*	

	dominante Faktoren	Minderwertig-keitsgefühle als Krim. Ursache	...rien, z. B. SKINNER (1932) / FROMM (1931)*, Verbindung von Psychoanalyse und Klassen-kampf	GLUECK/GLUECK	PARSONS (1937)*, MERTON (1938)	THRASHER (1936), Gang	SUTHERLAND (1937), Assoziations-prinzip	z. B. MEAD (1934) / TANNENBAUM (1938)
1940	STUMPFL (1936), Zwillings- und Sippenforschung; DUBITSCHER (1942), Sippenforschung	DOLLARD/MILLER (1939), Frustrations-Aggressions-Hypothese			MERTON (1938), Diskrepanz von kult. Zielen und inst. Mitteln	SELLIN (1938)*, Kulturkon-fliktheorie; WHYTE (1941), Gang als organisierte soziale Gebilde		
1950	SHELDON (1949), Konstitutions-typologie; ENKE (1955)*, hirnorganische Schädigungen	CLINARD (1957)*, Kontrolltheorie	REDL/WINEMAN (1948)*, mangelnde interpersonale Sensibilität; BOWLBY (1952), Zusammenhang von Mutter-entzug u. Entw. von gemütsroher Persönlichkeit	GLUECK/GLUECK (1950), Kriminal-Prognosetafeln	SKOLE (1956), Anomia-Skala; DUBIN (1959)	COHEN (1955), negativist. S. K.; SYKES/MATZA (1957), MILLER (1958), Untersch. Kultur, YINGER (1960), CLOWARD/OHLIN (1961)	GLASER (1956), diff. identifik.; SYKES/MATZA (1957)	LEMERT (1951), primäre und sekundäre Devianz
1960	KRETSCHMER (1961), Konstitutionstypologie, LEMPE (1964)*, GÖLINITZ (1965)*, hirnorgan. Schädigung, FORSSMAN/HAMBERT (1967)*, chromosomale Aberration	RECKLESS (1962), Halt-Theorie; EYSENCK (1964), mißlungene Konditionierung	FRIEDLANDER (1960)*, These von der antisozialen Charakterstruktur		CLOWARD/OHLIN (1961), HARARY (1966)	CLOWARD/OHLIN (1961) Gang als "Near-Group"; YABLONSKI (1962), SHORT/STRODT-BECK (1965), LERMAN (1967)*, WOLFGANG/FERRA-CUTI (1967), S. K. der Gewalt, OPP (1968/1974)	CLOWARD/OHLIN (1961); BURGESS/AKERS (1966) lerntheore-tische Fassung	ERIKSON (1962), BECKER (1963), KITSUSE (1963)
1970	MOSER (1970)		OPP (1968/1974)		OPP (1968/1974)		OPP (1968/1974)	SHOHAM (1966)*, SACK (1968), Radikalisierung, SCHUR (1969)*, QUENSEL (1970)*

Personenregister

Sachregister